Auf dem Weg zur kritischen Rechtslehre?

Early Modern Natural Law

STUDIES AND SOURCES

Series Editors

Frank Grunert (*Martin-Luther-Universität Halle-Wittenberg*)
Knud Haakonssen (*University of St Andrews* and *Universität Erfurt*)
Diethelm Klippel (*Universität Bayreuth*)

Board of Advisors

Maria Rosa Antognazza (*King's College Londen*)
John Cairns (*University of Edinburgh*)
Thomas Duve (*Max-Planck-Institut für Europäische
Rechtsgeschichte, Frankfurt am Main*)
Ian Hunter (*University of Queensland*)
Martin Mulsow (*Universität Erfurt*)
Barbara Stollberg-Rilinger (*Westfälische Wilhelms-Universität
Münster* and *Wissenschaftskolleg zu Berlin*)
Simone Zurbuchen (*Université de Lausanne*)

VOLUME 4

The title published in this series are listed at *brill.com/emnl*

Auf dem Weg zur kritischen Rechtslehre?

*Naturrecht, Moralphilosophie und Eigentumstheorie
in Kants* Naturrecht Feyerabend

Herausgegeben von

Dieter Hüning, Stefan Klingner, und Gianluca Sadun Bordoni

BRILL

LEIDEN | BOSTON

Library of Congress Cataloging-in-Publication Data

Names: Hüning, Dieter, editor. | Klingner, Stefan, 1980- editor. | Sadun
    Bordoni, Gianluca, 1956- editor.
Title: Auf dem Weg zur kritischen Rechtslehre? : Naturrecht,
    Moralphilosophie und Eigentumstheorie in Kants „Naturrecht Feyerabend" /
    Dieter Hüning, Stefan Klingner, Gianluca Sadun Bordoni.
Description: Leiden, The Netherlands : Koninklijke Brill NV, [2021] |
    Series: Early modern natural law, 2589-5982 ; volume 4 | Includes index.
Identifiers: LCCN 2021001654 (print) | LCCN 2021001655 (ebook) |
    ISBN 9789004432611 (hardback) | ISBN 9789004448193 (ebook)
Subjects: LCSH: Kant, Immanuel, 1724-1804. Naturrecht Feyerabend. |
    Natural law. | Ethics | Right of property.
Classification: LCC K457.K3 A3615 2021 (print) | LCC K457.K3 (ebook) |
    DDC 340/.112–dc23
LC record available at https://lccn.loc.gov/2021001654
LC ebook record available at https://lccn.loc.gov/2021001655

Typeface for the Latin, Greek, and Cyrillic scripts: "Brill". See and download: brill.com/brill-typeface.

ISSN 2589-5982
ISBN 978-90-04-43261-1 (hardback)
ISBN 978-90-04-44819-3 (e-book)

Copyright 2021 by Koninklijke Brill NV, Leiden, The Netherlands.
Koninklijke Brill NV incorporates the imprints Brill, Brill Hes & De Graaf, Brill Nijhoff, Brill Rodopi,
Brill Sense, Hotei Publishing, mentis Verlag, Verlag Ferdinand Schöningh and Wilhelm Fink Verlag.
All rights reserved. No part of this publication may be reproduced, translated, stored in a retrieval system,
or transmitted in any form or by any means, electronic, mechanical, photocopying, recording or otherwise,
without prior written permission from the publisher. Requests for re-use and/or translations must be
addressed to Koninklijke Brill NV via brill.com or copyright.com.

This book is printed on acid-free paper and produced in a sustainable manner.

Inhalt

Autoren VII
Zitierweise und Siglen X

Auf dem Weg zur *Rechtslehre*? 1
 Dieter Hüning, Stefan Klingner und Gianluca Sadun Bordoni

TEIL 1
Das Naturrecht Feyerabend *und die Naturrechtstradition*

Gott und der gerechte Krieg. Kants kritische Auseinandersetzung mit
Achenwalls *Ius naturae* 19
 Gideon Stiening

Der Monarch ist ein Outlaw. Souveränität und Widerstand im Licht von
Kants *Naturrecht Feyerabend* 48
 Michael Städtler

Das *Naturrecht Feyerabend* und die Kritik Kants an der
Naturrechtslehre 79
 Gianluca Sadun Bordoni

TEIL 2
Das Naturrecht Feyerabend *und die kritische Moralphilosophie*

Verbindlichkeit, Ethik und Recht im *Naturrecht Feyerabend* (Einleitung,
Titulus I) 109
 Manfred Baum

Freiheit und Vernunft im Spannungsfeld des *Naturrechts Feyerabend* und
der *Grundlegung* 131
 Franz Hespe

Kants subjektivistische Begründung von Moral und Freiheit im *Naturrecht
Feyerabend* 150
 Markus Kohl

Vernunft und Freiheit bei Kant. Überlegungen im Anschluss an *Naturrecht Feyerabend* (Einleitung) und *Moral Mrongovius II* 172
    Stefan Klingner

TEIL 3
Das Naturrecht Feyerabend *und die* Rechtslehre

Kant über Recht, Autonomie und Selbstzweckhaftigkeit. *Naturrecht Feyerabend* als Geburtsstunde Kants kritischer Rechtsbegründung? 197
    Philipp-Alexander Hirsch

Eigentumsrecht und rechtliche Verbindlichkeit in Kants Vorlesung *Naturrecht Feyerabend* 229
    Gabriel Rivero

„Der Anfang des Eigenthums ist schwer zu begreifen" – Kants Theorie des Eigentums nach der Vorlesungsnachschrift *Naturrecht Feyerabend* und die Gründe ihrer Revision in der *Rechtslehre* von 1797 250
    Dieter Hüning

Personenverzeichnis 267
Sachverzeichnis 271

Autoren

Manfred Baum
ist seit 1993 Professor der Philosophie an der Bergischen Universität Wuppertal und seit 2005 im Ruhestand. Er ist Mitherausgeber der *Kant-Studien* und *Kant-Studien Ergänzungshefte*. Buchpublikationen: *Deduktion und Beweis in Kants Transzendentalphilosophie* (Königstein/Ts.: Athenäum, 1986) und *Die Entstehung der Hegelschen Dialektik* (Bonn: Bouvier, 1989). Mitherausgeber: Klaus Reich, *Gesammelte Schriften* (Hamburg: Meiner, 2001). *Kleine Schriften. Bd. 1: Arbeiten zu Kants theoretischer Philosophie*, hg. Marion Heinz (Berlin und Boston: De Gruyter, 2019); *Kleine Schriften. Bd. 2: Arbeiten zu Kants praktischer Philosophie*, hg. Dieter Hüning (Berlin und Boston: De Gruyter, 2020).

Franz Hespe
lehrt Philosophie an der Universität Marburg. Seine Forschungsschwerpunkte liegen auf den Gebieten: politische Philosophie der Neuzeit, Deutscher Idealismus, Kontraktualismus. Zu diesen Schwerpunkten hat er zahlreiche Arbeiten als eigenständige Publikationen wie in Zeitschriften und Sammelbänden veröffentlicht.

Philipp-Alexander Hirsch
ist wissenschaftlicher Mitarbeiter am Institut für Kriminalwissenschaften sowie Lehrbeauftragter am Philosophischen Seminar der Georg-August-Universität Göttingen. Seine Arbeitsbereiche sind Strafrecht, Rechts- und politische Philosophie sowie die Philosophie der Neuzeit, besonders Kant. Monografien über Kants Philosophie: *Kants Einleitung in die Rechtslehre von 1784* (Göttingen: Universitätsverlag Göttingen, 2012) und *Freiheit und Staatlichkeit bei Kant. Die autonomietheoretische Begründung von Recht und Staat und das Widerstandsproblem* (Berlin und Boston: De Gruyter, 2017).

Dieter Hüning
ist außerplanmäßiger Professor und wissenschaftlicher Mitarbeiter an der Kant-Forschungsstelle der Universität Trier. Seine Forschungsschwerpunkte sind die Philosophie Immanuel Kants, die Philosophie der Aufklärung und des Deutschen Idealismus sowie die neuzeitliche Naturrechtslehre; letzte Publikationen: Thomas Hobbes, *De cive/Vom Bürger*, hg. Andree Hahmann und Dieter Hüning (Ditzingen: Reclam, 2017); *„... jenen süßen Traum träumen". Kants* Friedensschrift *zwischen objektiver Geltung und Utopie*, hg. Dieter Hüning und Stefan Klingner (Baden-Baden: Nomos, 2018); Manfred Baum, *Kleine Schriften. Bd. 2. Arbeiten zu*

Kants praktischer Philosophie, hg. Dieter Hüning (Berlin und Boston: De Gruyter, 2020); *Die zeitgenössischen Rezensionen zu Kants* Rechtslehre, hg. Diethelm Klippel, Dieter Hüning, Jens Eisfeld (Berlin und Boston: De Gruyter, 2020).

Stefan Klingner

ist wissenschaftlicher Mitarbeiter am Philosophischen Seminar der Georg-August-Universität Göttingen. Sein Schwerpunkt in Forschung und Lehre ist die Geschichte der Philosophie der Neuzeit, besonders die Metaphysik und Erkenntnistheorie des klassischen Rationalismus, die Rationaltheologie und Religionsphilosophie der deutschen Aufklärung sowie Kants Philosophie und ihre Wirkungen.

Markus Kohl

ist wissenschaftlicher Mitarbeiter (*assistant professor*) für Philosophie an der University of North Carolina, Chapel Hill. Sein Arbeitsbereich in Forschung und Lehre ist die Geschichte der westlichen Philosophie, vor allem die Philosophie Kants. Ihn interessieren außerdem die philosophischen Implikationen von Literatur, besonders mit Blick auf Kafkas Schriften.

Gabriel Rivero

ist wissenschaftlicher Mitarbeiter am Seminar für Philosophie der MLU Halle-Wittenberg im Rahmen des DFG-Projekts „Kants Begriff der (Un)Mündigkeit". Sein aktueller Forschungsschwerpunkt liegt auf der begriffsgeschichtlichen Entwicklung des Verbindlichkeitskonzepts, mit besonderem Fokus auf Kants praktischer Philosophie. Hauptveröffentlichungen: *Zur Bedeutung des Begriffs Ontologie bei Kant. Eine entwicklungsgeschichtliche Untersuchung* (Berlin und Boston: De Gruyter, 2014); als Herausgeber: *Pflicht und Verbindlichkeit bei Kant. Quellengeschichtliche, systematische und wirkungsgeschichtliche Beiträge.* Aufklärung. Interdisziplinäres Jahrbuch zur Erforschung des 18. Jahrhunderts und seiner Wirkungsgeschichte, Bd. 30 (Hamburg: Meiner, 2018).

Gianluca Sadun Bordoni

ist Professor für Rechtsphilosophie an der Universität Teramo, Italien. Er veröffentlichte zusammen mit Norbert Hinske die kritische Ausgabe von Kant, *Naturrecht Feyerabend.* 3 Bde. (Stuttgart-Bad Cannstatt: Frommann-Holzboog, 2010–2014; zweisprachige Ausgabe, *Lezioni sul diritto naturale*, Milano 2016). Letzte Veröffentlichungen: „Il concetto di status naturae tra Hobbes e Kant", in *Studi kantiani* 32 (2019); „Rousseau on War", in *Italian Law Journal* 2 (2019); „Vernunft und Freiheit. Das Naturrecht Feyerabend und die Entwicklung des kantischen Moraldenkens", in *Kants Naturrecht Feyerabend. Analysen und*

Perspektiven, hg. Margit Ruffing, Annika Schlitte und Gianluca Sadun Bordoni (Berlin und Boston: De Gruyter, 2020).

Michael Städtler
ist gegenwärtig Nachwuchsgruppenleiter in einem Projekt der Qualitätsoffensive Lehrerbildung an der Bergischen Universität Wuppertal und lehrt dort auch Philosophie. Seine Schwerpunkte sind neben der Bildungsphilosophie die Rechts- und Sozialphilosophie sowie die Subjektivitätstheorie. Er ist außerplanmäßiger Professor für Philosophie an der Westfälischen Wilhelms-Universität Münster. Außerdem leitet er das Gesellschaftswissenschaftliche Institut Hannover/Peter-Bulthaup-Archiv.

Gideon Stiening
ist Privatdozent für Neuere deutsche Literatur am Institut für deutsche Philologie der LMU München und zurzeit wissenschaftlicher Koordinator am SFB 1385 „Literatur und Recht" an der WWU Münster. Neuere Veröffentlichungen: *Wissen und Literatur im Werk Georg Büchners. Studien zu seinen wissenschaftlichen, politischen und literarischen Texten* (Berlin und Boston: De Gruyter, 2019); *Friedrich Schiller: Briefe über die ästhetische Erziehung des Menschen.* Klassiker Auslegen 69, hg. Gideon Stiening (Berlin und Boston: De Gruyter, 2019); *Francisco Suárez: De legibus ac Deo legislatore. Liber I–III/ Über die Gesetze und Gott den Gesetzgeber. Buch I–III*, übers. und hg. Oliver Bach, Norbert Brieskorn und Gideon Stiening. 4 Bde. (Stuttgart-Bad Cannstatt: Frommann-Holzboog, 2014–2019).

Zitierweise und Siglen

Der Text des *Naturrechts Feyerabend* wird im Folgenden durchgängig auf Grundlage der Neuedition zitiert, die in Band 30 der Sektion II des *Kant-Index* erschienen ist:

> Heinrich P. Delfosse, Norbert Hinske, Gianluca Sadun Bordoni (Hg.), *Kant-Index: Indices zum Ethikcorpus*, Band 30.1: *Einleitung des „Naturrechts Feyerabend"* (Stuttgart-Bad Cannstatt: Frommann-Holzboog, 2010), Band 30.2: *Abhandlung des „Naturrechts Feyerabend": Text und Hauptindex* (Stuttgart-Bad Cannstatt: Frommann-Holzboog, 2014).

Alle anderen Schriften Kants und Nachschriften seiner Vorlesungen etc. werden nach der Akademie-Ausgabe (Sigle: AA) zitiert:

> Kant, Immanuel: *Gesammelte Schriften*, hg. Königlich Preußische Akademie der Wissenschaften, weitergeführt durch Deutsche Akademie der Wissenschaften zu Berlin, Akademie der Wissenschaften der DDR, Akademie der Wissenschaften zu Göttingen, derzeit Berlin-Brandenburgische Akademie der Wissenschaften (Berlin, 1900ff.).

Die Stellenangaben beinhalten Siglen, Band, Seiten- und evtl. Zeilenzahl(en) – z.B. KpV, AA 05: 31.17–37. Gelegentlich werden zusätzlich auch die Originalpaginierung oder Paragraphenziffern angegeben – z.B. KpV A 55f., AA 05: 31.17–37 oder MSRL, § 2, AA 06: 246. Ausnahmen stellen Verweise auf die *Kritik der reinen Vernunft* und das *Naturrecht Feyerabend* dar. Im Fall der *Kritik der reinen Vernunft* wird zumeist nur die Originalpaginierung der ersten oder zweiten Auflage (A/B) angegeben – z.B. KrV, A 113. Bei Verweisen auf das *Naturrecht Feyerabend* werden zuerst die Seitenzahl(en) und evtl. auch die Zeilenzahl(en) der Neuedition und in Klammern dann zusätzlich die entsprechende Stelle aus der Akademie-Ausgabe angegeben – z.B. V-NR/Feyerabend, 8.6–31 (AA 27: 1321f.).

Die folgenden Siglen werden verwendet:
Anth *Anthropologie in pragmatischer Hinsicht* (AA 07: 119–333)
BBGSE *Bemerkungen zu den Beobachtungen über das Gefühl des Schönen und Erhabenen* (AA 20: 03–192)
Br Briefe (AA 10–13)
EEKU *Erste Einleitung in die Kritik der Urteilskraft* (AA 20: 195–251)
GMS *Grundlegung zur Metaphysik der Sitten* (AA 04: 387–463)

ZITIERWEISE UND SIGLEN

IaG *Idee zu einer allgemeinen Geschichte in weltbürgerlicher Absicht* (AA 08: 17–31)

KpV *Kritik der praktischen Vernunft* (AA 05: 03–163)

KrV *Kritik der reinen Vernunft* (zitiert nach Originalpaginierung A/B, A in AA 04: 05–252, B in AA 03)

KU *Kritik der Urteilskraft* (AA 05: 167–485)

Log *Logik* (AA 09: 01–150)

MAM *Muthmaßlicher Anfang der Menschengeschichte* (AA 08: 109–123)

MS *Die Metaphysik der Sitten* (AA 06: 205–493)

MSRL *Metaphysische Anfangsgründe der Rechtslehre* (AA 06: 205–372)

Prol *Prolegomena zu einer jeden künftigen Metaphysik* (AA 04: 255–383)

Refl Reflexion (AA 14–19)

RezSchulz Recension von Schulz's *Versuch einer Anleitung zur Sittenlehre für alle Menschen* (AA 08: 10–14)

RGV *Die Religion innerhalb der Grenzen der bloßen Vernunft* (AA 06: 03–202)

SF *Der Streit der Fakultäten* (AA 07: 05–116)

TP *Über den Gemeinspruch: Das mag in der Theorie richtig sein, taugt aber nicht für die Praxis* (AA 08: 275–313)

UD *Untersuchung über die Deutlichkeit der Grundsätze der natürlichen Theologie und der Moral* (AA 02: 275–301)

V-Anth/Mron Vorlesungen Wintersemester 1784/1785 *Anthropologie Mrongovius* (AA 25: 1209–1429)

V-Met-L1/Pölitz *Metaphysik L 1* (Pölitz) (Mitte 1770er) (AA 28: 167–350)

V-Mo/Collins Vorlesungen Wintersemester 1784/1785 *Moralphilosophie Collins* (AA 27: 243–471)

V-Mo/Mron II Vorlesungen Wintersemester 1784/1785 *Moral Mrongovius II* (AA 29: 597–642)

V-MS/Vigil Vorlesungen Wintersemester 1793/1794 *Die Metaphysik der Sitten Vigilantius* (AA 27: 479–732)

V-NR/Feyerabend *Naturrecht Feyerabend* (Winter 1784) (zitiert nach Neuedition Delfosse u.a. 2010/14, AA 27: 1319–1394)

V-PP/Herder *Praktische Philosophie Herder* (1763/64 bzw. 64/65) (AA 27: 03–89)

VAMS Vorarbeit zur *Metaphysik der Sitten* (AA 23: 211–419)

VAProl Vorarbeit zu den *Prolegomena zu einer jeden künftigen Metaphysik* (AA 23: 53–65)

VARL Vorarbeit zur *Rechtslehre* (AA 23: 211–370)

VATP Vorarbeit zu *Über den Gemeinspruch: Das mag in der Theorie richtig sein, taugt aber nicht für die Praxis* (AA 23: 127–143)

WA *Beantwortung der Frage: Was ist Aufklärung?* (AA 08: 35–42)

ZeF *Zum ewigen Frieden* (AA 08: 343–386)

Auf dem Weg zur *Rechtslehre*?

Dieter Hüning, Stefan Klingner und Gianluca Sadun Bordoni

Kants Rechtsphilosophie ist in den letzten Jahrzehnten wieder zunehmend in das Zentrum moralphilosophischer Forschung und Diskussion gerückt. Der Unterschied zwischen Recht und Moral, die Idee eines globalen Rechtszustands oder der eigenartige Status von Rechtssubjekten, die mit ihm einhergehende 'Würde' und verbundenen Rechte sind nur einige Beispiele für solche Themen der Rechts- und politischen Philosophie, bei denen Kants Überlegungen nach wie vor einen wichtigen Bezugspunkt abgeben.[1] Auch in der Kantforschung im engeren Sinne reißen die Diskussionen um die genannten Themen nicht ab, sondern zeugen von dem anhaltenden Bemühen eines adäquaten wie produktiven Verständnisses der kritischen Rechtsphilosophie.[2] Für diese Diskussionen kommt dem sog. *Naturrecht Feyerabend* eine besondere Bedeutung zu: Denn einerseits stellt diese Nachschrift die einzige erhaltene Transkription der Vorlesungen dar, die Kant zwischen 1767 und 1788 immerhin zwölfmal hielt[3]; zudem geht sie andererseits auf seine Vorlesungen aus dem

---

1   Vgl. als Beispiele jüngeren Datums etwa hinsichtlich des Verhältnisses von Recht und Moral Christoph Horn, *Nichtideale Normativität. Ein neuer Blick auf Kants politische Philosophie* (Frankfurt am Main: Suhrkamp, 2014), hinsichtlich des Kosmopolitismus Seyla Benhabib, *The Rights of Others. Aliens, Residents and Citizens* (Cambridge: Cambridge University Press, 2004) und hinsichtlich der 'Menschenwürde' Mario Brandhorst und Eva Weber-Guskar (Hg.), *Menschenwürde. Eine philosophische Debatte über Dimensionen ihrer Kontingenz* (Frankfurt am Main: Suhrkamp, 2017).

2   Vgl. mit Blick auf die klassische 'Unabhängigkeitsthese' neuerdings etwa Bernd Dörflinger, Dieter Hüning und Günter Kruck (Hg.), *Das Verhältnis von Recht und Ethik in Kants praktischer Philosophie* (Hildesheim: Olms, 2017), zum 'ewigen Frieden' Dieter Hüning und Stefan Klingner (Hg.), *... jenen süßen Traum träumen. Kants Friedensschrift zwischen objektiver Geltung und Utopie* (Baden-Baden: Nomos, 2018), mit Blick auf die sog. 'Menschenrechte' Reza Mosayebi (Hg.), *Kant und Menschenrechte* (Berlin und Boston: De Gruyter, 2018) und zur historischen Kontextualisierung Jeffrey Edwards, *Autonomy, Moral Worth, and Right. Kant on Obligatory Ends, Respect for Law, and Original Acquisition* (Berlin und Boston: De Gruyter, 2018).

3   Vgl. zu Kants Vorlesungen Emil Arnoldt, „Kritische Excurse im Gebiete der Kantforschung", in ders., *Gesammelte Schriften*, hg. Otto Schöndorfer, 10 Bde. (Berlin: Cassirer, 1906–11), Bd. 4 und 5, hier Bd. 5, 213–303 und für eine Synopse der Kurse über das Naturrecht 336. Vgl. auch Michael Oberhausen und Riccardo Pozzo (Hg.), *Vorlesungsverzeichnisse der Universität Königsberg (1720–1804)* (Stuttgart-Bad Cannstatt: Frommann-Holzboog, 1999). Bekannt ist noch eine weitere, verloren gegangene Nachschrift der Vorlesung von 1784 von Friedrich von Gentz. Der Katalog Stargardt verzeichnet folgendes Manuskript: „Fr. von Gentz, Collegienheft über Kants Rechtslehre (Königsberg 1784) 28 p. folio". Die Handschrift war Teil einer

---

© KONINKLIJKE BRILL NV, LEIDEN, 2021 | DOI:10.1163/9789004448193_002

Sommersemester 1784 zurück und ist damit ein weiteres Zeugnis der Überlegungen Kants aus einer besonders wichtigen Phase in der Entwicklung seiner Moralphilosophie. Im Folgenden werden beide Punkte etwas ausgeführt, um anschließend Aufbau und Inhalt des vorliegenden Bandes skizzieren zu können.

1 Das *Naturrecht Feyerabend* als Nachschrift

Im technischen Sinn handelt es sich beim *Naturrecht Feyerabend* weder um eine Mitschrift noch um eine Reinschrift, sondern um eine Abschrift, also um die Transkription einer Reinschrift oder um eine Abschrift einer anderen Abschrift. Sie wurde vor einigen Jahren in einer neuen kritischen Edition samt einer umfassenden Einleitung, Indices und Konkordanz verfügbar gemacht[4] und erfährt seitdem wieder einige Aufmerksamkeit in der Kant-Forschung.[5] Die erste Ausgabe der Vorlesungsnachschrift erschien, herausgegeben in der gewohnt unzuverlässigen ‚Machart' von Gerhard Lehmann, in Band 27 der Akademie-Ausgabe,[6] deren zahlreiche Fehler „bei weitem das Maß dessen [überschreiten], was sinnvollerweise noch mit Hilfe eines

---

privaten Sammlung, von der sich die Spuren verloren haben. Der Angabe der Seitenanzahl des Manuskripts zufolge dürfte die Mitschrift von Gentz kürzer sein.

4 Vgl. Heinrich P. Delfosse, Norbert Hinske und Gianluca Sadun Bordoni (Hg.), *Kant-Index: Indices zum Ethikcorpus*, Band 30.1: *Einleitung des „Naturrechts Feyerabend"* (Stuttgart-Bad Cannstatt: Frommann-Holzboog, 2010), Band 30.2: *Abhandlung des „Naturrechts Feyerabend": Text und Hauptindex* (Stuttgart-Bad Cannstatt: Frommann-Holzboog, 2014), Band 30.3: *Abhandlung des „Naturrechts Feyerabend": Konkordanz und Sonderindices* (Stuttgart-Bad Cannstatt: Frommann-Holzboog, 2014). Auf Grundlage der Neuedition wurden bisher auch eine deutsch-italienische Ausgabe sowie eine englische Übersetzung veröffentlicht: Immanuel Kant, *Lezioni sul diritto naturale*, hg. Norbert Hinske und Gianluca Sadun Bordoni (Mailand: Bompiani, 2016) und Immanuel Kant, *Lectures and Drafts on Political Philosophy*, hg. Frederick Rauscher und Kenneth R. Westphal (Cambridge: Cambridge University Press, 2016), 73ff.

5 Vgl. neben dem vorliegenden Band den jüngst erschienenen Band: Margit Ruffing, Annika Schlitte und Gianluca Sadun Bordoni (Hg.), *Kants Naturrecht Feyerabend. Analysen und Perspektiven* (Berlin und Boston: De Gruyter, 2020).

6 Vgl. V-NR/Feyerabend, AA 27: 1319–1394. Diese Ausgabe enthält keinen kritischen Apparat, mit der Begründung, dass die Handschrift erst kürzlich ‚wiederentdeckt' worden sei, als die Edition der Vorlesungen über die Moralphilosophie schon fertig war (vgl. AA 27: 1037ff.). Die Handschrift war schon von Paul Natorp in Danzig geprüft worden, als er die Edition der *Metaphysik der Sitten* (vgl. MS, AA 06: 205–493) vorbereitet hatte. Er kam zu dem Urteil, dass das *Naturrecht Feyerabend* nicht als Grundlage für die *Metaphysik der Sitten* in Betracht komme und daher uninteressant sei (vgl. die entsprechenden Anmerkungen in AA 06: 528f.).

AUF DEM WEG ZUR RECHTSLEHRE?

Druckfehlerverzeichnisses ins Lot gebracht werden könnte".[7] Für die neue Ausgabe wurden sie durch einen umfassenden Vergleich mit dem Manuskript[8] und die Berücksichtigung des Lehrbuchs, das Kant für die Vorlesung verwendete, genau herausgestellt und behoben.

Kant hat seine Vorlesungen in Anlehnung an die von ihm zugrunde gelegten Handbücher entwickelt, aber zugleich seine Vorlagen in umfassender Weise kritischen Betrachtungen unterzogen. Bekanntlich waren die damaligen Dozenten gemäß einer Verordnung des preußischen Ministers von Zedlitz vom 16. Oktober 1778 gehalten, ihre Vorlesungen nicht nach von ihnen diktierten Aufzeichnungen, sondern nach einem Lehrbuch zu halten. Kant befolgte diese Anordnung vorschriftsgemäß und verwendete stets Lehrbücher relevanter Autoren – im Fall der ‚Rechtslehre' Achenwalls *Ius Naturae*.[9] Zwar betonten die ersten Biographen Kants, dass dieser in seinen Vorlesungen nicht sklavisch dem ausgewählten Lehrbuch folgte.[10] Dennoch darf deren Einfluss nicht unterschätzt werden. Er ist in einigen Fällen sogar geradezu offensichtlich.[11] Einen solchen Fall stellt das *Naturrecht Feyerabend* dar. So folgt Kant weitgehend der

---

7   Heinrich P. Delfosse, Norbert Hinske und Gianluca Sadun Bordoni (Hg.), „Einleitung", in *Kant-Index: Indices zum Ethikcorpus*, Band 30.1: *Einleitung des „Naturrechts Feyerabend"*, XIf.

8   Die Handschrift des *Naturrecht Feyerabend* befindet sich in der Bibliothek der Akademie der Wissenschaften in Danzig (Biblioteka Gdanska Polskiej Akademii Nauk, Ms. 2215) und ist Teil des sog. „Nachlass Mrongovius". Es handelt sich um einen Quartband mit 116 Seiten, von denen sowohl die Blätter als auch die Seiten nummeriert sind. Einige Randbemerkungen könnten von anderer Hand stammen. Eine digitale Kopie befindet sich im Kant-Archiv in Marburg.

9   Die *Elementa Iuris Naturae* erschienen zuerst im Jahr 1750, herausgegeben von Gottfried Achenwall und Johann Stephan Pütter in Göttingen (diese Edition wurde nachgedruckt: *Anfangsgründe des Naturrechts*, hg. Jan Schröder, Frankfurt am Main: Insel 1995); Kant stützte sich jedoch auf die fünfte Edition von 1763, die stark erweitert und (wie bereits die dritte und vierte) allein von Achenwall herausgegeben worden war. Gustav Hugo, ein Schüler Pütters, führte den Bruch des Bundes mit Achenwall auf die Tatsache zurück, dass Pütter immer weniger Interesse am Naturrecht zeigte, Achenwall ihm aber verbunden blieb. Dieser entfernte die von Pütter verfassten Teile, „weil dies kein Naturrecht sei" (*Civilistisches Magazin* 3 [1812]: 94f.). Vgl. auch Jan Schröder, „Gottfried Achenwall, Johann Stephan Pütter und die ‚Elementa Iuris Naturae'", in *Anfangsgründe des Naturrechts*, 331–351, bes. 334. Das Lehrbuch von Achenwall erschien in acht Auflagen, zwei davon nach seinem Tod, die letzte im Jahr 1781. Vgl. zu Achenwalls Naturrechtslehre einführend Martin Brecher, Philipp-Alexander Hirsch und Stefan Klingner, „Göttinger Naturrecht. 300 Jahre Gottfried Achenwall (1719–1772) – Eine Einführung", in *Rechtsphilosophie. Zeitschrift für die Grundlagen des Rechts* 6/4 (2020): 311–324 sowie die weiteren Beiträge dieser Nummer der *Rechtsphilosophie*.

10   Vgl. z.B. Ludwig Ernst von Borowski, „Darstellung des Lebens und Characters Immanuel Kants", in *Immanuel Kant. Sein Leben in Darstellungen von Zeitgenossen*, hg. Felix Groß (Darmstadt: Wissenschaftliche Buchgesellschaft, 2012): 1–102, hier 75f.

11   Vgl. bereits Adickes' Einschätzung in AA 14: L.

Gliederung des Buches von Achenwall und behält diese teilweise noch bis zur *Rechtslehre* des Jahres 1797 bei. Zudem wird aus der Nachschrift nicht immer klar, ob Kant Achenwall kommentiert oder einfach dessen Gedanken wiedergibt. Daher ist es nicht nur nützlich, sondern notwendig, Achenwalls *Ius Naturae* bei der Interpretation des *Naturrechts Feyerabend* zu berücksichtigen.[12]

Das *Naturrecht Feyerabend* ist zudem ein gutes Beispiel für die entwicklungsgeschichtliche Bedeutung der Vorlesungen. Sie erlauben insgesamt, zusammen mit den *Reflexionen*, unverzichtbare Einblicke in die Genese und Entwicklung der kantischen Theoriebildung.[13] Neue, kritische Editionen der Vorlesungen haben damit das Potential, die Kantforschung in ähnlicher Weise zu beeinflussen, wie es vor etwa hundertvierzig Jahren die Edition der *Reflexionen* durch Benno Erdmann und dann durch Adickes im Rahmen der Akademie-Ausgabe getan hat.[14] Auch Kant selbst hat die Bedeutung der Vorlesungen für die Entwicklung seines Denkens explizit unterstrichen – und zwar 1796/97 in einem wenig bekannten Passus, der aber bezeichnend für den Zusammenhang ist, den Kant zwischen Lehre und Forschung aufstellt:

> Ich habe viele Jahre vorher ehe ich mit der Critik der reinen Vernunft anhebend eine neue schriftstellerische Laufbahn einschlug in meinen Vorlesungen über Logik Metaphysik Moral und Anthropologie Ethik und Rechtslehre den Autor den ich mir zum Leitfaden wählte nicht blos commentirt sondern gesichtet gewogen [...] zu erweitern und auf mir besser scheinende Principien zu bringen gesucht auf solche Weise sind meine Vorlesungen fragmentarisch theils gewachsen theils verbessert worden aber immer mit Hinsicht auf ein dereinst mögliches System als ein für sich bestehendes Ganze daß jene später (meistentheils nach 1781) erschienenen Schriften jenen fast nur die systematische Form und Vollständigkeit gegeben zu haben scheinen mochten. Den Vortheil hat nämlich der Universitätslehrer vor dem zunftfreyen Gelehrten in Bearbeitung der Wissenschaften voraus daß weil er sich den jedem neuen

---

12   Das erlaubt auch, einige Entzifferungsfehler von Lehmann zu korrigieren. Die fehlende Berücksichtigung des Textes von Achenwall in der Akademie-Ausgabe wird noch unverständlicher, wenn man bedenkt, dass schon Natorp bei der Herausgabe der *Rechtslehre* bemerkt hatte, wie sehr Kant bei Achenwall in der Schuld stand (vgl. AA 06: 520).

13   Vgl. auch die Beiträge dazu in Bernd Dörflinger, Claudio La Rocca, Robert Louden und Ubirajara Rancan de Azevedo Marques (Hg.), *Kant's Lectures/ Kants Vorlesungen* (Berlin und Boston: De Gruyter, 2015) und Robert R. Clewis (Hg.), *Reading Kant's Lectures* (Berlin und Boston: De Gruyter, 2015).

14   Vgl. Benno Erdmann (Hg.): *Reflexionen Kants zur kritischen Philosophie* (Leipzig: Fues, 1882 und 1884).

AUF DEM WEG ZUR *RECHTSLEHRE*? 5

Cursus derselben auf jede Stunde (wie es billig immer geschehen muß) vorbereiten muß ihm sich immer neue Ansichten und Aussichten theils in der Vorbereitung theils welches noch öfterer geschieht mitten in seinem Vortrage eröfnen die ihm dazu dienen seinem Entwurf von Zeit zu Zeit zu berichtigen und zu erweitern.[15]

Aus dieser ‚Erklärung' wird deutlich, wie wichtig es ist, in den jeweiligen ‚Entwurf' zu schauen, aus dem dann jeweils die systematischen Schriften der Spätzeit entstanden. Das betrifft auch die Vorlesungen über ‚Rechtslehre' – und somit das *Naturrecht Feyerabend* als erste ausführliche Darstellung der rechtsphilosophischen Überlegungen Kants, die wir besitzen.

2 Das *Naturrecht Feyerabend* als theoretischer Entwurf

Abgesehen von dem umrissenen philologischen und historischen Befund ist das *Naturrecht Feyerabend* vor allem im Hinblick auf die Genese von Kants Moralphilosophie von besonderer Bedeutung. Einerseits handelt es sich um die einzige überlieferte Nachschrift zu einer Vorlesung Kants über das Naturrecht. Insofern ist das *Naturrecht Feyerabend* mit Blick auf Kants Einschätzung und Kritik an der zeitgenössischen Rechtsphilosophie von Interesse. Andererseits arbeitet Kant zeitgleich mit der Vorlesung an der Abfassung seiner ersten moralphilosophischen Schrift, der *Grundlegung zur Metaphysik der Sitten*. Und tatsächlich finden sich neben der durchgängigen Orientierung an der Vorgabe durch das Achenwallsche Lehrbuch zahlreiche Theoriestücke, die nicht nur in der kurz darauf erschienenen *Grundlegung zur Metaphysik der Sitten*, sondern auch noch in der späten *Rechtslehre* zentral sind. So kennzeichnet Kant bereits in der ‚Einleitung' den Menschen als ‚Zweck an sich selbst' mit ‚innerem Wert', bindet den Freiheitsbegriff eng an die Idee der Selbstgesetzgebung und verwendet erstmals den Autonomiebegriff im Kontext moralischer Gesetze als kategorischer Imperative.[16] Neben solchen allgemein-moralphilosophischen Ähnlichkeiten lassen sich auch zahlreiche spezifisch rechtsphilosophische Übereinstimmungen feststellen: z.B. die Einordnung der juridischen Pflichten in die Menge der moralischen Pflichten, die Bestimmung der ‚Rechtslehre' als apriorische Rechtsmetaphysik, die Gleichsetzung von Rechts- und

---

15 AA 13: 538f. („Erklärung wegen der von Hippelschen Autorschaft").
16 Vgl. V-NR/Feyerabend, 5.31f. (AA 27: 1319); V-NR/Feyerabend, 8.30–35 (AA 27: 1322); V-NR/Feyerabend, 12.05–29 (AA 27: 1325f.).

Zwangspflichten oder die Kennzeichnung des Rechtsbegriffs durch den Bezug auf das äußere Handeln bzw. die Form der Willkür und das Absehen von Interessen, Zwecken bzw. Motiven.[17]

Insofern die genannten Ähnlichkeiten und Übereinstimmungen nicht gerade Nebensächlichkeiten oder Randthemen der kantischen Moralphilosophie im allgemeinen und der kantischen Rechtsphilosophie im besonderen, sondern vielmehr deren Kernbestimmungen betreffen, drängt sich die Frage auf: Wieviel kritische Moralphilosophie enthält die Feyerabendnachschrift? Im Anschluss an gängige Interpretationen der praktischen Philosophie Kants zieht sie zugleich zahlreiche Interpretationsfragen nach sich: Ist das *Naturrecht Feyerabend* – neben der etwas später gehaltenen Vorlesung *Moral Mrongovius II* – ein eigener Beleg für die kritische Wendung in der Moralphilosophie, die Kant nur wenig später in der *Grundlegung* dem breiteren Publikum vorlegte?[18] Oder ist es lediglich ein Dokument des Ringens Kants um eine eigenständige moralphilosophische Konzeption – zwar mit ersten ‚kritischen‘ Formulierungen, aber noch inmitten der naturrechtlichen Tradition der deutschen Schulphilosophie? Ist es sogar (wie vielleicht die *Grundlegung* selbst) bloß exoterische Belehrung in moralischen Dingen fürs gemeine Volk – aber längst keine Darstellung des kritischen Prinzips der Moralphilosophie, wie sie Kant erst ab 1788 vorgelegt hat?[19] Oder dokumentiert sie vielmehr die ‚Geburtsstunde‘ der kritischen Rechtsphilosophie Kants?[20]

Bereits diese wenigen, hier nur kursorisch aufgeworfenen Fragen mögen hinreichend sein, um den mit dem *Naturrecht Feyerabend* gegebenen systematischen Problemkomplex zu umreißen und zugleich dessen Relevanz für die Beschäftigung mit Kants Moral- bzw. Rechtsphilosophie anzudeuten. Für eine Strukturierung bietet sich folgende Differenzierung der zuerst genannten, allgemeinen Frage an:

---

17   Vgl. den ausführlichen Vergleich in Philipp-Alexander Hirsch, *Kants Einleitung in die Rechtslehre von 1784. Immanuel Kants Rechtsbegriff in den Vorlesungen „Moral-Mrongovius II" und „Naturrecht-Feyerabend" von 1784 und in der „Metaphysik der Sitten" von 1797* (Göttingen: Universitätsverlag Göttingen, 2012); vgl. zum ersten Punkt auch Paul Guyer, „Kant's Politics of Freedom", in *Ratio Juris* 29 (2016): 427–432.

18   Vgl. zum zeitlichen Verlauf bereits die „Einleitung" von Gerhard Lehmann in AA 29: 651f.

19   Vgl. die Einschätzung der *Grundlegung* in Manfred Baum, „Sittengesetz und Freiheit. Kant 1785 und 1788", in ders., *Kleine Schriften Bd. 2: Arbeiten zu Kants praktischer Philosophie*, hg. Dieter Hüning (Berlin und Boston: De Gruyter, 2020): 257–274.

20   Vgl. die Einschätzung in Philipp-Alexander Hirsch, *Kants Einleitung in die Rechtslehre von 1784* auch ders., *Freiheit und Staatlichkeit bei Kant. Die autonomietheoretische Begründung von Recht und Staat und das Widerstandsproblem* (Berlin und Boston: De Gruyter, 2015), 67ff. sowie im vorliegenden Band: 197–228.

AUF DEM WEG ZUR *RECHTSLEHRE*?　　　　　　　　　　　　　7

(i) *Verhältnis zur Tradition der Naturrechtslehre.* Dass sich Kant mit seiner Vorlage ‚Achenwall' an der Naturrechtslehre der Wolffschen Schulphilosophie orientierte, ist offenkundig. Aber wie kritisch ist Kants Theorieentwurf im *Naturrecht Feyerabend* mit Blick auf die neuzeitliche Tradition des Naturrechts?[21] Emanzipiert er sich von deren theologischen und anthropologischen Begründungen? Übernimmt er vielleicht lediglich Termini und brauchbare Klassifikationen, deutet sie aber grundlegend um? Von der Beantwortung solcher Fragen hängt entscheidend eine Einschätzung der Originalität des rechtsphilosophischen Gehalts des *Naturrechts Feyerabend* und damit auch eine angemessene Beurteilung von dessen Verhältnis zur späten *Rechtslehre* ab.

(ii) *Verhältnis zur kritischen Moralphilosophie.* Im Zentrum der kritischen Moralphilosophie steht bekanntlich der Begriff der Freiheit, der Kant zufolge eine besondere ‚Kausalität' resp. Eigengesetzlichkeit der Vernunft bezeichnet. Auch in der ‚Einleitung' zum *Naturrecht Feyerabend* nimmt der Freiheitsbegriff eine prominente Stelle ein und wird mit der Idee besonderer ‚Gesetze' verknüpft. Aber sind die Freiheitsbegriffe des *Naturrecht Feyerabend* und der kritischen Moralphilosophie identisch? Bereits das Verhältnis zwischen der Freiheitskonzeption der *Grundlegung* und derjenigen der zweiten *Kritik* scheint notorisch unklar.[22] Hält das *Naturrecht Feyerabend* vielleicht sogar eine weitere systematische Alternative bereit? Oder ist sie als unkritisch zu beurteilen, da sie auf metaphysischen Annahmen beruht, die nicht mit der Erkenntniskritik vereinbar sind? Antworten auf diese Fragen entscheiden maßgeblich darüber, ob das *Naturrecht Feyerabend* interessante, sonst in Kants Schriften nicht zu findende moraltheoretische Ressourcen bereithält oder doch bloß eine Episode auf dem Weg zur kritischen Moralphilosophie Kants darstellt. – Auffällig ist jedenfalls, worauf Manfred Baum mit Nachdruck hingewiesen hat, dass Kant sowohl im *Naturrecht Feyerabend* wie im zweiten

---

21　　Vgl. zu Achenwalls Naturrechtslehre im Kontext der Tradition Paul Streidl, *Naturrecht, Staatswissenschaften und Politisierung bei Gottfried Achenwall (1719–1772). Studien zur Gelehrtengeschichte Göttingens in der Aufklärung* (München: Utz, 2003), bes. C.I und D; Joachim Hruschka, *Das deontologische Sechseck bei Gottfried Achenwall im Jahre 1767. Zur Geschichte der deontischen Grundbegriffe in der Universaljurisprudenz zwischen Suarez und Kant* (Hamburg: Joachim Jungius-Gesellschaft der Wissenschaften, 1986).

22　　Jedenfalls werden die unterschiedlichsten Auffassungen in der Kantforschung bzw. Kant-Interpretation vertreten. Vgl. z. B. Gerold Prauss, *Kant über Freiheit als Autonomie* (Frankfurt am Main: Klostermann, 1983); Henry Allison, *Kant's Theory of Freedom* (Cambridge: Cambridge University Press, 1990); Jochen Bojanowski, *Kants Theorie der Freiheit. Rekonstruktion und Rehabilitierung* (Berlin und Boston: De Gruyter, 2012); Bernd Ludwig, *Aufklärung über die Sittlichkeit. Zu Kants Grundlegung einer Metaphysik der Sitten* (Frankfurt am Main: Klostermann, 2019).

Abschnitt der *Grundlegung* Positionen einer dogmatischen Metaphysik evoziert, die mit dem systematischen Anspruch der *Kritik der reinen Vernunft* unvereinbar sind, so dass der Rückgriff auf derartige Positionen – wie Baum ausführt – keine systematische Grundlegungsfunktion haben kann, sondern sich eher Kants ,volkspädagogischen' Absichten verdankt. So heißt es etwa in der *Grundlegung*:

> Wenn es denn also ein oberstes praktisches Princip und in Ansehung des menschlichen Willens einen kategorischen Imperativ geben soll, so muß es ein solches sein, das aus der Vorstellung dessen, was nothwendig für jedermann Zweck ist, weil es *Zweck an sich selbst* ist, ein objectives Princip des Willens ausmacht, mithin um allgemeinen praktischen Gesetz dienen kann. Der Grund dieses Princips ist: die vernünftige Natur existirt als Zweck an sich selbst.[23]

In ganz ähnlicher Weise hatte Kant im *Naturrecht Feyerabend* die Behauptung aufgestellt: „bloß der Mensch kann als Zweck selbst angesehen werden" – und als Begründung angeführt: „der Mensch ist [...] Zweck der Schöpfung" bzw. „In der Welt als System der Zwecke muß doch zuletzt ein Zweck seyn, und das ist das vernünftige Wesen".[24]

(iii) *Verhältnis zur kritischen Rechtslehre.* Für Kants späte Rechtsphilosophie ist die Unterscheidung zwischen ,äußerer' und ,innerer Gesetzgebung' der Vernunft, mithin zwischen Recht und Ethik sowie ihren jeweiligen spezifischen moralischen Gesetzen charakteristisch. Sie ist auch der Ausgangspunkt für die bis heute diskutierte These der begründungstheoretischen ,Unabhängigkeit' der kritischen Rechtslehre von transzendentalem Idealismus und Autonomiebegriff.[25] Im *Naturrecht Feyerabend* geht Kant in der ,Einleitung' ebenfalls auf

---

23 GMS, AA 04: 428 f.

24 V-NR/Feyerabend, 5.05, 5.11 und 5.16f. (AA 27: 1319). Manfred Baum hat diese Ausführungen folgendermaßen kommentiert: „Dass aber der Mensch als letzter Zweck der Schöpfung der Welt als eines Systems der Zwecke existiert, das sind Behauptungen, die man den Hörern einer Vorlesung präsentieren kann, bei denen man sicher ist, dass sie die Kritik der reinen Vernunft nicht gelesen oder nicht verstanden haben. Wenn Kant also in der *Grundlegung* von solchen Vorstellungen Gebrauch macht, so dienen auch sie dem volkspädagogischen Zweck, die abschreckende Abstraktheit seiner Lehre vom obersten Sittengesetz Lesern nahe zu bringen, denen, wie den Lesern Garves, die dogmatische und mit empirischen Elementen vermischte Metaphysik der Vulgäraufklärung vertraut und teuer ist." (Manfred Baum, „Metaphysik in Kants Moralphilosophie", in ders., *Kleine Schriften Bd. 2*, 313–332, hier 320, vgl. auch im vorliegenden Band: 109–130, bes. 111–114).

25 Vgl. für eine ausführliche Darstellung Georg Geismann, „Recht und Moral in der Ethik Kants", in *Jahrbuch für Recht und Ethik* 14 (2006): 3–124, 61–88. Vgl. auch zur ähnlichen

das Verhältnis von Recht und Ethik ein und scheint den Versuch zu unternehmen, beide aus einem gemeinsamen Prinzip abzuleiten. Wie verhält sich diese Bestimmung aus *Naturrecht Feyerabend* zu derjenigen aus der *Metaphysik der Sitten*? Und wie steht sie zur Diskussion um die ‚Unabhängigkeitsthese'? Neben solchen Fragen, deren Beantwortung vor allem auf die Begründung des normativen Gehalts der kantischen Rechtsphilosophie zielt, gibt die aufmerksame Lektüre der Feyerabendnachschrift Anlass zu Fragen, die zentrale Einzelthemen der Rechtsphilosophie betreffen. Warum vertritt Kant hier etwa eine Arbeitstheorie des Eigentums und nicht – wie zuvor und auch später wieder – eine Erwerbungstheorie? Und lässt sich dieser Umstand mit Verweis auf die im *Naturrecht Feyerabend* entwickelten moralphilosophischen Grundlagen wie etwa die Freiheitskonzeption erklären?

3 Das *Naturrecht Feyerabend* im Spiegel der Beiträge des vorliegenden Bands

Die skizzierte Differenzierung der Frage, wieviel kritische Moralphilosophie das *Naturrecht Feyerabend* denn schon enthalte, ist nicht nur hilfreich als Leitfaden für ihre Beantwortung und für das Herausstellen seiner systematischen Relevanz, sondern liegt auch dem Aufbau des vorliegenden Bands zugrunde. Er gliedert sich daher in drei Teile, von denen der erste das Verhältnis des *Naturrechts Feyerabend* zur Naturrechtstradition, der zweite dessen Verhältnis zur kritischen Moralphilosophie und der dritte das zur späten *Rechtslehre* thematisiert. In allen drei Teilen dokumentieren die jeweils versammelten Beiträge, dass die Beantwortung der aufgeworfenen Fragen nur selten eindimensional in einem allgemeinen Konsens münden kann, sondern sich an einzelnen Themen und Problemen orientieren und vor allem die eigene Interpretationsperspektive offenlegen muss.

Dies zeigt sich bereits deutlich im ersten Teil an der unterschiedlichen Einschätzung der Originalität der kantischen Überlegungen im *Naturrecht Feyerabend* mit Blick auf die Tradition des neuzeitlichen Naturrechts: Während Gideon Stiening schon hier „den erheblichen Unterschied zwischen Kants politischer Theorie und den überkommenden Varianten des klassischen

---

Debatte um die Frage, inwiefern Kants Rechtslehre seine „Moraltheorie" voraussetze, Marcus Willaschek, „Right and Coercion. Can Kant's Conception of Right Be Derived from his Moral Theory?", *International Journal of Philosophical Studies* 17 (2009): 49–70 und Gerhard Seel, „How Does Kant Justify the Universal Objective Validity of the Law of Right?", *International Journal of Philosophical Studies* (2009): 71–94.

Naturrechts"[26] erkennt und Gianluca Sadun Bordoni es als „ein wertvolles Zeugnis der Kontinuität des kantischen Moraldenkens"[27] in entschiedener Abgrenzung zum traditionellen Naturrecht versteht, sieht Michael Städtler seinen Ertrag vor allem darin, „die traditionelle Staatslehre *systematisch* zu rekonstruieren".[28]

In seinem Beitrag geht *Gideon Stiening* genauer Kants kritischer Auseinandersetzung mit Achenwalls *Ius Naturae* nach, indem er einerseits die Stellung und Funktion des Gottesbegriffs im Rahmen von deren allgemeinen Obligationstheorien, andererseits die relevanten Abschnitte zum Kriegsrecht in den Mittelpunkt seiner Interpretation stellt. Er zeigt, dass Achenwall zwischen 1750 und 1758 von der Position einer säkularen und rationalistischen Verbindlichkeitstheorie wolffschen Typs Abstand nahm und stattdessen ein theonomes und voluntaristisches Naturrecht favorisierte. Kant halte dagegen die Bezugnahme auf Gott in diesem Kontext für schlichtweg falsch und argumentiere bereits im *Naturrecht Feyerabend* für eine allein auf reiner praktischer Vernunft gründende Naturrechtskonzeption. Entsprechend schränke er das Naturrecht auf einen bloß dijudikativen Status ein und weise somit auch den von Achenwall naturrechtlich begründeten – und insofern legitimierten, ‚gerechten' – Krieg zurück.

Im Beitrag von *Michael Städtler* stehen dagegen die Begriffe der Souveränität und des Widerstands im Zentrum. Er zeigt, dass schon das *Naturrecht Feyerabend* ein Zeugnis von Kants Ringen um eine Souveränitätskonzeption ist, die sich deutlich von den machtpragmatischen und wohlfahrtsorientierten Politiklehren der Neuzeit abhebe, indem sie strikt am Begriff des Rechts orientiert sei. Ausführlich werden Kants dortige Bestimmungen des Zwecks der Gesellschaft und des Staates, des ursprünglichen Vertrags, des Verhältnisses von Volk und Herrscher, der Regierungsarten, des Status des Bürgers, des Unterschieds zwischen Monarchie und Republik sowie der Funktion und Reichweite staatlicher Durchsetzungsgewalt vorgestellt und als theoretischer Ausdruck des ‚aufgeklärten Absolutismus' verstanden. Dem entsprechenden Begriff der Souveränität als ‚oberste Bedingung des Rechts' korrespondiere dann auch die Ablehnung eines Widerstandsrechts, die von Kant in seinen späteren Schriften weiter verschärft werde.

Ganz in Übereinstimmung mit den späteren politisch- und rechtsphilosophischen Schriften Kants sieht wiederum *Gianluca Sadun Bordoni* die Feyerabendnachschrift. Er hebt hervor, dass Kant sich schon im *Naturrecht*

---

26   Vgl. im vorliegenden Band: 42.
27   Vgl. im vorliegenden Band: 97.
28   Vgl. im vorliegenden Band: 76.

Feyerabend entschieden gegen die paternalistische Staatskonzeption der traditionellen Naturrechtslehre stelle und den Begriff der Freiheit ins Zentrum seiner Rechtsphilosophie rücke. Indem er dem Konzept von Naturgesetzen das von ‚Gesetzen der Freiheit' gegenüberstelle und diese als ‚sich selbst gegebene' bestimme, schaffe Kant hier die theoretische Grundlage für seine spätere praktische Philosophie. Entsprechend erlaube die Berücksichtigung des *Naturrechts Feyerabend* einen entscheidenden Einblick in die Entwicklung des kantischen Rechtsdenkens und dessen Kontinuität bis in die rechtsphilosophischen Überlegungen der 1790er Jahre.

Auch in den Beiträgen des zweiten Teils zeigen sich erhebliche Unterschiede in der Einschätzung der systematischen Valenz des in der Feyerabendnachschrift enthaltenen Theorieentwurfs. Zwar kommen alle vier Autoren darin überein, dass Kant hier noch nicht das Prinzip und die Begründung der kritischen Moralphilosophie vorstelle, wie sie in gewisser Weise bereits aus der *Grundlegung* und vor allem aus der zweiten *Kritik* sowie der *Metaphysik der Sitten* bekannt sind. Allerdings sind die dafür angeführten Gründe recht verschieden.

Manfred Baum weist in seinem Beitrag darauf hin, dass der rechtstheoretischen Konzeption des *Naturrechts Feyerabend* noch eine ‚Zweckmetaphysik' zugrunde liege, die nicht nur mit dem Moralprinzip, sondern auch mit den Erkenntnisrestriktionen der kritischen Philosophie unvereinbar sei. Zudem fehle es hier noch an genauen Bestimmungen des Begriffs eines guten Willens und seiner Gesetze. Es werden auch keine ‚Formeln' des Moralprinzips und keine Antwort auf die Frage nach der Möglichkeit kategorischer Imperative angeführt. Vielmehr definiere Kant in der Feyerabendnachschrift moralische Gesetze durch einen ‚reinen Vernunftzweck' – womit Kant vorkritische Überlegungen wiederaufnimmt, die sich auch noch in der ersten *Kritik* finden lassen, aber noch weit entfernt von Kants kritischer Lehre vom kategorischen Imperativ seien.

Franz Hespe sieht wiederum fast gar keine Übereinstimmungen des im *Naturrecht Feyerabend* verwendeten Freiheitsbegriffs mit demjenigen der kritischen Moralphilosophie. Anhand der Themen ‚Mensch als Zweck an sich selbst', ‚Vernunft und Freiheit' und ‚Freiheit qua Autonomie' macht er deutlich, dass sowohl Argumentationsgang als auch Gehalt der moralphilosophischen Überlegungen Kants in der Feyerabendnachschrift und in der *Grundlegung* ganz verschiedene sind. Dies werde besonders mit Blick auf den jeweils verwendeten Freiheitsbegriff deutlich: Während Kant in der *Grundlegung* ein offenes Problem der *Kritik der reinen Vernunft* löse, indem der Freiheitsbegriff dort nicht auf Gesetzlosigkeit hinauslaufe, sondern ein Handeln nach einem besonderen Gesetz bezeichne, sei die Auszeichnung des Menschen als

,Zweck an sich' im *Naturrecht Feyerabend* bloß eine unkritische Verlängerung des Erfahrungswissens über jede Erfahrung hinaus – nur ohne Einsicht in die Dialektik reiner Vernunft. Entsprechend führten diese Überlegungen der Vorlesung auch nicht zum Freiheitsbegriff der *Grundlegung*.

Eine ganz eigenständige – und eigenartige – Begründung von Moral und Freiheit sieht wiederum *Markus Kohl* im *Naturrecht Feyerabend*. Sie sei durch einen zweifachen ,Subjektivismus' ausgezeichnet, der radikaler als derjenige der späteren kantischen Entwürfe einer Moralphilosophie sei: Denn einerseits strapaziere Kant ein subjektives Bedürfnis der Vernunft nach einem letzten Zweck, um das oberste Prinzip moralischer Verbindlichkeit zu begründen; und andererseits sei es ihm zufolge für eine solche Vernunft notwendig, vernünftigen Wesen ,transzendentale Willensfreiheit' zuzuschreiben, um sie als Adressaten moralischen Handelns zu denken. Dieser theoretische Ansatz widerspreche jedoch sowohl der Lehre von der apodiktischen Gewissheit des Sittengesetzes als auch derjenigen von dessen Gültigkeit für alle Vernunftwesen, die sonst von Kant in seinen moralphilosophischen Schriften vertreten werden. Und insofern für die kritische Moralphilosophie die Unbegreiflichkeit der Willensfreiheit gar kein Problem für die praktische Vernunft darstelle, erscheine die im *Naturrecht Feyerabend* enthaltene Moralbegründung schließlich auch nicht als ein sonderlich relevanter oder gar vielversprechender theoretischer Ansatz.

Auch *Stefan Klingner* sieht in seinem Beitrag mit dem *Naturrecht Feyerabend* (und der kurz darauffolgenden *Moral Mrongovius II*) eine moralphilosophische Konzeption gegeben, die nicht gut zur späteren, vor allem in der *Kritik der praktischen Vernunft* und der ,Einleitung' zur *Kritik der Urteilskraft* vorgelegten passt. Mit Blick auf Kants Bestimmung des Verhältnisses von ,Vernunft' und ,Freiheit' in der Feyerabendnachschrift stellt er heraus, dass sie das Konzept von bloß technisch-praktischen Wesen impliziere. Dieses ist aber im Kontext der kritischen Moralphilosophie inkonsistent, da es nicht präzise zwischen theoretischer qua technisch-praktischer und praktischer qua moralisch-praktischer Vernunft unterscheide. Damit zeige sich auch, dass die Bestimmung des Verhältnisses von Vernunft und Freiheit im *Naturrecht Feyerabend* lediglich eine bloß vorläufige Etappe in der Genese der kritischen Vernunftkonzeption abgebe – trotz des dort entwickelten positiven Freiheitsbegriffs.

Die Beiträge des letzten Teils nehmen schließlich den rechtsphilosophischen Gehalt des *Naturrechts Feyerabend* im Vergleich zu dem der späten *Rechtslehre* in den Blick, wobei einerseits die in ihm vorgelegte Begründung des Rechts und andererseits die dort von Kant vertretene Eigentumslehre untersucht bzw. problematisiert werden. Hinsichtlich des ersten Punkts scheint Kant in der Vorlesung von 1784 bereits die entscheidenden Weichen für die spätere Rechtsbegründung gestellt, hinsichtlich des zweiten Punkts dagegen einen bloßen Zwischenschritt vollzogen zu haben.

Im Unterschied etwa zur Interpretation von Manfred Baum und in weitgehender Übereinstimmung mit etwa derjenigen von Gideon Stiening legt *Philipp-Alexander Hirsch* in seinem Beitrag dar, dass Kant im *Naturrecht Feyerabend* den Versuch unternehme, die traditionelle theonome Rechtsbegründung durch eine eigene kritische und autonome zu ersetzen – was *grosso modo* auch tatsächlich gelinge. Insofern hier nämlich Autonomie und reine praktische Vernunft als Geltungsgrund rechtlicher Pflichten verstanden werden, bereits zwischen Freiheit als exekutivem Handlungsvermögen und als legislativem Vermögen unterschieden werde und Kant das Recht ausschließlich auf das Verbot, andere nicht bloß als Mittel zu behandeln, beziehe, dürfe das *Naturrecht Feyerabend* durchaus als ‚Geburtsstunde‘ der kritischen Rechtsbegründung bezeichnet werden.

Auch *Gabriel Rivero* interpretiert die in der Feyerabendnachschrift entwickelten moralphilosophischen Grundlagen so, dass sie im Gegensatz zur Naturrechtstradition das System der praktischen Philosophie ausschließlich auf dem Prinzip der Freiheit (und deren Gesetzen) beruhen lassen. Diese Neubestimmung führe mit Blick auf die Eigentumstheorie dann auch zu einer gegenüber den früheren Schriften neuen Eigentumstheorie, die allerdings noch restriktive Elemente enthalte, die Kant erst in der *Rechtslehre* konsequent beseitigt habe. Dies betreffe vor allem die im *Naturrecht Feyerabend* unternommene direkte Ableitung des äußeren vom inneren Mein im Rahmen einer Formationstheorie des Eigentums, die zwar einen empirischen, aber nicht einen rechtlichen Besitz begründen könne. Damit dokumentiere die Vorlesungsnachschrift eine Übergangsphase in der Eigentumskonzeption Kants, die durch Fortschritte wie Rückschritte gleichermaßen gekennzeichnet sei.

Skeptischer mit Blick auf die Originalität von Kants im *Naturrecht Feyerabend* vorgelegter Eigentumslehre äußert sich *Dieter Hüning* in seinem Beitrag. Der genaue Vergleich mit Achenwalls Eigentumsbegründung zeige, dass Kant hier zwar einige Elemente der späteren Theorie präsentiere – wie die Unterscheidung zwischen physischem und rechtlichem Besitz oder die Notwendigkeit eines besonderen ‚Akts der Freiheit‘ zur rechtmäßigen Inbesitznahme. Allerdings enthalten Kants Überlegungen keine eigenständige Begründung rechtmäßiger Erwerbung, sondern verharrten im traditionellen Rahmen der sog. Arbeitstheorie des Eigentums. Entsprechend kritisiere er in der späteren *Rechtslehre* die von ihm selbst 1784 noch vertretene Formationstheorie und lege dort eine systematische Neubegründung der Eigentumslehre vor.

Alle Beiträge des vorliegenden Bands gehen auf Vorträge zurück, die im Sommersemester 2016 im Rahmen des von der Kant-Forschungsstelle der

Universität Trier organisierten 5. Trierer Kant-Kolloquiums[29] gehalten und diskutiert wurden. Das Kolloquium unter der Leitung von Bernd Dörflinger und Dieter Hüning war ausschließlich dem *Naturrecht Feyerabend* gewidmet und umfasste einerseits die gemeinsame pünktliche Lektüre des kantischen Textes, andererseits Vorträge zu von den Vortragenden frei gewählten Themen sowie deren Diskussion. Für die Veröffentlichung wurden die Vortragstexte überarbeitet und teilweise stark erweitert. Die Herausgeber danken den Autoren sowohl für ihre Vorträge und die durch sie zustande gekommenen Diskussionen als auch für die Texte für diesen Band. Zudem gilt ihr Dank den Herausgebern der Reihe „Early Modern Natural Law: Studies & Sources ", vor allem Frank Grunert, für die professionelle Zusammenarbeit sowie den beiden Gutachtern für ihre Mühen und hilfreichen Hinweise und Verbesserungsvorschläge.

Bibliografie

Achenwall, Gottfried und Pütter, Johann Stephan, *Anfangsgründe des Naturrechts*, hg. Jan Schröder (Frankfurt am Main: Insel, 1995).

Allison, Henry, *Kant's Theory of Freedom* (Cambridge: Cambridge University Press, 1990).

Arnoldt, Emil, „Kritische Excurse im Gebiete der Kantforschung", in ders., *Gesammelte Schriften*, hg. Otto Schöndorfer, 10 Bde. (Berlin: Cassirer, 1906–11), Bd. 4 und 5.

Baum, Manfred, „Sittengesetz und Freiheit. Kant 1785 und 1788", in ders., *Kleine Schriften Bd. 2: Arbeiten zu Kants praktischer Philosophie*, hg. Dieter Hüning (Berlin und Boston: De Gruyter, 2020): 257–274.

Baum, Manfred, „Metaphysik in Kants Moralphilosophie", in ders., *Kleine Schriften Bd. 2: Arbeiten zur praktischen Philosophie Kants*, hg. Dieter Hüning (Berlin und Boston: De Gruyter, 2020): 313–332.

Benhabib, Seyla, *The Rights of Others. Aliens, Residents and Citizens* (Cambridge: Cambridge University Press, 2004).

---

29   Das Trierer Kant-Kolloquium fand erstmals im Wintersemester 2011/12 statt. Seit dem Sommersemester 2013 ist es jedes Jahr einem anderen Thema der Philosophie Kants gewidmet. Bisherige Themen waren: „Kant und die Gottesfrage" (2013), „Das Verhältnis von Recht und Ethik in Kants praktischer Philosophie" (2014), „Kants Schrift *Zum ewigen Frieden*" (2015), „Kants *Vorlesung über Naturrecht nach Feyerabend*" (2016), „Kants *Anthropologie in pragmatischer Hinsicht*" (2017), „Kants *Religion innerhalb der Grenzen bloßer Vernunft*" (2018) und „Kants *Über den Gemeinspruch: Das mag in der Theorie richtig sein, taugt aber nicht für die Praxis*" (2019).

Bojanowski, Jochen, *Kants Theorie der Freiheit. Rekonstruktion und Rehabilitierung* (Berlin und Boston: De Gruyter, 2012).

Borowski, Ludwig Ernst von, „Darstellung des Lebens und Characters Immanuel Kants", in *Immanuel Kant. Sein Leben in Darstellungen von Zeitgenossen*, hg. Felix Groß (Darmstadt: Wissenschaftliche Buchgesellschaft, 2012): 1–102.

Brandhorst, Mario und Weber-Guskar, Eva (Hg.), *Menschenwürde. Eine philosophische Debatte über Dimensionen ihrer Kontingenz* (Frankfurt am Main: Suhrkamp, 2017).

Brecher, Martin, Hirsch, Philipp-Alexander und Stefan Klingner, „Göttinger Naturrecht. 300 Jahre Gottfried Achenwall (1719–1772) – Eine Einführung", in *Rechtsphilosophie. Zeitschrift für die Grundlagen des Rechts* 6/4 (2020): 311–324.

Clewis, Robert R. (Hg.), *Reading Kant's Lectures* (Berlin und Boston: De Gruyter, 2015).

Delfosse, Heinrich P., Hinske, Norbert und Sadun Bordoni, Gianluca (Hg.), *Kant-Index: Indices zum Ethikcorpus*, Band 30.1: *Einleitung des „Naturrechts Feyerabend"* (Stuttgart-Bad Cannstatt: Frommann-Holzboog, 2010), Band 30.2: *Abhandlung des „Naturrechts Feyerabend": Text und Hauptindex* (Stuttgart-Bad Cannstatt: Frommann-Holzboog, 2014), Band 30.3: *Abhandlung des „Naturrechts Feyerabend": Konkordanz und Sonderindices* (Stuttgart-Bad Cannstatt: Frommann-Holzboog, 2014).

Dörflinger, Bernd, La Rocca, Claudio, Louden, Robert und Rancan de Azevedo Marques, Ubirajara (Hg.), *Kant's Lectures/ Kants Vorlesungen* (Berlin und Boston: De Gruyter, 2015).

Dörflinger, Bernd, Hüning, Dieter und Kruck, Günter (Hg.), *Das Verhältnis von Recht und Ethik in Kants praktischer Philosophie* (Hildesheim: Olms, 2017).

Edwards, Jeffrey, *Autonomy, Moral Worth, and Right. Kant on Obligatory Ends, Respect for Law, and Original Acquisition* (Berlin und Boston: De Gruyter, 2018).

Erdmann, Benno (Hg.): *Reflexionen Kants zur kritischen Philosophie* (Leipzig: Fues, 1882 und 1884).

Geismann, Georg, „Recht und Moral in der Ethik Kants", in *Jahrbuch für Recht und Ethik* 14 (2006): 3–124.

Guyer, Paul, „Kant's Politics of Freedom", in *Ratio Juris* 29 (2016): 427–432.

Hirsch, Philipp-Alexander, *Kants Einleitung in die Rechtslehre von 1784. Immanuel Kants Rechtsbegriff in den Vorlesungen „Moral-Mrongovius II" und „Naturrecht-Feyerabend" von 1784 und in der „Metaphysik der Sitten" von 1797* (Göttingen: Universitätsverlag Göttingen, 2012).

Hirsch, Philipp-Alexander, *Freiheit und Staatlichkeit bei Kant. Die autonomietheoretische Begründung von Recht und Staat und das Widerstandsproblem* (Berlin und Boston: De Gruyter, 2015).

Horn, Christoph, *Nichtideale Normativität. Ein neuer Blick auf Kants politische Philosophie* (Frankfurt am Main: Suhrkamp, 2014).

Hruschka, Joachim, *Das deontologische Sechseck bei Gottfried Achenwall im Jahre 1767. Zur Geschichte der deontischen Grundbegriffe in der Universaljurisprudenz zwischen Suarez und Kant* (Hamburg: Joachim Jungius-Gesellschaft der Wissenschaften, 1986).

Hüning, Dieter und Klingner, Stefan (Hg.), *... jenen süßen Traum träumen. Kants Friedensschrift zwischen objektiver Geltung und Utopie* (Baden-Baden: Nomos, 2018).

Kant, Immanuel, *Lectures and Drafts on Political Philosophy*, hg. Frederick Rauscher und Kenneth R. Westphal (Cambridge: Cambridge University Press, 2016).

Kant, Immanuel, *Lezioni sul diritto naturale*, hg. Norbert Hinske und Gianluca Sadun Bordoni (Mailand: Bompiani, 2016).

Ludwig, Bernd, *Aufklärung über die Sittlichkeit. Zu Kants Grundlegung einer Metaphysik der Sitten* (Frankfurt am Main: Klostermann, 2019).

Mosayebi, Reza (Hg.), *Kant und Menschenrechte* (Berlin und Boston: De Gruyter, 2018).

Oberhausen, Michael und Riccardo Pozzo (Hg.), *Vorlesungsverzeichnisse der Universität Königsberg (1720–1804)* (Stuttgart- Bad Cannstatt: Frommann-Holzboog, 1999).

Prauss, Gerold, *Kant über Freiheit als Autonomie* (Frankfurt am Main: Klostermann, 1983).

Ruffing, Margit, Schlitte, Annika und Sadun Bordoni, Gianluca (Hg.), *Kants Naturrecht Feyerabend. Analysen und Perspektiven* (Berlin und Boston: De Gruyter, 2020).

Seel, Gerhard, „How Does Kant Justify the Universal Objective Validity of the Law of Right?", *International Journal of Philosophical Studies* (2009): 71–94.

Streidl, Paul, *Naturrecht, Staatswissenschaften und Politisierung bei Gottfried Achenwall (1719–1772). Studien zur Gelehrtengeschichte Göttingens in der Aufklärung* (München: Utz, 2003).

Willaschek, Marcus, „Right and Coercion. Can Kant's Conception of Right Be Derived from his Moral Theory?", *International Journal of Philosophical Studies* 17 (2009): 49–70.

TEIL 1

Das Naturrecht Feyerabend *und die Naturrechtstradition*

∵

Gott und der gerechte Krieg. Kants kritische Auseinandersetzung mit Achenwalls *Ius Naturae*

Gideon Stiening

Gott hat keine Achtung fürs Gesetz[1]

1   „Nachm Achenwall" – Kant und seine Kontexte

Die grundstürzenden Veränderungen – zu Recht als Umwälzungen bzw. Revolutionen bezeichnet[2] –, die Kants Philosophie gegenüber historischen und zeitgenössischen Alternativkonzepten hervorbrachte, sind nur dann zu erfassen, wenn man sich mit jenen vorhergehenden oder zeitgleichen Modellen ausführlich und d. h. kritisch beschäftigt.[3] Solcherart philosophiehistorische ‚Komparatistik' lässt sich einerseits durch genaue Rekonstruktionen der kritischen Auseinandersetzungen gestalten, die Kant mit großer Energie und wohl auch planmäßig spätestens seit 1783, also gegen Feder und Grave in den *Prolegomena*, und sicher bis 1796, also bis zur Schlosser-Kontroverse, durchgefochten hat.[4] Beispielsweise lässt sich für Georg Forster durch dessen *Kontroverse*

---

1 V-NR/Feyerabend, 13.04 (AA 27: 1326).

2 Vgl. hierzu Julius Ebbinghaus, *Gesammelte Aufsätze, Vorträge und Reden* (Darmstadt: WBG, 1968), 25.

3 Das ist trotz – oder womöglich gerade wegen – der bedeutenden Mode des Themas *Kant and Context* nicht immer der Fall, vgl. u. a. die sowohl im Hinblick auf die Anthropologie der Spätaufklärung als auch in Bezug auf Kants kritische Distanz dazu weder die Sache treffende noch den Stand der Forschung berücksichtigende freie Assoziation von Jennifer Mensch, „Kant and Skull Collectors: German Anthropology from Blumenbach to Kant", in *Kant and his German Contemporaries*, hg. Corey Dyck und Falk Wunderlich (Cambridge: Cambridge University Press, 2018): Bd. 1, 192–210.

4 Dass Kant Gegner und Anhänger schon seit den späten 1780er Jahren hervorbrachte, ist durchaus bekannt; vgl. u. a. Karl Vorländer, *Immanuel Kant. Der Mann und das Werk* (Hamburg: Meiner, ³1992), Bd. I, 213–247 und 406–430; Manfred Kühn, *Kant. Eine Biographie* (München: dtv, 2004), 291ff. und 339ff. sowie insbesondere Helmut Holzhey und Vilem Murdoch (Hg.), *Die Philosophie des 18. Jahrhunderts. 5: Heiliges Römisches Reich Deutscher Nation. Schweiz. Nord- und Osteuropa* (Basel: Schwabe, 2014): 1075–1189; dass der Königsberger aber

mit Kant allererst nachzeichnen, dass dieser weitgereiste, angeblich strenge Empirist in Wahrheit in rationalistischen, aber auch theologischen Kategorien verhaftet bleibt.[5] Auch an Kants Rezensionen, namentlich der kritischen Besprechung der herderschen *Ideen*, kann man das Grundstürzende der kantischen Innovationen gegenüber dem zeitgenössischen Theoriebestand in geschichtsphilosophischer und anthropologischer Hinsicht feststellen, weil erst durch Kants Kritik das theologische Substrat dieser Geschichtstheorie und Anthropologie erkennbar wird.[6] Umgekehrt lässt sich beispielsweise Schillers ästhetische Konzeption nur hinreichend – und zwar insbesondere in ihren Inkohärenzen – verstehen, wenn man dessen eigensinnige Kant-Rezeption und die kritischen Erwiderungen Kants differenziert zur Kenntnis nimmt.[7] Kurz: Kants Kontroversen mit seinen Zeitgenossen ebenso wie deren Auseinandersetzungen mit seiner Philosophie erfolgten in den unterschiedlichsten Formen und mit den unterschiedlichsten Zielen; sie können aber sowohl die kantische Systematik verdeutlichen als auch die Konzeptionen seiner Zeitgenossen und Gegner erkennbar machen.

Kant standen allerdings noch weitere Methoden und Textsorten zur Verfügung, die systematische Differenz zwischen seiner Philosophie und der seiner Vorgänger und Zeitgenossen einer kritischen Analyse zu unterziehen: Dabei geht es neben dem Corpus der Reflexionen[8] um die nicht durchgehend, aber punktuell kritische Behandlung von Systementwürfen, die er als Handbücher seinen Vorlesungen zugrunde legte und die in Nachschriften in ihrer

---

    gezielt gegen seine Gegner vorging, scheint in der Forschung noch zu wenig berücksichtigt zu werden.

5 Vgl. hierzu u. a. Gideon Stiening, „‚Es gibt gar keine verschiedenen Arten von Menschen.' Systematizität und historische Semantik am Beispiel der Kant-Forster-Kontroverse zum Begriff der Menschenrasse", in *Klopffechtereien – Missverständnisse – Widersprüche? Methodische und methodologische Perspektiven auf die Kant-Forster-Kontroverse*, hg. Rainer Godel und Gideon Stiening (München: Fink, 2012): 19–53.

6 Siehe hierzu u. a. Gideon Stiening, „Dieser ‚große Künstler von Blendwerken'. Kants Kritik an Herder", in *Philosophie nach Kant. Festschrift für Manfred Baum*, hg. Mario Egger (Berlin und Boston: De Gruyter, 2014): 473–498.

7 Vgl. hierzu u. a. Achim Vesper, „Durch Schönheit zur Freiheit? Schillers Auseinandersetzung mit Kant. Brief 1 und die Folgen", in *Friedrich Schiller: Über die ästhetische Erziehung des Menschen in einer Reihe von Briefen*, hg. Gideon Stiening (Berlin und Boston: De Gruyter, 2019): 33–48.

8 Über deren Status und deren Stellung zum ausformulierten Werk wird in der Forschung eher selten reflektiert. Vgl. hierzu Benno Erdmann, „Einleitung", in *Kants Reflexionen zur kritischen Philosophie. Aus Kants handschriftlichen Aufzeichnungen*, hg. Benno Erdmann (Leipzig: Fues's Verlag, 1882): 1–34; Gerd Irrlitz, *Kant-Handbuch. Leben und Werke* (Stuttgart und Weimar: Metzler, [3]2015), 468f. Sie werden vielmehr zumeist unreflektiert als ‚Steinbruch' je zuträglicher Argumentationen verwendet.

GOTT UND DER GERECHTE KRIEG

spezifischen Kombination aus Darstellung und kritischer Kommentierung vorliegen.[9] Im Fall des *Naturrecht Feyerabend* bedient sich Kant zu seiner Naturrechtsvorlesung der außerordentlich erfolgreichen Naturrechtskompendien Gottfried Achenwalls, also der *Elementa iuris naturae*, die der Göttinger seit 1750 (zunächst gemeinsam mit Johann Stephan Pütter) in einer Reihe von Neuauflagen herausgegeben hatte, sowie der seit 1758 in mehreren Auflagen erscheinenden *Prolegomena Iuris naturae*. Kant bezieht sich – Joachim Hruschka hat dies nachgewiesen[10] – bei den *Elementa* auf die Ausgabe von 1763.[11]

Im Folgenden wird der Versuch unternommen zu prüfen, in welchem sachlichen Verhältnis die kantischen Ausführungen und Kritiken zu ihrer achenwallschen Vorlage stehen.[12] Dabei wird zunächst eine historische Perspektive auf die von Kant hergestellte Korrelation geworfen, um auf dieser Grundlage einige systematische Überlegungen anzuschließen. Für diesen Zweck konzentriert sich die nachfolgenden Rekonstruktion *zum einen* auf die Stellung und Funktion des Gottesbegriffes im Rahmen der allgemeinen Obligationstheorie bei Achenwall und Kant sowie *zum anderen* auf die Kapitel zum Kriegsrecht bzw. einem so genannten *bellum iustum* innerhalb des *Ius naturae*.

Von den zwei Möglichkeiten der historischen Kontextualisierung in systematischer Absicht, nämlich der Korrelation des Textes mit der Werkgeschichte[13]

---

9 Vgl. hierzu auch Immanuel Kant, *Neue Reflexionen. Die frühen Notate zu Baumgartens 'Metaphysica'*, hg. Günter Gawlick, Lothar Kreimendahl und Werner Stark (Stuttgart-Bad Cannstatt: Frommann-Holzboog, 2019).

10 Vgl. hierzu u. a. B. Sharon Byrd und Joachim Hruschka, *Kant's Doctrine of Right. A Commentary* (Cambridge: Cambridge University Press, 2010), 15–19, bes. 18.

11 Die Ausgabe von 1763 ist allerdings nur schwer zugängig. Im Folgenden wir daher nach der 7. Auflage aus dem Jahre 1774 zitiert. Das gilt auch für die *Prolegomena*, die nach der 4. Auflage aus dem Jahre 1774 zitiert werden. Die von Kant benutze Ausgabe von 1763 ist kürzlich in englischer Übersetzung erschienen: Gottfried Achenwall, *Natural Law. A Translation of the Textbook for Kant's Lectures on Legal and Political Philosophy*, übers. Corinna Vermeulen, hg. Pauline Kleingeld (New York: Bloomsbury Academic, 2020).

12 Es wird also in ersten Ansätzen versucht umzusetzen, was die Herausgeber der Neuausgabe der Naturrechtsvorlesungen zu Recht anmahnten, nämlich ein Abgleich der kantischen Ausführungen mit seiner Vorlage, um Gemeinsamkeiten und Unterschiede zu erfassen. Vgl. hierzu Heinrich P. Delfosse, Norbert Hinske und Gianluca Sadun Bordini, „Einleitung in den zweiten Halbband", in *Stellenindex und Konkordanz zum „Naturrecht Feyerabend"*, hg. Heinrich P. Delfosse, Norbert Hinske und Gianluca Sadun Bordini (Stuttgart-Bad Cannstatt: Frommann-Holzboog, 2013): Bd. 2, IX–XIII.

13 Wie dies jüngst erneut Philipp-Alexander Hirsch, *Kants Einleitung in die Rechtslehre 1784. Immanuel Kants Rechtsbegriff in der Moralvorlesung „Mrongovius II" und der Naturrechtsvorlesung „Feyerabend" von 1784 sowie in der „Metaphysik der Sitten" von 1797* (Göttingen: Universitätsverlag, 2012) oder Günter Zöller, „„[O]hne Hofnung und Furcht'. Kants *Naturrecht Feyerabend* über den Grund der Verbindlichkeit zu einer Handlung", in *Kant's*

und derjenigen mit vorhergehenden und zeitgenössischen Traditionen wird im Folgenden also die zweite gewählt, weil man hier Kants eigene Interpretation seiner Vorgänger rekonstruieren kann. Es geht hierbei allerdings nicht um das Weben an einem historistischen Diskursteppich,[14] sondern um den Versuch einer systematischen Interpretation des Textes mithilfe seiner Einbettung in einen relevanten historischen Kontext.

2 Geltungsgrund oder Indifferenzpunkt – Achenwalls und Kants naturrechtlicher Begriff der *voluntas dei*

Im Zusammenhang der Darstellung einer allgemeinen Obligationstheorie in *Titulus I*, der sich mit der Frage nach den ‚Normen freier Handlungen und der Verbindlichkeit im allgemeinen' befasst, kommt Kant zur Darstellung der Funktion von Strafen und Belohnungen, die Achenwall für die Wirksamkeit aller Gesetze und so auch der *lex naturalis* als deren notwendige Bedingungen entwickelt hatte. Kant sagt hierzu ausdrücklich:

> Nun sagt der *Autor*, daß alle Gesetze bloß *per praemia* und *poenas obligi*ren, das ist falsch. Gott ist nicht gütig, wenn er Handlungen belohnt, die die Menschen nicht schuldig wären zu thun, wenn er nicht Belohnung damit verknüpft hätte; denn dann wäre das Belohnen seine Schuldigkeit: *sondern er ist gütig, wenn er Handlungen, die wir an sich schon thun müssen, noch überdem belohnt.* Eine Uebertretung eines Gesetzes, wodurch man seiner Pflicht zuwider handelt, ist *reatus*, Schuld. Eine Handlung, wodurch wir etwas thun, mehr als wir verbindlich sind, ist *meritum*, das erste macht uns fähig der *poenae* die andre des *praemii*. Wenn ich ganz dem Gesetz gemäß handle; so bin ich weder Belohnungs- noch Bestrafungswürdig. Da sieht man den rechten Begriff von *poena*

Lectures/ *Kants Vorlesungen*, hg. Bernd Dörflinger, Claudio La Rocca, Robert B. Louden und Ubirajara Rancan de Azevedo Marques (Berlin und Boston: De Gruyter, 2015): 197–210, ausführten.

14 Zur bornierten Manier einer unhistorischen Kant-Exegese vgl. Georg Geismann, „Rezension von *Das Verhältnis von Recht und Ethik in Kants praktischer Philosophie*, Hg. Bernd Dörflinger, Dieter Hüning und Günter Kruck (Hildesheim: Olms, 2017)", in *Kant-Studien* 109 (2018): 645–650; borniert ist die Haltung dieser Rezension allein deshalb, weil sie den eigenen Standpunkt zum systematischen dekretiert und jede historische Kontextualisierung als irrelevant historisch depotenziert. Solch angeblich systematischer Kantianismus degeneriert – ganz unkantisch – zum Steigbügelhalter des Historismus in ideen- und philosophiegeschichtlicher Hinsicht.

GOTT UND DER GERECHTE KRIEG

und *praemium*. Nachm *jus* kann etwas *meritum* seyn, was nach der Moral *Debitum* ist. Der *Autor* nimmt in seinen *Prolegomenen* zum *Princip* des Rechts, *die Uebereinstimmung der Gesetze mit dem göttlichen Willen*. Aber denn muß ich doch wissen, was Pflicht sey, und wie der göttliche Wille beschaffen sey.[15]

Die Passage ist in mehrfacher Hinsicht bemerkenswert: Wie schon erwähnt, legt Kant seinen Vorlesungen die 5. Auflage des achenwallschen Kompendiums zugrunde. Nun zeigt sich bei einem Blick in die erste Auflage aber, dass der Göttinger dort noch keineswegs mit einem göttlichen Willen als Verbindlichkeitsgaranten des Rechts argumentierte. Auf zumeist wolffianischer Grundlage[16] wird 1750 die *Natur des Menschen* und dessen subjektive Motivationslage als Grund einer *vis obligandi naturalis* behandelt. Vom Willen Gottes ist hier noch keine Spur zu entdecken. Vielmehr wird ausdrücklich gegen etwaige Kritiker der hier weitgehend säkularen Konzeption der natürlichen Verbindlichkeit festgehalten: „Diejenigen, die in frommem Irrtum diesen Begriff der natürlichen Verbindlichkeit für atheistisch halten, können wir leicht von unserer Ansicht überzeugen.“[17] Allerdings liefern Achenwall und Pütter in der Folge keineswegs Begründungen für ihre These, dass eine natürliche Obligationstheorie nicht notwendig atheistisch sein müsse. Offenbar ist das für Wolff 1726 lebensgefährliche Modell einer säkularen Moral zumindest um 1750 im Zusammenhang ihrer obligationstheoretischen Dimensionen öffentlich durchaus zu vertreten, wenngleich immer noch ausdrücklich zu legitimieren. Darauf ist im Folgenden zurückzukommen.

Zugleich bieten die beiden Göttinger Naturrechtslehrer schon 1750 ein Einfallstor für die von Kant aufgespießten Momente einer theonomen Verbindlichkeitstheorie: Ausdrücklich nämlich werden jene Motive, die zu einer natürlichen Verbindlichkeit der gleichwohl freien Handlung des „ganzen Menschen"[18] führen sollen, in ihrem empirischen Status als „Gut oder Übel", die

---

15 V-NR/Feyerabend, 20.17–29 (AA 27: 1332).

16 Zu Wolffs Bemühungen um die Begründung einer natürlichen Verbindlichkeit vgl. Dieter Hüning, „Wolffs Begriff der natürlichen Verbindlichkeit als Bindeglied zwischen empirischer Psychologie und Moralphilosophie", in *Christian Wolffs Psychologie. Systematische und historische Untersuchungen*, hg. Oliver-Pierre Rudolph und Jean-François Goubet (Tübingen: Niemeyer, 2004): 145–169.

17 Gottfried Achenwall und Johann Stephan Pütter, *Anfangsgründe des Naturrechts*, hg. und übers. Jan Schröder (Frankfurt am Main: Insel, 1995), 42/43 (§ 96, Anm.): „Qui hunc obligationis naturalis conceptum pio errore ad Atheismum duci contendunt, facile conciliari nobiscum poterunt."

18 Gottfried Achenwall und Johann Stephan Pütter, *Anfangsgründe des Naturrechts*, 46/47 (§ 115).

zu erstreben bzw. zu vermeiden seien, entwickelt; sie sind zudem in diesem Status „nach Menge und Maß" quantifizierbar. Diese motivationstheoretische Grundlage ist aber nur noch wenige Argumentationsschritte entfernt von der Annahme, jede *vis obligandi* könne nur durch Verdienst und Strafe wirksam werden. So heißt es im *Ius naturae* von 1774 im Zusammenhang der schon 1750 aus der *obligatio* entwickelten „Zurechnung":

> Zurechnung ist die Wirkung der Verbindlichkeit und des Gesetzes, die in einem Urteil besteht, durch das einem Urheber ein Verdienst vollständig zugeschrieben wird. [...] Ein wahres Verdienst (grob gesagt) bezeichnet jenes nachfolgende Gute oder Böse, das irgendeiner freien Handlung gleichsam als rationales Motiv angehängt ist. Wenn das Verdienst vollständig gut ist, wird es Belohnung (Verdienst im engeren Sinne), wenn es böse ist, wird es Strafe (Tadel, größere Strafe, im philosophischen Sinne gesagt) genannt.[19]

Kant hält dieser systematischen Verknüpfung von Zurechnung und Verdienst entgegen, dass die Einhaltung des Gesetzes weder Belohnung noch Strafe nach sich ziehen könne, weil dessen Verbindlichkeit aus anderen als nur subjektiven Motiven hervorgehe.[20] Lohn oder Strafe für ein Verhalten zur Gesetzesverpflichtung kann nur *zusätzlich* durch den gnädigen (und in dieser Gnade unerkennbaren, mithin protestantischen) Gott erteilt werden, ist also eben dadurch *an sich* der normativen Rationalität des Rechts entzogen. Entgegen der sachlich erforderlichen Indifferentsetzung der Gottesinstanz für die normative Qualität aller Verbindlichkeit weist Kant in diesem Zusammenhang zu Recht darauf hin, dass Achenwall in seinen *Prolegomena iuris naturae* eine enge Verbindung zwischen dem Recht und dem Willen Gottes hergestellt habe; dort wird nämlich sowohl der Real- als auch der Erkenntnisgrund der moralischen Verpflichtung aus dem Willen Gottes abgeleitet:

---

19   Gottfried Achenwall, *Ius naturae, in usum Auditorum* (Göttingen: Bossiegel, 1774), 10 (§§ 13 und 14): „Obligationis et legis effectus est *imputatio*, quae consistit in iudicio, quo auctori facti eius meritum attribuitur [...] *Meritum* vero (late dictum) facti denotat illud bonum vel malum consectarium, quod actioni alicuius liberae tamquam motivum rationale annexum est. Meritum faci si bonumen, PRAEMIUM (meritum stricte), si malum, POENA (demeritum, poena latius: sensu philolophico dicta) dicitur. [...] Ergo *imputatio* datur vel *in praemium* vel *in poenam*."

20   Vgl. hierzu u. a. Manfred Baum, „Pflicht! Du erhabener, großer Name.' Betrachtung über Pflicht und Verbindlichkeit bei Kant", in *Aufklärung* 30 (2018): 165–188.

Der Realgrund aller moralischen Verbindlichkeit ist der Wille Gottes und damit die sichere Ausrichtung unserer freien Handlungen [...], das gilt insbesondere für die natürliche Verbindlichkeit, insofern für uns gilt, dass wir diesen Willen (des Herrn) einzig aus der Vernunft erkennen. Der Erkenntnisgrund (in umfassender Bedeutung) aller moralischer Verbindlichkeit besteht darin, deine freien Handlungen am göttlichen Willen auszurichten, [...] das gilt insbesondere für die natürliche Verbindlichkeit, insofern dieser Wille Gottes durch die Vernunft erkannt werden kann. Und daher ist dieser Lehrsatz zur Verbindlichkeit und zum natürlichen Gesetze der erste und allgemeine Grundsatz, und deren Mittelpunkt und Zentrum.[21]

Diese strenge Bindung der ‚Prinzipien des Rechts an den Willen Gottes' bedeutet allerdings, dass der Göttinger Aufklärer zwischen 1750 und 1758 eine voluntaristische Wende vollzogen haben muss und damit auch eine – wenn auch moderate – Rückkehr zu einem theonomen Naturrecht.[22] Das zeigt sich auch an seiner 1761 erstmals publizierten *Staatsklugheitslehre*, auf die er als polittheoretischem Seitenstück zu seinem Naturrecht großen Wert legte. Hier heißt es im § 10:

Wenn man die Klugheit nach der Strenge untersuchet, so ist eine jede Handlung thöricht, die nicht möglichst genau mit dem göttlichen Willen, so fern wir solchen aus bloßer Vernunft erkennen, übereinkommt. Denn alle diese Handlungen sind unerlaubt. Das Naturrecht begreifft nehmlich in seinem vollständigen Umfange sowohl die Gewissens- als die Zwangs-Pflichten, und wird daher in das natürliche Zwangsrecht oder das Naturrecht im engern Verstande und in die Moral oder Sittenlehre eingetheilet.[23]

---

21 Gottfried Achenwall, *Prolegomena iuris naturae, in usum Auditorum* (Göttingen: Bossiegel, 1774), 50 (§ 58): „Principium fiendi omnis obligationis moralis est Voluntas Dei circa certam actionum nostrarum liberarum directionem [...], speciatimque obligationis naturalis: quatenus hanc eius voluntatem sola ratione cognoscere valemus. Principium cognoscendi (complexum) omnis obligationis moralis est: ad voluntatem divinam actiones tuas liberas compone [...]. speciatimque obligationis naturalis: quatenus hanc Dei voluntatem ratione cognoscere potest. Atque ideo haec propositio obligarionum et legum naturalium est principum generale et primum, earumque focus et centrum."

22 Siehe hierzu auch Paul Streidl, *Naturrecht, Staatswissenschaft und Politisierung bei Gottfried Achenwall (1719–1772). Studien zur Gelehrtengeschichte Göttingens in der Aufklärung* (München: Herbert Utz, 2003), 204–214.

23 Gottfried Achenwall, *Die Staatsklugheit, nach ihren ersten Grundsätzen entworfen* (Göttingen: Witwe Vandenhoeck, 1761), 5 (§ 10).

Die Referenz auf die Gottesinstanz und deren von ihrer Rationalität streng geschiedenen Willen für die Ermöglichung der Verbindlichkeit natürlicher Gesetze entstammt allerdings dem theologischen oder theonomen Voluntarismus.[24] In einer mit dem Intellektualismus schon vermittelten Form heißt es beispielsweise bei Francisco Suárez, dass es für die tatsächliche Verbindlichkeit eines Gesetzes einer realen Herrschaftshierarchie bedürfe, also eines Herrschers bzw. Vorgesetzten und eines Untertanen bzw. Untergebenen, und dass es der Wille des Herrschers sei, der einem Gesetz die *vis obligandi* allererst verschaffen könne:

> Der Wille eines Vorgesetzten hat diese moralische Wirkkraft, dass er die ihm Untergebenen verpflichten und eine an sich nicht notwendige Handlungsweise verpflichtend machen kann.[25]

Zwar wird die Rationalität der Gesetzesgehalte und damit ihre objektive Geltung dadurch gewährleistet, dass diese Gesetze nicht ungerecht sein dürfen, sie müssen für ihre abstrakte Geltung den Gesetzen der Vernunft, die durch die *recta ratio* sicher erkannt werden, Rechnung tragen; dennoch bleibt diese Bestimmung *Voraussetzung* und nicht *Grund* der Verbindlichkeit. Die eigentliche, nämlich subjektive Verpflichtungsmacht der Gesetze entsteht ausschließlich daraus, dass sie einem Willen entstammen, der hinreichend Macht über jene hat, die verpflichtet werden sollen.[26] Die entscheidende

---

24   Vgl. hierzu u. a. Hans Welzel, *Naturrecht und materiale Gerechtigkeit* (Göttingen: Vandenhoeck und Ruprecht, [4]1962); Wolfgang Röd, *Geometrischer Geist und Naturrecht. Methodengeschichtliche Untersuchungen zur Staatsphilosophie im 17. und 18. Jahrhundert* (München: Verlag der Bayrischen Akademie der Wissenschaften, 1970); Merio Scattola, *Das Naturrecht vor dem Naturrecht. Zur Geschichte des ‚ius naturae' im 16. Jahrhundert* (Tübingen: Niemeyer, 1999); Gerald Hartung, *Die Naturrechtsdebatte. Geschichte der Obligatio vom 17. bis 20. Jahrhundert* (Freiburg und München: Alber, [2]1999), 162ff.; Sebastian Kaufmann, „Die stoisch-ciceronianische Naturrechtslehre und ihre Rezeption bis Rousseau", in *Stoizismus in der europäischen Philosophie, Literatur, Kunst und Politik. Eine Kulturgeschichte von der Antike bis zur Moderne*, hg. Barbara Neymeyr, Jochen Schmidt und Bernhard Zimmermann, 2 Bde. (Berlin und New York: De Gruyter, 2008): Bd. 1, 229–292 sowie Stephan Meder, *Der unbekannte Leibniz. Die Entdeckung von Recht und Politik durch Philosophie* (Wien, Köln und Weimar: Böhlau, 2018), 175ff.
25   Francisco Suárez, *De legibus ac Deo legislatore/ Über die Gesetze und Gott den Gesetzgeber. Liber primus*, hg. und übers. Oliver Bach, Norbert Brieskorn und Gideon Stiening (Stuttgart-Bad Cannstatt: Frommann-Holzboog, 2019), 86/87 (1. 4. 9): „Habet enim voluntas superioris hanc moralem efficacitatem, ut possit obligare subditos et ut possit facere materiam necessariam virtutis eam quae de se non erat necessaria [...]."
26   Vgl. hierzu u. a. Gideon Stiening, „„Suprema potestas [...] obligandi'. Der Verbindlichkeitsbegriff in Francisco Suárez' *Tractatus de Legibus*", in *Kontroversen um das Recht. Beiträge zur Rechtsbegründung von Vitoria bis Suárez*, hg. Kirstin Bunge, Stefan Schweighöfer,

GOTT UND DER GERECHTE KRIEG

Voraussetzung dieses Voluntarismus besteht in der Annahme der Notwendigkeit eines interpersonalen Machtgefälles für die Möglichkeit der Durchsetzung normativer Verbindlichkeit. Damit trägt dieser Voluntarismus erkennbar der Entstehung absolutistischer Staatengefüge mit dem Anspruch auf das Gewaltmonopol des Souveräns Rechnung; zugleich ermöglicht er durch das Festhalten an der Notwendigkeit überpositiver Gesetze eine Rekonstitution der Gottesinstanz als Verbindlichkeitsgaranten; so heißt es bei Suárez: „Lex naturalis est lex dei."[27] Ebendiese Identifizierung der göttlichen mit dem natürlichen Gesetze als Konsequenz der Bindung aller Verbindlichkeit an den Willen Gottes erkennt Kant als Substanz auch der Argumentationsbewegung Achenwalls: „Die göttlichen Gesetze sind der Ursprung aller Verbindlichkeit."[28]

Zwischen 1750 und 1758 muss Achenwall folglich eine intellektuelle Entwicklung durchlaufen haben, die ihn von den wolffschen Anstrengungen zur Formierung einer natürlichen und daher ebenso säkularen wie rationalistischen Verbindlichkeitstheorie Abstand nehmen ließ, um erneut zu den Modellen eines theonomen und voluntaristischen Naturrechts zurückzukehren.[29] Diese waren aber kaum je überwunden worden: Über den in seinem Einfluss auf die Naturrechtstheorien der Aufklärung kaum zu überschätzenden Pufendorf erreicht dieser in seiner Substanz theonome Voluntarismus das 18. Jahrhundert;[30] in *De officio* heißt es nämlich ebenso lapidar wie eindeutig:

       Anselm Spindler und Andreas Wagner (Stuttgart-Bad Cannstatt: Frommann-Holzboog, 2012): 341–367.

27   Francisco Suárez, *De legibus ac Deo legislatore/ Über die Gesetze und Gott den Gesetzgeber. Liber secundus*, hg. und übers. Oliver Bach, Norbert Brieskorn und Gideon Stiening (Stuttgart-Bad Cannstatt: Frommann-Holzboog, 2016), 168/169 (II. 9. 2).

28   V-NR/Feyerabend, 21.30f. (AA 27: 1333).

29   Diese grundlegende Wandlung Achenwalls zwischen 1750 und 1758 und deren Gründe werden in der Forschung allerdings bislang selten betrachtet, Streidl: *Naturrecht*, 213, spricht – wenig überzeugend – von einer „Rehabilitierung Gottes" aus didaktischen Gründen; zur Kritik hieran Wolfgang Rother, „Gottfried Achenwall", in *Die Philosophie des 18. Jahrhunderts. 5: Heiliges Römisches Reich Deutscher Nation. Schweiz. Nord- und Osteuropa*, hg. Helmut Holzhey und Vilem Murdoch (Basel: Schwabe, 2014): 642–647, hier 644.

30   Vgl. hierzu u. a. Johann Gottlieb Heineccius, *Grundlagen des Natur- und Völkerrechts*, übers. Peter Mortzfeld, hg. Christoph Bergfeld (Frankfurt am Main: Suhrkamp, 1994 [Erstausgabe Halle 1738]), hier 30; Christian August Crusius, *Anweisung vernünftig zu leben. Darinnen nach Erklärung der Natur des menschlichen Willens die natürlichen Pflichten und allgemeinen Klugheitslehren im richtigen Zusammenhange vorgetragen werden* (Leipzig: Johann Friedrich Gleditsch, 1744), 454ff.; Christian Wolff, *Natürliche Gottesgelahrtheit*, 5 Bde. (Halle: Rengerische Buchhandlung, 1753), Bd. III, 218f.

Diese Norm heißt Gesetz. Dies ist eine Anordnung, durch die ein Übergeordneter einen Untergeordneten verpflichtet, seine Handlungen an dem auszurichten, was das Gesetz vorschreibt.[31]

Beim überpositiven Naturrecht kann mit diesem Übergeordneten ausschließlich die Gottesinstanz gemeint sein, so dass es natürliche Gesetze nur genau dann geben kann, wenn es einen Gott gibt; hierzu führt Pufendorf weiter aus:

> Damit das Gesetz seine Wirkung bei denjenigen, denen es gegeben worden ist, ausüben kann, ist Kenntnis vom Gesetzgeber und vom Gesetz selber erforderlich. [...] Den Gesetzgeber zu kennen, ist höchst einfach. Denn das Licht der Vernunft zeigt, dass niemand anderes der Urheber des Naturrechts ist als der Schöpfer des Universums.[32]
>
> Wenn auch der Nutzen dieser Gebote offensichtlich ist, so ist doch für ihre Geltung als Gesetz notwendige Voraussetzung, dass es einen Gott gibt, der in seiner Vorsehung alles lenkt, und der den Menschen die Verpflichtung auferlegt hat, die Gebote der Vernunft wie Gesetze, die von ihm kraft des angeborenen Lichts der Vernunft verkündet worden sind, zu befolgen.[33]

Die reine Rationalität von natürlichen Gesetzen – und damit von Gesetzen überhaupt –, die Pufendorf wie späterhin Hume oder d'Holbach als Nützlichkeit fasst, reicht nicht zu, ihnen eine *vis obligandi* zu verschaffen. Es bedarf der realen Hierarchie und der in ihr und durch sie realisierten Willensäußerung eines Herrschers. Es gibt also eine – wenn auch asymmetrische, so doch – notwendige Interdependenz von Naturrecht und Gottesinstanz: Ohne Gott kein überpositives Naturrecht und ohne Naturrecht kein normativ wirksamer Gott. Darin sind sich der Jesuit Suárez und der Protestant Pufendorf, wie in vielen andern Fällen,[34] vollkommen einig. Ein Naturrecht der Atheisten,[35]

---

31   Samuel Pufendorf, *Über die Pflicht des Menschen und des Bürgers nach dem Gesetz der Natur*, hg. Klaus Luig (Frankfurt am Main: Suhrkamp, 1994), 38 (1.2.2).

32   Pufendorf, *Über die Pflicht*, 40 (1.2.6).

33   Pufendorf, *Über die Pflicht*, 48 (1.3.10).

34   Vgl. hierzu u. a. Thomas Pink, „Reason and Obligation in Suárez", in *The Philosophy of Francisco Suárez*, hg. Benjamin Hill und Henrik Lagerlund (Oxford: Oxford University Press, 2012): 175–208.

35   Siehe hierzu Dieter Hüning, „Das Naturrecht der Atheisten. Zur Debatte um die Begründung eines säkularen Naturrechts in der deutschen Aufklärungsphilosophie", in *Religion und Aufklärung. Akten des Ersten internationalen Kongresses zur Erforschung der Aufklärungstheologie (Münster, 30. März bis 2. April 2014)*, hg. Albrecht Beutel und Martha Nooke (Tübingen: Mohr Siebeck, 2016): 409–424.

das sich zudem hinreichend von der Ethik unterschiede – wie Kant zu Recht anmahnt[36] – kann es in dieser den Einsichten des Voluntarismus zum Begriff und der Idee der *Obligatio* Rechnung tragenden Traditionslinie des neuzeitlichen Naturrechts nicht geben. Zwar kann der Atheist durch die auch ihm zur Verfügung stehende *recta ratio* Gehalt und objektive Geltung der natürlichen Gesetze erkennen, warum er sich aber an sie halten soll, muss für ihn unerklärlich bleiben. Für den Atheisten bleibt alles *Natur*recht als eine gegenüber den Naturgesetzen eigene normative Ordnung ein intellektuelles Glasperlenspiel.[37]

Kant aber macht gegen die theonom-voluntaristische Tradition des Naturrechts, die bis zu Achenwall – und weit darüber hinaus[38] – reicht, zwei gewichtige Argumente geltend, die seine substanzielle Differenz von jener Tradition überpositiver Rechtsbestimmung verdeutlichen: Um den göttlichen Willen zum Prinzip des Rechts zu erheben, muss der Mensch zuvor wissen, was die aus dessen Willen generierende Pflicht ist; und um diese zu kennen, müsste er zuvörderst wissen, was Gott will. Für den gläubigen Protestanten Pufendorf ebenso wie für den jesuitischen Theologen Suárez ist das nicht besonders schwierig: Neben der in der Heiligen Schrift niedergelegten Offenbarung ist es die an die Schöpfungsleistung Gottes gebundene *recta ratio*, die nicht nur Gottes Willen, sondern auch die Pflichten des Menschen – formal und material – kenntlich macht; so heißt es hierzu bei Pufendorf:

> Das oberste Prinzip des Rechts hat Christus in zwei Hauptregeln gefasst: Liebe Gott, und liebe deinen Nächsten. Auf diese zwei Hauptregeln lässt sich das gesamte Naturrecht zurückführen.[39]

Erst für Kant erfüllen aber weder die Offenbarung noch die Schöpfungs- oder Heilstheologie – und zwar auch nicht in ihrer rationalistischen Schwundstufe als natürliche Theologie – jene Rationalitätsstandards, die für eine zureichende Begründung für Geltung *und* Verbindlichkeit eines überpositiven Rechts erforderlich sind. Ein folglich notwendig *säkulares* Naturrecht, das die Einsichten des Voluntarismus berücksichtigen will, was Kant zu tun versucht,

---

36   Vgl. v-NR/Feyerabend, 13ff. (AA 27: 1326ff.).

37   Siehe hierzu u. a. Paul Thiry d'Holbach, *System der Natur. Oder von den Gesetzen der physischen und der moralischen Welt*, übers. Fritz-Georg Voigt (Frankfurt am Main: Suhrkamp 1978), 51ff.

38   Vgl. hierzu u. a. Johann Georg Heinrich Feder, *Untersuchungen über den menschlichen Willen*, 4 Bde. (Göttingen und Lemgo: Meyersche Buchhandlung, 1779–1793), Bd. III, 163ff.: „Abhängigkeit der natürlichen Rechte und Pflichten vom göttlichen Willen".

39   Pufendorf, *Über die Pflicht*, 18.

und doch *überpositiven* Charakter haben soll, weil es das muss, um seinem Status als möglicher Wissenschaft zu entsprechen, kann auf die Gottesinstanz nicht mehr referieren; zusammenfassend heißt es im Vorlesungstext:

> Der Auctor [d.i. Achenwall] gründet sich darauf, daß die Verbindlichkeit auf göttlichen Gebothen beruhe. Wir haben es aber schon vorher widerlegt, daß es unnütz sey, sich hier auf Gott zu beziehen.[40]

In dem aus dieser Einsicht generierenden Interesse an einem überpositiven und doch säkularen Naturrecht scheint ein wesentlicher Grund dafür zu liegen, dass Kant die Geltungsqualität des Naturrechts in spezifischer Weise einschränkt: Denn zu der weitreichenden These, „[d]as bloße Naturrecht ist nicht hinreichend zur *Execution*",[41] gelangt er nur aufgrund der mit dem Voluntarismus geteilten Voraussetzung, dass die Verbindlichkeit des Gesetzes – und damit ein allererst vollständiges Gesetz – an den Willen einer machtbewährten Instanz gebunden ist: „Das Naturrecht enthält Principia der *Diiudication*, nicht der *Execution*. Gesetz muss Gewalt haben, und Gewalt dessen, dessen Wille zugleich Gesetz ist, ist rechtmäßige Gewalt."[42] Beides aber, Gewalt und Wille, fehlt in einem säkularen Naturrecht, weil es sich eben nicht auf die einzig mögliche überpositive Willensinstanz, Gott, beziehen, sondern lediglich im Geist bzw. Gewissen des Menschen seinen Real- *und* Erkenntnisgrund haben kann. Welch normativer Charakter solch natürlichen Gesetzen ohne Exekutionsgewalt noch zukommen kann, soll hier nicht weiterverfolgt werden. Sicher ist nur, dass Leo Strauss' These, nach der alle politische Theorie auf Naturrecht hinauslaufen müsse, und alles Naturrecht politische Philosophie sei,[43] dahingehend zu modifizieren ist, dass ein vollständig verpflichtendes Naturrecht ohne politische Theologie nicht auskommt,[44] politische Philosophie – und zwar auch und gerade im Hinblick auf die Formierung einer überpositiven Normativität – aber wohl ohne exekutierbares Naturrecht.[45]

---

40   V-NR/Feyerabend, 22.38–23.02 (AA 27: 1334).

41   V-NR/Feyerabend, 26.13f. (AA 27: 1338).

42   V-NR/Feyerabend, 26.05f. (AA 27: 1337).

43   Leo Strauss, *Naturrecht und Geschichte* (Frankfurt am Main: Suhrkamp, 1977), 2, 33, 83ff. u. ö.

44   Vgl. hierzu auch Gideon Stiening, „Urheber oder Gesetzgeber? Zur Funktion der Gottesinstanz im Naturrecht des Francisco Suárez (DL II. 6.)", in *Die Naturrechtslehre des Francisco Suárez*, hg. Oliver Bach, Norbert Brieskorn und Gideon Stiening (Berlin und Boston: De Gruyter, 2017): 91–112.

45   Vgl. hierzu die ebenso lehrreiche wie anschauliche Kontroverse zwischen Georg Geismann, „Politische Philosophie – hinter Kant zurück? Zur Kritik der ‚klassischen' politischen Philosophie", in *Jahrbuch für Politik* 2 (1992): 319–336; Joachim Detjen, „Kantischer

GOTT UND DER GERECHTE KRIEG

Kants Argumente sind hierfür sprechend genug: Im Naturzustand kann der einzelne Wille – als von dem anderen notwendig abstrakt unterschieden – keine juridische Normativität entfalten, und auch für das Verhältnis von *status naturalis* und *status civilis* bleibt ebenfalls nur das Recht des Stärkeren übrig:

> Wenn jemand in einer bürgerlichen Gesellschaft herumzöge, der nicht darin wäre; so möchte ich ihm sagen: Wir sind vor dir gar nicht sicher, weil du nicht unterm Gesetze stehst, also tritt zu uns, oder packe dich, sonst wirst du ermordet.[46]

Nur *en passant* sei erwähnt, dass Christoph Martin Wieland seit den 1760er und noch bis in die 1790er Jahre ein frei wählbares Leben im Naturzustand am Rande einer Gesellschaft, wie dies u.a. sein *Diogenes* tut,[47] als kosmopolitisches Ideal begreift, auf das der zivilisatorisch entfremdete Städter nur mit Neid blicken könne; den Elitarismus und die politische Gefährdung, von Kant hier beschrieben, erkannte Wieland ebenso wenig wie Pufendorf.[48]

Vor diesem Hintergrund lesen sich Kants Interpretationen der Ausführungen Achenwalls zu Belohnung und Bestrafung als Verbindlichkeits-, weil Motivationsgaranten des Naturrechts in einem anderen Licht: Kant hatte nämlich gegen Achenwall – wie zitiert – ausgeführt, dass „er [d. i. Gott ...] gütig [ist], wenn er Handlungen, die wir an sich schon thun müssen, noch überdem belohnt." Nun hatte Achenwall allerdings in der ersten Auflage der *Elementa* festgehalten:

> Die Vorstellung eines Gutes oder Übels, die kein Motiv ist, begründet keine moralische Verbindlichkeit. Daher ist es ungenau zu sagen, daß jede Verbindlichkeit durch Hoffnung oder Furcht begründet werde. Hoffnung

---

Vernunftstaat der Freiheit oder klassische Ordnung zum Gemeinwohl? Zur Kontroverse mit Georg Geismann um die Grundlagen der politischen Philosophie", in *Jahrbuch für Politik* 4 (1994): 157–188 sowie Georg Geismann, „Naturrecht nach Kant. Zweite und letzte Replik zu einem untauglichen Versuch, die klassische Naturrechtslehre – besonders in ihrer christlich-mittelalterlichen Version – wiederzubeleben", in *Jahrbuch für Politik* 5 (1995): 141–177.

46   V-NR/Feyerabend, 26.16ff. (AA 27: 1338).

47   Vgl. hierzu Christoph Martin Wieland, „Σωκράτης μαινόμενος oder die Dialogen des Diogenes von Sinope", in *Wielands Werke. Historisch-kritische Ausgabe*, hg. Klaus Manger und Jan Philipp Reemtsma (Berlin und New York: De Gruyter 2008ff.): Bd. 9.1., 1–105.

48   Siehe hierzu u. a. Gideon Stiening, „Glück statt Freiheit – Sitten statt Gesetze. Wielands Auseinandersetzung mit Rousseaus politischer Theorie", in *Wieland-Studien* 9 (2016): 61–103.

und Furcht als sinnliche Antriebe, entstanden aus einzelnen Ideen, können allerdings zu einer nicht moralischen Verbindlichkeit führen.[49]

Erst im oben schon zitierten Zusammenhang der Zurechenbarkeit heißt es:

> Was die moralische Zurechnung angeht, so ist zu merken, daß die Folge einer moralischen Tat allgemein *Verdienst* genannt wird, und wenn sie gut ist, *Verdienst im besonderen* oder *Auszeichnung*, wenn sie schlecht ist, die *verdiente Strafe*. Verdienst und Auszeichnung können daher natürlich und positiv sein, ebenso auch die verdiente Strafe.[50]

Auch in diesem Zusammenhang hat Achenwall also, wie an Kants Kommentaren zu den späteren Fassungen dieser Passage deutlich wird, in den späteren Auflagen erhebliche Änderung systematischer Natur vorgenommen, die zu einer deutlichen Re-Theologisierung seines Naturrechts führten. An der Vorlesungsnachschrift *Naturrecht Feyerabend* wird allerdings mehr als in den Druckschriften erkennbar, dass sich Kant auf die theologischen Dimensionen dieser Kontroverse durchaus kritisch einlässt: „das ist falsch", so der Interpret ausdrücklich, bzw. es sei in naturrechtlicher Hinsicht überflüssig, sich auf Gott zu beziehen. Bemerkenswerterweise begründet Kant diese Zurückweisung mit einem durch und durch theologisch-voluntaristischen Argument, insofern die Gnade Gottes kriterienlos erfolge und aufgrund seiner *omnipotentia dei* auch erfolgen müsse. Dabei kann dieser Gott an sich zwar nur gute Taten belohnen, ob er dies aber auch macht oder nicht, hat mit der spezifisch moralischen Qualität der menschlichen Handlung nichts zu tun.[51]

---

49 Achenwall, *Anfangsgründe*, 41 (§ 85): „Repraesentatio boni vel mali, quae non est motivum, non constituit obligationem moralem. Hinc minus apte loquuntur, qui adferunt, obligationem omnem constitui vel spe vel metu proposito. Spes et metus tanquam conatus sensitivi, orti ex ideis singularibus, incurrere duntaxat possunt obligationem non moralem."

50 Achenwall, *Anfangsgründe*, 55 (§ 157): „Quoad ad imputationem moralem attinet, notandum, consectarium facti moralis dici in genere meritum, atque si bonnum est, meritum in specie seu praemium: si malum est, demeritum sei poenam."

51 Bei aller strengen Weltlichkeit der kantischen Philosophie scheint die Begründung für die Unmöglichkeit der Referenz auf die Gottesinstanz in Naturrechtsfragen an dieser Stelle der Naturrechtsvorlesung doch auch protestantisch gefärbt, weil sie auf die Unermesslichkeit und Unerkennbarkeit des göttlichen Gnadenwerkes argumentationslogisch Bezug nimmt. Zugleich erweist sich durch diese von Kant hergestellte Konstellation von omnipotentem Gott und erforderlicher Säkularisierung die Stimmigkeit von Hans Blumenbergs These von den Gründen für den Säkularisierungsprozess der westlichen Neuzeit (vgl. Hans Blumenberg, *Die Legitimität der Neuzeit* [Frankfurt am Main: Suhrkamp, ²1988], 150ff.). Es sind – wie für den Kant dieser Vorlesung – die unauflösbaren

GOTT UND DER GERECHTE KRIEG

Entscheidend ist allerdings, dass dieses theologische Scharmützel, das Kant sich mit seinem Referenzautoren Achenwall vor seinem Auditorium gönnt, für seine naturrechtliche bzw. naturrechtskritische Argumentation keinerlei Bedeutung bzw. konstitutive Funktion hat; kritisch wird die These von der Notwendigkeit von Strafe und Belohnung naturrechtsgemäßen oder -widrigen Verhaltens zurückgewiesen. Dieser Zusammenhang scheint auf den ersten Blick nicht besonders ungewöhnlich, auch Suárez weist Belohnung und Strafe als Funktion des verpflichtenden Gottes zurück, indem er den strafenden Gott als eine Vorstellung des Alten Bundes bestimmt und so historisch distanziert.[52] Für Kant aber verliert mit diesem Argument zugleich und erneut die Gottesinstanz – sei sie nun protestantisch oder jesuitisch konturiert – ihre konstitutive Funktion.[53]

Das mag für den Leser des 21. Jahrhunderts wenig spektakulär erscheinen,[54] zeitgenössisch aber war Kants gelassene Säkularität in Fragen normativer Ordnungen ungeheuerlich, nicht nur aus der Perspektive der Kirche, sondern auch Achenwalls, anderer Wolffianer, Pufendorfianer oder auch Lockeianer.[55] Liest man beispielsweise die theologischen und religionspolitischen Schriften Albrecht von Hallers, der nicht allein den ,Untergang des Abendlandes', sondern jeder Zivilisation heraufziehen sah, wenn jene Leistungsfähigkeit des Naturrechts,[56] die Aussicht auf jenseitige Belohnung bzw. die Furcht vor ebensolcher

---

Antinomien eines voluntaristischen Gottesbegriffes, die in eine Weltlichkeit der Normen treibt.

[52] Vgl. hierzu Gideon Stiening, „Obligatio imperfecta. Francisco Suárez über das positive göttliche Gesetz des Alten Bundes", in *„Auctoritas omnium legum". Francisco Suárez'* De Legibus *zwischen Theologie, Philosophie und Jurisprudenz*, hg. Oliver Bach, Norbert Brieskorn und Gideon Stiening (Stuttgart-Bad Cannstatt: Frommann-Holzboog, 2013): 369–384.

[53] Vgl. hierzu Werner Busch, *Die Entstehung der kritischen Rechtsphilosophie Kants 1762–1780* (Berlin und New York: De Gruyter, 1979), 34ff.

[54] Das gilt natürlich nur für einen, womöglich geringer werdenden Teil dieser Leserschaft, bedenkt man Phänomene, die mit dem Schlagwort ,Rückkehr der Religion' zu fassen gesucht werden, vgl. hierzu u. a. Anna-Maria Schielicke, *Rückkehr der Religion in den öffentlichen Raum. Kirche und Religion in der deutschen Tagespresse 1993–2009* (Wiesbaden: Springer, 2014).

[55] Vgl. hierzu u. a. Johannes Müller „Das Werk eines einzigen allmächtigen und unendlichen weisen Schöpfers'. Zur religiösen Fundierung der Staatsphilosophie John Lockes", in *Jahrbuch Politisches Denken* (2011): 207–234.

[56] Siehe hierzu Albrecht von Haller, „Vorrede zur Prüfung der Sekte die an allem zweifelt", in *Sammlung kleiner Hallerischer Schriften* (Bern: Emanuel Haller, ²1772): Bd. 1, 1–46, hier 22; vgl. hierzu insbesondere Thomas Kaufmann, „Über Hallers Religion. Ein Versuch", in *Albrecht von Haller im Göttingen der Aufklärung*, hg. Norbert Elsner und Nicolaas A. Rupke (Göttingen: Wallstein, 2009): 309–379, bes. 334ff.

Strafe, als unmöglich angenommen würde,[57] dann lässt sich ermessen, auf welchen Widerstand Kants säkulares Naturrecht stoßen musste.[58] Die als notwendig verteidigte Grundlegungsfunktion eines nur theonom denkbaren Naturrechts für *alle* Formen positiven Rechts und damit dessen Geltung selbst sehen diese Autoren gefährdet. Es gab also auch für den naturwissenschaftlichen Materialisten Albrecht von Haller gute Gründe, an Gott und der Unsterblichkeit festzuhalten, weil es für ihn ohne sie kein verbindliches Naturrecht und ohne dieses keine gerechten positiven Gesetze, mithin keine gesellschaftliche Ordnung überhaupt – nur Anarchie oder damit die Hölle auf Erden – geben konnte. Die Furcht vor der Anarchie – das zeigt die Naturrechtsvorlesung selbst anschaulich[59] – hat Kant geteilt, er war aber davon überzeugt, dass diese ohne Referenz auf Theologumena verhindert werden könne und müsse.

Kants Abgrenzung von diesen Vorstellungen führt bei ihm allerdings keineswegs zu einem ‚atheistischen Naturrecht‘, sondern zu einem rein säkularen, die Freiheit nach einem allgemeinen Gesetz einschränkenden und so diese allererst realisierenden Prinzip der reinen praktischen Vernunft.[60] Das Naturrecht ist damit nicht abgeschafft, aber auf einen dijudikativen Status eingeschränkt. Das hat erhebliche Konsequenzen auch für die besonderen Teile des Naturrechts, und zwar sowohl in seiner achenwallschen als auch in seiner kantischen Variante.

3 *Ius naturale belli* vs. *Iniuria bellorum* – Recht oder Unrecht des Krieges

Die an einem einerseits funktionalen, andererseits unmöglichen Gottesbegriff aufgezeigte grundlegende Differenz zwischen dem allgemeinen

---

57 Zur polittheoretischen und politischen Bedeutung des Unsterblichkeitsglaubens vgl. u. a. Oliver Bach, „Christian Fürchtegott Gellert über die Bedeutung der Unsterblichkeit der Seele für das Naturrecht der Aufklärung: Pufendorf – Leibniz – Thomasius – Wolff – Baumgarten", in *Aufklärung* 29 (2017): 213–242.

58 Vgl. hierzu demnächst Gideon Stiening, „‚Gegen die Zeiten und das System eines Hobbs‘. Hamanns Kritik des Naturrechts im Kontext", in *Natur und Freiheit. Akten des 11. Internationalen Hamann-Kolloquiums 2015*, hg. Johannes von Lüpke u. a. (Berlin und Boston: De Gruyter, 2021), [im Druck].

59 Vgl. v-nr/Feyerabend, 6.18–22 (AA 27: 1319): „Sind die Menschen nicht frey, so wäre ihr Wille nach allgemeinen Gesetzen eingerichtet. Wäre aber jeder frey ohne Gesetz; so könnte nichts schrecklicheres gedacht werden. Denn jeder machte mit dem andern was er wollte, und so wäre keiner frey. Vor dem wildesten Thiere dürfte man sich nicht so fürchten, als vor einem gesetzlosen Menschen."

60 Siehe hierzu v-nr/Feyerabend, 20.30–32 (AA 27: 1332).

GOTT UND DER GERECHTE KRIEG

Naturrechtsverständnis Achenwalls und Kants, die sich u. a. darin ausdrückt, dass es für Achenwall durchaus exekutive Dimensionen des *ius naturae* gibt, nicht aber für Kant, haben auch auf die besonderen Teile beider Konzeptionen ihre prägenden Auswirkungen: So zeigt sich dieser Unterschied im Hinblick auf ein *ius naturale belli* gar in einer vollständigen Unvereinbarkeit: Ist für Kant, der zuvor die Argumentationsbewegungen Achenwalls ausführlich und präzise, wenn auch stets kritisch rekonstruierte, letztlich evident: „Wir werden aber künftig sehen, dass alles Verfahren *im statu naturali*, folglich auch aller Krieg, Unrecht ist",[61] so geht es Achenwall explizit in einer Reihe von Paragraphen darum, einen solch naturrechtlich begründeten und dadurch legitimierten Krieg schon im Naturzustand und daher auch für den Einzelnen ausführlich und unter Referenz auf die Theorie eines *bellum iustum* zu legitimieren.[62] Deutlicher kann eine Differenz nicht ausfallen: Die Zurückweisung der Begründungsmöglichkeit eines *ius ad bellum iustum* im Naturzustand *einerseits* und der – allerdings nur bedingt im Natur-, vor allem aber im Völkerrecht entwickelte – Nachweis eines grundsätzlichen Unrechts am Kriege *andererseits*.[63]

Der Grund für diese unüberbrückbare Differenz liegt allerdings nicht in weltanschaulichen Unterschieden beider Autoren, sondern in der von Achenwall behaupteten, von Kant aber zurückgewiesenen Annahme einer exekutiven Gewalt auch im Naturzustand. Vor dem Hintergrund der durchaus geteilten voluntaristischen Prämisse, dass es für eine *vis obligandi* jedes Gesetzes eines zwangsgewaltbewährten Willens bedarf, liegt der entscheidende Unterschied zwischen der Überzeugung von einem *ius belli in statu naturali* und dessen Zurückweisung in der möglichen bzw. unmöglichen Referenz auf eine Gottesinstanz. Denn im Naturzustand – wenn es hier mehr und anderes geben soll als ein *ius in omnia* bzw. ein *ius ad nihilo* – kann nur ein Gott die Geltung und Verbindlichkeit von Gesetzen garantieren. In der Möglichkeit oder Unmöglichkeit eines *ius naturale belli* bzw. eines *bellum iustum* im Naturzustand (und damit überhaupt) dokumentiert sich der Unterschied zwischen nur säkularisiertem und tatsächlich säkularem Naturrecht[64] bzw. zwischen politischer Theologie und politischer Philosophie.[65]

---

61 V-NR/Feyerabend, 69.18f. (AA 27: 1377).

62 Zur Tradition dieses Theorems vom *bellum iustum* vgl. u. a. Jessica Jensen, *Krieg um des Friedens willen. Zur Lehre vom gerechten Krieg* (Baden-Baden: Nomos, 2015).

63 Siehe hierzu u. a. Alexei Krouglov, „Kants Vorstellungen vom Krieg", in *… jenen süßen Traum träumen. Kants Friedensschrift zwischen objektiver Geltung und Utopie*, hg. Dieter Hüning und Stefan Klingner (Baden-Baden: Nomos, 2018): 91–107.

64 Zu dieser hilfreichen und für jede Analyse frühneuzeitlicher Theoriebildung essentiellen Unterscheidung vgl. insbesondere Hans Blumenberg, *Die Legitimität der Neuzeit*, 73ff.

65 Zur vollständigen Disjunktion zwischen politischer Theologie und politischer Philosophie vgl. u. a. Heinrich Meier, „Was ist politische Theologie? Einführende Bemerkungen

36 STIENING

In Achenwalls Begründung für einen gerechten Krieg zeigt sich denn auch, dass die von Kant durchaus geteilte Annahme eines Naturrechts auf Eigentumsaneignung dazu führt, dass, weil es nach Achenwall auch zur Durchsetzung berechtigt, ein Recht auf *den Schutz* dieses Eigentums bzw. die *Verteidigung* einer möglichen Verletzung desselben begründbar ist:

> § 461 Wer verletzt wird, übt deshalb rechtmäßig Zwang gegen den Verletzter aus. § 462 Der Zweck dieses Rechts ist, daß wir nicht gestört werden und daß wir das Unsre, das gestört ist, erhalten; also, daß die Verletzung und der Schaden aufhören und der Verletzer davon abläßt, das Unsere zu stören. § 463 Aus dem Zweck dieses Rechtes ergibt sich ein Recht auf alle Zwangsmittel, mit denen erreicht wird, daß der Verletzer von der Störung ablässt. § 464 Aber über diesen Zweck hinaus wird die Zwangsmöglichkeit nicht ausgedehnt. Daher folgt aus der Grenze dieses Rechts zugleich die Grenze des rechtmäßigen Zwanges.[66]

Diese naturrechtliche Legitimation der gewaltsamen Verteidigung des Eigentums auch im Naturzustand steht in der Linie der seit Cicero über Thomas bis in die frühe Neuzeit weitgehend geteilten Theorie des *bellum iustum*[67] und wird von Achenwall auch in den nachfolgenden Auflagen seines Lehrbuches als *ius naturale belli* ausführlich gewürdigt und legitimiert.[68] Naturrechtlich

---

zu einem umstrittenen Begriff", in Jan Assmann, *Politische Theologie zwischen Ägypten und Israel* (München: Carl-Friedrich-von-Siemens-Stiftung, [3]2006): 7–22, hier 11f. und 18: „*Autorität, Offenbarung* und *Gehorsam* sind aber [...] die entscheidenden Bestimmungen der *Sache* der Politischen Theologie. [...] Während die politische Theologie rückhaltlos auf das *unum est necessarium* des Glaubens baut und in der Wahrheit der Offenbarung ihre Sicherheit findet, stellt die politische Philosophie die Frage nach dem Richtigen ganz und gar auf den Boden menschlicher Weisheit, um sie hier in der grundsätzlichen und umfassendsten Art und Weise zu entfalten, die dem Menschen aus eigenen Kräften zu Gebote steht."

66 Achenwall, *Anfangsgründe*, 153: „§ 461 Qui itaque laeditur, iuste exercet coactionem contra laedentem. § 462 Finis huius iuris est, ut ne turbemur et ut suum, quod turbatum est, conservemus, idioque, ut laesio et damnum cesset, atque laedens turbare nostrum desistat. § 463 Es hoc iure ad finem intelligitur ius ad omnia media coactiva, quibus efficitur, ut laedens turbare desitet. § 464 Ultra vero hunc finem facultas cogendi non extenditur. Itaque ex limite huius iusris intelligitur simul limes coactionis iustae."

67 Siehe hierzu auch Merio Scattola, „Konflikt und Erfahrung: Über den Kriegsgedanken im Horizont frühneuzeitlichen Wissens", in *Kann Krieg erlaubt sein? Eine Quellensammlung zur politischen Ethik der Spanischen Spätscholastik*, hg. Heinz-Gerhard Justenhoven und Joachim Stüben (Stuttgart: Kohlhammer, 2006): 11–53.

68 Vgl. Achenwall, *Ius naturae*, 234–272 (§§ 258–304).

GOTT UND DER GERECHTE KRIEG

erlaubt – in bestimmter Hinsicht gar geboten – ist der Schutz des Eigenen (d.i. Lebens oder Eigentums) vor der Verletzung durch andere. Geboten ist diese Gewalt nach Achenwall deshalb, weil sie den grundsätzlich friedlichen Naturzustand zwar nicht herstellt, aber doch herzustellen ermöglicht.[69]

In diesem Verhältnis gegen einen Verletzer des oder Angreifer gegen das Leben oder Eigentum ist jedes Mittel recht („alle Zwangsmittel"), also ebenfalls erlaubt. Zugleich ist an ebendieser Stelle nach Achenwall *auch im Naturzustand* die Grenze dieses Rechts auf Gewaltanwendung gesetzt: Sie ist nur gegen Angreifer erlaubt, also ausschließlich zur Verteidigung.[70] Allerdings besteht nach Achenwall dieses Recht, wie Kant kritisch anmerkt,[71] auch präventiv:

Das Recht, sich zu verteidigen, besteht auch gegen eine drohende Verletzung. Deshalb ist der Verteidiger nicht verbunden, zuerst die Angriffshandlung abzuwarten, sondern er hat das Recht, gegen den Angreifer Gewalt anzuwenden, bevor dieser ihn wirklich verletzt, was Präventionsrecht genannt wird.[72]

Kriterien für die Erkennbarkeit dieser Grenze ebenso wie die Frage *quis iudicabit* werden weder entwickelt noch gestellt noch gar beantwortet. Das ist auch nicht erforderlich, weil dieses Naturrecht auf Eigentumsschutz wie schon das natürliche Recht auf Eigentumserwerb – und alle anderen natürlichen Rechte – zumindest ab 1758 nur durch den Willen des Schöpfers ihre Verbindlichkeit erhalten. Zwar macht Achenwall im Zusammenhang des Übergangs von einem legitimen zu einem nicht mehr legitimen, also von einem gerechten und zu einem ungerechten Krieg klar: „Dies ist in der Theorie klar, in der Praxis

---

69 Vgl. hierzu Achenwall, *Anfangsgründe*, 91f.

70 So auch Achenwall, *Ius naturae*, 243 (§ 269).

71 Vgl. V-NR/Feyerabend, 64.11–14 (AA 27: 1372): „Wir können uns daher einen gerechten Krieg von einer Parthey, und einen gerechten Feind denken. Ich kann gegen niemand kriegen als der mich *laedirt* hat. Die Möglichkeit, daß er mir *laesion* thun könne ist kein Grund."

72 Achenwall, *Anfangsgründe*, 157 (§ 483): „Ius sese defendendi datur etiam contra laesionem imminentem. Itaque defensor non obligatur primum actum agressionis expectare; sed habt ius inferendi mala violenta aggressori; antequam actu laedet, id quod dicitur *ius praeventionis*." Vgl. auch Achenwall, *Ius naturae*, 244 (§ 270): „Contra laesionem intenantem competit mihi ius cogendi ne laedat, ergo non obligor primum actum laesionis ab ipso pati atque expectare, donec ipsum actu inferat, ideoque mibi ius competit eum cogendi, antequam actu laeaere incipiat. Quod ius vim inferendi laesionem intentanti qua rali, seu antequam actu laedere incipiat, dicitur ivs preventionis, atque ex iure securitatis promanat, et eius est species."

aber und in Einzelfällen macht es unendlich Schwierigkeiten, die Grenze der rechtmäßigen Verteidigung zu bestimmen."[73] Aber *dass* es ein *ius naturale belli* überhaupt gibt, wird von dem Göttinger nicht in Frage gestellt. Kant wird zeigen, dass das angebliche Theorie-Praxis-Problem, zu dem Achenwall die Frage nach einem *bellum iustum* herabzustimmen sucht, vielmehr ein grundlegendes Problem ist, das im Rahmen säkularer Rechtstheorie nicht bzw. ganz anders zu beantworten ist.[74] Ein *Recht* zum Krieg im Naturzustand aber ist für Kant in dieser Vorlesung, wie zitiert, und wird ihm auch späterhin eine *contradictio in adjecto*, eine semantische Nichtigkeit bleiben, weil er nachgewiesen hatte, dass der Naturzustand ein Status *sine iure et lege* sein müsse.

Wie interpretiert Kant in seiner Vorlesung die konkreteren Ausführungen Achenwalls zu einem *ius naturale belli*? Zunächst referiert er schlicht die Argumente und deren Zusammenhänge, nur bisweilen lässt er sich zu einer aus seiner Perspektive begründenden Kritik hinreißen. So heißt es im Zusammenhang der Frage nach einer allgemeinen Gerechtigkeit im naturrechtlich legitimierten Krieg:

> *Neutral* ist der, der unter 2en im Kriege befundenen Mächten keinem hilft. Es frägt sich, ists erlaubt *neutral* zu seyn, oder muß jeder dem, der ein Recht zu haben scheint, beistehen; das setzt voraus, daß wir verbunden sind, nicht allein Ungerechtigkeit zu steuren, sondern auch allgemeine Gerechtigkeit, oder *statum externum* zu befördern. Es scheint, daß wir auch auf die allgemeine Gerechtigkeit bedacht seyn müssen, aber im *statu naturali* ist niemand befugt, sich über einen andern zum Richter aufzuwerfen.[75]

Erst die letzten Nebensätze machen klar, dass Kant die Frage für irrational hält und damit eine allgemeine Gerechtigkeit im Naturzustand für ihn nur vergeblich zu suchen bzw. anzustreben ist. Dennoch zeigt der Interpret, dass die Annahme einer allgemeinen Gerechtigkeit für jene klassische Naturrechtstheorie erforderlich ist, um einen ‚positiven Charakter' des Naturzustandes zu garantieren.[76] Diese kantische Rekonstruktion geht aber erneut nicht ohne scharfe Kritik zu:

---

73 Achenwall, *Anfangsgründe*, 159 (§ 486A): „Haec in thesi certa: in hypothesi vero et cassibus obviis determinare defensionis iustae limites, infinitis difficualtatibus premitur."

74 Vgl. MS, AA 06: 344ff.

75 V-NR/Feyerabend, 65.14–20 (AA 27: 1373).

76 Zu den kontroversen Debatten über den epistemischen Status und die soziopolitische Lage des Naturzustandes vgl. u. a. Hasso Hofmann, „Zur Lehre vom Naturzustand in

GOTT UND DER GERECHTE KRIEG

Die Juristen glauben, der Mensch müsse im *statu naturali* sich soweit mäßigen, als es eben zur *Defensio* gereicht: d.i. *Moderamen inculpatae tutelae*. Das bedeutet bloß, daß ich nicht ohne Noth die äußerste *Violenz* brauchen soll, wenn ein geringer Grad nöthig ist. Nach ethischen Gesetzen ist das richtig. Nachm *jure stricto* kann ich dadurch nie verbunden werden, wenn einer mir den Tod droht, ihm das anzuthun. Im *jure naturae* bin ich nicht verbunden, ein gelinderes Mittel zu brauchen, daher gilt hier *moderamen inculpatae tutelae* nicht.[77]

Das von Kant hier vorausgesetzte *ipse-iudex*-Prinzip, das von Achenwall eben nicht geteilt wird, weil es allgemeine, im Willen Gottes fundierte Gesetze (wie die göttlichen Gebote, aber auch die goldene Regel etc.) gibt, ermöglicht für den Königsberger Interpreten keine allgemeinen, also überindividuellen Kriterien für die Begrenzung der Gewaltanwendung im naturzuständlichen Verteidigungsfall; das glauben zwar die Juristen, rational begründen lässt sich diese weitreichende These aber nicht.

Der entscheidende systematische Kommentar, den Kant zu diesem Kapitel liefert, ist der schon zitierte letzte Satz: „Wir werden aber künftig sehen, dass alles Verfahren *im statu naturali*, folglich auch aller Krieg, Unrecht ist".[78] Für Achenwalls Naturrecht zum Kriege ist dieser Satz verheerend, denn jeder Versuch der Begründung eines *ius naturale belli* muss daran scheitern.

Der entscheidende Grund aber dafür, dass Kant in diesen referierenden Passagen wenig oder selten kritisch kommentiert – vor allem aber für die erneut unüberbrückbare Differenz zwischen Achenwall und ihm –, liegt in der Vorstellung des Göttingers vom allgemeinen Naturzustand, die erneut die letztlich theonomen Fundamente dieser Naturrechtstheorie offenlegt. Im Hinblick nämlich auf die konkreten Bedingungen eines rechtmäßigen Krieges im Naturzustand heißt es bei Achenwall:

> § 468 Soweit einer Gewalt anwendet, der andere sich aber bemüht, die Gewalt mit Gewalt zurückzuschlagen, entsteht ein Zustand für mehrere, die sich gegenseitig gewaltsam Übel anzutun versuchen, welcher

---

der Rechtsphilosophie der Aufklärung", in *Rechtsphilosophie der Aufklärung. Symposion Wolfenbüttel 1981*, hg. Reinhard Brandt (Berlin und New York: De Gruyter, 1982): 12–46 sowie Jan Rolin, *Der Ursprung des Staates. Die naturrechtlich-rechtsphilosophische Begründung von Staat und Staatsgewalt im Deutschland des 18. und 19. Jahrhunderts* (Tübingen: Mohr Siebeck, 2005): 15–32.

77 v-NR/Feyerabend, 65.25–32 (AA 27: 1374).

78 v-NR/Feyerabend, 69.18f. (AA 27: 1377).

Zustand als Krieg bezeichnet wird. Die Menschen aber, die gegeneinander Krieg führen, werden Feinde genannt. Dem Krieg entgegengesetzt ist der Friede, ein vom Krieg freier Zustand. [...] § 469 Es steht deshalb dem Verletzten das Kriegsrecht gegen den Verletzter zu. 1. Soweit das Kriegsrecht als ein eventuelles Recht begriffen wird, kommt es von Natur aus jedermann zu; soweit es als aktuelles Recht begriffen wird, setzt es eine Verletzung voraus. Daher gilt im reinen Naturzustand das Gesetz: *Führe gegen niemanden Kriegs, bevor er dich verletzt.* 2. Daher leitet sich auch das Gesetz ab: *Bewahre den Frieden, soweit es möglich ist.* 3. Das aktuelle Kriegsrecht setzt eine Verletzung voraus, diese eine unrechte Handlung. Aber niemand wird ungerecht geboren. Daher gibt es von Natur aus keinen Krieg, d. h. ein Kriegsrecht, aller gegen alle, vielmehr besteht von Natur aus Frieden aller mit allen.[79]

Allein an diesen wenigen Sätzen wird die unüberbrückbare Kluft zwischen dem klassischen Naturrecht und Kants Rechtstheorie deutlich[80]: Nicht nur hatte Kant dem Anspruch an Kriegshandlungen im Naturzustand jeden Rechtsstatus verweigert, so dass selbst Achenwalls Hinweis auf Legalität nur des Verteidigungskrieges haltlos wird, auch muss jedes Postulat zum Friedenserhalt für zweifelhaft, mithin wirkungslos erachtet werden, weil der Naturzustand jeder Normativität überhaupt entbehrt.[81] Vor allem aber kann die aus diesem nur scheinbar natürlichen, in Wahrheit leeren Postulat abgeleitete These von der grundlegenden Friedfertigkeit des Naturzustandes für Kant nur falsifiziert

---

79   Achenwall, *Anfangsgründe*, 151ff. (§ 468): „Quodsi alter violentiam adhibet: alter vero vim vi repellere molitur; oritur status plurium, qui sibi invicem mala violenter inferre conantur, qui status dicitur *bellum*; homines vero, qui bellum invicem gerunt, hostes appelantur. Bello opponitur pax, quae complecitur statum a bello vacuum. [...] § 469 Competit itaque laeso ius belli in laedentem. 1. Ius belli quatenus ut ius eventuale concipitur, a natura cuicumque competit; quatenus ut ius actuale supponit laesionem. Hinc lex est iuris mere naturalis: *Neminem bellum infer, antequam te laedat.* 2. Unde de derivatur lex: *Pacem cole, quoad haberi potest.* 3. Ius belli actuale supponit laesionem, laesio factum iniustum. Nemo autem nascitur iniustus, Itaque tantum abest, ut a natura detur bellum, id est ius belli, omnium contra omnes, ut potius a natura pax onmium cum onmibus repiriatur."

80   Vgl. hierzu auch Diethelm Klippel, „Kant im Kontext. Der naturrechtliche Diskurs um 1800", in *Jahrbuch des Historischen Kollegs 2001* (München: Oldenbourg, 2002): 77–97.

81   Insofern ist es der von Kant allererst konsequent interpretierte Naturzustand, der der Sache nach dem so genannten „Ausnahmezustand" Carl Schmitts zugrunde liegt (vgl. *Politische Theologie. Vier Kapitel zur Lehre von der Souveränität* [Berlin: Duncker und Humblot, [9]2009], 18). Allerdings ist nach Kants überzeugender Auffassung dieser ‚Zustand' (auch nicht als Rechtsfiktion) nicht zu beherrschen und damit unmöglich ein Kriterium der Souveränität. Nicht zufällig wird Kant in Schmitts Abhandlung nicht erwähnt.

GOTT UND DER GERECHTE KRIEG

werden, weil für ihn – wie schon für Hobbes und Rousseau[82] – der Mensch im Naturzustand nicht etwa aufgrund einer angeborenen Boshaftigkeit oder Ungerechtigkeit dem Menschen ein Wolf ist und bleibt, sondern ausschließlich aufgrund der nicht abzuweisenden Tatsache seiner äußeren Freiheit, die ohne Begrenzung nach einem allgemeinen Grundsatz zum *ipse-iudex*-Prinzip und damit zum Krieg aller gegen aller führen muss.

Die ebenso von Grotius wie von Pufendorf (und noch von Wieland oder Platner) kultivierte Annahme eines grundsätzlich friedlichen Naturzustands ist aber ohne eine Anthropologie, die sich schöpfungstheologischer Argumente bedient, nicht zu haben bzw. zu halten.[83] Nur der durch Gott in die Schöpfung entlassene Mensch, der mit Rousseaus Naturmensch deshalb nichts zu tun hat, weil er je schon in natürlich determinierten Gemeinschaften lebt, ist von Natur aus deshalb friedlich, weil er um seine Pflichten gegen Gott, seinen Nächsten und sich selber je schon, d. h. als Geschöpf Gottes, weiß. *Diese Auseinandersetzung* mit den theonomen Fundamenten jedes Naturrechts – sei es nun intellektualistisch oder voluntaristisch begründet – scheint Kant offenkundig zu meiden; nicht mal die Freiheit der Vorlesung ermöglichte eine Kritik an den theonomen Grundfesten des auch säkularisierten Naturrechts. Der *appetitus societatis* wurde nämlich selbst von bekennenden Materialisten, wie d'Holbach oder Wieland, verteidigt.[84] Kant führt also seine Auseinandersetzung mit Achenwall eher auf der Ebene der Konsequenzen, und zwar auf der Grundlage eines grundlegend anders interpretierten, weil eben tatsächlich säkular begründeten Naturzustandstheorems.

4 „Nach Achenwall" – Warum nur?

So stellt sich letztlich die Frage, warum liest Kant nach diesem Naturrecht, das in seinen Grundzügen, wie auch in vielen der besonderen Bestimmungen

---

82 Siehe hierzu u. a. Georg Geismann, „Kant als Vollender von Hobbes und Rousseau", in *Der Staat* 21 (1982): 161–189.

83 Vgl. hierzu Gideon Stiening, „Von der ‚Natur des Menschen' zur ‚Metaphysik der Sitten'. Zum Verhältnis von Anthropologie und Sittenlehre bei Kant und in den Rechtslehren des 17. und 18. Jahrhunderts", in *Das Verhältnis von Recht und Moral in Kants praktischer Philosophie*, hg. Günter Kruck, Bernd Dörflinger und Dieter Hüning (Hildesheim: Olms, 2017): 13–44.

84 Siehe hierzu u. a. Gideon Stiening, „Appetitus societatis seu libertas. Zu einem Dogma politischer Anthropologie zwischen Suárez, Grotius und Hobbes", in *Neue Diskurse der Gelehrtenkultur. Ein Handbuch*, hg. Herbert Jaumann und Gideon Stiening (Berlin und Boston: De Gruyter, 2016): 389–436.

seiner eigenen Konzeption so weitgehend entgegensteht? Da sich Kant zu dieser Frage nicht äußert,[85] bleibt nur die Spekulation, dass die achenwallsche Melange aus wollfianischen und pufendorfianischen Argumenten seinen Zuhörern, wenn nicht *in concreto*, so doch *in abstracto* durchaus bekannt war. Naturrechtliche Argumente unterschiedlicher Couleur hatten, darauf hat Friedrich Vollhardt hingewiesen,[86] auch im populären Schrifttum eine weite Verbreitung. Womöglich sucht Kant auf den Verständnishorizont seiner Zuhörer einzugehen und sich nur vorsichtig davon zu distanzieren.

Unabhängig aber von diesen Spekulationen bietet der Text die Möglichkeit, den erheblichen Unterschied zwischen Kants politischer Theorie und den überkommenen Varianten des klassischen Naturrechts und deren vielfach theonomen Restbeständen zu erkennen.

Bibliografie

Achenwall, Gottfried, *Die Staatsklugheit, nach ihren ersten Grundsätzen entworfen* (Göttingen: Witwe Vandenhoeck, 1761).

Achenwall, Gottfried, *Prolegomena iuris naturae, in usum Auditorum* (Göttingen: Bossiegel, 1774).

Achenwall, Gottfried, *Ius naturae, in usum Auditorum* (Göttingen: Bossiegel, 1774).

Achenwall, Gottfried, *Natural Law. A Translation of the Textbook for Kant's Lectures on Legal and Political Philosophy*, übers. Corinna Vermeulen, hg. Pauline Kleingeld, (New York: Bloomsbury Academic, 2020).

Achenwall, Gottfried und Pütter, Johann Stephan, *Angangsgründe des Naturrechts*, hg. und übers. Jan Schröder (Frankfurt am Main: Insel, 1995).

Bach, Oliver, „Christian Fürchtegott Gellert über die Bedeutung der Unsterblichkeit der Seele für das Naturrecht der Aufklärung: Pufendorf – Leibniz – Thomasius – Wolff – Baumgarten", in *Aufklärung* 29 (2017): 213–242.

Baum, Manfred, „,Pflicht! Du erhabener, großer Name.' Betrachtung über Pflicht und Verbindlichkeit bei Kant", in *Aufklärung* 30 (2018): 165–188.

Blumenberg, Hans, *Die Legitimität der Neuzeit* (Frankfurt am Main: Suhrkamp, ²1988).

Busch, Werner *Die Entstehung der kritischen Rechtsphilosophie Kants 1762–1780* (Berlin und New York: De Gruyter, 1979).

---

85   Vgl. hierzu die Hinweise bei Hirsch, *Kants Einleitung in die Rechtslehre*, 10ff.

86   Friedrich Vollhardt, *Selbstliebe und Geselligkeit. Untersuchungen zum Verhältnis von naturrechtlichem Denken und moraldidaktischer Literatur im 17. und 18. Jahrhundert* (Tübingen: Niemeyer, 2001).

Byrd, B. Sharon und Hruschka, Joachim, *Kant's Doctrine of Right. A Commentary* (Cambridge: Cambridge University Press, 2010).

Crusius, Christian August, *Anweisung vernünftig zu leben. Darinnen nach Erklärung der Natur des menschlichen Willens die natürlichen Pflichten und allgemeinen Klugheitslehren im richtigen Zusammenhange vorgetragen werden* (Leipzig: Johann Friedrich Gleditsch, 1744).

Delfosse, Heinrich P., Hinske, Norbert und Sadun Bordini, Gianluca, „Einleitung in den zweiten Halbband", in *Stellenindex und Konkordanz zum „Naturrecht Feyerabend"*, hg. Heinrich P. Delfosse, Norbert Hinske und Gianluca Sadun Bordini (Stuttgart-Bad Cannstatt: Frommann-Holzboog, 2013): Bd. 2, IX–XIII.

Detjen, Joachim, „Kantischer Vernunftstaat der Freiheit oder klassische Ordnung zum Gemeinwohl? Zur Kontroverse mit Georg Geismann um die Grundlagen der politischen Philosophie", in *Jahrbuch für Politik* 4 (1994): 157–188.

d'Holbach, Paul Thiry, *System der Natur. Oder von den Gesetzen der physischen und der moralischen Welt*, übers. Fritz-Georg Voigt (Frankfurt am Main: Suhrkamp 1978).

Ebbinghaus, Julius, *Gesammelte Aufsätze, Vorträge und Reden* (Darmstadt: WBG, 1968).

Erdmann, Benno, „Einleitung", in *Kants Reflexionen zur kritischen Philosophie. Aus Kants handschriftlichen Aufzeichnungen*, hg. Benno Erdmann (Leipzig: Fues's Verlag, 1882): 1–34.

Feder, Johann Georg Heinrich, *Untersuchungen über den menschlichen Willen*, 4 Bde. (Göttingen und Lemgo: Meyersche Buchhandlung, 1779–1793).

Geismann, Georg, „Kant als Vollender von Hobbes und Rousseau", in *Der Staat* 21 (1982): 161–189.

Geismann, Georg, „Politische Philosophie – hinter Kant zurück? Zur Kritik der ‚klassischen' politischen Philosophie", in *Jahrbuch für Politik* 2 (1992): 319–336.

Geismann, Georg, „Naturrecht nach Kant. Zweite und letzte Replik zu einem untauglichen Versuch, die klassische Naturrechtslehre – besonders in ihrer christlich-mittelalterlichen Version – wiederzubeleben", in *Jahrbuch für Politik* 5 (1995): 141–177.

Geismann, Georg, „Rezension von *Das Verhältnis von Recht und Ethik in Kants praktischer Philosophie*, Hg. Bernd Dörflinger, Dieter Hüning und Günter Kruck (Hildesheim: Olms, 2017)", in *Kant-Studien* 109 (2018): 645–650.

Haller, Albrecht von, „Vorrede zur Prüfung der Sekte die an allem zweifelt", in *Sammlung kleiner Hallerischer Schriften* (Bern: Emanuel Haller, [2]1772): Bd. 1, 1–46.

Hartung, Gerald, *Die Naturrechtsdebatte. Geschichte der Obligatio vom 17. bis 20. Jahrhundert* (Freiburg und München: Alber, [2]1999).

Heineccius, Johann Gottlieb, *Grundlagen des Natur- und Völkerrechts*, übers. Peter Mortzfeld, hg. Christoph Bergfeld (Frankfurt am Main: Suhrkamp, 1994).

Hirsch, Philipp-Alexander, *Kants Einleitung in die Rechtslehre 1784. Immanuel Kants Rechtsbegriff in der Moralvorlesung „Mrongovius II" und der*

Naturrechtsvorlesung „Feyerabend" von 1784 sowie in der „Metaphysik der Sitten" von 1797 (Göttingen: Universitätsverlag, 2012).

Hofmann, Hasso, „Zur Lehre vom Naturzustand in der Rechtsphilosophie der Aufklärung", in *Rechtsphilosophie der Aufklärung. Symposion Wolfenbüttel 1981*, hg. Reinhard Brandt (Berlin und New York: De Gruyter, 1982): 12–46.

Holzhey, Helmut und Murdoch, Vilem (Hg.), *Die Philosophie des 18. Jahrhunderts. 5: Heiliges Römisches Reich Deutscher Nation. Schweiz. Nord- und Osteuropa* (Basel: Schwabe, 2014).

Hüning, Dieter, „Wolffs Begriff der natürlichen Verbindlichkeit als Bindeglied zwischen empirischer Psychologie und Moralphilosophie", in *Christian Wolffs Psychologie. Systematische und historische Untersuchungen*, hg. Oliver-Pierre Rudolph und Jean-François Goubet (Tübingen: Niemeyer, 2004): 145–169.

Hüning, Dieter, „Das Naturrecht der Atheisten. Zur Debatte um die Begründung eines säkularen Naturrechts in der deutschen Aufklärungsphilosophie", in *Religion und Aufklärung. Akten des Ersten internationalen Kongresses zur Erforschung der Aufklärungstheologie (Münster, 30. März bis 2. April 2014)*, hg. Albrecht Beutel und Martha Nooke (Tübingen: Mohr Siebeck, 2016): 409–424.

Irrlitz, Gerd, *Kant-Handbuch. Leben und Werke* (Stuttgart und Weimar: Metzler, [3]2015).

Jensen, Jessica, *Krieg um des Friedens willen. Zur Lehre vom gerechten Krieg* (Baden-Baden: Nomos, 2015).

Kant, Immanuel, *Neue Reflexionen. Die frühen Notate zu Baumgartens ‚Metaphysica'*, hg. Günter Gawlick, Lothar Kreimendahl und Werner Stark (Stuttgart-Bad Cannstatt: Frommann-Holzboog, 2019).

Kaufmann, Sebastian, „Die stoisch-ciceronianische Naturrechtslehre und ihre Rezeption bis Rousseau", in *Stoizismus in der europäischen Philosophie, Literatur, Kunst und Politik. Eine Kulturgeschichte von der Antike bis zur Moderne*, hg. Barbara Neymeyr, Jochen Schmidt und Bernhard Zimmermann, 2 Bde. (Berlin und New York: De Gruyter, 2008): Bd. 1, 229–292.

Kaufmann, Thomas, „Über Hallers Religion. Ein Versuch", in *Albrecht von Haller im Göttingen der Aufklärung*, hg. Norbert Elsner und Nicolaas A. Rupke (Göttingen: Wallstein, 2009): 309–379.

Klippel, Diethelm, „Kant im Kontext. Der naturrechtliche Diskurs um 1800", in *Jahrbuch des Historischen Kollegs 2001* (München: Oldenbourg, 2002): 77–97.

Krouglov, Alexei, „Kants Vorstellungen vom Krieg", in *... jenen süßen Traum träumen. Kants Friedensschrift zwischen objektiver Geltung und Utopie*, hg. Dieter Hüning und Stefan Klingner (Baden-Baden: Nomos, 2018): 91–107.

Kühn, Manfred, *Kant. Eine Biographie* (München: dtv, 2004).

Meder, Stephan, *Der unbekannte Leibniz. Die Entdeckung von Recht und Politik durch Philosophie* (Wien, Köln und Weimar: Böhlau, 2018).

Meier, Heinrich, „Was ist politische Theologie? Einführende Bemerkungen zu einem umstrittenen Begriff", in Jan Assmann, *Politische Theologie zwischen Ägypten und Israel* (München: Carl-Friedrich-von-Siemens-Stiftung, [3]2006): 7–22.

Mensch, Jennifer, „Kant and Skull Collectors: German Anthropology from Blumenbach to Kant", in *Kant and his German Contemporaries*, hg. Corey Dyck und Falk Wunderlich, (Cambridge: Cambridge University Press, 2018): Bd. 1, 192–210.

Müller, Johannes, „„Das Werk eines einzigen allmächtigen und unendlichen weisen Schöpfers'. Zur religiösen Fundierung der Staatsphilosophie John Lockes", in *Jahrbuch Politisches Denken* (2011): 207–234.

Pink, Thomas, „Reason and Obligation in Suárez", in *The Philosophy of Francisco Suárez*, hg. Benjamin Hill und Henrik Lagerlund (Oxford: Oxford University Press, 2012): 175–208.

Pufendorf, Samuel, *Über die Pflicht des Menschen und des Bürgers nach dem Gesetz der Natur*, hg. Klaus Luig (Frankfurt am Main: Suhrkamp, 1994).

Röd, Wolfgang, *Geometrischer Geist und Naturrecht. Methodengeschichtliche Untersuchungen zur Staatsphilosophie im 17. und 18. Jahrhundert* (München: Verlag der Bayrischen Akademie der Wissenschaften, 1970).

Rolin, Jan, *Der Ursprung des Staates. Die naturrechtlich-rechtsphilosophische Begründung von Staat und Staatsgewalt im Deutschland des 18. und 19. Jahrhunderts* (Tübingen: Mohr Siebeck, 2005): 15–32.

Rother, Wolfgang, „Gottfried Achenwall", in *Die Philosophie des 18. Jahrhunderts. 5: Heiliges Römisches Reich Deutscher Nation. Schweiz. Nord- und Osteuropa*, hg. Helmut Holzhey und Vilem Murdoch (Basel: Schwabe, 2014): 642–647.

Scattola, Merio, *Das Naturrecht vor dem Naturrecht. Zur Geschichte des ‚ius naturae' im 16. Jahrhundert* (Tübingen: Niemeyer, 1999).

Scattola, Merio, „Konflikt und Erfahrung: Über den Kriegsgedanken im Horizont frühneuzeitlichen Wissens", in *Kann Krieg erlaubt sein? Eine Quellensammlung zur politischen Ethik der Spanischen Spätscholastik*, hg. Heinz-Gerhard Justenhoven und Joachim Stüben (Stuttgart: Kohlhammer, 2006): 11–53.

Schielicke, Anna-Maria, *Rückkehr der Religion in den öffentlichen Raum. Kirche und Religion in der deutschen Tagespresse 1993–2009* (Wiesbaden: Springer, 2014).

Schmitt, Carl, *Politische Theologie. Vier Kapitel zur Lehre von der Souveränität* (Berlin: Duncker und Humblot, [9]2009).

Stiening, Gideon, „„Es gibt gar keine verschiedenen Arten von Menschen.' Systematizität und historische Semantik am Beispiel der Kant-Forster-Kontroverse zum Begriff der Menschenrasse", in *Klopffechtereien – Missverständnisse – Widersprüche? Methodische und methodologische Perspektiven auf die Kant-Forster-Kontroverse*, hg. Rainer Godel und Gideon Stiening (München: Fink, 2012): 19–53.

Stiening, Gideon, „„Suprema potestas [...] obligandi'. Der Verbindlichkeitsbegriff in Francisco Suárez' *Tractatus de Legibus*", in *Kontroversen um das Recht. Beiträge zur Rechtsbegründung von Vitoria bis Suárez*, hg. Kirstin Bunge, Stefan Schweighöfer, Anselm Spindler und Andreas Wagner (Stuttgart-Bad Cannstatt: Frommann-Holzboog, 2012): 341–367.

Stiening, Gideon, „Obligatio imperfecta. Francisco Suárez über das positive göttliche Gesetz des Alten Bundes", in *„Auctoritas omnium legum". Francisco Suárez' De Legibus zwischen Theologie, Philosophie und Jurisprudenz*, hg. Oliver Bach, Norbert Brieskorn und Gideon Stiening (Stuttgart-Bad Cannstatt: Frommann-Holzboog, 2013): 369–384.

Stiening, Gideon, „Dieser ‚große Künstler von Blendwerken'. Kants Kritik an Herder", in *Philosophie nach Kant. Festschrift für Manfred Baum*, hg. Mario Egger (Berlin und Boston: De Gruyter, 2014): 473–498.

Stiening, Gideon, „Appetitus societatis seu libertas. Zu einem Dogma politischer Anthropologie zwischen Suárez, Grotius und Hobbes", in *Neue Diskurse der Gelehrtenkultur. Ein Handbuch*, hg. Herbert Jaumann und Gideon Stiening (Berlin und Boston: De Gruyter, 2016): 389–436.

Stiening, Gideon, „Glück statt Freiheit – Sitten statt Gesetze. Wielands Auseinandersetzung mit Rousseaus politischer Theorie", in *Wieland-Studien* 9 (2016): 61–103.

Stiening, Gideon, „Urheber oder Gesetzgeber? Zur Funktion der Gottesinstanz im Naturrecht des Francisco Suárez (DL II. 6.)", in *Die Naturrechtslehre des Francisco Suárez*, hg. Oliver Bach, Norbert Brieskorn und Gideon Stiening (Berlin und Boston: De Gruyter, 2017): 91–112.

Stiening, Gideon, „Von der ‚Natur des Menschen' zur ‚Metaphysik der Sitten'. Zum Verhältnis von Anthropologie und Sittenlehre bei Kant und in den Rechtslehren des 17. und 18. Jahrhunderts", in *Das Verhältnis von Recht und Moral in Kants praktischer Philosophie*, hg. Günter Kruck, Bernd Dörflinger und Dieter Hüning (Hildesheim: Olms, 2017): 13–44.

Stiening, Gideon, „‚Gegen die Zeiten und das System eines Hobbes'. Hamanns Kritik des Naturrechts im Kontext", in *Natur und Freiheit. Akten des 11. Internationalen Hamann-Kolloquiums 2015*, hg. Johannes von Lüpke u. a. (Berlin und Boston: De Gruyter, 2021), [im Druck].

Strauss, Leo, *Naturrecht und Geschichte* (Frankfurt am Main: Suhrkamp, 1977).

Streidl, Paul, *Naturrecht, Staatswissenschaft und Politisierung bei Gottfried Achenwall (1719–1772). Studien zur Gelehrtengeschichte Göttingens in der Aufklärung* (München: Herbert Utz, 2003).

Suárez, Francisco, *De legibus ac Deo legislatore/ Über die Gesetze und Gott den Gesetzgeber. Liber secundus*, hg. und übers. Oliver Bach, Norbert Brieskorn und Gideon Stiening (Stuttgart-Bad Cannstatt: Frommann-Holzboog, 2016).

Suárez, Francisco, *De legibus ac Deo legislatore/ Über die Gesetze und Gott den Gesetzgeber. Liber primus*, hg. und übers. Oliver Bach, Norbert Brieskorn und Gideon Stiening (Stuttgart-Bad Cannstatt: Frommann-Holzboog, 2019).

GOTT UND DER GERECHTE KRIEG

Vesper, Achim, „Durch Schönheit zur Freiheit? Schillers Auseinandersetzung mit Kant. Brief 1 und die Folgen", in *Friedrich Schiller: Über die ästhetische Erziehung des Menschen in einer Reihe von Briefen*, hg. Gideon Stiening (Berlin und Boston: De Gruyter, 2019): 33–48.

Vollhardt, Friedrich, *Selbstliebe und Geselligkeit. Untersuchungen zum Verhältnis von naturrechtlichem Denken und moraldidaktischer Literatur im 17. und 18. Jahrhundert* (Tübingen: Niemeyer, 2001).

Vorländer, Karl, *Immanuel Kant. Der Mann und das Werk* (Hamburg: Meiner, [3]1992).

Welzel, Hans, *Naturrecht und materiale Gerechtigkeit* (Göttingen: Vandenhoeck und Ruprecht, [4]1962).

Wieland, Christoph Martin, „Σωκράτης μαινόμενος oder die Dialogen des Diogenes von Sinope", in *Wielands Werke. Historisch-kritische Ausgabe*, hg. Klaus Manger und Jan Philipp Reemtsma (Berlin und New York: De Gruyter 2008ff.): Bd. 9.1., 1–105.

Wolff, Christian, *Natürliche Gottesgelahrtheit*, 5 Bde. (Halle: Rengerische Buchhandlung, 1753).

Zöller, Günter, „[O]hne Hofnung und Furcht'. Kants *Naturrecht Feyerabend* über den Grund der Verbindlichkeit zu einer Handlung", in *Kant's Lectures/ Kants Vorlesungen*, hg. Bernd Dörflinger, Claudio La Rocca, Robert B. Louden und Ubirajara Rancan de Azevedo Marques (Berlin und Boston: De Gruyter, 2015): 197–210.

Der Monarch ist ein Outlaw. Souveränität und Widerstand im Licht von Kants *Naturrecht Feyerabend*

Michael Städtler

Die zentrale innenpolitische Ordnungsfrage der neuzeitlichen Gesellschaft lautet: Wie lässt sich in einer Menge partikular interessierter Privatpersonen politische Einheit erzeugen? Die am traditionellen *bonum commune* orientierte Linie des Naturrechts antwortet darauf mit der Forderung nach staatlicher Organisation – und Definition – der allgemeinen Glückseligkeit, die andere, stärker am Rechtsbegriff orientierte, Linie setzt primär auf Sicherheit und Stabilität; für beide ist der Begriff der Souveränität zentral. Näher besteht die Aufgabe des Souveräns darin, die Pluralität und Partikularität *gesellschaftlicher* Interessen in eine politische Einheit zu bringen. Das theoretische Selbstverständnis dieser Gesellschaft kann insofern ‚bürgerlich‘ genannt werden, als es von der Freiheit und Gleichheit der einzelnen Interessensubjekte ausgeht, auch wenn diese in den glückseligkeits- bzw. sicherheitsorientierten Theorien unterschiedlich stark betont werden. Die gemeinsame Aufgabe ist es, die politische Einheit der Menschen als *Rechtsordnung* zu bestimmen. Das Problem der Souveränität läuft daher auf das Problem der Einheit der Rechtsordnung hinaus.

Kant hat wesentlich dazu beigetragen, diesen politischen Rechtsbegriff aus den machtpragmatischen oder wohlfahrtsorientierten Politiklehren der Neuzeit herauszuarbeiten. Er grenzt sich dabei gegen beide Linien des Naturrechts ab, wenngleich er an die an der Sicherheit orientierte primär anknüpft.[1] Sein *rechtlich* bestimmter Souveränitätsbegriff fällt freilich nicht weniger strikt aus als der machtpolitische. Das zeichnet sich bereits in der Auseinandersetzung mit Achenwall im *Naturrecht Feyerabend* ab, wie im Folgenden an den Begriffen der Souveränität und des Widerstands gezeigt werden soll. Zuvor sind aber noch einige Grundgedanken neuzeitlicher Politik in Erinnerung zu rufen.

---

1 Kant nennt Sicherheit und Stabilität im *Naturrecht Feyerabend* „*Perdurabiliaet*“ (V-NR Feyerabend, 69.28 u. ö. [AA 27: 1378.05]).

DER MONARCH IST EIN OUTLAW

1 Souveränität in der Neuzeit

Im Begriff der Souveränität geht es vor allem um die Einheit der Rechtsordnung, die deshalb so wichtig wird, weil der staatsrechtliche Dualismus mittelalterlicher Rechtspraktiken den neuzeitlichen Bedingungen nicht mehr gerecht wird. Die Aufteilung politischer Macht auf einen Regenten und die Stände trägt in der gesellschaftlichen Situation der Neuzeit, die durch konkurrierende Interessen von Ständen, Städten, Territorien und zunehmend auch Privatpersonen gekennzeichnet ist, nicht mehr zur Stabilität bei, sondern führt zu Instabilität.[2] Diese Veränderungen reflektiert die politische Philosophie. Sie ist das theoretische Selbstbewusstsein der politischen Praxis in der modernen Gesellschaft. Die allgemeinen Legitimationen des Rechts aus der Freiheit, die in der politischen Philosophie entwickelt werden, bringen jedoch kontingente historische Gehalte in eine allgemeine theoretische Form: Die spezifisch konfliktvollen Erscheinungen individueller Handlungsfreiheit in der frühen Neuzeit werden als anthropologische Bestimmungen subjektiver Freiheit als solcher missverstanden. Die Aporien und Brüche, die dadurch in der Theorie entstehen, sind gleichwohl keine Fehler in einer der Sache nach fehlerfrei darstellbaren Rechtsphilosophie, sondern sie spiegeln Probleme im historischen Entwicklungsverlauf der Freiheit selbst. Wahr wird Rechtsphilosophie nicht in der utopischen Vorstellung einer fehlerlosen Gesellschaft, sondern immer nur durch die bestimmte Kritik wirklicher Fehler, wie sie sich in der rechtsphilosophischen Reflexion zeigen.

Die politische Situation im Übergang zur Neuzeit ist bestimmt durch die Auflösung mittelalterlicher Ordnungen und Ordnungsvorstellungen. Dabei spielen viele Faktoren eine Rolle: die Aufwertung und Verselbstständigung wirtschaftlichen Handelns schon seit der Karolingerrenaissance, damit verbunden die Entwicklung der Städte mit zunehmend eigenem Recht, die wachsende Bedeutung des Einzelnen als Produzent und Vertragspartner, aber auch die Auseinandersetzungen kirchlicher und weltlicher Herrschaftsansprüche untereinander und miteinander sowie die damit verbundenen theoretischen Reflexionen auf Wille und Willkür, auf Allgemeines und Besonderes. Diese und andere Faktoren bringen eine Situation hervor, in der der Einzelne nicht mehr selbstverständlich seinen Platz in einer Ordnung findet, die als Abbild der göttlichen Ordnung verstanden werden kann. An die Stelle der Lehnordnung treten privatrechtliche Verhältnisse und das Reich zerfällt in sich in

---

2 Vgl. Kurt Wolzendorff, *Staatsrecht und Naturrecht in der Lehre vom Widerstandsrecht des Volkes gegen rechtswidrige Ausübung der Staatsgewalt. Zugleich ein Beitrag zur Entwicklungsgeschichte des modernen Staatsdenkens* (Breslau: Marcus, 1916).

konfligierende Territorien, deren Konflikte in der Regel unter Ausnutzung religiöser Affekte geführt werden. Diese politische Instabilität kann nicht mehr unter Berufung auf eine in sich abgestufte und vielfach differenzierte Ordnung von *superiores* und *inferiores* gewährleistet werden, in der alle wechselseitig auch Ansprüche gegeneinander haben. Machiavellis Konsequenz, dass unter solchen Bedingungen nur zentrale Macht die nötige Stabilität und Sicherheit herstellen und erhalten kann,[3] führt bei Bodin und später bei Hobbes zur Prägung des Begriffs des Souveräns. Dieser ist nicht mehr relativ, sondern absolut übergeordnet: „Unter der Souveränität ist die dem Staat eignende absolute und zeitlich unbegrenzte Gewalt zu verstehen".[4] Und er fügt stolz hinzu: „An dieser Stelle eine Definition der Souveränität zu geben ist deshalb notwendig, weil sich noch nie ein Rechtsgelehrter oder ein Vertreter der politischen Philosophie dieser Mühe unterzogen hat".[5] Dass diese Gewalt absolut sei, bedeutet wörtlich, dass sie *legibus solutus* sei: Die souveräne Gewalt, die übrigens durchaus demokratisch strukturiert sein kann, umfasst alle Staatsgewalten, sowohl Legislative als auch Exekutive und Judikative, und ist deshalb dem Gesetz nicht unterworfen. Der Souverän kann nicht nur straflos gegen das Gesetz handeln, er kann es auch jederzeit suspendieren oder durch ein anderes ersetzen. Die Fülle der Gewalten schließt außerdem ihre Unübertragbarkeit ein. Der Souverän kann delegieren, aber nur unter dem Vorbehalt, die Kompetenzen jederzeit wieder an sich ziehen zu können. Eine Teilung der Souveränität bedeutet unmittelbar deren Ende. Das zweite Merkmal, die zeitliche Unbegrenztheit, bezieht sich auf die Lebensdauer des Souveräns. Gleichwohl ist Bodins Souveränitätsbegriff nicht der Begriff einer unkontrollierten Macht. Schon im ersten Satz der Abhandlung heißt es: „Unter dem Staat versteht man die am Recht orientierte, souveräne Regierungsgewalt".[6] Die Souveränität ist am Recht

---

3 Vgl. Niccolò Machiavelli, *Der Fürst*, übers. und hg. Philipp Rippel (Stuttgart: Reclam, 1986), Kap. x, 83: „Wenn man die Beschaffenheit der Fürstenherrschaften untersucht, muß man noch eine andere Betrachtung anstellen: darüber nämlich, ob ein Fürst so viel Macht hat, daß er sich nötigenfalls aus eigener Kraft behaupten kann [...]." Und Kap. xvii, 129: „Einen Fürsten darf es nicht kümmern, der Grausamkeit bezichtigt zu werden, wenn er dadurch bei seinen Untertanen Einigkeit und Ergebenheit aufrechterhält [...]".

4 Jean Bodin, *Sechs Bücher über den Staat*, übers. Bernd Wimmer, hg. Peter Cornelius Mayer-Tasch (München: C.H. Beck, 1981), Buch 1, Kap. 8, 205. Dieser Begriff zieht sich dann durch die Staatstheorien der Neuzeit bis in die Moderne, und selbst der heute viel diskutierte ‚Souveränitätsabbau' im Zuge der Europäisierung und Globalisierung dürfte seine Möglichkeit dem Umstand verdanken, dass es gelungen ist, die *Sache* der Souveränität, nämlich Sicherheit, Stabilität und Einheit der Rechtsordnung auch ohne souveräne Nationalstaaten wirksam zu erhalten.

5 Bodin, *Sechs Bücher über den Staat*, Buch 1, Kap. 8, 205.

6 Bodin, *Sechs Bücher über den Staat*, Buch 1, Kap. 1, 98.

orientiert, und eine genaue Lektüre Bodins ergibt, dass die Souveränität tatsächlich eine Funktion der Einheit der Rechtsordnung ist. Diese ist ihr Zweck und nur darin hat sie eine Existenzberechtigung. Vorausgesetzt ist damit allerdings der Begriff einer objektiven Rechtsordnung, die Bodin durchaus noch im göttlichen Recht, aber auch im *ius gentium* und in den *lois fondamentales* sieht. Unter diesen Bedingungen ist er souverän, eine weltliche Ordnung des Rechts zu schaffen und zu erhalten.

Bei Hobbes ist das objektive Recht auf das Prinzip der Selbsterhaltung jedes Einzelnen reduziert. Daraus ergeben sich sowohl der naturrechtliche Anspruch auf ‚alles‘ als auch die naturgesetzlichen Normen, die zum Unterwerfungsvertrag führen. Eine Besonderheit liegt bei Hobbes darin, dass er den Unterwerfungsvertrag, ein im Mittelalter übliches Instrument zur Herrschafts*kontrolle*, in sein Gegenteil umwandelt, einfach indem er den Begriff der Herrschergewalt systematisch eng auslegt. Die vertragsähnlichen Bedingungen mittelalterlicher Königsherrschaft, die es den Ständen ermöglichten, einen unfähigen Herrscher zu beseitigen, werden von Hobbes unter neuzeitlichen Bedingungen als Sicherheitsrisiken wahrgenommen. Der neuzeitliche Herrscher soll aber Sicherheit im Interesse aller garantieren können. Deshalb hält Hobbes an der Einsetzung des Herrschers durch einen kollektiven Willensakt aller Einzelnen fest, verwandelt ihn aber in einen einseitigen und daher unumkehrbaren Akt, weil die übertragene Macht, wenn sie wieder entzogen werden kann, nicht als Instrument der Einheit und Kontinuität der politischen Ordnung taugt. Indem Hobbes die absolute Ermächtigung des Souveräns nicht rechtlich, sondern politisch aus dem Sicherheitsinteresse der Einzelnen begründet, gelingt ihm eine Subjektivierung der bei Bodin objektiven Ordnungslegitimation. Während Bodin die Handlungen des Souveräns nur über den Rechtsbegriff vermittelt als Willensausdruck der Untertanen fassen konnte, sind sie bei Hobbes unmittelbarer Ausdruck des Willens jedes Einzelnen.[7] Der gemeinsame Kern nicht nur der Theorien von Bodin und Hobbes, sondern auch solcher neuzeitlicher Staatstheorien, die für Kontrollen und Beschränkungen der Herrschergewalt eintreten, ist das Interesse an der Einheit und Kontinuität der Ordnung. Die Gefährdung dieser Kontinuität wird meist als drohender Rückfall in den Naturzustand bestimmt, der durch souveräne Macht verhindert werden soll. In dieser Tradition steht auch Kant, bei dem deshalb in der Tat nicht bloß der *Begriff* der Souveränität, sondern auch die Sache selbst eine wichtige Rolle spielt. Kant versteht unter Souveränität die

---

7   Vgl. Thomas Hobbes, *Leviathan*, übers. Jutta Schlösser, hg. Hermann Klenner (Darmstadt: WBG, 1996), 145.

Kompetenz politischer Institutionen, den *rechtlichen* Zustand – in dem formal die Möglichkeit von rechtlichen Verhältnissen gesichert ist – konsistent zu erhalten und möglichst in einen *rechtmäßigen* Zustand – in dem die Verhältnisse dem Recht gemäß sind – zu überführen.[8] Vor Kant hatten bereits Autoren wie Locke und vor allem Rousseau die Hobbessche Umkehrung des Vertragsgedankens erneut umgekehrt und festgestellt, dass der Akt der Ermächtigung des Herrschers durch das Volk eigentlich der substantielle Souveränitätsakt sei und dass ein Vertrag, in dem einer der Vertragspartner seine Fähigkeit, Vertragspartner zu sein, aufgibt, im Sinne des bürgerlichen Rechts nicht möglich sei. Die Souveränität lag demnach beim natürlichen Machtträger, nämlich dem Volk, und sollte von dort unter keinen Umständen weggenommen werden können. Das Volk schließt sich durch Vertrag zu einer Gesellschaft zusammen und setzt dann eine Regierung ein, die aber nicht der Kontrolle entzogen werden kann. Dieser Souverän kann seine Regierung abberufen; aber schon bei Locke und Rousseau sind die Regierungen mit einer Prärogativgewalt ausgestattet, die es ihnen erlaubt, im Ausnahmefall zur Sicherung der Ordnung auch gesetzwidrig zu handeln, wodurch sie vom guten alten Souverän nur mehr wenig unterschieden sind.

Die souveränitätstheoretische Schwierigkeit besteht darin, den Gedanken der Volkssouveränität mit dem Gedanken unbedingter Ordnungssicherung zu verbinden. Mit der Verlagerung der Souveränität vom Herrscher auf das Volk ist einerseits der Gestaltwandel des Souveränitätsprinzips von der realen Macht zur Idee verbunden, andererseits entfaltet aber gerade die Idee der Souveränität des Volks eine legitimatorische Kraft, die der realen Macht persönlicher Herrscher letztlich in nichts nachsteht, ihr sogar ideologisch überlegen ist. Die Verankerung souveräner Gesetzgebung im Volk – selbst wenn dies nur indirekt und ideell der Fall ist – erzeugt eine relativ hohe Akzeptanz.[9] Zudem sind die von der ideellen Volkssouveränität legitimierten Verwaltungsstrukturen politischer Macht unpersönlich, anonym, und insofern schwer angreifbar. Eine Schlüsselstellung in dieser historischen Verwandlung der Souveränität kommt Kant zu.

---

8 Dem Problem der Souveränität liegt damit das Problem der Rechtsgeltung apriorischen Rechts im Verhältnis zum positiven Recht zugrunde: Das positive Recht soll apriorisches Recht sichern, die dafür erforderliche Exekutivgewalt ist aber nicht gebunden. Dass die mit der Souveränität verbundene Widerstandsproblematik bei Kant derart aus dem Problem der Rechtsgeltung folgt, hat schon Buchda mit großer Klarheit dargelegt: Vgl. Gerhard Buchda, *Das Privatrecht Immanuel Kants. Ein Beitrag zur Geschichte und zum System des Naturrechts* (Jena: Frommann, 1929), 17.

9 Vgl. Kants Randnotiz zu Achenwall: Refl 7490, AA 19: 410.02f.: „bey einer Democratie ist mehr Ruhe vor seines gleichen, also mehr subordination".

DER MONARCH IST EIN OUTLAW   53

Kants unmittelbare Quelle, das *Naturrecht* Achenwalls,[10] bietet noch eher
ein Agglomerat naturrechtlicher Lehren als ein begrifflich organisiertes System des Rechts. Kant versucht im *Naturrecht Feyerabend*, den naturrechtlichen
Bestand staatsrechtlicher Lehren vom *Prinzip* der Staatstheorie, der politischen Einheit des Rechts, her zu interpretieren und zu rekonstruieren.[11] Dabei
versteht Kant den Vertragsgedanken, der sich bei Achenwall in der gewohnten
scholastisch-naturrechtlichen Denkweise einer Herrschafts*beschränkung* findet, im Sinne Hobbes' und Rousseaus als Herrschafts*legitimation* und schränkt
ihn auf Idealität ein, um nicht in einen Dualismus von Volksrechten und Staats-
rechten zurückfallen zu müssen. Die grundlegende Unterscheidung hat Kant in
einer Randnotiz zu Achenwall vermerkt: „Contractus socialis nicht principium
der Staatserrichtung, sondern Staatsrechts."[12] Darin liegt die theoretische Entscheidung zugunsten der Rechtsphilosophie gegenüber der Sozialphilosophie,
und aus dieser Entscheidung folgen Kants politische Auffassungen, die sich
nicht frühneuzeitlich unmittelbar als Funktionen der Gesellschaft verstehen,
sondern als Funktionen des Rechts und dadurch erst der Gesellschaft.

2   Souveränität bei Kant

Wenn Kant der Sache nach von Souveränität spricht, so ist zumeist vom
‚Herrscher‘, ‚Staatsoberhaupt‘ oder ‚Gesetzgeber‘ die Rede. So heißt es in der
Rechtslehre der *Metaphysik der Sitten*: „Die gesetzgebende Gewalt kann nur
dem vereinigten Willen des Volkes zukommen."[13] Wenig später aber wird
das gesetzgebende Oberhaupt des Staats als „einzelne Person (Monarch)"[14]
angesprochen. Ganz selbstverständlich wechselt Kant auch im *Gemeinspruchaufsatz* vom Neutrum zum Maskulinum: Könnte „das Staatsoberhaupt" gezwungen werden, „so wäre *er* nicht das Staatsoberhaupt".[15] Auch

---

10   Die Bemerkungen zu Achenwall beziehen sich im Folgenden überwiegend auf die Aus-
      gabe von 1750, nicht die von 1763!

11   Zum allgemeinen Verhältnis des Kantischen Rechtsdenkens zu Achenwalls Naturrecht
      vgl. Buchda, *Das Privatrecht Immanuel Kants*, 4–7.

12   Refl 7421, AA 19: 370.02f.

13   MS, AA 06: 313.29f.

14   MS, AA 06: 320.15.

15   TP, AA 08: 291.27–29. Meine Hervorhebung. Damit ist vor allem das Problem verbunden,
      dass ein Monarch, der gesetzgebendes Oberhaupt des Staates ist, zugleich Regent und
      Gesetzgeber sein müsste, was Kants Bestimmung der Despotie entspricht. Vgl. Michael
      Städtler, „Widerstandsrecht und Publizität in Kants Schrift *Zum ewigen Frieden*", in „...
      jenen süßen Traum träumen". Kants Friedensschrift zwischen objektiver Geltung und Utopie,
      hg. Dieter Hüning und Stefan Klingner (Baden-Baden: Nomos, 2018): 295–311.

wenn das Volk der Souverän in der Idee ist und der Monarch in der Empirie,[16] bleibt die Doppelung erhalten, denn der Monarch soll dann zwar im Sinn der idealen Volkssouveränität regieren, aber er regiert um der Sicherheit willen auch dann souverän und unangreifbar, wenn er davon abweicht. Am Ende des Staatsrechts heißt es zudem: „Sobald aber ein Staatsoberhaupt [...] sich auch repräsentiren läßt, so *repräsentirt* das vereinigte Volk nicht bloß den Souverän, sondern es *ist* dieser selbst, denn in ihm (dem Volk) befindet sich ursprünglich die oberste Gewalt".[17] Demnach gelangt die Souveränität einerseits erst durch den Rückzug des Souveräns zum Volk, andererseits sei dieses dann deshalb berechtigt, sie festzuhalten, weil sie sich ursprünglich schon in ihm befand. Kant will damit den Übergang der absoluten Monarchie in Frankreich zur Republik als reformatorischen Übergang erklären, indem er die Einberufung der Generalstände als Repräsentationsgesuch des Königs deutet. An dieser Deutung als Reform hängt für Kant die Kontinuität der Einheit der Rechtsordnung.

Die Französische Revolution, die zwischen dem *Naturrecht Feyerabend* und der *Metaphysik der Sitten* liegt, scheint Kants Souveränitätsverständnis insofern beeinflusst zu haben, als er in der *Rechtslehre* stärker und deutlicher liberale Interessen des Bürgertums berücksichtigt – allerdings ohne den Souveränitätsbegriff von der monarchisch repräsentierten absoluten Einheit des Rechts zu lösen.[18]

---

16   Vgl. Refl 7436, AA 19: 374.

17   MS, AA 06: 341.12–15.

18   Damit bleibt er im Rahmen des traditionellen Naturrechts, das erst im 19. Jh. „die bisherigen Auffassungen kritisierte und liberale Forderungen [...] erhob[]" (Diethelm Klippel, „Politische und juristische Funktionen des Naturrechts in Deutschland im 18. und 19. Jahrhundert", *Zeitschrift für Neuere Rechtsgeschichte* 22 (2000): 3–10, hier 9). Dieser Modernisierungsschub im Rechtsdenken fällt mit dem Einsetzen der Verbürgerlichung der Gesellschaft einerseits, der Industrialisierung andererseits zusammen. Einen Vorlauf hat dies in der öffentlichen Staatskritik der späten Aufklärung, die nach 1770 einsetzt; bis dahin richtet sich Kritik nicht an den Absolutismus, sondern an Hof und Stände. Vgl. Rolf Grimminger, „Aufklärung, Absolutismus und bürgerliche Indivieuen. Über den notwendigen Zusammenhang von Literatur, Gesellschaft und Staat in der Geschichte des 18. Jahrhunderts", in *Deutsche Aufklärung bis zur Französischen Revolution. 1680–1789. Hansers Sozialgeschichte der deutschen Literatur vom 16. Jahrhundert bis zur Gegenwart, Band 3*, hg. Rolf Grimminger (München: Hanser, 1980): 15–99, hier 31. – Eine souveränitätstheoretische Differenz zwischen dem *Naturrecht Feyerabend* und der *Metaphysik der Sitten* hat neuerlich Frederick Rauscher, „Did Kant Justify the French Revolution Ex Post Facto?", in *Reading Kant's Lectures*, hg. Robert R. Clewis (Berlin: De Gruyter, 2015): 325–345, herausgestellt: Die zunächst ausgeschlossene Übertragbarkeit der Souveränität vom Monarchen aufs Volk wird in der späteren Schrift zur Interpretation der Französischen Revolution herangezogen und könnte durch dieses Ereignis initiiert sein.

Diese Kontinuität drückt sich nicht zuletzt in Kants eher funktional bleibender Bestimmung der Gewaltenunterscheidung aus, die keineswegs klar als Kompetenzentrennung zur wechselseitigen Kontrolle formuliert ist. Zwar soll durch die Trennung von Souverän und Regent der Despotismus vermieden werden, aber der Souverän setzt den Regenten ein und kann ihn auch absetzen. Ebenso werden die vom Volk zwar zu wählenden Richter vom Regenten eingesetzt und beaufsichtigt. Kant spricht konsequent nicht von einer Gewaltentrennung, sondern von einem doppelten Verhältnis der Koordination und Subordination,[19] derzufolge die Gewalten als Funktionen aus der Idee des Staates hervorgehen, aber in dieser auch sachlich eng verbunden sind.

Kants Bestimmungen zur Souveränität sind weniger als endgültige Aussagen zu verstehen denn als ein Ringen[20] um Begriff und Sache angesichts politischer Entwicklungen, die das Ziel der Kontinuität und mit diesem die Möglichkeit universaler Definitionen massiv in Frage zu stellen scheinen. Ausdruck dieses Ringens, das selbst in den Druckschriften noch nicht beendet ist, sind vor allem die Vorarbeiten und die Reflexionen Kants. Der große Nutzen der von Feyerabend nachgeschriebenen Vorlesung über Naturrecht von 1784 ist es in diesem Zusammenhang, dass sie einen Eindruck von dem Vortrag vermittelt, in dem Kant Gedanken im Zusammenhang ausgeführt hat, die in den eigenhändig notierten *Reflexionen* zwar auch immer wieder auftauchen, aber dort vereinzelt, isoliert und miteinander im Widerspruch dastehen.[21]

---

19   Vgl. MS, §§ 45–49, AA 06: 313.17–318.14. Horst Dreitzel, *Absolutismus und ständische Verfassung in Deutschland. Ein Beitrag zur Kontinuität und Diskontinuität der politischen Theorie in der frühen Neuzeit* (Mainz: Philipp von Zabern, 1992) findet diese Bestimmungen, verglichen mit den Bemerkungen in ZeF, AA 08: 352.14–353.18, „verworren und unsystematisch" (119), stellt aber immerhin fest, dass Kant am „Übergang der absoluten Monarchie zum repräsentativen Verfassungsstaat ohne Verlust des ‚monarchischen Prinzips'" (ebd.) interessiert sei. Tatsächlich ist Kant in seiner Gewaltenlehre Theoretiker des aufgeklärten Absolutismus und vor dem Hintergrund der realen Situation der Staatsgewalten und ihrer naturrechtlichen Bestimmung kann es kaum überraschen, dass Kant hier changiert. Vgl. dazu den erhellenden Beitrag von Louis Pahlow, „Administrativjustiz versus Justizstaat. Justiz und Verwaltung im Allgemeinen Staatsrecht des 18. und 19. Jahrhunderts", *Zeitschrift für neuere Rechtsgeschichte* 22 (2000): 11–30. In der Verwaltungs- und Jurisdiktionspraxis in Deutschland kommt der in England und Frankreich früh entwickelte Gedanke der Gewaltenteilung erst in der Mitte des 19. Jahrhunderts an.

20   Vgl. Heinrich P. Delfosse, Norbert Hinske und Gianluca Sadun Bordoni, „Einleitung", in Immanuel Kant, *Naturrecht Feyerabend. Neue, anhand des Manuskripts revidierte Fassung*, Kant-Index, Band 30, hg. Heinrich P. Delfosse, Norbert Hinske und Gianluca Sadun Bordoni, Teilband 1 (Stuttgart: Frommann-Holzboog, 2010), IX–XXXVIII, hier IX: Die Autoren sprechen von „Kants Kampf um eine gedankliche Klärung und Darstellung der Probleme".

21   Eine systematische Rekonstruktion des frühen Rechtsdenkens, die sich – damals mangels weiterer Quellen – allein auf diese Notizen stützte, bietet Christian Ritter, *Der Rechtsgedanke Kants nach den frühen Quellen* (Frankfurt am Main: Klostermann, 1971).

3   Souveränität im *Naturrecht Feyerabend*

Im Naturrecht Feyerabend beginnt Kant seinen Kommentar zu Achenwalls Abschnitt über das Gesellschaftsrecht mit einer Kritik an dessen Titel „*Jus sociale universale in genere*", denn Sozietäten gebe es auch im Naturzustand, nicht bloß im bürgerlichen Zustand, von dem aber nun ausschließlich die Rede sei. Gleichwohl nimmt schon Kants Begriffsbestimmung von ‚Gesellschaft' deren politische Form voraus: „Was ist *Societaet*? Sie besteht in der Vereinigung vieler Personen, einen beharlichen Zweck zu erreichen. Das oberste Gesetz der Geselschaft ist das Heil der *Societaet. Salus civitatis suprema lex est.* Die *Perdurabilitaet* ist das oberste Gesetz. So besteht *salus societatis* nicht darinn, daß jeder *socius* reich werde; sondern daß die *societaet* fortdaure. *Status socialis suprema lex est* könnte man sagen. [...] Das wahre *bonum commune* ist der *Status socialis*."[22]

Aus dieser Bestimmung folgert Kant ein wechselseitiges Pflichtenverhältnis der Sozietät gegen den Sozius und umgekehrt, aber nur der Verpflichtung des Sozius gegen die Sozietät ordnet Kant explizit eine Gewalt der Sozietät über den Sozius zu. Das folge zwingend aus der Vernunftbestimmung des obersten Gesetzes einer Sozietät als solcher, dass sie nämlich sich selbst dauerhaft erhalte. Damit spricht Kant den spezifischen Unterschied seines – an Hobbes gebildeten – Verständnisses des *bonum commune* gegenüber dem mittelalterlich-naturrechtlichen an: Es wird nicht mehr in der optimalen Ordnung einer Geselschaft gesehen, zu der auch die Organisation ihrer lebenswichtigen geistigen und materiellen Bedürfnisse gehört, sondern in der *Sicherung* des *status civilis* gegen den *status naturalis*. Kant setzt dieses Argument hier noch tiefer an, indem er es im *status socialis*, also noch unterhalb des politischen bürgerlichen Zustandes begründet sieht. Die Sozietät ist auch dann zu erhalten, wenn dabei die unmittelbaren Interessen der Mitglieder vernachlässigt werden, weil der Zweck der Sozietät nämlich ein „beharlicher" ist, der auf lange Sicht auch dann maßgebend bleibt, wenn seine Durchsetzung kurzfristig Nachteile bringt. Der beharrliche Zweck ist aber unmittelbar mit der Perdurabilität der Gesellschaft verbunden, die darum zum obersten Gesetz wird. Dann aber ist der *status socialis*, „könnte man sagen", wie Feyerabend sagt, dass Kant gesagt habe, selbst das oberste Gesetz. Das *bonum commune*, von dem her im Mittelalter die *communitas* ihre Legitimation erst bezog, ist diese nun selbst. Damit ist im Begriff der Gesellschaft, die selbst die *suprema*

---

22   V-NR Feyerabend, 69.25–70.1 (AA 27: 1377.39–1378.06). – Kant präzisiert diese Unterscheidung später, vgl. MS, AA 06: 305.34–307.06. Zu Kants Kritik an der Einteilung Achenwalls vgl. auch Buchda, *Das Privatrecht Immanuel Kants*, 9f.

DER MONARCH IST EIN OUTLAW   57

lex ist, die logische Form der Souveränität antizipiert, die genau deswegen auch *supra legem* ist.[23]

Insofern die Gesellschaft eine ihrer Selbsterhaltung korrespondierende Gewalt innehat, ist „[i]n jeder *Societaet* […] ein *imperium*",[24] weshalb eigentlich alle Sozietäten ungleiche sind.[25] Zwar kann der „*Imperans* […] die ganze *Societaet* selbst seyn",[26] es bleibt aber das Herrschaftsverhältnis strukturierend für die Gesellschaft: „Das *Imperium* ist also ein wahres *Praerogativ*".[27] Dieses kann *entweder* unumschränkt für „alle Handlungen und Zeiten"[28] ausgeübt werden, was Kant hier als Despotie bezeichnet, der auf der Seite der Unterworfenen das Sklaventum korrespondiere. Merkmal der Despotie ist hier also nicht die Durchbrechung der Gewaltenteilung, indem der Gesetzgeber auch Regent ist, sondern die Schrankenlosigkeit des Herrschaftsverhältnisses, die den Untertanen keinen sachlichen und zeitlichen Raum der Selbstbestimmung überlässt, weshalb diese keine Bürger, sondern Sklaven sind.[29] *Oder*, dies ist die zweite Möglichkeit, es wird ihnen dieser Raum gelassen: dann ist die Herrschaft „*temperatum*"[30] bzw. „*patrioticum*".[31] Das Praerogativ der Herrschaft ist im engen Sinne Souveränität, denn „*Imperans legibus a se latis, non tenetur*".[32] Die Sicherheit und Dauerhaftigkeit jeder Gesellschaft erfordert eine souveräne Instanz, die Gesetze gibt, ohne ihnen selbst unterworfen zu sein.[33]

Nach den Gesellschaftsformen Ehe, Familie und Haushalt kommt Kant zum Öffentlichen Recht. Er beginnt mit dessen Abgrenzung gegen den Naturzustand, dessen Gegenteil nicht die Gesellschaft, sondern der bürgerliche, politische Zustand sei, weil erst in diesem die Gültigkeit gesellschaftlicher

---

23 Diese Konsequenz zieht Kant, über Achenwall hinaus, aus dessen Bestimmung, dass in einem Konflikt zwischen partikularen und gemeinsamen Interessen immer dann, wenn die partikularen nicht existentiell sind, dem Gemeininteresse der Vorrang zu geben sei. Vgl. Gottfried Achenwall und Johann Stephan Pütter, *Anfangsgründe des Naturrechts*, übers. und hg. Jan Schröder (Frankfurt am Main: Insel, 1995), §§ 563, 564. (Ausg. 1763: § 7).

24 V-NR Feyerabend, 70.23–24 (AA 27: 1378.29).

25 Das nimmt Kant sogar noch für das ethische Gemeinwesen der *Religionsschrift* in Anspruch, in dem die Menschen Glieder, Gott aber Oberhaupt sei. Vgl. RGV, AA 06: 101.

26 V-NR Feyerabend, 70.27 (AA 27: 1378.33).

27 V-NR Feyerabend, 70.29 (AA 27: 1378.35f.).

28 V-NR Feyerabend, 70.31–71.1 (AA 27: 1378.38).

29 Vgl. V-NR Feyerabend, 85.14f. (AA 27: 1392.f.): „*Monarchie* kann *Despotismus* werden, wo er das Land als sein *Patrimonium*, und Unterthanen als Sachen ansieht."

30 V-NR Feyerabend, 70.31 (AA 27: 1378.37, 38).

31 V-NR Feyerabend, 71.1 (AA 27: 1378.37, 38).

32 V-NR Feyerabend, 70.30 (AA 27: 1378.36).

33 Diese Konsequenzen betreffen auch die Prärogative bei Locke. Obwohl dessen Regierungsentwurf liberaler als andere erscheint, kommt er ohne eine solche Instanz nicht aus; das wird in aller Regel übersehen.

Pflichten institutionell garantiert sei. Interessant ist, dass Kant hier ausdrücklich den Ausgang aus dem Naturzustand in den bürgerlichen Zustand nicht dem Naturrecht zuordnet: Würde nämlich die Natur der Menschen als gerecht angenommen, so wäre der *status civilis* unnötig. Nur unter der Bedingung, dass sie nicht gerecht sind, entsteht die Pflicht, um der allgemeinen Sicherheit willen in einen Rechtszustand zu treten. Dass die Menschen ungerecht sind, ist demnach keine Bestimmung *a priori*, sondern *a posteriori*.

Der bürgerliche Zustand garantiert Sicherheit durch souveräne politische Gewalt: „Die allgemeine Sicherheit entsteht denn, wenn die Menschen sich ein allgemeines Recht machen, sich einen Richter setzen, und den mit Gewalt versehn."[34] Schon an dieser Bestimmung wird deutlich, dass Kant nicht von einer strikten Gewaltenteilung, sondern von einer funktionalen Gewaltenunterscheidung ausgeht, deren Elemente aber Teile einer einheitlichen Staatsgewalt sind: Der Richter selbst soll mit Gewalt ausgestattet sein, damit seine Entscheidung durchsetzbar sei.[35]

Die Entstehung der bürgerlichen Verbindung und ihrer Gesetze erklärt Kant über die Idee des ursprünglichen Kontrakts, die Idee der Einstimmung aller, wodurch Gesetzgeber und Gesetzunterworfene als identisch gedacht würden, so dass kein Unrecht möglich sei, denn niemand könne sich selbst rechtlich lädieren. Die Formulierungen Feyerabends schwanken hier zwischen dem Modus der Einstimmung als konjunktivische Idee und als indikativische Realität. Durchgehend dürfte aber die Idee gemeint sein, auch wenn es heißt

---

34   V-NR Feyerabend, 74.17–19 (AA 27: 1382.05–07).

35   Die Verbindung von Exekutive und Judikative ist im 18. und bis ins 19. Jahrhundert üblich; sie verdankt sich der früheren Bestimmung der Verwaltung als ‚gute Policey‘, die für eine umfassende Realisierung des Allgemeinwohls (*bonum commune*) zu sorgen habe und zu diesem Zweck zugleich Streitsachen entscheiden und die Entscheidungen durchführen (auch im Sinne von Strafen) können soll. Vgl. Pahlow, „Administrativjustiz versus Justizstaat", 13–18 sowie Michael Stolleis, *Geschichte des öffentlichen Rechts in Deutschland* (München: C.H. Beck, 1988), Bd. 1, 277 und 354ff. Kant hält an dieser Verbindung der Kompetenzen hier noch fest, obwohl er die traditionelle Auffassung des Staatszwecks als *bonum commune* bereits durch die Rechtssicherheit ersetzt hat. Dass deren effektive Durchsetzung ebenfalls in einer Verbindung von Verwaltung und Justiz gesehen wird, kann in der notorischen Unzuverlässigkeit der Gerichte im 18. Jahrhundert begründet sein. Dass Kant in der *Metaphysik der Sitten* die Justiz stärker abgrenzen will – ohne jedoch ihre Subordination ganz aufzugeben –, mag eine Konsequenz liberalistischer Gesellschaftsauffassung sein. Jedenfalls geht es in der Durchsetzung einer unabhängigen bürgerlichen Justiz im 19. Jh. v.a. um die Sicherung von Privatautonomie und Eigentum vor staatlichen Eingriffen, also um ökonomische Interessen, die nun als Menschenrechte vorgetragen werden. Vgl. Pahlow, „Administrativjustiz versus Justizstaat", 23 sowie Stolleis, *Geschichte des öffentlichen Rechts*, 324.

DER MONARCH IST EIN OUTLAW 59

„*Legislator* ist *summus imperans, souverain*. Der *souverain* ist also das Volk."[36] Denn ausdrücklich sei es irrelevant, ob „die Menschen jemals in der Absicht zusammen gekommen sind, und so ihre Gesetze gemacht haben. Eines *despoten* gesetze können gerecht seyn, wenn sie so gemacht sind, daß sie vom ganzen Volk hätten können gemacht seyn."[37] Damit sind übrigens nicht nur im allgemeinen solche Gesetze als ungerecht qualifiziert, die nicht der allgemeinen Einstimmung fähig wären, sondern auch im besonderen solche, die von allen einstimmig beschlossen wären, ohne doch ihr allgemeines Interesse wirklich zu repräsentieren. Der Zweck der Republik ist schließlich nicht die Glückseligkeit, sondern „die *Administration* des Rechts",[38] d.h. die Durchsetzung öffentlicher Gerechtigkeit, die zunächst unabhängig von der individuellen Wohlfahrt zu betrachten ist. So bestimmt Kant an späterer Stelle die Sorge für die „Glückseligkeit jedes Privatbürgers"[39] als unvollkommene Pflicht, die Sorge „für die Sicherheit seines Volkes"[40] hingegen als vollkommene Pflicht des *summus imperans*. Für ihr Glück sorgten alle jeweils selbst, da sie keine Kinder, sondern Bürger seien. Für Achenwall steht hingegen von Anfang an das ‚Wohl' als Summe von Sicherheit und Glückseligkeit im Staatszweck.[41] Kant ordnet im Interesse einer systematischen Rechtsbegründung diese Reste scholastischaristotelischer Politiktheorie dem Rechtsgedanken unter.[42]

Kants nähere Bestimmung der Souveränität lautet dann folgendermaßen: „Der *summus imperans* ist immer das Volk, die einzelne Person des *summi imperantis* ist nur der *Repraesentant* des Volks."[43] Auch hiernach ist das Volk Souverän nur in der Idee, in der politischen Praxis hingegen wird die Souveränität von Einzelpersonen wahrgenommen. Dass sie damit faktisch vom Volk entfernt ist, wird in der folgenden Frage deutlich: „Ist das Volk befugt, die rechtliche Gewalt des *souverains* zu untersuchen?"[44] Das Volk will natürlich nicht

---

36   v-nr Feyerabend, 75.1f. 8 (AA 27: 1382.30).

37   v-nr Feyerabend, 74.34–37 (AA 27: 1382.23–26).

38   v-nr Feyerabend, 75.5 (AA 27: 1382.33f.).

39   v-nr Feyerabend, 78.6 (AA 27: 1385.27).

40   v-nr Feyerabend, 77.25 (AA 27: 1385.18). Vgl. auch Refl 7430 (AA 19: 372): Das Volkswohl gehört nur zu den Verdiensten des Fürsten; seine Pflicht ist das (rechtliche) Staatswohl.

41   Vgl. Achenwall und Pütter, *Anfangsgründe*, § 653.

42   Zum generellen Wandel der Staatszwecklehre zwischen 1750 und 1850 vgl. Pahlow, „Administrativjustiz versus Justizstaat", z. B. 23 sowie Stolleis, *Geschichte des öffentlichen Rechts*, 325f. Durch die erkenntnistheoretische Abstützung der Wende von der ‚Glückseligkeit' zur ‚Sicherheit' „zerstörte [Kant] [...] die normativen Grundlagen des Naturrechts" (325).

43   v-nr Feyerabend, 75.6–8 (AA 27: 1382.35–37).

44   v-nr Feyerabend, 75.8f. (AA 27: 1382.37f.). Dasselbe Verhältnis findet statt v-nr Feyerabend, 78.19f. (AA 27.2,2: 1386.3f.): „Der *summus Imperans* kann nicht mehr Recht haben, als das Volk im ganzen selbst hat."

seine eigene Gewalt untersuchen, sondern die des Herrschers, der die Souveränität des Volkes in unbeschränkter Machtfülle repräsentiert. Erlaubt ist eine solche Untersuchung aber nur im Naturzustand. Menschen, die noch durch keine öffentlichen Gesetze verbunden seien, hätten das natürliche Recht zu fragen, wieso jemand anderer über sie zu herrschen beansprucht. Die These, dass jede Staatsgründung durch Usurpation, durch einseitige Gewalt, zustande komme, die Kant sowohl in der *Metaphysik der Sitten Vigilantius*[45] als auch in der *Rechtslehre* der *Metaphysik der Sitten*[46] vertritt, wird hier nicht ausgeführt; es bleibt bei der auf Hobbes zurückgehenden[47] definitorischen Bemerkung, dass derjenige, der die Herrschaft ohne ein *pactum subjectionis* begründe, ein *usurpator imperii* sei. Auch die Kritik des Widerstandsrechts im *status civilis* tritt noch verhalten auf: „Einigermaaßen", so notiert Feyerabend Kants Vortrag, „läßt sich dieses beantworten."[48] Das Volk, das bereits im *status civilis* verfasst ist, kann nicht über den *summus imperans* urteilen, denn dann gäbe es zwei Parteien, aber keinen Richter. Deutlich wird hier vor allem, dass der Widerstand nicht allein gegen den Herrscher als Executor des gesetzgebenden Volkswillens ausgeschlossen ist, sondern gegen die Funktion des *summus imperans* als solche, die Kant als gewalthabende Gesetzgebung bestimmt, und die hier sicher nicht empirisch beim Volk liegt, denn sonst entstünden nicht zwei Parteien. Zudem weist Kant darauf hin, dass das Urteil des Volks über den *summus imperans* diesen unmittelbar vernichten würde, indem seine Funktion unmittelbar an das Volk selbst übergegangen wäre, so dass eine Demokratie entstünde, die Kant offenbar hier der Republik direkt entgegensetzt: Während es nämlich in der Demokratie um die „Gemächlichkeit jedes *Individui*",[49] also um die Durchsetzung individueller Interessen, gehe, sei der Zweck der Republik

---

45 Vgl. v-ms/Vigil, AA 27: 515.32–38: „Darauf folgt in Ansehung der Art, wie Staatsverfassungen ursprünglich gegründet werden, daß, wenn man annehmen müßte (und dies muß man allgemein annehmen), daß die vorhandene gesetzliche Gewalt und der rechtliche Zustand im Staat von dem Urheber absque titulo gestiftet, und der Staat willkürlich errichtet sey, dadurch den Unterthanen kein Recht erwachse, sich der gesetzlichen Gewalt zu entziehen." Kant setzt bemerkenswerter Weise hinzu: „Denn es ist ganz wider die Willkür der Menschen, von selbst und durch eigene Bestimmung ihre Handlungen nach der freien Willkür einzurichten, mithin werden sie auch nicht eine Einschränkung ihres arbitrii bruti freiwillig eingehen und sich also mit allgemeiner Uebereinstimmung dem Befehl eines Oberen unterwerfen." (v-ms/Vigil, AA 27: 515.38–516.4). Daraus wird ersichtlich, warum der politische Vertrag für Kant eine Idee bleibt. Kant schließt damit freilich auch eine politische Wirkung des moralischen Gesetzes strikt aus.

46 Vgl. ms, AA 06: 318.27–319.11. Vgl. hierzu auch Ritter, *Der Rechtsgedanke Kants*, 239f.

47 Vgl. Hobbes, *Leviathan*, Kapitel xx, 168–177. Hobbes nennt dies hier „Gemeinwesen durch Aneignung" (168), den Ausdruck Usurpator benutzt er nicht, und die Usurpation begründet so gut wie ein Vertrag die Souveränität.

48 v-nr Feyerabend, 75.17 (AA 27: 1383.3f.).

49 v-nr Feyerabend, 75.24 (AA 27: 1383.10f.).

DER MONARCH IST EIN OUTLAW

nicht diese interessengeleitete Betätigung der subjektiven Freiheit (der Willkür, könnte man sagen), sondern „die Freiheit, und zwar die öffentliche",[50] die durch „Öffentliche Gerechtigkeit"[51] gesichert wird.

Die nähere Bestimmung der Oberherrschaft ist aus heutiger Sicht verwirrend:

> Der *summus imperans* ist also entweder das Volk selbst oder der *Repraesentant* des Volks. Wer ist Regent? Der *Executor* des allgemeinen Willens des Volks. Die wahre *souvereneté* besteht beim Volk. Die Regierung aber, oder die Ausführung der gesetzgebenden Macht, kann entweder beim Volk seyn und da ist der Staat eine *Democratie*, oder sie ist bei einer einzelnen Person, und da ist sie *Monarchie* und der Regent *Monarcha*, oder sie ist beim *Collegio*, und dann ist sie *Aristocratie*. Hier ist eben kein Unterschied in der gesetzgebenden Macht; sondern nur in der regierenden Gewalt. Monarch ist nicht derjenige, der überall gebiethen kann, sondern der nicht unterm Gesetz steht. Es muß einer seyn, der alle Gesetze *executi*rt. Der Monarch ist auch *Souverain*, der auch Gesetze giebt.[52]

An dieser Passage wird sehr deutlich, wie Kant versucht, die Diktion von Souveränität und Volkssouveränität in den Text Achenwalls hineinzubringen, wo Achenwall durchgehend nur vom *summus imperans* spricht. Bemerkenswert ist – auch im Hinblick auf die Gewaltenlehre der *Metaphysik der Sitten* –, dass der Monarch zugleich Gesetzgeber und Exekutive ist. In der Vorlesung wird deutlicher, wie Kant sich das vorstellt.

Eine Gewaltenteilung zwischen Legislative und Exekutive findet sich übrigens auch bei Achenwall nicht; zum Zeitpunkt des ersten Erscheinens des *Naturrechts*, 1750, war Montesquieus *Geist der Gesetze* gerade zwei Jahre alt, Rousseaus *Gesellschaftsvertrag* (1762) erschien erst ein Jahr vor der von Kant verwendeten Achenwall-Auflage von 1763. Der Umstand, dass noch das *Allgemeine Landrecht für die Preußischen Staaten* von 1794 sowohl Gesetzgebung als auch Gesetzesumsetzung unter die Majestätsrechte zählt,[53] spricht für eine geringe Autorität der Idee Montesquieus in Preußen, was auch für Kants und noch für Hegels Konzeption der Staatsgewalt gilt, die weniger eine Gewaltentrennung denn eine funktionale *Unterscheidung* von Gewalten als Momente innerhalb einer einheitlichen Staatsgewalt darstellen.[54] Im Rahmen einer

---

50 V-NR Feyerabend, 75.26f. (AA 27: 1383.13f.).

51 V-NR Feyerabend, 75.28f. (AA 27: 1383.15f.). Vgl. Refl. 7419, AA 19: 369.

52 V-NR Feyerabend, 75.29–39 (AA 27: 1383.16–26.)

53 Vgl. *Preußisches Allgemeines Landrecht*, hg. Ernst Pappermann (Paderborn: UTB, 1972), Teil II, 13. Titel, §§ 2,4,6,7.

54 Die Trennung administrativer und juridischer Gewalt wird in Deutschland erst im 19. Jahrhundert ein Thema. Vgl. Pahlow, „Administrativjustiz versus Justizstaat", 21.

solchen Unterscheidung ist es denkbar, dass mehrere Gewalten von *einer* empirischen Person wahrgenommen werden, die in den Funktionen verschiedener juristischer (moralischer) Personen operieren kann.[55]

Deshalb dürfte auch die ,wahre Souveränität', die der zitierten Stelle nach beim Volk bestehe, wiederum ideeller Natur sein. Der Regent tritt hier nicht als eine von der Gesetzgebungsgewalt getrennte Regierungsgewalt auf, sondern als die Souveränität in der erfahrbaren Wirklichkeit, als die Ausführung der gesetzgebenden Macht selbst und nicht etwa nur von deren Gesetzen. Ebenso heißt es am Ende des Abschnitts: „Regieren heißt die Idee eines *status civilis realis*iren."[56] In der Idee eines *status civilis* gibt es noch keine Gesetze, die Realisierung der Idee ist nicht bloß ihre Verwaltung, sondern auch ihre Konstitution. Deshalb schließt die zitierte Passage auch mit der Bestimmung, der Monarch sei Souverän, der auch Gesetze gebe, obwohl zuvor die klassischen Staatsformen Monarchie, Demokratie und Aristokratie durch Unterschiede in der regierenden Gewalt, nicht in der gesetzgebenden Macht bestimmt worden waren. Das heißt, in der Idee liegt die gesetzgebende Macht immer beim Volk. Übt es diese auch selbst aus, handelt es sich um Demokratie, übt ein anderer sie für das Volk aus, ist es Monarchie, übt eine Gruppe sie aus, ist es Aristokratie. Das sind Unterschiede im Regierungspersonal, aber es sind jeweils Regierungen, die auch selbst gesetzgebend sind. Auch hier ist von Despotie als Einebnung *dieser* Gewaltengrenze keine Rede.[57] Im übrigen sind diese unterschiedlichen Ausübungsmodi der Souveränität rechtlich indifferent: „Die Regierungsarten sind im Grunde einerlei. Die Regierung ist immer gut, wo solche Gesetze gegeben werden, die das ganze Volk hätte geben können. Eine Regierungsart ist so rechtmäßig wie die andre."[58] Deutlich wird hier bereits das republikanische Prinzip der Herrschaft des Gesetzes als Ausdrucks des allgemeinen Willens zum Maßstab der Politik gemacht. Darin besteht ihre Rechtmäßigkeit, welche Form sie sonst auch haben möge. Die Frage der Zuträglichkeit, des empirischen Nutzens, verweist Kant in den Bereich der Empirie.

Was hier noch ,Regierungsart' heißt, nennt Kant in der *Rechtslehre* ,Staatsform'. Den Terminus ,Regierungsart' reserviert er dort hingegen für das auch hier

---

55 Vgl. MS, AA 06: 316.08f.: „Die drei Gewalten im Staate sind also [...] einander, als so viele *moralische* Personen, beigeordnet", meine Hervorhebung. Dass es sich hier um moralische, nicht zwingend natürliche Personen handelt, ignoriert Wolfgang Kersting, *Wohlgeordnete Freiheit. Immanuel Kants Rechts- und Staatsphilosophie* (Frankfurt am Main: Suhrkamp, 1993), 406–412.

56 V-NR Feyerabend, 76.11 (AA 27: 1383.38f.).

57 Vgl. Refl 7434, AA 19: 373.

58 V-NR Feyerabend, 76.6–8 (AA 27: 1383.33–35).

DER MONARCH IST EIN OUTLAW

der Sache nach schon verwendete Qualitätskriterium des Modus der Herrschaftsausübung: ob diese nämlich republikanisch,[59] im Sinne des allgemein vereinigten Volkswillens, oder despotisch, im partikularen Interesse des Herrschers sei.[60] Die eigentliche Gefahr der Bündelung von Staatsgewalten wird aber weniger im Despotismus gesehen als darin, dass der Monarch sich angreifbar macht:

> Die *Potestas legislatoria* kann man unterscheiden in *rectoria* und *diiudicaria*. Die beiden letztern stehn unter der erstern und machen das Regiment und die Form der Gerechtigkeit aus. Welche Befugnisse hat nun der *souverain*? Kann er das Gesetz bestimmen über einzelne Bürger? Kann der Monarch selbst seinen Staat *administ*riren? Das kann er nicht. Er muß dazu Diener haben. Er kann auch nicht richten, dazu hat er Majestäte [d.i. Magistrate; M.St.] nöthig. Der *souverain* erniedrigt sich unter seine Würde, wenn er *actus* der *administration* und *Jurisdiction* ausübt, denn die Majestät besteht in der Heiligkeit seiner Person, und Heiligkeit besteht wieder darin, daß sein Wille immer gerecht ist. Wer *administ*rirt, steht unterm Gesetz.[61]

Nicht etwa *von* der Gesetzgebung werden Regierung und Rechtsprechung unterschieden, sondern sie werden *innerhalb* der Gesetzgebungskompetenz unterschieden. Das hat den systematischen Grund, dass eine Gesetzgebung, deren Gesetze nicht angewandt und durchgesetzt werden, für Kant keine Gesetzgebung ist. Kant gesteht hier die Notwendigkeit zu, diese Funktionen staatstheoretisch zu unterscheiden, vermeidet aber um der Wirksamkeit des Rechts und damit der Stabilität des *status civilis* willen die strikte institutionelle Trennung.[62] Die Fragen nach den Befugnissen des Souveräns und der Administrationsmacht des Monarchen sind parallel zu lesen: Der Souverän

---

59   In der Diktion der Zeit nennt Kant diese Regierungsart auch ‚vaterländisch' bzw. ‚patriotisch'. Vgl. TP, AA 08: 291.

60   Das ist übrigens das klassische Tyrannismerkmal, auch wenn Kant den Terminus ‚Tyrann' hier nur am Rande und später gar nicht mehr verwendet. Kant bemüht sich einerseits um eine Formalisierung des Begriffs der Regierungsart anhand der Unterscheidung oder Nichtunterscheidung von Gewalten, verzichtet aber nicht auf das materielle Kriterium des allgemeinen Interesses, was den formalen Begriff konterkariert: Auch der Autokrat kann republikanisch regieren. Vgl. auch Refl 7373, AA 19: 346 sowie Refl 7500, AA 19: 416f.

61   V-NR Feyerabend, 76.16–24 (AA 27: 1384.6–15). Hier hat die neue Edition ausnahmsweise eine sinnvolle Korrektur der AA zurückgenommen: Statt „Majestäte" muss es sicher „Magistrate" heißen. – Dieses Argument gibt es auch später noch: Vgl. MS, AA 06: 317.36–318.03. Kersting, *Wohlgeordnete Freiheit*, 411, deutet allerdings diese Stelle nicht als Gefahr der Schwächung des Monarchen, sondern als Einsicht Kants in dessen Fehlbarkeit, die einen Rechtsschutz verlange – nämlich Gewaltenteilung. Zur engen Beschränktheit dieses Rechtsschutzes vgl. Ritter, *Der Rechtsgedanke Kants*, 315.

62   Vgl. Refl 7431, AA 19: 372f.

ist hier der Monarch, und um dessen Befugnisse geht es. Die administrative Rechtszuteilung im Einzelfall kann dem Monarchen nicht zukommen. Dies ist aber nicht deshalb so, weil dadurch die Gewaltenteilung und mit ihr ein rechtsstaatliches Prinzip verletzt würde, sondern weil der Eingriff in Einzelfälle unter der Würde des Monarchen ist: Er kann sich als fehlbarer Mensch dadurch in Situationen offenkundiger Fehlentscheidungen bringen, was der Würde des *summus imperans*, kein Unrecht tun zu können, widerspräche. Das gilt es zu vermeiden, und diese Bestimmung gibt es auch bereits bei Rousseau.[63] Das bedeutet aber nicht, dass der Monarch als Gesetzgeber und Regent in keiner Weise in die Rechtsprechung eingreifen dürfte. Er darf es nur nicht im Einzelfall. Ansonsten kann er sowohl Gesetze zurücknehmen als auch Privilegien oder Immunität verleihen, also vom Gesetz dispensieren, und er hat das unbeschränkte Recht auf die Rechtsauslegung. Der Richter nimmt ihm lediglich die Anwendung auf den Einzelfall, also das Urteilen, ab, kann aber nicht das Gesetz anders auslegen als der Souverän es vorgibt: „Der *summus Imperans* hat allein das Recht, seine Gesetze zu interpretiren, und der Richter, sie zu *applici*ren. Die Auslegung die der Gesetzgeber macht, heißt *interpretatio authentica*. Die Auslegung ist entweder *extensiv* oder *restrictiv*. *Interpretatio doctrinalis* wird von einer *doctrin* in *scienti*fischer Absicht von den Gelehrten gegeben. Jene ist *irresistibel*, und hat daher auch *vim executoriam.*“[64] Der Wille des Herrschers ist irreprehensibel.[65]

Dem entspricht ein autoritäres Verhältnis des Souveräns zu den Bürgern. Diese seien zwar „unterthan, aber nicht *subditus*“,[66] weil sie nicht wie Sklaven despotischer Gewalt unterworfen seien, aber das Subjekt des Herrschaftsverhältnisses ist doch der Souverän allein: Der Bürger ist nämlich nur insofern nicht *subditus*, als er betrachtet wird, „als werde er regiert nach seinem eigenen Willen. Ein Monarch kann demnach regiren über Unterthanen zugleich als über Bürger.“[67] An dieser Stelle zeigt sich, wie schwierig es ist, im Rahmen der Souveränitätslehre des frühneuzeitlichen Naturrechts den Status des Bürgers zu bestimmen. Das Rechtsverständnis ist vom unbedingten Prinzip der Notwendigkeit der gesicherten Einheit und Stabilität der Rechtsordnung her konstruiert und bestimmt die Souveränität als Funktion

---

63   Vgl. Jean-Jacques Rousseau, *Vom Gesellschaftsvertrag*, übers. und hg. Hans Brockard (Stuttgart: Reclam, 1977), v. a. Buch II, Kapitel 4, 69. Vgl. hierzu Ritter, *Der Rechtsgedanke Kants*, 308f.

64   V-NR Feyerabend, 77.4–9 (AA 27: 1384.29–34).

65   Vgl. V-NR Feyerabend, 76.27f. (AA 27: 1384.17f.).

66   V-NR Feyerabend, 76.29 (AA 27: 1384.20).

67   V-NR Feyerabend, 76.30f. (AA 27: 1384.21f.).

DER MONARCH IST EIN OUTLAW   65

dieser Einheit und Stabilität, der gegenüber die individuellen Subjekte zurücktreten.[68]

Paradoxer Weise konnte das Bürgertum aus dem göttlichen *ordo mundi* des Mittelalters nur heraustreten und seine Partikularinteressen verwirklichen, indem es sich eine Rechtsordnung gab, die den Einzelnen zur untergeordneten Funktion einer neuen Ordnung machte, die zwar theoretisch nicht mehr von Gott, sondern von der menschlichen Willkür her begründet wurde, darum aber in ihrer Allgemeinheit um nichts weniger strikt war. Mit der Individualität des Bürgers, die Rousseau zum ersten Mal ungeschützt ausspricht, kämpft hier noch Kant. Natürlich kann man das Volk in der Idee als Souverän betrachten, auch wenn es faktisch deren Funktionen nicht ausübt; den Freiheitsstatus eines Bürgers hingegen davon abhängig zu machen, ob der Souverän ihn so betrachtet, als ob er nach seinem eigenen Willen regiert würde, ist problematisch, weil damit der Bürgerstatus im Zweifelsfall zum Gegenstand despotischer Willkür gemacht wird, die nur deshalb nicht als despotische Willkür auftritt, weil sie beschlossen hat, sich selbst zu beschränken, und nur solange nicht, wie sie sich aus eigener Willkür daran hält. Die Beschränkung der Willkür aus Willkür ist eben keine verlässliche Beschränkung, sondern deren Bestätigung.[69] Das Inakzeptable dieses Zustands wird fünf Jahre später zu einem zentralen Problem des dritten Stands in der Französischen Revolution.

Eine Grenze souveränen Handelns besteht freilich vor Eingriffen in religiöse Angelegenheiten. Insbesondere darf der Souverän keine bestimmte Gestalt der Religion vorschreiben, denn die „Religion soll unsrem Willen Nachdruck und

---

68   Das spricht auch gegen die plane These, Hobbes sei der Begründer bürgerlicher Freiheit oder gar der Menschenrechte, weil er von den subjektiven Rechten der Einzelnen ausgegangen sei. Im Modus der Darstellung seiner Rechtslehre trifft das zwar zu, der systematische *terminus ad quem* ist jedoch die Souveränität der Ordnung. Dass die Individuen ihr Selbsterhaltungsrecht nicht aufgeben können, ist im Grunde so trivial wie wirkungslos: Bei Hobbes ist der Souverän faktisch immer stark genug, den mit Recht sich wehrenden Delinquenten mit gleichem Recht hinzurichten. Das Selbsterhaltungsrecht, weil es unverlierbar ist, zum Kern moderner Menschenrechte zu erklären, ist sicher übertrieben, zumal die Unverlierbarkeit bei Hobbes keine politisch erwirkte, sondern schlicht Anerkenntnis eines logischen Sachverhaltes ist: Das Verbot, die eigene Existenz zu verteidigen, lässt sich rechtlich nicht konsistent denken, denn der Rechtszustand wird um der Existenzerhaltung willen eingerichtet. Die eigene Existenz um eines solchen Zustands willen aufzugeben, kann keine Forderung des Rechts sein. Zwar wird der Unterwerfungsvertrag bei Hobbes von allen Einzelnen miteinander geschlossen, aber sein Resultat ist eine strikte objektive Ordnung, innerhalb derer die subjektiven Beziehungen der Bürger definiert werden, und zwar ohne ihre weitere Beteiligung.

69   Vgl. V-NR Feyerabend, 77 (AA 27: 1385). Die umgekehrte Folge der Betrachtung der Untertanen als Bürger ist freilich die Zurückweisung einer Fürsorgepflicht des Souveräns, die Kant als Paternalismus kritisiert.

Effect geben. Es ist daher natürlich, daß wir uns immer mehr bemühen müssen, unsre Einsichten zu erweitern."[70] Der Souverän kann die bestehende Religion schützen, aber nicht ihre Abänderung verbieten. Das nimmt Kant ebenso für die Aufklärung in Anspruch. Daraus folgt allerdings nicht das Recht, aus solchen Überzeugungen heraus gegen den Staat vorzugehen: „Die *Dogmen* einer Religion gehen den Staat nichts an. Wären sie aber so, daß sie den Rechten der Menschheit widerstritten; so könnte sich der Staat darin mischen."[71] Mit den Rechten der Menschheit ist hier, wie immer bei Kant, nicht mehr gemeint als die bürgerliche Ordnung.

Auch ein *Jus eminens*, ein Staatsnotrecht, das den Herrscher befähigt, notfalls im Staatsinteresse Privatrechte zu suspendieren, lehnt Kant ab. Ein Staat sei die Verbindung vieler zur gemeinsamen Erhaltung, und ein Gesetz, demgemäß lediglich viele auf Kosten anderer erhalten würden, sei nicht allgemein denkbar. Durch ein solches Gesetz würde nicht das Gemeinwesen erhalten – was doch der vorgegebene Zweck sei –, sondern nur die Bürger, zu deren Wohl andere aufgeopfert würden;[72] tatsächlich wird nicht ein Partikulares der Allgemeinheit, sondern die Allgemeinheit wird einem Partikularen aufgeopfert. Damit misst Kant das von Achenwall als pures Majestätsrecht eingeräumte *jus eminens*[73] am Rechtsbegriff und verwirft es, womit eine deutliche Beschränkung souveräner Macht verbunden ist. Kants Argument stützt sich jedoch nicht auf subjektive Rechte im Sinne moderner Menschenrechte, sondern darauf, dass in einem Notfall, in dem ein Leben nicht ohne Opferung eines anderen erhalten werden könne, keine Rechtsbestimmung möglich sei, wie es später auch im Notrechtsartikel der *Metaphysik der Sitten* heißen wird: „Hier hört alles Recht auf."[74] Unter existentieller Gefahr kann keine Handlung durch Strafe erzwungen werden; dadurch wird die schädigende Handlung gleichwohl nicht rechtmäßig. Interessanter Weise stellt Kant hier zwei *quis-iudicabit*-Fragen, die offenbar auch den Souverän einschließen: „Wer kann urtheilen, daß der Staat im *statu extraordinario* sey. [...] Wieviel müssen im gemeinen Wesen

---

70   V-NR Feyerabend, 78.22–24 (AA 27: 1386.06–08).

71   V-NR Feyerabend, 78.29f. (AA 27: 1386.13–16). Vgl. auch V-PP/Herder, AA 27: 75.28–33. „Ei! Wenn ihre Grundsaze dem Staat entgegen wären, wenn sie befolgt würden z. E. Juden, denen nach dem Talmud der Betrug erlaubt ist: – das natürliche Gefühl beßert diese falsche Religions Artikel; man befolgt solche böse Frechheiten nicht, z. E. der Catholiken Grundsätze, ausgeübt wären dem Staat entgegen; nun geschieht das aber nicht".

72   Vgl. V-NR Feyerabend, 80.17 (AA 27: 1387.33).

73   Vgl. Gottfried Achenwall, *Elementa Iuris Naturae* (Göttingen: Bossiegel, [5]1763), §§ 146f., in: AA 19: 396.21–398.05. Vgl. Paul Streidl, *Naturrecht, Staatswissenschaft und Politisierung bei Gottfried Achenwall (1719–1772)* (München: Utz, 2003), 180f.

74   V-NR Feyerabend, 80.1f. (AA 27: 1387.16f.).

DER MONARCH IST EIN OUTLAW   67

seyn, zu deren Erhaltung andere aufgeopfert werden sollen."[75] An dieser Sachlage endet die Befugnis des Souveräns, weil es hier nicht um die Erhaltung des Rechtszustandes geht, sondern um dessen Auflösung. Diese Frage kann nicht wie jede andere Frage innerhalb eines bestehenden Rechtszustandes durch eine Machtentscheidung geklärt werden, ohne den Rechtszustand selbst zur Disposition zu stellen, dem Zufall anheimzustellen.

Soweit handelte es sich um Rechtsbestimmungen des *ius publicum universale absolutum*, die für den gesamten Gegenstandsbereich des öffentlichen Rechts, also unabhängig von bestimmten Staats- oder Regierungsformen gelten. Unter dem Titel des *ius publicum universale hypotheticum* folgen nun nähere Bestimmungen zu Monarchie und Republik.[76]

> Ein Monarch ist *solus princeps*, der einzige im Staat, der nicht unterm Gesetze steht, das Oberhaupt aller *executiven* Gewalt. Der *Souverain* ist, der auch Gesetze geben kann. Der Monarch ist auch der Regent, daher kann er den Gesetzen nicht unterworfen seyn, weil er die Gesetze *executi*rt: er ist *solus exlex*. Wären verschiedne, so könnten sie sich Unrecht thun, und denn müßte ein 3ter seyn, der keinem Unrecht thun ließe.[77]

Demnach ist der Monarch ein Outlaw, allerdings der einzige, bei dem diese Position sich nicht aus krimineller Willkür, sondern aus dem Rechtsbegriff selbst notwendig ergibt: Er kann nicht unterm Gesetz stehen, weil er selbst sowohl Legislative als auch Exekutive darstellt. ‚Exlex' im kriminellen Sinn ist nach Kants späterer Auffassung gerade derjenige, der „sich jener jetzt herrschenden Autorität widersetzen" wollte, was für ihn bedeutete, „mit allem Recht [...] ausgestoßen [zu] werden".[78]

Trotz dieser Übergesetzlichkeit im öffentlichen Recht ist der Monarch privatrechtlich gebunden: „wenn er also was kauft, so muß ers bezahlen".[79] Auch verfügt er zwar öffentlich-rechtlich über das Staatseigentum, aber nicht privatrechtlich über das Volkseigentum.[80] Das Gesetz als solches kann aber nur

---

75   V-NR Feyerabend, 80.18f. (AA 27: 1387.32–35).

76   Nach der Monarchie verhandelt Kant die ‚verbleibenden Formen der Republik', woraus zu folgern ist, dass, wie schon bei Bodin, alle Staatsformen als Republiken bezeichnet werden, mit unterschiedlichen Regierungsformen.

77   V-NR Feyerabend, 80.26–31 (AA 27: 1388.5–10). Diese Problematik identifiziert Ritter, *Der Rechtsgedanke Kants*, 162f., bereits in den 1760er Jahren als ‚Anbahnung' perennierender „Widersprüche in Kants Rechtsdenken" (163).

78   MS, AA 06: 318.34–319.02 Den Terminus *exlex* übersetzt Kant hier mit „vogelfrei".

79   V-NR Feyerabend, 81.12 (AA 27: 1388.25f.).

80   Vgl. Refl 7470, AA 19: 395.09–396.05.

sicher ausgeführt werden, wenn die Legislation selbst mit Exekutivgewalt ausgestattet ist. Sonst könnten das legislative und das exekutive Herrscherrecht miteinander konkurrieren. Solche Konkurrenz lässt sich nur durch Zusammenfassung der Staatsgewalten im Monarchen vermeiden. Relativ unabhängig ist die Judikative, die außer dem Herrscher besteht, aber keine Gewalt über ihn hat: „Die Gerichte setzen den König ein, können ihn aber nicht absetzen."[81] Zwar unterscheidet Kant noch zwischen der absoluten Monarchie Frankreichs, wo der Monarch ohne Beteiligung des Volkes Gesetzgeber ist, und der konstitutionellen Monarchie in England, wo Volks- und Adelsvertreter in Unter- und Oberhaus an der Gesetzgebung beteiligt sind, aber auch hier gilt das Veto des Königs: „Sagt der König, Nein; so kann nichts zum Gesetze werden."[82] Das einzige staatsrechtlich Relevante, was der Monarch nicht kann, ist völlig eigenmächtig zurückzutreten. Aus dem Fundamentalvertrag ergibt sich für ihn eine Verpflichtung, deren Rückgabe das Volk erst zustimmen müsste. In der Erfüllung dieser Pflicht ist er aber persönlich unangreifbar, er kann nicht unrecht tun, weil er über dem Gesetz steht: „Der König der *souverain* ist, ist von unumschränkter Herrschaft. [...] Eingeschränkte *Souverainitaet* ist *contradictio in adjecto*."[83] Der König von England wird demzufolge auch nicht als Souverän, sondern bloß als Monarch angesprochen.

Dass der Monarch wirklich kein Unrecht tut, lässt sich nur durch eine weitere Vorkehrung einrichten, denn dass im Regierungsgeschäft durchaus Unrecht geschieht, ist eine Erfahrungstatsache. Das folgt daraus, dass in der Regierung die allgemeinen Gesetze Anwendung auf einzelne Sachverhalte erfahren, und hier kann es zu Fehlern kommen. Wenn im Rahmen der Regierung Unrecht geschieht, aber der Herrscher nicht soll Unrecht tun können, so muss eine andere Instanz die Verantwortung dafür übernehmen. Der König handele durch seine Minister, heißt es in einer *Reflexion*,[84] d.h. er ernennt Minister, die seine Gesetze kraft seiner Gewalt durchführen, die in diesem Sinne „immer nach den Gesetzen handeln".[85] Auch wenn der Minister in Vertretung des

---

81 V-NR Feyerabend, 81.3f. (AA 27: 1388.16f.).

82 V-NR Feyerabend, 81.6f., (AA 27: 1388.20).

83 V-NR Feyerabend, 81.4–9 (AA 27: 1388.17–22).

84 Der König soll „also nicht anders als durch den Minister administriren alles andere ist seiner Majestät zuwider" (Refl 7965, AA 19: 566.12f.). „Der Oberherr giebt Gesetze durch sich selbst, regirt durch andere und richtet nur durch [...] Magisträte" (Refl 9767, AA 19: 566.20f.). „Der souverain giebt also aus eigener Gewalt (obzwar mit fremder Beyhülfe) Gesetz, regirt durch den Minister (verordnungen gehören zur Regirung) und läßt durch eine andre person den Gesetzen gemäß Richten. Er richtet nicht [sic!] durch andre, weil er sonst selbst part und richter seyn würde." (Refl 7760, AA 19: 509.18–21).

85 V-NR Feyerabend, 81.1 (AA 27: 1388.14).

DER MONARCH IST EIN OUTLAW 69

Herrscherwillens Fehler begeht, haftet er an der Stelle des Herrschers: „Will der König also was, wider die Gesetze; so nimmt der Minister Abschied."[86] Dieser Abschied kann im Rahmen des Hochverrats auf ein Todesurteil hinauslaufen.

Das Beispiel Englands, an dem Kant die stabilisierende Verlagerung der Regierungsverantwortung vom Monarchen auf die Minister demonstriert, kehrt in dem Abschnitt über die gemischten Verfassungen wieder. Solche müsse es geben, schon weil die gesetzgebende Gewalt des Volkes in der Demokratie nicht immer real versammelt sein könne, um als solche selbst Regierung und Verwaltung zu betreiben. Deshalb müsse eine Regierung eingesetzt werden, die als erbliche oder gewählte Institution ein aristokratisches Element darstelle. Diese Unmöglichkeit des Volkes, stets versammelt zu sein, scheint hier als Grund für die Idealität der Volkssouveränität zu fungieren, deren Realität in einem von ihm unterschiedenen Organ aristokratischen oder monarchischen Zuschnitts gegeben sein kann. In England sei nun der Monarch die exekutive Gewalt, die aristokratisch durch Oberhaus und Minister eingeschränkt werde. Zudem ist ja an der Gesetzgebung auch das Volk mittels Unterhaus beteiligt. Kant heißt dies explizit „gut".[87] Diese Bewertung der gemischten Regierungsformen bezieht sich offenbar auf ihre größere Stabilität, weniger auf ihre größere Rechtmäßigkeit. Zumindest ist davon nicht die Rede, von pragmatischen Vorteilen hingegen schon. Außerdem sind die gemischten Formen nicht äquivalent mit Gewaltenteilung. Die Funktion einer Beschränkung der Herrschergewalt legt Kant nicht als Kontrolle in strikte Gewaltenteilung, sondern in demokratische und aristokratische Elemente in der Staatsform. Deren Beteiligung schränkt die Gewalt des Monarchen insofern ein, als er zwar durch sein Veto Gesetze verhindern kann, aber nicht ganz im Alleingang Gesetze machen kann.[88]

Kant wendet sich nun wieder der Republik im allgemeinen zu, unabhängig von der Regierungsform: Anhand der Frage, auf welche Weise in einer Republik das eigene Recht zu verfolgen sei, stellt sich auch die Frage nach Funktion und Reichweite der Durchsetzungsgewalt sowie nach deren Grenzen.

Kant unterscheidet den Rechtszustand vom Naturzustand als den einer *iustitia distributiva* von dem einer *iustitia commutativa*. Im Naturzustand können einzelne Läsionen durch private Verfolgung ausgeglichen werden, aber es kann nicht allgemein gültig bestimmt werden, was Recht sei. Dies ist nur durch eine zuteilende Gerechtigkeit möglich, die ihr Prinzip nicht in den privaten, sondern in ihnen übergeordneten Instanzen der Gesetzgebung,

---

86   V-NR Feyerabend, 81.2f. (AA 27: 1388.15f.).
87   V-NR Feyerabend, 82.15 (AA 27: 1389.31).
88   Vgl. V-NR Feyerabend, 82.16–18 (AA 27: 1389.32) und V-NR Feyerabend, 81.6 (AA 27: 1388.19).

Rechtsprechung und Rechtsdurchsetzung hat. Die Rechtsverfolgung im Naturzustand ist Verteidigung, im Rechtszustand hingegen Strafe. Für dies ist eine höhere Instanz, ein *superior*[89] vorausgesetzt. Die Strafverfolgung dient in letzter Hinsicht der Aufrechterhaltung der öffentlichen Sicherheit. Das wird besonders deutlich durch die Stufung der Delikte, die Kant vornimmt. Kant unterscheidet grundsätzlich zwischen privaten und öffentlichen Delikten. Öffentliche Delikte sind solche Taten, die nicht bloß ein privates Vermögen, sondern die öffentliche Sicherheit gefährden. Betrug sei privat, da man sich ja mit niemandem einlassen müsse, Diebstahl hingegen öffentlich, weil ohne Mitwirkung des Geschädigten der Bestand des Eigentums als solchen in Frage gestellt wird. In verstärktem Maße gelte dies für den Raub. Ebenso seien Taten, die sich nicht allein gegen positives Recht, sondern auch gegen Naturrecht richten, stärker zu bestrafen.

Die Sanktionsgewalt selbst will Kant ausdrücklich mit der Legislationsgewalt verbunden wissen: Beides komme dem *summus imperans* zu. Diesem kommt bei der Bestimmung der Strafen eine gewisse Willkürfreiheit zu, aber er sei doch aus der Natur der Sache heraus an bestimmte Bedingungen gebunden: „Er muß strafen, um Sicherheit zu verschaffen, und da muß er solche Strafen machen, die der Sicherheit des *laesi* in künftigen Fällen angemessen sind, und das muß er nachm *iure talionis* ausfündig machen".[90] Überrascht einerseits der pragmatische Zug dieser Strafrechtsbegründung im Vergleich mit der an der Selbstzweckformulierung des kategorischen Imperativs auch gegenüber dem Straftäter orientierten Begründung in der *Rechtslehre* der *Metaphysik der Sitten*, so wird auf den zweiten Blick sichtbar, dass die Orientierung der Strafe an der öffentlichen Sicherheit nicht zwingend auf Abschreckung oder überhaupt ein äußerliches Ziel hinauslaufen muss, dem die Strafe zu- und untergeordnet wird, sondern dass sie durchaus als Element in der Aufrechterhaltung einer als objektiv vorgestellten öffentlichen Sicherheitsordnung gedacht sein kann und darum dieser Ordnung angemessen sein muss, um sie nicht ihrerseits zu lädieren. Auch formuliert Kant mit dem Unterschied der Strafen für Verletzung positiver und natürlicher Gesetze die Vorstellung einer objektiven Bestimmtheit von Strafe, ihrer Verankerung in einem ontologischen Gleichgewicht sozialer Relationen. Auf Kants Überlegungen zum Strafen soll hier nicht im Einzelnen eingegangen werden. Entscheidend ist nur die Überlegung, dass die Strafgewalt mit der Gesetzgebungsgewalt und beide mit dem Rechtszustand zwingend verbunden sind, weil es um die Erhaltung der öffentlichen

---

89   Vgl. v-nr Feyerabend, 83.10 (AA 27: 1390.20).

90   v-nr Feyerabend, 83.24–26 (AA 27: 1390.35–38).

Sicherheit und mit ihr um den Rechtszustand selbst geht. Dafür muss das Recht mit einer Durchsetzungsgewalt verbunden sein, die sich im Verletzungsfall als Strafgewalt manifestiert. Sie ist die Gewalt, die gemäß Gesetzen und nach Bestimmung durch Gerichte öffentlich vom Souverän gegen die Bürger eingesetzt werden kann. Überraschenderweise kann der Souverän, weil er nicht Richter ist, auch nicht begnadigen, mit einer Ausnahme: Strafen, die zur Garantie der Sicherheit des Souveräns selbst verhängt werden, können von ihm auf dem Gnadenwege erlassen werden, also bezogen auf Verbrechen gegen die Majestät.

Kants Argument für die Verbindung von Legislative und Exekutive ist, dass ein Gesetz nur dann sicher ausgeführt werden kann, wenn die Legislation selbst mit Exekutivgewalt ausgestattet ist. Sonst könnten das legislative und das exekutive Herrscherrecht miteinander konkurrieren. Solche Konkurrenz lässt sich nur durch Zusammenfassung der Staatsgewalten im Monarchen vermeiden. Dann aber kann er nicht unrecht tun, weil er über dem Gesetz steht: „Der König der *souverain* ist, ist von unumschränkter Herrschaft. [...] Eingeschränkte *Souverainitaet* ist *contradictio in adjecto*."[91] Der von Kant hier präferierte Souveränitätstyp dürfte am ehesten dem entsprechen, was bei Achenwall „absolute Herrschaft" heißt. Achenwall unterscheidet despotische, absolute und eingeschränkte Herrschaft. Der Despot ist weder durch Konventionen, noch durch Naturrecht beschränkt, und Achenwall lässt durchblicken, dass dieser Zustand eigentlich gar kein Rechtszustand ist, denn in einem jeden solchen ist Herrschaft naturrechtlich auf das *bonum commune* verpflichtet.[92] Die ‚absolute Herrschaft' ist hingegen durch Naturrecht begrenzt und die ‚eingeschränkte' zudem durch Konventionen, die sich auf jedes einzelne Majestätsrecht beziehen können.

Kants Bestimmung der Staatsgewalt geht aber nicht wie die Achenwalls von dem scholastisch-naturrechtlichen Begriff des *bonum commune*, sondern von der Hobbes-Bodinschen Konzeption der Souveränität als Funktion der politischen Perdurabilität aus: Deshalb ist jede Beschränkung von Souveränität *contradictio in adjecto*. Kant ist hier als Theoretiker des aufgeklärten Absolutismus zu erkennen; die Unübersichtlichkeit der Staatslehre in der *Metaphysik der Sitten* verdankt sich dem Versuch, ein liberales, bürgerliches Staatsverständnis mit den souveränitätstheoretischen Erkenntnissen der Absolutismustheorie zu verbinden.

---

91 V-NR Feyerabend, 81.4–9 (AA 27: 1388.17–22). Der König von England wird demzufolge auch nicht als Souverän, sondern bloß als Monarch bezeichnet.

92 Vgl. Achenwall und Pütter, *Anfangsgründe*, §§ 671, 734.

4 Souveränität und Widerstandsrecht im *Naturrecht Feyerabend*

Die Probe auf die Souveränität ist das Widerstandsrecht.[93] Kant eröffnet diesen Gedankengang in der Vorlesung mit der Frage nach der Möglichkeit des Widerstands gegen Tyrannei: „Kann ein Volk dann, wenn es durch den *summus Imperans* zugrunde gerichtet wird, gegen ihn Gewalt brauchen?"[94] Einen solchen Herrscher, der vorsätzlich den Untergang des Volkes herbeiführt, nennt Kant hier „Tyrann"[95] und präzisiert kurz später, dass unter einer tyrannischen Regierung „kein Bürger [...] seiner Güter, und seines Lebens sicher ist. [...] Der Mensch ist in Gesetzlosigkeit und im *statu naturali*."[96] Offensichtlich ist es die privatrechtliche Unsicherheit, die mangelnde Garantie des Eigentums und der mit ihm verbundenen Lebensbedingungen, die für Kant den Ausschlag für eine verdorbene Regierung geben. Auch das weiter unten folgende Kriterium für den Verfall der Monarchie in Despotie, was hier synonym mit Tyrannei sein dürfte,[97] gehen in diese Richtung: Der Despot betrachtet das Land als Patrimonium, also sein privates Eigentum, und die Untertanen als Sachen, d.h. nicht als durch Eigentum als selbstständig bestimmte Bürger. Während der selbstständige Bürger durch sein Eigentum als unabhängig definiert ist, ist er als Sache bloße Inhärenz des Bodens eines anderen, nämlich des Despoten. Ein Monarch, der so verfährt, hebt die rechtlichen Beziehungen der Bürger und damit den Rechtszustand als ganzen auf. Dennoch begründet dieses Vorgehen aus mehreren Gründen kein Widerstandsrecht. Zunächst führt Kant das *quisjudicabit*-Argument an: Es könne „keiner im Volke *valide decidiren*".[98] Sodann

---

93   Vgl. hierzu und für weitere Nachweise Städtler, „Widerstandsrecht und Publizität in Kants Schrift *Zum ewigen Frieden*", sowie jetzt die umfassende Arbeit von Philipp-Alexander Hirsch, *Freiheit und Staatlichkeit bei Kant: Die autonomietheoretische Begründung von Recht und Staat und das Widerstandsproblem* (Berlin und Boston: De Gruyter, 2017).

94   V-NR Feyerabend, 84.11f. (AA 27: 1391.22–24).

95   V-NR Feyerabend, 84.14 (AA 27: 1391.25).

96   V-NR Feyerabend, 84.33–35 (AA 27: 1392.04–06). An einer Stelle übersetzt Kant den Ausdruck „Tyrannus" als „Wüterich": Refl 7497, AA 19: 415, 03f.

97   Zum Schwanken Kants in dieser Terminologie vgl. Hirsch, *Freiheit und Staatlichkeit bei Kant*, 365. Hirschs Strapazierung eines Unterschieds zwischen Despot und Tyrann dient offenbar der Vorbereitung der später (387ff.) entwickelten These, dass der Notstand in der Tyrannei Kant zufolge den Widerstand entschuldigen könne. Damit soll offenbar, wie schon oft, dem Kantschen Widerstandsverbot die Härte genommen werden, interessanterweise in dieser Version ohne den Versuch, es als *rechtlich* eingeschränkt auszuweisen (solche Versuche kritisiert Hirsch zurecht: 359f.). Kant sagt aber nichts weiter, als dass im Notfall das Recht aufhört und Naturkräfte entscheiden; dazu siehe das folgende. Vgl. auch Ritter, *Der Rechtsgedanke Kants*, 294f. und 305.

98   V-NR Feyerabend, 84.14 (AA 27: 1391.25f.).

DER MONARCH IST EIN OUTLAW   73

stehe der Summus Imperans als „Oberhaupt der öffentlichen Gerechtigkeit
[...] unter keinen Zwangsgesetzen".[99] Könnte das Volk ihn rechtmäßig zwingen oder strafen, wäre er nicht der Oberste. Schließlich, so heißt es an etwas
späterer Stelle, trete das Volk in einer Empörung nie als ganzes auf, sondern es
empörten sich immer nur bestimmte Interessengruppen: „Ein Volk wird nie
ganz einstimmig seyn; sonst dürfen sie nur sagen, wir wollen dir nicht gehorchen. Also können nur verschiedne sich empören, und diese haben kein Recht
wider den Staat und die übrigen sich zu empören, dadurch kann noch oft ein
Monarch zur Tyranney verleitet werden. Durch die Empörung geschieht ein
status naturalis, welcher *bellum omnium contra omnes* ist."[100] Kündigte das
Volk als ganzes den Gehorsam auf, so wäre der Herrscher unmittelbar macht-
los, und es bedürfte gar nicht des aktiven Widerstands. Da aber nur Teile des
Volkes ein Interesse am Ende der Herrschaft haben, werden andere diese verteidigen und so kommt es zum Bürgerkrieg. Dieser birgt das Risiko des Rück-
falls in den Naturzustand oder das der Gewaltherrschaft des Herrschers.

Entsprechend der theoretischen Möglichkeit des allgemeinen Ungehor-
sams erwägt Kant: „Es kann nicht unmöglich seyn, daß einem Volke das [näm-
lich die oberste Gerichtsbarkeit über den Herrscher; M.St.] durch ein Gesetz
erlaubt seyn sollte. Ist das aber nicht, so ist ja die gesamte Menschheit in
Gefahr."[101] Diese Möglichkeit bestünde in einem Verfassungsgesetz, das dem
Volk diese Gerichtsbarkeit einräumt. Die Möglichkeit eines solchen Gesetzes
hat Kant in der *Metaphysik der Sitten* dann ganz ausgeschlossen, denn auch
dieses Gesetz würde bestimmen, dass der Oberherrscher nicht der Oberherrscher sei. Hier hält Kant einen solchen Verfassungstypen noch für möglich und
bewegt sich damit ja auch im Rahmen historischer Realität des Mittelalters bis
hin zur *Magna Charta* und zur *Bill of Rights*. Wenn aber ein solches Vorgehen
des Volkes nicht gesetzlich gedeckt sei, drohe eben Bürgerkrieg und Untergang
des Rechtszustandes: Dann sei die Menschheit in Gefahr.

Kant untermauert diese Überlegungen durch eine relativ ausführliche Herr-
schaftslegitimation. Heißt es sonst nur lapidar, dass der Mensch einen Herrn
nötig habe oder aus krummem Holz gemacht sei,[102] so spricht er hier von
einer „angebornen Unlauterkeit, welche darin besteht, daß der Mensch gern
Gesetze wünscht, aber sich gern davon *exhibi*ren mag".[103] Diese Neigung, unter
dem Schutz einer gesetzlichen Ordnung ungesetzlich zu handeln oder im

---

99   V-NR Feyerabend, 84.14f. (AA 27: 1391.26f.).
100   V-NR Feyerabend, 85.1–5 (AA 27: 1392.10–15).
101   V-NR Feyerabend, 84.18–20 (AA 27: 1391.30–32).
102   Vgl. IaG, AA 08: 23.22–24.
103   V-NR Feyerabend, 84.21f. (AA 27: 1391.33f.).

Windschatten kollektiver Ordnung partikulare Zwecke zu verfolgen, also den eigenen natürlichen Willen gegen die durch soziale Regeln geschwächten Willen der anderen geltend zu machen, begründet Kant zufolge die Notwendigkeit eines Willens, der „unter keinen Zwangsgesetzen steht, und nicht beschränkt werden kann".[104] Zum Zweck gesetzlicher Ordnung, und das heißt zum Zweck der Überwindung des Naturzustandes, ist Durchsetzungsgewalt erforderlich. Diese kann subsidiär gestaffelt sein, so dass untere Verwaltungseinheiten, die direkten Zwang auf die Bürger ausüben, ihrerseits wieder dem Zwang und der Kontrolle höherer Einheiten unterstehen. Diese Staffelung muss aber in einer höchsten Herrschaftsgewalt enden, die ihrerseits dann nicht gezwungen werden kann. Kant betont, dass dies eine menschliche (keine transzendente) Instanz sein muss. Obwohl Kant oben ein Gesetz zur Gerichtsbarkeit des Volkes über den Herrscher für möglich gehalten hat, hält er nun die Durchsetzung eines solchen Rechts für unmöglich und räumt sogar ein: „Eine vollkommene Gerechtigkeit ist unmöglich."[105]

Dieser Gedanke ist aber sowohl Schlusspunkt unter der Überlegung, dass eine oberste Herrschaft nötig sei, die nicht gezwungen werden könne, als auch Überleitung zu dem folgenden Komplex, in dem Kant den Zustand einer Tyrannei als Notstand qualifiziert, in dem keine Rechtsbestimmungen möglich seien: Anders liegen die Dinge zunächst noch, wenn es sich um Tyrannis handelt. Kant bemüht hier noch im Anschluss an Achenwall diesen Begriff, der später aus seiner *Rechtslehre* verschwindet: „Wenn das Volk einen Tyrannen hat; so ist das *casus neceßitatis*."[106] Dieser Zustand kann nicht durch öffentliches Recht geregelt werden, weil dem Volk, das in seiner Existenz bedroht ist, nicht durch Strafandrohung verboten werden kann, sich zu empören, denn die höchste Strafe wäre allenfalls äquivalent zu dem sicheren Untergang im Falle, dass man den Tyrannen gewähren ließe. Ebenso wenig kann es aber ein öffentliches Recht zur Empörung geben, weil dieses Recht nicht im Rahmen einer Rechtsordnung durchsetzbar wäre, denn es richtet sich gegen die Durchsetzungsgewalt selbst. Dem steht aber die Notwendigkeit und Pflicht der Selbsterhaltung der Bürger gegenüber. Was hier zur Wahrung der eigenen vitalen Interessen getan werden kann, ist deshalb „*favor neceßitatis*",[107] also ein

---

104   V-NR Feyerabend, 84.23f. (AA 27: 1391.35f.).

105   V-NR Feyerabend, 84.27f. (AA 27: 1391.40).

106   V-NR Feyerabend, 84.28 (AA 27: 1391.40f.). In der *Metaphysik der Sitten* und im *Gemeinspruch* ist vom Tyrannen nicht mehr die Rede, sondern nur vom Despoten. Vgl. Kersting, *Wohlgeordnete Freiheit*, 482. Nur im *Ewigen Frieden* kommt der Begriff noch einmal als Beispiel des „so genannten Tyrannen" vor (ZeF, AA 08: 382.08).

107   V-NR Feyerabend, 84.29f. (AA 27: 1391.42).

Anspruch der Not, der nicht eigentlich Recht heißen kann, weil dieser Zustand ein gesetzloser Zustand ist. „Da kann das Volk angreifen, aber der Monarch auch Gewalt brauchen."[108] Kants Philosophie des Bürgerkriegs läuft darauf hinaus, dass dieser Zustand mit den Mitteln des Rechts nicht darstellbar ist. Das letzte Wort steht deshalb in der Tradition scholastischer und auch protestantischer Widerstandstheorie: „Wenn der Mensch am höchsten das Recht der Menschheit schätzt, so wird er lieber alle Tyrannei erdulden, als sich widersetzen."[109] Gehorsam gegenüber dem Tyrannen wird nicht mit Rechtsgründen gefordert, das wäre auch gar nicht möglich. Aber er wird aus Klugheitsgründen empfohlen, denn der Widerstand birgt die Gefahr des Misslingens und mit ihr die der Verschärfung der Gewaltherrschaft oder der Ersetzung der alten Gewaltherrschaft durch eine neue, die sich aus den Interessenkämpfen des Bürgerkriegs ergibt. Diese Empfehlung des wenigstens ‚passiven Gehorsams'[110] steht aber bereits im Interesse des Rechts: „In der größten Tyrannei ist doch eine Gerechtigkeit."[111] Damit ist deutlich das Prinzip ausgesprochen, nach dem Kant später die rechtliche Ordnung überhaupt von der rechtmäßigen unterscheidet: Auch schlechte Regierungen realisieren noch Recht und sind insofern rechtlich, als sie sich vom Naturzustand unterscheiden lassen. Rechtmäßig wären sie erst, wenn sie der Idee des Rechts ganz gemäß wären.[112] Die rechtliche Ordnung ist aber der empirische Weg zur rechtmäßigen und muss daher in jeder denkbaren Gestalt oder Missgestalt bewahrt werden.[113] Damit ist freilich nicht, wie Kant auch hier bereits betont, ein *Recht* des Herrschers auf absolut willkürlichen Machtgebrauch verbunden. So wie Kant sich

---

108   V-NR Feyerabend, 84.37f. (AA 27: 1392.07f.).

109   V-NR Feyerabend, 84.38–85.1 (AA 27: 1392.09f.). In Refl 7497, AA 19: 415, schlägt Kant noch Auswanderung vor.

110   Vgl. V-NR Feyerabend 85.5-8.

111   V-NR Feyerabend, 85.6f. (AA 27: 1392.16f.).

112   Vgl. Robert Spaemann, „Moral und Gewalt", in ders., *Grenzen. Zur ethischen Dimension des Handelns* (Stuttgart: Klett-Cotta, 2001), 167.

113   Zu diesem Argumentationsgang bei Kant vgl. auch Hirsch, *Freiheit und Staatlichkeit bei Kant*, 381–385, der die Notsituation vor dem Hintergrund des Problems der Pflichtenkollision analysiert. Daraus entwickelt er die These, dass der Notstand bei Kant zwar kein Recht begründet, aber nach einer eigenen Rationalität entschuldigend wirke (vgl. insbes. 387–399). Dem ist erstens entgegenzuhalten, dass die ‚Unstrafbarkeit', die für Kant aus dem Notstand folgt (vgl. MS, AA 06: 236.01f.), nicht Ausdruck einer Entschuldigung ist, sondern des Umstands, dass der Notfall mit Rechtsbegriffen nicht erfasst werden kann; zweitens, dass im Fall des politischen Widerstands nie eine neutral beurteilende Instanz existiert. Hirsch intendiert einen Unterschied in der gerichtlichen Beurteilung der Akteure einer erfolgreichen Revolution: Diejenigen, die „sich zur Erhaltung der eigenen Rechtspersönlichkeit widersetzten" (398), sollen besser wegkommen. Kant macht einen solchen Unterschied zumindest explizit nicht.

im *Gemeinspruch* in dieser Sache gegen Hobbes wendet,[114] wendet er sich hier gegen Machiavelli. Ein Recht zur Misshandlung seiner Untertanen kann der Herrscher nicht haben, aber diese haben auch kein Recht, gegen ihn gewaltsam vorzugehen. Dem entspricht, dass ihm in der Empörung kein Unrecht geschieht, dass das Volk aber gleichwohl unrecht handelt, wie es später im *Ewigen Frieden* heißt.[115] Entsprechend lautet die Formulierung dann auch im *Gemeinspruch*. Wenn Kant vom passiven Gehorsam spricht, ist das wohl nicht als Pleonasmus aufzufassen, sondern von einem aktiven Gehorsam zu unterscheiden. Dieser wäre die Ausführung tyrannischer Befehle. Der passive Gehorsam könnte aber auch darin bestehen, dass der Untertan dem Tyrannen nichts entgegensetzt, also im Zweifelsfall untätig bleibt und die Folgen in Kauf nimmt. Dieser passive Gehorsam wäre damit eigentlich ein Ungehorsam in dem Sinne, wie Kant ihn später als Möglichkeit rechtmäßiger Reaktion auf sittenwidrige Befehle bestimmt. Auch wenn hier nicht von Befehlen wider die Moral oder Religion die Rede ist, sondern von einer weitgehend ökonomischen Bestimmung des Tyrannen, so sind dessen Befehle nichtsdestoweniger sittenwidrig, wie Kant ja gesagt hatte: Sie widerstreben der Pflicht des Bürgers zur Selbsterhaltung.

Zusammenfassend lässt sich sagen, dass Kants inhaltliche Auseinandersetzung mit Achenwalls Staatsrecht im *Naturrecht Feyerabend* vor allem darin besteht, die traditionelle Staatslehre *systematisch* zu rekonstruieren.[116] Er ersetzt den materiellrechtlich gedachten Begriff des *bonum commune* durch einen formalen, den Staatszweck optimaler Versorgung der Bevölkerung durch den der Selbsterhaltung der Rechtsordnung. Der dadurch entstehende, an Bodin und Hobbes anschließende, Souveränitätsbegriff ist nicht mehr durch Rechte bedingt, sondern selbst oberste Bedingung des Rechts. Es gelingt Kant dadurch, die Rechtslehre systematisch aus den Rechtsbegriffen der allgemeinen Freiheit und Gleichheit zu rekonstruieren, aber die sozialphilosophische Ebene des Naturrechts tritt dahinter zurück. Kants weitere Entwicklung besteht weniger darin, die Souveränität zu ‚entschärfen‘, als darin, sie immer stärker in den Dienst der historischen Sache der Republik zu stellen. Diese Sache erforderte es freilich, sozialphilosophische Fragen wieder explizit und in Beziehung auf historische Veränderungen in der Gesellschaft selbst zu stellen. Die auf Kant folgenden Autoren haben dies getan.

---

114 Vgl. TP, AA 08: 303.26ff.
115 Vgl. ZeF, AA 08: 382.09–14.
116 Vgl. Streidl, *Naturrecht*, 15f.

Bibliografie

Achenwall, Gottfried, *Elementa Iuris Naturae* (Göttingen: Bossiegel, ^{5}1763).

Achenwall, Gottfried und Pütter, Johann Stephan, *Anfangsgründe des Naturrechts*, übers. und hg. Jan Schröder (Frankfurt am Main: Insel, 1995).

Bodin, Jean, *Sechs Bücher über den Staat*, übers. Bernd Wimmer, hg. Peter Cornelius Mayer-Tasch (München: C.H. Beck, 1981).

Buchda, Gerhard, *Das Privatrecht Immanuel Kants. Ein Beitrag zur Geschichte und zum System des Naturrechts* (Jena: Frommann, 1929).

Delfosse, Heinrich P., Hinske, Norbert und Sadun Bordoni, Gianluca, „Einleitung", in Immanuel Kant, *Naturrecht Feyerabend. Neue, anhand des Manuskripts revidierte Fassung*, Kant-Index, Band 30, hg. Heinrich P. Delfosse, Norbert Hinske und Gianluca Sadun Bordoni, Teilband 1 (Stuttgart: Frommann-Holzboog, 2010), IX–XXXVIII.

Dreitzel, Horst, *Absolutismus und ständische Verfassung in Deutschland. Ein Beitrag zur Kontinuität und Diskontinuität der politischen Theorie in der frühen Neuzeit* (Mainz: Philipp von Zabern, 1992).

Grimminger, Rolf, „Aufklärung, Absolutismus und bürgerliche Indiviuen. Über den notwendigen Zusammenhang von Literatur, Gesellschaft und Staat in der Geschichte des 18. Jahrhunderts", in *Deutsche Aufklärung bis zur Französischen Revolution. 1680–1789. Hansers Sozialgeschichte der deutschen Literatur vom 16. Jahrhundert bis zur Gegenwart, Band 3*, hg. Rolf Grimminger (München: Hanser, 1980): 15–99.

Hirsch, Philipp-Alexander, *Freiheit und Staatlichkeit bei Kant: Die autonomietheoretische Begründung von Recht und Staat und das Widerstandsproblem* (Berlin und Boston: De Gruyter, 2017).

Hobbes, Thomas, *Leviathan*, übers. Jutta Schlösser, hg. Hermann Klenner (Darmstadt: WBG, 1996).

Kersting, Wolfgang, *Wohlgeordnete Freiheit. Immanuel Kants Rechts- und Staatsphilosophie* (Frankfurt am Main: Suhrkamp, 1993).

Klippel, Diethelm, „Politische und juristische Funktionen des Naturrechts in Deutschland im 18. und 19. Jahrhundert", *Zeitschrift für Neuere Rechtsgeschichte* 22 (2000): 3–10.

Machiavelli, Niccolò, *Der Fürst*, übers. und hg. Philipp Rippel (Stuttgart: Reclam, 1986).

Pahlow, Louis, „Administrativjustiz versus Justizstaat. Justiz und Verwaltung im Allgemeinen Staatsrecht des 18. und 19. Jahrhunderts", *Zeitschrift für neuere Rechtsgeschichte* 22 (2000): 11–30.

Preußisches Allgemeines Landrecht, hg. Ernst Pappermann (Paderborn: UTB, 1972).

Rauscher, Frederick, „Did Kant Justify the French Revolution Ex Post Facto?", in *Reading Kant's Lectures*, hg. Robert R. Clewis (Berlin: De Gruyter, 2015): 325–345.

Ritter, Christian, *Der Rechtsgedanke Kants nach den frühen Quellen* (Frankfurt am Main: Klostermann, 1971).

Rousseau, Jean-Jacques, *Vom Gesellschaftsvertrag*, übers. und hg. Hans Brockard (Stuttgart: Reclam, 1977).

Spaemann, Robert, „Moral und Gewalt", in ders., *Grenzen. Zur ethischen Dimension des Handelns* (Stuttgart: Klett-Cotta, 2001).

Städtler, Michael, „Widerstandsrecht und Publizität in Kants Schrift *Zum ewigen Frieden*", in *„... jenen süßen Traum träumen". Kants Friedensschrift zwischen objektiver Geltung und Utopie*, hg. Dieter Hüning und Stefan Klingner (Baden-Baden: Nomos, 2018): 295–311.

Stolleis, Michael, *Geschichte des öffentlichen Rechts in Deutschland* (München: C.H. Beck, 1988).

Streidl, Paul, *Naturrecht, Staatswissenschaft und Politisierung bei Gottfried Achenwall (1719–1772)* (München: Utz, 2003).

Wolzendorff, Kurt, *Staatsrecht und Naturrecht in der Lehre vom Widerstandsrecht des Volkes gegen rechtswidrige Ausübung der Staatsgewalt. Zugleich ein Beitrag zur Entwicklungsgeschichte des modernen Staatsdenkens* (Breslau: Marcus, 1916).

Das *Naturrecht Feyerabend* und die Kritik Kants an der Naturrechtslehre

Gianluca Sadun Bordoni

1 Das *Naturrecht Feyerabend* und die Entwicklung des kantischen Moraldenkens

Das neue Interesse an der Rechtsphilosophie Kants ist sicherlich einer der relevantesten Aspekte der Kantforschung der letzten Jahre. Es ist Ausdruck der neuen Aufmerksamkeit in Bezug auf die *Metaphysik der Sitten* und überwindet insbesondere die alten Vorurteile hinsichtlich der ‚Senilität' dieses Werkes.[1] Doch insbesondere zeigt es, dass ein adäquates Verständnis der praktischen Philosophie Kants sich nicht auf die ‚Gründungsschriften' (oder metaethischen Schriften) beschränken kann, wie die *Grundlegung* und die *Kritik der praktischen Vernunft*, sondern eine adäquate Analyse der systematischen Moralphilosophie (Ethik und Recht) erfordert, die in der *Metaphysik der Sitten* gipfelt.[2]

Was speziell die Rechtsphilosophie angeht, besteht das komplexere Problem natürlich darin, die ebenfalls traditionelle These zu diskutieren, nach der Kant keine ‚kritische' Rechtsphilosophie entwickelt hätte und der ‚Metaphysik' des alten Naturrechts verhaftet geblieben sei. Der Versuch, Kant von dieser Anschuldigung freizusprechen, indem man seine Rechtsphilosophie mit der Entwicklung des juridischen Formalismus verbindet, ist ebenfalls sehr alt – er geht auf Gustav Hugo und die Entstehung der historischen Schule zurück –, doch er ist wenig plausibel.[3] Nicht zufälligerweise glaubten die führenden Vertreter des Neukantianismus, u. a. Hans Kelsen, dass eine angemessene Rechtstheorie, die sich von der Metaphysik der Naturrechtslehre emanzipiert hat,

---

1 Dieses Urteil geht auf Schopenhauer zurück und wurde von Hannah Arendt in *Lectures on Kant's political Philosophy* (Chicago: University of Chicago Press, 1992), 8 wieder aufgegriffen.

2 Vgl. Allen Wood, „The Final Form of Kant's Practical Philosophy", in *Kant's Metaphysics of Morals. Interpretative Essays*, hg. Mark Timmons (Oxford: Oxford University Press, 2002): 1–21, hier 4.

3 Aus der historischen Rechtsschule stammen dann die ersten Kristallisationen dieser These: vgl. Otto von Gierke, *Johannes Althusius und die Entwicklung der naturrechtlichen Staatstheorien* (Breslau: M. und H. Marcus, 1902), 304 und das Kapitel über die historische Schule von Franz Wieacker, *Privatrechtsgeschichte der Neuzeit unter besonderer Berücksichtigung der deutschen Entwicklung* (Göttingen: Vandenhoeck und Ruprecht, ²1967), bes. 351–353.

© KONINKLIJKE BRILL NV, LEIDEN, 2021 | DOI:10.1163/9789004448193_005

von der kantischen *Rechtslehre* absehen sollte: Um im juridischen Feld ,Kantianer' zu sein, musste man über Kant hinausgehen.

In beiden dieser Sichtweisen wird, wie wir versuchen werden aufzuzeigen, Kants Beziehung zum traditionellen Naturrecht nicht auf adäquate Weise thematisiert.

Wenn wir hier von der Rolle absehen, die der theoretischen Dimension in einer Analyse dieser Probleme unweigerlich zukommt, ist es klar, dass eine solche Analyse jedenfalls nicht von der kantischen Philologie absehen kann und sich insbesondere mit der entwicklungsgeschichtlichen Dimension des kantischen Denkens befassen muss. Diese steht ab Mitte des 19. Jahrhunderts im Zentrum der Kantforschung, beginnend mit Kuno Fischer,[4] doch handelt es sich um ein Terrain, das aus vielen Gründen ein erneuertes philosophiegeschichtliches Engagement erfordert. Dies betrifft insbesondere das Bewusstsein, dass das kantische Denken nicht auf eine einzige Entwicklungsmodalität zurückgeführt werden kann: Es ist eine – für den Neukantianismus typische – Verzerrung, die Entwicklung des kantischen Moraldenkens in das Schema der ,kritischen Wende' einzuordnen, die in Wirklichkeit vor allem die theoretische Philosophie betrifft, wie dies Henrich und Schmucker in den sechziger Jahren des vorigen Jahrhunderts gezeigt haben.[5] Die Entwicklung des Moraldenkens Kants scheint weniger von einer klaren Zäsur als vielmehr von einer kontinuierlichen Entwicklung gekennzeichnet, die bis in die letzten Schriften nachzuverfolgen ist.

---

4 Vgl. Kuno Fischer, *Clavis kantiana. Qua via Immanuel Kant philosophiae criticae elementa invenerit* (Jena: Typis Schreiberi, 1858); deutsche Übersetzung: Anton Schmitt, „Kuno Fischers *Clavis Kantiana* – Einführung und Übersetzung", in *Kant als Bezugspunkt philosophischen Denkens*, hg. Hubertus Busche und Anton Schmitt (Würzburg: Königshausen und Neumann, 2010): 207–235. Auf das Erfordernis, die Frage nach der kantischen intellektuellen Entwicklung zu stellen, wurde bereits zu Lebzeiten Kants hingewiesen: vgl. die lange „Einleitung" (über 120 Seiten!) von Johann Heinrich Tieftrunk zu der von ihm herausgegebenen Edition von *Immanuel Kant's Vermischte Schriften*, 3 Bde. (Halle: Regnersche Buchhandlung, 1799): III–CXXVIII.

5 Vgl. Dieter Henrich, „Der Begriff der sittlichen Einsicht und Kants Lehre vom Faktum der Vernunft", in *Die Gegenwart der Griechen im neueren Denken*, hg. Dieter Henrich, Walter Schulz und Karl-Heinz Volkmann-Schluck (Tübingen: Mohr, 1960): 77–115 und Josef Schmucker, *Die Ursprünge der Ethik Kants in seinen vorkritischen Schriften und Reflexionen* (Meisenheim am Glan: Hain, 1961) zum Unterschied zwischen den beiden Positionen und zur Kritik, die Schmucker an Henrich richtet: 387ff. Wie wir in unserem Text zeigen werden, bedeutet das Verneinen der Existenz einer klaren ,Zäsur' in der Entwicklung des Moraldenkens Kants jedoch nicht, zu behaupten, dass es bereits in der ,vorkritischen' Phase gänzlich festgelegt gewesen wäre. Zu den Grenzen der Analyse von Schmucker vgl. Clemens Schwaiger, *Kategorische und andere Imperative. Zur Entwicklung von Kants praktischer Philosophie bis 1785* (Stuttgart-Bad Cannstatt: Frommann-Holzboog 1999), insbesondere 69ff.

DAS *NATURRECHT FEYERABEND* UND DIE KRITIK KANTS 81

Diese Aufmerksamkeit für die Entwicklung des kantischen Denkens kann nicht darauf verzichten, den umfangreichen kantischen Nachlass, inklusive der Vorlesungsnachschriften, extensiv zu nutzen, wobei man auf die philologischen Probleme, die diese aufwerfen, und auf die Grenzen der vierten Sektion der Akademie-Ausgabe stößt.

Was den Bereich der Rechtsphilosophie betrifft, wird dieser Problemkomplex exemplarisch durch die Vorlesungen Kants zum Naturrecht bestätigt, dem sogenannten *Naturrecht Feyerabend*. Die Zeitspanne, in welcher die Vorlesungen zum Naturrecht gehalten wurden, ist von besonderer Bedeutung. Die Vorlesung wird im Sommersemester des Jahres 1784 gehalten, während Kant mit der Abfassung der *Grundlegung zur Metaphysik der Sitten* beschäftigt war.[6] Dies hilft, die zahlreichen Parallelismen zwischen den beiden Werken zu erklären, besonders mit der Einleitung zum *Naturrecht Feyerabend*, zumal sie sich gegenseitig klären und ergänzen.[7] Es ist dennoch zunächst zu unterstreichen,

---

6 Die Handschrift macht die Angabe ‚im Winterhalben‘, über ein unlesbares Wort geschrieben, aber dabei handelt es sich um einen Fehler: vgl. Oberhausen, Michael und Riccardo Pozzo (Hg.), *Vorlesungsverzeichnisse der Universität Königsberg (1720–1804)* (Stuttgart- Bad Cannstatt: Frommann-Holzboog, 1999), Bd. 2, 500 und Emil Arnoldt, „Kritische Excurse im Gebiete der Kantforschung", in ders., *Gesammelte Schriften*, hg. Otto Schöndorfer, 10 Bde. (Berlin: Cassirer, 1906–11), Bd. 4 und 5, hier Bd. 5, 278. Wenngleich es nicht möglich ist, mit absoluter Genauigkeit die chronologische Übereinstimmung festzustellen, ist es trotzdem wahrscheinlich anzunehmen, dass die Vorlesungen und die Fertigstellung der *Grundlegung* parallel verlaufen. Kant hielt die Vorlesungen über das Naturrecht von Ende April 1784 bis zum 24. September (vgl. Arnoldt, *Kritische Excurse*, Bd. 5, 278f.). Somit wurden, wahrscheinlich, die Vorlesungen, die die Einleitung betreffen, die für die Moralphilosophie der relevanteste Teil ist, im Monat Mai gehalten. Wenn man berücksichtigt, dass im Monat August Jachmann den Text der *Grundlegung* abschrieb, deren Abfassung also abgeschlossen war, kann man annehmen, dass die Durchführung der Vorlesung und die Fertigstellung der *Grundlegung* parallel verlaufen sind (vgl. die Einleitung von Paul Menzer zur GMS, AA: 06: 627 und Manfred Kühn, *Kant. A Biography* [Cambridge: Cambridge University Press, 2002], 277ff.). Es ist auch interessant anzumerken, dass Kant im Frühjahr 1784 Eigentum an einem Haus erworben hatte, mit einer Aula, in der er die Vorlesungen hielt, wie es zu jener Zeit üblich war (die Vorlesungen zum Naturrecht wurden um 8 Uhr morgens gehalten). Die Tätigkeit als Dozent und die als Schriftsteller waren im engen Sinn aneinander angrenzend. Vgl. Marcus Willaschek, „Kant als Bauherr. Der Maurer als Zweck", in *Frankfurter Allgemeine Zeitung*, 7. Januar 2015.

7 Für eine punktuelle Gegenüberstellung vgl. das Parallelstellenverzeichnis in Delfosse, Heinrich P., Hinske, Norbert und Sadun Bordoni, Gianluca (Hg.), *Kant-Index: Indices zum Ethikcorpus*, Band 30.1: *Einleitung des „Naturrechts Feyerabend"* (Stuttgart-Bad Cannstatt: Frommann-Holzboog, 2010), XL–XLI, die Anmerkungen dort 25–29, und den Kommentar zur zweisprachigen Ausgabe Immanuel Kant, *Lezioni sul diritto naturale*, hg. Norbert Hinske und Gianluca Sadun Bordoni (Mailand: Bompiani, 2016). Parallelismen gibt es auch mit den zeitgleichen Vorlesungen der Moralphilosophie, den sogenannten *Mrongovius II*, die ebenfalls im Kommentar zur zweisprachigen Ausgabe angezeigt sind.

wie Kant es für notwendig erachtete, seine Vorlesungen zum Naturrecht mit einer allgemeinen Anerkennung der moralischen Probleme zu beginnen, mit einer Klarheit hinsichtlich der theoretisch entscheidenden Punkte, die trotz des Charakters der Abschrift hervorsticht. Dies zeigt übrigens gut an einem konkreten Fall, warum die Nachschriften der kantischen Vorlesungen begehrt waren und warum die Zeugen und Zuhörer der Vorlesungen diese als faszinierend und brillant beschrieben, was schwer vorstellbar ist, wenn man die „scholastische Pünktlichkeit" der veröffentlichten Schriften zugrunde legt.[8]

Zur Erklärung der Bedeutung des *Naturrechts Feyerabend* trägt schließlich die Tatsache bei, dass die zweite Hälfte des Jahres 1784 auch durch die Veröffentlichung zweier Schriften Kants gekennzeichnet ist: Im Novemberheft der „Berlinischen Monatsschrift" erschien die *Idee zu einer allgemeinen Geschichte in weltbürgerlicher Absicht*, mit der Kant seiner Geschichtsphilosophie öffentlichen Ausdruck verlieh, und im folgenden Monat, im Dezember, erschien ebenfalls in der „Berlinischen Monatsschrift" die *Beantwortung der Frage: Was ist Aufklärung?*, deren Abfassung am 30. September fertiggestellt wurde, wie uns die Schlussbemerkung informiert. Somit fällt auch die Vorbereitung dieser Schriften in die Zeitspanne der Durchführung der Naturrechtsvorlesung, die davon einige klare Zeichen zeigt.[9]

---

8   So charakterisiert sie Kant selbst im Vorwort zur *Metaphysik der Sitten* (MS, 06: 208). Zu den Aussagen über die kantischen Vorlesungen vgl. Karl Ludwig Pörschke, „Vorlesung bey Kants Geburtsfeyer, den 22sten April 1812", in *Königsberger Archiv für Philosophie, Theologie, Sprachkunde und Geschichte* (Königsberg: Nicolovius, 1812), 542 und Friedrich Theodor Rink, *Ansichten aus Immanuel Kant's Leben* (Königsberg: Göbbels und Unzer, 1805), 46.

9   Beide Schriften enthalten zwischen ihren primären Anliegen die implizite Auseinandersetzung Kants mit Mendelssohn, die dazu bestimmt ist, bis zur ausdrücklich „gegen Mendelssohn" gerichteten dritten Sektion des *Gemeinspruchs* von 1793 anzudauern. Im Januar 1784 hatte Mendelssohn in der *Berlinischen Monatsschrift* einen Artikel veröffentlicht, „Ueber die 39 Artikel der englischen Kirche und deren Beschwörung" (nachgedruckt in *Was ist Aufklärung? Beiträge aus der Berlinischen Monatsschrift*, hg. Norbert Hinske [Darmstadt: WBG, 1990], 426–443), in dem Mendelssohn seine These vertrat, dass es bezüglich religiöser Überzeugungen keinen Vertrag geben kann, die Gedankenfreiheit und das Recht, die Meinung zu ändern, einzuschränken. In dem Aufsatz über die Aufklärung erinnert Kant an die Unmöglichkeit, die religiöse Freiheit durch einen Eid zu binden (ein derartiger Vertrag wäre „null und nichtig"), und zieht daraus den Schluss, „der „Hauptpunkt der Aufklärung, d. i. des Ausganges der Menschen aus ihrer selbst verschuldeten Unmündigkeit" läge in „Religionssachen" (vgl. WA, AA 08: 41). Die Präsenz der Schrift von Mendelssohn im *Naturrecht Feyerabend* ist gleichermaßen offensichtlich: Im Kapitel *De Juramento* bezieht sich Kant ausdrücklich auf die Verpflichtung der Geistlichen in der anglikanischen Kirche, auf die 39 Artikel zu schwören (V-NR/Feyerabend, 57 [AA 27: 1366]), und insbesondere im dritten Teil des Kurses, dem *Jus civitatis universale speciatim*, bekräftigt Kant, die Religionsfreiheit verteidigend, dass es nicht in der Macht des Herrschers steht, „die Aufklärung zu verbiethen" (V-NR/Feyerabend, 79 [AA 27: 1386]). Im *Naturrecht Feyerabend* liegt klar ein

DAS NATURRECHT FEYERABEND UND DIE KRITIK KANTS

Im *Naturrecht Feyerabend* finden zudem die Schriften der neunziger Jahre eine gemeinsame Grundlage, beginnend mit dem *Gemeinspruch* von 1793, dessen zweite Sektion, *Gegen Hobbes*, eine nachweisbare textliche Affinität zu den Vorlesungen des Jahres 1784 zeigt.[10] Im letzten, leider sehr skizzenhaften Teil des *Naturrechts Feyerabend* sind zudem einige Vorwegnahmen von *Zum ewigen Frieden* zu finden, so dass der Eindruck entsteht, dass wir, wenn Kant am Ende der Vorlesung mehr Zeit gehabt hätte, einen ersten Entwurf der Schrift von 1795 gehabt hätten, deren zentrales Thema im Übrigen in den Schriften und Vorlesungen dieser Zeit zirkuliert.[11] Komplexer ist natürlich das Problem,

---

Entwurf zu *Was ist Aufklärung?* – Was die *Idee zu einer allgemeinen Geschichte* betrifft, steht im Hintergrund sehr wahrscheinlich die große Debatte zwischen Abbt und Mendelssohn über Spalding und die *Bestimmung des Menschen*; vgl. Alexander Altmann, „Prinzipien politischer Theorie bei Mendelssohn und Kant", in ders., *Die trostvolle Aufklärung. Studien zur Metaphysik und politischen Theorie Moses Mendelssohns* (Stuttgart-Bad Cannstatt: Frommann-Holzboog, 1982): 192–216 und Norbert Hinske, „Das stillschweigende Gespräch: Prinzipien der Anthropologie und Geschichtsphilosophie bei Mendelssohn und Kant", in *Moses Mendelssohn und die Kreise seiner Wirksamkeit*, hg. Michael Albrecht, Eva J. Engel und Norbert Hinske (Tübingen: Niemeyer, 1994): 135–156. Zu den Übereinstimmungen mit dem *Naturrecht Feyerabend* vgl. die Idee des Menschen (und seiner Geschichte) als Zweck der Schöpfung (v-nr/Feyerabend, 5 [AA 27: 1319]; IaG, AA 08: 21 und 30); die Formulierung des Prinzips des Rechts, für das die Freiheit eines jeden mit der Freiheit der anderen koexistieren muss (v-nr/Feyerabend, 6 [AA 27: 1320]; IaG, AA 08: 22); die Analyse des schwierigsten aller politischen Probleme, das von der Tatsache bestimmt ist, dass der Mensch das Tier ist, das einen Herrn braucht, der seinerseits Zwang braucht, damit er ein gerechter oberster Herr für sich selbst sein soll, „und der ist auch ein Mensch" (v-nr/Feyerabend, 84 [AA 27: 1391]; IaG, AA 08: 23); die Idee eines Volksbundes, eines *foedus amphyctionum* (v-nr/Feyerabend, 82 [AA 27: 1389]; IaG, AA 08: 24); die schon gesehene Bekräftigung der Religionsfreiheit als Grundlage der Aufklärung (IaG, AA 08: 28).

10   Vgl. das Parallelstellenverzeichnis zwischen den beiden Werken im geplanten Band zu Kants Gemeinspruchaufsatz, der 2021 erscheinen wird.

11   In den zeitgleichen Schriften ist das Thema ebenfalls präsent: In der *Idee* des Jahres 1784, in der These VII, wird das Problem der Überwindung des Krieges und das Projekt der *paix perpetuelle* von Saint-Pierre und Rousseau diskutiert. In den zeitgleichen Anthropologievorlesungen sagt Kant einen ‚Weltfrieden' voraus: vgl. V-Anth/Mron, AA 25: 1426. In *Mutmaßlicher Anfang der Menschengeschichte*, wenig später, spricht Kant von „ein immerwährender Friede"; vgl. MAM, AA 08: 121. Sehr bedeutsam ist es dennoch, dass Kant im *Naturrecht Feyerabend*, nachdem er die Idee von einem „allgemeinen Volksbund" aufgestellt und das Beispiel der Vereinigten Provinzen angebracht hat, hinzufügt: „im Großen aber gilts nicht" (v-nr/Feyerabend, 82 [AA 27: 1389]). Die Völker – wird Kant im *Ewigen Frieden* sagen – müssen jedenfalls „ihr Gleichgewicht im lebhaftesten Wetteifer" ihrer Stärke beibehalten (ZeF, AA 08: 367). Doch schon in der *Idee zu einer allgemeinen Geschichte* des Jahres 1784 wünschte Kant ein „Gesetz des Gleichgewichts" in der fortwährenden Freiheit der Völker herbei (IaG, AA 08: 26). Die berühmte Ironie Kants im *Gemeinspruch* gegen „die so genannte Balance der Mächte in Europa" (TP, AA 08: 312) war also als eine Kritik an der fragilen internationalen Ordnung des 18. Jahrhunderts zu verstehen,

soweit es die Beziehung zwischen dem *Naturrecht Feyerabend* und der *Rechtslehre* aus dem Jahr 1797 betrifft: Eine präzise Bestimmung hängt von der allgemeinen Interpretation der kantischen Rechtsphilosophie ab, die hier sicherlich nicht in Angriff genommen werden kann. Es ist dennoch klar, dass die Vorlesungen des Jahres 1784 die erste Darlegung des Rechtsdenkens Kants darstellen, und dass, soweit die *Rechtslehre* Neuheiten einführt (zum Beispiel hinsichtlich des Konzepts des Eigentums),[12] sie die unabdingbare Grundlage für das theoretische und entwicklungsgeschichtliche Verständnis dieses Denkens bleiben.

Aus alledem erhält man eine Vorstellung, wie das *Naturrecht Feyerabend*, zusammen mit den anderen Kursen derselben Zeitspanne, effektiv, wie Kant in der oben in der Einleitung dieses Bands zitierten *Erklärung* bekräftigt, eine Art Labor des kantischen Moraldenkens darstellt, bevor es in den veröffentlichten Schriften systematische Form annimmt.

An dieser Stelle muss untersucht werden, ob es möglich ist, einen Schwerpunkt in diesem so wichtigen Dreh- und Angelpunkt des kantischen Moraldenkens um 1784 zu bestimmen, das durch so relevante Schriften und Vorlesungen über Moral, Recht und Geschichte gekennzeichnet ist. Näher zu untersuchen ist zudem, ob das *Naturrecht Feyerabend* eine wichtige Rolle in der Definition dieses Schwerpunktes spielt. Was die erste Frage anbelangt, ist es nicht schwierig, den zentralen philosophischen Kern zu ermitteln, da alle kantischen Reflexionen in dieser Zeit im theoretischen, moralischen und historischen Bereich darin übereinkommen, das Konzept der Freiheit in den Mittelpunkt zu stellen. Auf diese Weise wird auch die zweite Frage präzisiert: In der Tat muss untersucht werden, ob und wie das *Naturrecht Feyerabend* auf bedeutsame Weise zur Bestimmung des Konzepts der Freiheit im kantischen Denken in dieser Phase beiträgt.

Wenige Jahre bevor er in der *Kritik der praktischen Vernunft* in der Freiheit „den Schlußstein" des gesamten Systems der reinen Vernunft, „selbst der speculativen Vernunft",[13] aufzeigte, hat Kant in den Schriften, die ihr vorausgingen, bereits die theoretische Möglichkeit der Freiheit dargelegt (in der Auflösung

---

      nicht als eine allgemeine Kritik am Prinzip des Gleichgewichts in den internationalen Beziehungen. Als er Kiesewetter am 15. Oktober 1795 ankündigt, die *Friedensschrift* zu schicken, spricht Kant von „meine reveries ‚zum ewigen Frieden'" (Br, AA 12: 45).

12   Hier wird üblicherweise verwiesen auf den Brief von Schiller an Erhard vom 26. Oktober 1794, in dem Schiller die Verspätung bei der Abfassung der *Metaphysik der Sitten* der Unzufriedenheit Kants in Bezug auf die Eigentumstheorie zuschreibt: vgl. *Schillers Werke* (Nationalausgabe, Weimar: Böhlau, 1958), Bd. 27, 72.

13   KpV, AA 05: 03.

DAS *NATURRECHT FEYERABEND* UND DIE KRITIK KANTS 85

der dritten Antinomie in der *Kritik der reinen Vernunft*) und die Bedingungen ihrer praktischen Wirksamkeit umrissen (in der *Grundlegung*).[14] In den Vorlesungen und Schriften des Jahres 1784 zeigt Kant, wie sie ebenso das notwendige Fundament des gesamten Bauwerks des Rechts und der universellen ,Idee' der Geschichte ist.

So findet die Konzeption, die zumindest seit den Vorlesungen der Siebzigerjahre, nach denen in der Freiheit „der höchste Grad des Lebens"[15] liegt, die Grundlage des kantischen Moraldenkens bildet, eine erste, aber entscheidende, konkrete Verwirklichung. Diese Freiheit wird jedoch notwendigerweise eingeschränkt, und da diese Einschränkung nicht den Gesetzen der Natur anvertraut werden kann, wird sie zur Selbstbeschränkung der Freiheit selbst überlassen, was nun als grundlegende Aufgabe der moralischen und juridisch-politischen Erfahrung des Menschen erscheint.

Auf politischer Ebene bedeutet dies natürlich, dass die philosophische Rechtfertigung des Konzepts des Menschen als eines frei Handelnden auch die Aufforderung zu einer radikalen Reform der Gesellschaft enthält, was einen entscheidenden Moment der europäischen Aufklärung darstellt, der dazu bestimmt ist, sich tiefgreifend auszuwirken, beginnend mit der Reform des Rechts in Preußen.[16]

Auf theoretischer Ebene ist das einigende Band der kantischen Reflexionen in so unterschiedlichen Bereichen, von der Metaphysik zur Moral, vom Recht zur Geschichtsphilosophie, der Zusammenhang, der zwischen Gedankenfreiheit und Handlungsfreiheit aufgestellt wird.

Dass dieser Zusammenhang der kantischen Sicht der Aufklärung zugrunde liegt, ist leicht zu zeigen, und zwar durch die ,programmatische' Schrift, die in diesem entscheidenden Jahr ausdrücklich der Aufklärung gewidmet

---

14 Vgl. GMS, AA 06: 461.

15 V-Mo/Kaehler (Stark), 177.

16 Ein Vorentwurf für die Reform des preußischen Rechts wurde gerade im Jahr 1784 von Ernst Ferdinand Klein erarbeitet, einem stark von Kant beeinflussten Juristen, der zusammen mit Carl Gottlieb Svarez dann das *Allgemeine Landrecht für die Preußischen Staaten* (ALR) im Jahr 1794 realisierte. Doch der Einfluss der kantischen Ideen geht über die Zeit der Kodifizierung hinaus und betrifft die Protagonisten der Reform des preußischen Staates nach 1806. Vgl. Wilhelm Wagner, *Die preußischen Reformer und die zeitgenössische Philosophie* (Köln: Kölner Universitätsverlag 1922), insbesondere 64ff. und Reinhart Koselleck, *Preußen zwischen Reform und Revolution. Allgemeines Landrecht, Verwaltung und soziale Bewegung von 1791 bis 1848* (Stuttgart: Klett-Cotta, 1967), 153f. und *passim*. Doch das Echo der ethisch-politischen Philosophie Kants gelangte, wie bekannt, auch in das revolutionäre Frankreich, besonders nach der Veröffentlichung von *Zum Ewigen Frieden*.

wurde: Diese Schrift schließt tatsächlich mit der Bekräftigung der notwendigen Beziehung zwischen Gedankenfreiheit und Handlungsfreiheit.[17]

Derselbe Schluss von *Was ist Aufklärung?* deutet jedoch auch die metaphysische Wurzel dieses Zusammenhangs an, in der antimaterialistischen Anmerkung, dass der Mensch „nun mehr als Maschine ist".[18] Diese metaphysische Wurzel taucht in derselben Zeitspanne noch stärker in der theoretischen Rechtfertigung der Freiheit gegen den Determinismus auf, wo sie sich in den komplexesten Passagen der dritten Sektion der *Grundlegung* und in kleineren Schriften dieser Zeit zeigt, wie der Schulz-Rezension von 1783.[19]

Dass sich auf diese Weise die tiefe Einheit des kantischen Denkens zeigt, des theoretischen wie des praktischen, daran besteht kein Zweifel: Denken und Handeln sind gemeinsam verwurzelt in der Freiheit des Menschen, deren Verteidigung ein zugleich philosophisches und politisches Programm ist. Auf philosophischer Ebene richtet sich einer der zentralen Momente der Reflexion Kants in dieser Zeitspanne darauf zu zeigen, dass dieses Programm eine klare Trennlinie zwischen Gesetzen der Natur und Gesetzen der Freiheit fordert, eine Unterscheidung, die nicht zufällig im Mittelpunkt sowohl der Vorlesungen über das Naturrecht als auch der *Grundlegung* steht. Gerade um diese Unterscheidung zu verdeutlichen, entwickelt Kant seine Kritik der traditionellen Naturrechtslehre. Diese Kritik wird mit großer Klarheit im *Naturrecht Feyerabend* formuliert, das darin einen der Hauptgründe seines Interesses findet.

2 Gesetze der Natur und Gesetze der Freiheit: Die kantische Kritik der Naturrechtslehre

Die zentrale Rolle der Vorlesungen über das Naturrecht in der Entwicklung des kantischen Moraldenkens, das sich um das Jahr 1784 bestimmt, besteht somit in der Art und Weise, in der das grundlegende Konzept der Freiheit im juridischen Bereich präzisiert und definiert wird.

Diese Definition betrifft eine Vielzahl von Aspekten, die sich, wie wir bereits angedeutet haben, auch konkret mit den Diskussionen über die Reform des

---

17 Vgl. WA, AA 08: 41.

18 WA, AA 08: 42. Im *Streit der Facultäten* veröffentlicht Kant den Brief eines jungen Physikers, seines Anhängers C.A. Wilmans, der ausdrücklich die Überwindung der materialistischen Sicht des Maschinen-Menschen mit der kopernikanischen Wende in Verbindung bringt, die durch die erste *Kritik* eingeleitet wurde, die nun dem Menschen „eine durchaus active Existenz" zuschreibt (SF, AA 07: 69f.).

19 Vgl. RezSchulz, AA 08: 9f.

DAS *NATURRECHT FEYERABEND* UND DIE KRITIK KANTS

preußischen Rechts verbinden. Die hauptsächliche rechtsphilosophische Bedeutung der Vorlesungen besteht dennoch in der Auseinandersetzung, die Kant mit der Tradition des Naturrechts herbeiführt, in einer Epoche, in der die Notwendigkeit einer Revision dessen immer stärker wahrgenommen wurde.[20] Diese Auseinandersetzung war jedenfalls unausweichlich aufgrund der bereits erwähnten Verpflichtung der preußischen Dozenten, ihre Vorlesungen anhand eines Kompendiums zu halten, und die Wahl eines Autors von großem Gewicht wie Achenwall erlaubte es Kant, das Problem auf beste Weise in Angriff zu nehmen.

Der Respekt, den Kant für Achenwall zum Ausdruck bringt (was bis zur *Rechtslehre* anhält), hindert ihn nicht daran, von Beginn an auf Distanz zu den Thesen des Göttinger Juristen zu gehen. So weist Kant sofort Achenwalls Theorie der Verbindlichkeit zurück, soweit sie auf *premia e poenas* basiert, auf der Vorstellung, dass die Vernunft auf die Konsequenzen der Handlung und auf deren Einklang mit der Suche nach Glückseligkeit achten soll. Dem setzt Kant die Vorstellung entgegen, dass der Wert der Handlung unabhängig ist vom Wert der Konsequenzen, der stets unsicher ist, gemäß einer Sichtweise, die Kant auf Cicero zurückführt: „quid rectum sit, apparet, quid expediat, obscurum est".[21]

Was das Problem der Freiheit betrifft, das hier unseren roten Faden bildet, stellt sich Kant radikal gegen die paternalistische Konzeption des Staates, wobei er so in den Vorlesungen von 1784 die Kritik vorwegnimmt, die zehn Jahre später im *Gemeinspruch* enthalten ist. Der Staat soll nicht den Wohlstand und die Glückseligkeit der Untertanen fördern („denn die kann sich jeder zu erlangen suchen, wie er will")[22] und ist folglich nicht berechtigt, zu diesem Zweck über die Freiheit der Bürger zu verfügen: „nicht einzelner Glückseligkeit, sondern der Zustand der öffentlichen Gerechtigkeit", ist der Zweck der Republik.[23] Die öffentliche Gerechtigkeit setzt die Ordnung der Freiheit voraus, der „status rei publicae ist also die Freiheit, und zwar die öffentliche".[24] Nur so können die „Rechte der Menschheit" bekräftigt werden, die auf eine Würde gegründet sind, die dem Menschen als solchem eigen und nicht veräußerlich ist.

---

20 Vgl. insbesondere Diethelm Klippel, „Ideen zur Revision des Naturrechts. Die Diskussion zur Neubegründung des deutschen Naturrechts um 1780", in *Jahrbuch für Recht und Ethik* 8 (2000): 73–90.

21 Vgl. v-nr/Feyerabend, 18 (AA 27: 1330). Der Text von Cicero, von Kant ungenau zitiert, in *Epistulae ad familiares*, v, 21.

22 v-nr/Feyerabend, 7 (AA 27: 1321).

23 v-nr/Feyerabend, 75 (AA 27: 1382).

24 v-nr/Feyerabend, 75 (AA 27: 1383).

Diese Annahme bringt Kant dazu, sich, im Anschluss an Rousseau, radikal einer allgemeinen These der Naturrechtslehre des 18. Jahrhunderts entgegenzustellen, nämlich der These, nach der die natürliche Freiheit jedes Menschen durch Knechtschaftsverträge veräußerlich sei. Diese Möglichkeit, die natürliche Freiheit zu veräußern, war seit Grotius und Pufendorf[25] vertreten worden und in der Naturrechtslehre des 18. Jahrhunderts[26] geläufig, und als solche schon Gegenstand der Kritik bei Locke,[27] Montesquieu[28] und schließlich radikaler bei Rousseau, insbesondere im Kapitel *De l'esclavage* im ersten Buch des *Gesellschaftsvertrags*.[29] Diese Kritik wird von Kant gänzlich geteilt, der im *Naturrecht Feyerabend* bekräftigt, dass der Mensch auf keine Weise veräußert werden kann, ohne damit aufzuhören Mensch zu sein.[30]

Hier scheint Kant völlig an ein Denken anzuknüpfen, das sich darauf richtet, den Bruch zwischen ‚natürlichen' Rechten und ‚bürgerlichen' Rechten zu überwinden, ein Denken, das seinen politischen Ausdruck in der *Déclaration des droits de l'homme* des Jahres 1789 finden wird, obwohl sie von unterschiedlichen philosophischen Prämissen ausgeht, wie eindeutig aus der Kritik hervorgehen wird, die Kant zum entscheidenden Art. 4 der *Déclaration* anbringen wird, die gerade das Konzept der Freiheit betrifft.[31]

Der philosophische Hintergrund, auf dem sich diese tiefgreifende erneute Diskussion des Konzepts der Freiheit und ihrer politischen Konsequenzen abspielt, ergibt sich, wie bereits angedeutet, aus einer Kritik an den begrifflichen Grundlagen der Naturrechtslehre, die auf explizite Weise zum ersten Mal im *Naturrecht Feyerabend* auftaucht. Diese Kritik beabsichtigt, das Konzept des ‚Naturgesetzes' zur Diskussion zu stellen, von dem es heißt, es sei

---

25 Vgl. Hugo Grotius, *De jure belli ac pacis*, l. i, Kap. iii, § 8; Samuel von Pufendorf, *De jure naturae et gentium*, l. vii, Kap. iii, § 1.

26 Für Deutschland vgl. Diethelm Klippel, *Politische Freiheit und Freiheitsrechte im deutschen Naturrecht des 18. Jahrhunderts* (Paderborn: Ferdinand Schöningh 1976), 37ff. und 57ff.

27 Vgl. John Locke, *Second Treatise of Government*, l. iv, §§ 23 und 24.

28 Montesquieu, *De l'esprit des lois*, l. xv, Kap. 11: „Il n'est pas vrai qu'un homme libre puisse se vendre."

29 Jean-Jacques Rousseau, „Du contract social", l. i, Kap. iv, in *Œuvres complètes* (Paris: Gallimard, 1964), Bd. 3, 355ff. Vgl. schon im zweiten *Discours*, in *Œuvres complètes* (Paris: Gallimard, 1964), Bd. 3, 183 mit einer ausdrücklichen Kritik Pufendorfs.

30 Vgl. v-nr/Feyerabend, 52 (aa 27: 1361). Man beachte, dass Kant den Ausdruck ‚alieniren' verwendet, wie Rousseau von ‚aliéner sa liberté' spricht. Kant nimmt natürlich den Fall des Kriminellen aus, der seine Freiheit verloren hat.

31 Vgl. die Kritik am Inhalt des Art. 4 („La liberté consiste à pouvoir faire tout ce qui ne nuit pas à autrui") im *Ewigen Frieden* (ZeF, aa 08: 350 Anm.) und mit direktem Bezug auf Art. 4 die Refl. 8078 (aa 19: 612f.) am Rand zu §§ 113–119 der *Pars Posterior* des *Ius naturae* von Achenwall.

DAS *NATURRECHT FEYERABEND* UND DIE KRITIK KANTS

unvereinbar mit der Vorstellung von Freiheit, auf die sich die Ethik und das Recht gründen sollen. Diese Kritik führt Kant dazu, eine radikale Dichotomie im nomologischen Bereich zu postulieren, die den ‚Gesetzen der Natur' die ‚Gesetze der Freiheit' klar entgegenstellt.

Hinter dieser wichtigen Unterscheidung stehen die Konsequenzen der wissenschaftlichen Revolution und die Auswirkungen des neuen mechanistischen Bildes von der Natur im Moraldenken. Dies reifte in Kants Auseinandersetzung mit Newton einerseits und mit Rousseau andererseits.[32]

Newton bringt die begriffliche und semantische Wandlung zur Vollendung, die sich aus der Entstehung der neuen Wissenschaft ergibt, mit der Bekräftigung des neuen, deskriptiven Konzepts des ‚Naturgesetzes'. Dieses Verständnis ist für uns heute üblich, aber es setzte sich in der Neuzeit erst allmählich durch: der Terminus findet sich z. B. nicht in wissenschaftlichen Schriften Galileis. Das neue Konzept musste sich gegenüber dem traditionellen, präskriptiven Gebrauch des Konzepts des ‚Gesetzes' behaupten, für das es die Menschen sind, und nicht die Dinge, die den Gesetzen gehorchen.

Bei Rousseau lässt sich, vor Kant, vielleicht auf beste Weise die Orientierungslosigkeit ermessen, die von der wissenschaftlichen Revolution im Moraldenken ausgelöst wurde. Während die Physiokraten, mit Quesnay, noch die Einheit des Konzepts des „loi naturelle" aufzeigten, von dem die physischen und moralischen Gesetze die beiden Teile darstellten,[33] weist Rousseau entschieden auf die Notwendigkeit hin, das Konzept des ‚Gesetzes' selbst radikal zu überdenken. So fragt sich Rousseau im *Contract social*: „Mais qu'est-ce donc enfin qu'une loi? Tant qu'on se contentera de n'attacher à ce mot que des idées métaphysique, on continuera de raisonner sans s'entendre, et quand on aura dit ce que c'est qu'une loi de la nature, on n'en saura pas mieux ce que c'est qu'une loi de l'Etat".[34] Wen auch immer Rousseau hier im Sinn hat (wahrscheinlich Montesquieu), es ist sicher, dass ganz allgemein die Verwirrung von deskriptiver und normativer Bedeutung von Gesetzen im Mittelpunkt steht. Deshalb behauptet der Genfer jedenfalls in *Émile*, dass das Verständnis der

---

32 Für eine ausführlichere Behandlung der Konsequenzen der wissenschaftlichen Revolution auf das Moraldenken bis Kant erlaube ich mir den Verweis auf mein „Leggi della natura e leggi della libertà. Kant e il giusnaturalismo", in *Nomos-Lex. Atti del XV Colloquio Internatzionale*, hg. Claudio Buccolini und Antonio Lamarra (Florenz: Olschki, 2019).

33 François Quesnay, „Le droit naturel" (1765), in ders., *Œvres economiques et philosophiques*, hg. Auguste Oncken (Aalen: Scientia, 1965, Neudruck der Ausgabe Frankfurt: Joseph Baer, 1888): 374–75.

34 Rousseau, „Du Contract social", II, 6, in *Œuvres complètes*, Bd. 3, 378.

Natur des Gesetzes ein ganz und gar neues Thema ist: „la définition de la loi est encore à faire".[35]

Die Voraussetzungen der kantischen Reflexion über das Gesetzeskonzept, auf dessen Grundlage Kant seine Kritik der Naturrechtslehre führen wird, erscheinen so insgesamt vorgezeichnet. Wenn Newton das neue Konzept des Gesetzes der Natur definiert hat, hat Rousseau auf besonders klare Weise erfasst, wie der Bereich des Gesetzes, im rechtspolitischen Sinn, in radikal neuen Begriffen bestimmt werden muss, und zwar in Verbindung mit der Freiheit. Es ist also wahrscheinlich kein Zufall, dass Kant im selben Werk, in dem er die berühmte Parallele zwischen Newton und Rousseau zieht, d.h. in den *Bemerkungen*, auch beginnt, das Konzept der ‚Gesetze der Freiheit' herauszuarbeiten: Der freie Wille, auf den das Konzept der ‚Vollkommenheit' der traditionellen Ethik zurückzuführen ist, ist die Grundlage des Guten, da er den Gesetzen der Freiheit untergeordnet ist.[36]

Die genauere Bestimmung der Bedeutung der ‚Gesetze der Freiheit', in ihrer grundlegenden Unterscheidung von den ‚Gesetzen der Natur', wird das kantische Denken dennoch lange beschäftigen, in den Ethikvorlesungen der Siebzigerjahre und in der Vorbereitung des Kritizismus. Wenngleich es offensichtlich ist, dass einige wesentliche Elemente des kantischen Moraldenkens schon weit vor der *Kritik der reinen Vernunft* vorhanden sind, ist ebenso klar, dass nur die Struktur des Kritizismus es erlaubt, die normative Unterscheidung zwischen den beiden Gesetzesarten aus kantischer Perspektive zu bestimmen. Es ist tatsächlich nur die Unterscheidung zwischen Erscheinung und Ding an sich, die es laut Kant ermöglicht, sowohl das Konzept der Natur als auch jenes der Freiheit zu bestimmen. Wenn die Erscheinungen Dinge an sich wären, wäre die natürliche Kausalität die einzige Form von Kausalität, und die Freiheit wäre unmöglich: „Denn sind Erscheinungen Dinge an sich selbst, so ist Freiheit nicht zu retten."[37] Aber noch radikaler, wenn der transzendentale Realismus wahr wäre, der gerade die Erscheinungen als Dinge an sich selbst betrachtet, würde sich *das Konzept der Natur selbst*, nicht nur die Freiheit, als unmöglich erweisen.[38] Eine ‚Natur' im Allgemeinen ist tatsächlich nur möglich durch die reinen Gesetze a priori, die der Intellekt der Natur vorschreibt, von denen die empirischen Gesetze Spezifikationen sind, reine Gesetze, die jedoch nur relativ zur Natur als Phänomen gelten. Damit ist, in der berühmten

---

35   Rousseau, „Émile", Buch v, in *Œuvres complètes* (Paris: Gallimard, 1969), Bd. 4, 842.

36   BBGSE, AA 20: 136 (der Vergleich zwischen Newton und Rousseau dort 58f.).

37   KrV A 536/B 564, AA 03: 365.

38   KrV A 543/B 571, AA 03: 369.

DAS *NATURRECHT FEYERABEND* UND DIE KRITIK KANTS

Behauptung der ersten Edition der *Kritik*, der Intellekt selbst „die Gesetzgebung für die Natur".[39]

Wenn also die Freiheit, wie wir gesehen haben, von Kant seit den Ethikvorlesungen der siebziger Jahre als „der innere Werth der Welt"[40] verstanden wurde, sind die theoretischen Bedingungen ihrer Möglichkeit nach der *Kritik der reinen Vernunft* genau definiert. Es ist folglich der allgemeine Sinn der Unterscheidung zwischen den Gesetzen der Natur und der Freiheit festgelegt: Die Vernunft, so Kant, „giebt daher auch Gesetze, welche Imperativen, d. i. objective Gesetze der Freiheit, sind, und welche sagen, was geschehen soll, ob es gleich vielleicht nie geschieht, und sich darin von Naturgesetzen, die nur von dem handeln, was geschieht, unterscheiden ...".[41]

Die folgenden Jahre erlauben Kant, neben der Revision des Kritizismus (mit der Veröffentlichung der *Prolegomena* und der Überarbeitung der ersten *Kritik*), nun zur fast definitiven Bestimmung des juridischen und ethischen Sinnes der ‚Gesetze der Freiheit' im *Naturrecht Feyerabend* beziehungsweise in der *Grundlegung zur Metaphysik der Sitten* voranzuschreiten. Genau in diesem Kontext gliedert sich die Kritik der Naturrechtslehre ein.

Die Einleitung zum *Naturrecht Feyerabend* hat sich bereits als einer der grundlegenden Texte für das Verständnis des kantischen Moraldenkens erwiesen, insbesondere aufgrund ihrer Beziehung mit der parallelen *Grundlegung*. Dies darf nicht dazu verleiten, die Diskussion der theoretischen Grundlagen der Naturrechtslehre zu vernachlässigen, die Kant dort entwickelt. Die allgemeine Kritik, die in der Einleitung zu den Vorlesungen an der traditionellen Lehre geübt wird, tritt mit derselben Klarheit an keiner anderen Stelle des kantischen *corpus* auf. Die bis in jüngster Zeit mangelnde Beachtung des *Naturrechts Feyerabend* verhinderte, dass die Analyse der Beziehung Kants zur Naturrechtslehre auf geeignete Weise angegangen worden wäre. Kant schreibt dort:

> Die Gesetze sind entweder Naturgesetze, oder Gesetze der Freyheit. Die Freyheit muß, wenn sie unter Gesetzen seyn soll, sich selbst die Gesetze

---

39 KrV A 126, AA 04: 93.

40 V-Mo/Kaehler (Stark), 177.

41 Wir treten hier nicht in die Behandlung der Probleme ein, die der Abschnitt „Kanon der reinen Vernunft" in der *Methodenlehre* aufweist, aus dem das Zitat des Textes entnommen ist. Sie zeigen noch Schwankungen von Seiten Kants rund um das Konzept der Freiheit und liefern ein Indiz zugunsten der sogenannten *patchwork theory* hinsichtlich der Entstehung der ersten *Kritik*. So auch die Schlussfolgerung von Dieter Schönecker, *Kants Begriff transzendentaler und praktischer Freiheit. Eine entwicklungsgeschichtliche Studie* (Berlin und New York: De Gruyter, 2005), der das sogenannte Kanonproblem systematisch untersucht hat.

geben. Nehme sie die Gesetze aus der Natur, so wäre sie nicht frei. – Wie kann Freyheit sich selbst ein Gesetz seyn? Ohne Gesetze läßt sich keine Ursache, mithin kein Willen dencken, da Ursache das ist, worauf etwas nach einer beständigen Regel folgt. Ist Freiheit einem Gesetz der Natur unterworfen, so ist sie keine Freiheit. Sie muß sich daher selbst Gesetz seyn. Das einzusehen, scheint schwer zu seyn, und *alle Lehrer des Naturrechts haben um den Punkt geirret*, den sie aber nie gefunden haben.[42]

Dieser Abschnitt ist in mehrfacher Hinsicht interessant. Die Unterscheidung zwischen den beiden Gesetzesarten wird zusammen mit der Idee verbunden, dass die Gesetze der Freiheit solche sind, welche sich die Freiheit selbst gibt: Sie setzen somit die Autonomie des Willens voraus. Nicht per Zufall wird das Konzept der Autonomie zum ersten Mal gerade im *Naturrecht Feyerabend*[43] formuliert, bevor es eine zentrale Stellung in der *Grundlegung* einnimmt.[44] Es handelt sich natürlich um die grundlegende These der kantischen Moralphilosophie, im Einklang mit der Lehre Rousseaus, die Kant sowohl im ethischen wie auch im politischen Bereich anwendet. Doch was uns hier am meisten interessiert, ist das Auftreten der Kritik an der Naturrechtslehre, in Bezug auf die Unterscheidung zwischen den beiden Gesetzesarten.

Was ist, nach Kant, der grundlegende Irrtum der Naturrechtslehre? Um die kantische Argumentation zu verstehen, muss man verstehen, dass das Konzept des ‚Gesetzes' die Voraussetzung für das Konzept der ‚Ursache' bildet: Damit es Ursachen gibt, muss etwas auf etwas anderes nach einer konstanten Regel folgen, und dies ist das Konzept des ‚Gesetzes'. Der Wille selbst, als Ursache der Handlung, setzt somit die Existenz von Gesetzen voraus. Wenn jedoch andererseits die Gesetze des Willens von der Natur abhängig sein würden, wäre keine Freiheit möglich: Der Wille würde einfach den in sich notwendigen allgemeinen Gesetzen der Natur folgen. Also ist der Wille notwendigerweise Gesetzen unterworfen (andernfalls wäre es kein Wille), aber diese Gesetze können keine Gesetze der Natur sein (andernfalls wäre der Wille nicht frei). Der freie Wille muss sich folglich selbst Gesetze geben. Dies ist, was die Lehrer des Naturrechts nicht verstanden haben.

---

42   V-NR/Feyerabend, 8f. (AA 27: 1322).

43   Vgl. V-NR/Feyerabend, 12 (AA 27: 1326).

44   Der Ausdruck ‚Autonomie' erscheint in der *Grundlegung* sechsundzwanzigmal, vgl. Heinrich P. Delfosse, *Kant-Index: Indices zum Ethikcorpus*, Band 15: *Stellenindex und Konkordanz zur „Grundlegung zur Metaphysik der Sitten"* (Stuttgart-Bad Cannstatt: Frommann-Holzboog, 2000).

DAS *NATURRECHT FEYERABEND* UND DIE KRITIK KANTS 93

Den direktesten Bezugspunkt mit Blick auf die Naturrechtslehre stellte das *Ius Naturae* (und die *Prolegomena*) von Achenwall dar, dem Kant, wie gesagt, in der Vorlesung treu folgte, zumindest in der Anordnung der Themen. Achenwall definiert die *lex naturae* als jene, die *sola ratione perspicere possumus*,[45] also unabhängig von der Offenbarung. Diese Definition fasst die für die vorherrschende Ausrichtung der modernen Naturrechtslehre typische rationalistische Auffassung zusammen. Sie kann dennoch ein grundlegendes Problem nicht verbergen: Ist das Gesetz, das wir, *sola ratione*, aus der Natur erfassen können, vielleicht von derselben Art wie die Gesetze der Physik? Angenommen es gäbe bestimmbare Gesetze unseres Verhaltens, wären sie zwar notwendig, aber so wie jene, die das tierische Verhalten regeln, beziehungsweise nicht im Sinn der moralischen Verbindlichkeit. Kant hatte das Problem seit den Ethikvorlesungen der siebziger Jahre in Angriff genommen, als er Baumgarten und das Prinzip, auf das er sich berief, *vive convenienter naturae*, kritisiert hatte, das für die stoische Ethik charakteristisch ist (*homologoumenōs tēi phusei zên*). Kant stellte in den Vorlesungen fest, dass dieser Satz leer ist, auch wenn er interpretiert wird wie ‚Lebe gemäß den Gesetzen, die die Natur dir durch die Vernunft gibt‘. Tatsächlich würde ‚gemäß der Natur leben‘ bedeuten, die eigenen Handlungen gemäß der physischen Ordnung der natürlichen Dinge zu regeln, ohne dass ich wissen kann, ob dieser Einklang mit der Natur eine gute Sache ist, und ohne dass dieses Prinzip, das letztlich nur eine Regel der Klugheit ist, ein moralisches Prinzip bilden kann.[46]

Auch nach Kant folgt natürlich, wie nach Baumgarten und Achenwall, die moralische Verbindlichkeit aus der Vernunft. Die Frage, die Kant ab dem *Naturrecht Feyerabend* aufwirft, besteht darin, ob die praktische Vernunft, die die objektiven Prinzipien des Handelns diktiert, als Ausdruck der Natur im phänomenalen Sinn verstanden werden kann. In diesem Fall wird die Vernunft tatsächlich nach Gesetzen der Natur handeln, nach den Gesetzen, die für die biologische Organisation des Menschen als natürliches Wesen notwendig sind. In diesem Fall gäbe es keinen prinzipiellen Unterschied zu dem, was im Fall der anderen Tiere geschieht, die vom Instinkt geleitet werden: „Der Mensch könnte durch die Vernunft, ohne Freyheit, nach allgemeinen Gesetzen der Natur das hervorbringen, was das Thier durch Instinkt hervorbringt".[47] Wie Kant sowohl in den Vorlesungen zum Naturrecht als auch in der parallelen *Grundlegung* bemerkt, ist der Instinkt sogar eine sicherere Führung als die

---

45   Gottfried Achenwall, *Ius naturae*, Editio Quinta Emendatior (Gottingae: Bossiegel, 1763): § 25.

46   V-Mo/Kaehler (Stark), 44.

47   V-NR/Feyerabend, 8 (AA 27: 1322).

Vernunft, und die Natur hätte ihre Mittel wirklich schlecht gewählt, wenn sie der Vernunft des Menschen die Aufgabe anvertraut hätte, denselben Zweck zu erfüllen, den der Instinkt bei den Tieren erfüllt.[48]

Was aber Kant mehr interessiert, ist die Rolle einer innerhalb der allgemeinen Naturordnung verorteten Vernunft: „Nun, könnte die Natur unsre Vernunft ganz nach Naturgesetzen eingerichtet haben, daß jeder Mensch von selbst lesen lernte, allerhand Künste erfinden möchte, und das alles nach bestimmten Regeln".[49] In diesem Fall wäre es unmöglich, dem Menschen einen besonderen ontologischen Rang zuzuweisen, jene besondere ‚Würde‘, die aus dem Menschen – und nur aus dem Menschen – einen Zweck an sich in der Natur macht. Es ist ein Thema, das Kant immer wieder aufgreifen und dabei jedes Mal neue Bedeutungen davon aufzeigen wird. In der *Kritik der praktischen Vernunft* wird Kant vor allem betonen, dass, wenn die Funktion der Vernunft im Menschen nur analog zur Funktion des Instinkts bei den Tieren wäre, wir sicher keinen höheren Wert als die Tiere selbst hätten:

> Denn im Werthe über die bloße Thierheit erhebt ihn das gar nicht, daß er Vernunft hat, wenn sie ihm nur zum Behuf desjenigen dienen soll, was bei Thieren der Instinct verrichtet; sie wäre alsdann nur eine besondere Manier, deren sich die Natur bedient hätte, um den Menschen zu demselben Zwecke, dazu sie Thiere bestimmt hat, auszurüsten, ohne ihn zu einem höheren Zwecke zu bestimmen.[50]

Es ist also nicht ausreichend, den Menschen, nach einer antiken Definition, als *animal rationale* zu betrachten. Die Natur der Vernunft zu verstehen ist die grundlegende Aufgabe, die die kritische Philosophie in Angriff nehmen muss, und dies bezieht sich nicht nur auf die Erkenntnis, sondern betrifft auf natürliche Weise den praktischen Gebrauch der Vernunft selbst. Kant war mit einer langen philosophischen Tradition vertraut, die dazu neigte, die Intelligenz der Tiere (von der auch Kant ein großer Bewunderer war) der menschlichen Intelligenz anzunähern: Montaigne und Hume waren ihm wohlbekannte Autoren.[51] Das *Naturrecht Feyerabend* stellt nur auf besonders nachdrückliche Weise eine These dar, die Kant in allen nachfolgenden Schriften kontinuierlich

---

48   Vgl. v-nr/Feyerabend, 8 (AA 27: 1322) und GMS, AA 04: 395.

49   v-nr/Feyerabend, 8 (AA 27: 1322).

50   KpV, AA 05: 61f.

51   Zum Thema der Intelligenz der Tiere vgl. z. B. Michel Eyquem de Montaigne, *Essais*, II, 12 (Paris, 1950), 497ff. und David Hume, *A Treatise of Human Nature*, I, III, 16.

wiederholen wird.[52] In der *Metaphysik der Sitten* wird Kant auch eine grundlegende terminologische Präzisierung anbieten (die in der Analyse aller kantischen Moralschriften berücksichtigt wird): Die traditionelle Unterscheidung zwischen Sinnlichkeit und Vernunft, wo das Pflichtbewusstsein im Spiel ist, wird artikuliert, wobei berücksichtigt wird, dass der Mensch sicherlich – als ein Tier – Sinnenwesen ist und andererseits ‚Vernunftwesen‘: Diese Eigenschaft kann jedoch nicht auf ein bloß „vernünftiges Wesen" reduziert werden:

> Der Mensch betrachtet sich in dem Bewußtsein einer Pflicht gegen sich selbst, als Subject derselben, in zwiefacher Qualität: erstlich als *Sinnenwesen* [...]; dann aber auch als *Vernunftwesen* (nicht blos vernünftiges Wesen, weil die Vernunft nach ihrem *theoretischen Vermögen* wohl auch die Qualität eines lebenden körperlichen Wesens sein könnte).[53]

Die wahre Natur der Vernunft kann nur im moralischen Bereich erfasst werden, durch die unbegreifliche Eigenschaft der Freiheit. Als bloß vernünftiges Wesen gehört der Mensch zur phänomenalen Natur, er ist *homo phaenomenon*, während der Mensch, der frei ist, Person ist, *homo noumenon*.

Wenn wir das freie Handeln nicht berücksichtigen, können wir uns dem Zweifel nicht entziehen, dass die Vernunft einfach nach allgemeinen Gesetzen der Natur handelt. In diesem Fall wäre unser Wille selbst in Wirklichkeit der Wille der Natur, wie das *Naturrecht Feyerabend* klarstellt: „Würde unsre Vernunft nach allgemeinen Gesetzen eingerichet seyn, so wäre mein Wille nicht mein eigner, sondern der Wille der Natur. – Wenn die Handlungen des Menschen im Mechanism der Natur liegen; so wäre der Grund davon nicht in ihm selbst, sondern außer ihm."[54] Doch damit der Wille, der unsere Handlungen leitet, mein eigener sei und nicht jener allgemeine der Natur, ist es notwendig, dass die Vernunft, die den Willen bestimmt, nicht nach den allgemeinen Gesetzen der Natur wirkt. Es ist nötig, dass die Vernunft sich selbst die Gesetze gibt, unabhängig von der natürlichen Kausalität, und somit nicht nach Gesetzen der Natur, sondern nach Gesetzen der Freiheit wirkt. In dieser Selbstgesetzgebung, die die Freiheit des Menschen begründet, liegt die Würde, während die „Vernunft [...] bloß ein Mittel"[55] ist.

---

52 Für eine umfassendere Analyse erlaube ich mir den Verweis auf meinen Beitrag „Vernunft und Freiheit. Das Naturrecht Feyerabend und die Entwicklung des kantischen Moraldenkens", in *Kants Naturrecht Feyerabend. Analysen und Perspektiven*, hg. Margit Ruffing, Gianluca Sadun Bordoni, Annika Schlitte (Berlin und Boston: De Gruyter, 2020): 7–32.

53 MS, AA 06: 418 (kursiv durch d. Verf.); vgl. auch MS, AA 06: 456.

54 V-NR/Feyerabend, 8 (AA 27: 1322).

55 V-NR/Feyerabend, 8 (AA 27: 1321f.).

Aus diesem Konzept der Autonomie des Menschen, gegründet auf die Freiheit, deren Ursprung unergründlich ist, ersieht man die Distanz Kants in Bezug auf die scholastische und Wolffsche Tradition, die in der Vernunft die Fähigkeit aufgezeigt hatte, die in der Lage ist, das Gesetz der Natur und damit die Quelle der moralischen Verbindlichkeit zu erfassen. Diese Perspektive hatte gerade bei Wolff einen bedeutenden Ausdruck gefunden, als er in seiner *Deutschen Ethik* behauptete: „Ja weil wir durch die Vernunfft erkennen, was das Gesetze der Natur haben will; so brauchet ein vernünfftiger Mensch kein weiteres Gesetze, sondern vermittelt seiner Vernunfft ist er ihm ein Gesetze".[56] Wenn die Vernunft eine natürliche Fähigkeit wäre und die Natur – wie sie es tatsächlich ist – durch mechanische Gesetze geleitet wäre, würde die Erkenntnis des Gesetzes des Natur durch die Vernunft den Menschen nicht unabhängig vom allgemeinen Mechanismus der Natur machen.

Auch Wolff hatte im Konzept der Vernunft unterschieden zwischen *ratio pura* und *ratio non pura*, beziehungsweise *empirica*, d. h. gestützt auf Prämissen, die nur mittels der Erfahrung zugänglich sind.[57] Doch nach Kant kann auch die *ratio pura*, als nur theoretische Vernunft, keinesfalls die Grundlage des Moralgesetzes bilden. Abgesehen vom Problem, ob Kant in einer gewissen Phase seines Denkens die Möglichkeit einer ,Ableitung' der Freiheit von der Vernunft, als pure Spontaneität, in Betracht gezogen hat,[58] ist diese Möglichkeit mit Sicherheit in den späteren Schriften auf entschiedenste Weise ausgeschlossen. Der Mensch als *animal rationale*, so heißt es in der *Religionsschrift*, wird genau unterschieden vom Menschen als Person, welche der Zurechnung bzw. der Anklage fähig ist: Die Ausübung der Vernunft als solche würde uns nicht dazu führen, die Existenz des Moralgesetzes anzunehmen: „Wäre dieses Gesetz nicht in uns gegeben, wir würden es, als ein solches, durch keine Vernunft herausklügeln".[59] Diese Lehre scheint in vollkommener Kontinuität mit der grundlegenden These des *Naturrechts Feyerabend* zu stehen, nach der es heißt: „Vernunft giebt uns nicht die Würde".[60] Die Vorlesungen zum Naturrecht

---

56   Christian Wolff, „Vernünfftige Gedancken von der Menschen Thun und Lassen, zu Beförderung ihrer Glückseeligkeit (Deutsche Ethik)", in ders., *Gesammelte Werke*, 1. Abteilung, Bd. 4 (Hildesheim, New York: Olms, 1976), § 24.

57   Christian Wolff, *Psychologia empirica, methodo scientifica pertractata* (1736), §§ 495–496.

58   Die These wurde vorgebracht von Henrich, *Der Begriff der sittlichen Einsicht*. Kants Unsicherheiten diesbezüglich sind in der *Grundlegung* noch erkennbar und werden erst mit der Lehre vom „Faktum der Vernunft" in der *Kritik der praktischen Vernunft* aufgegeben. Heute ist diese These sehr verbreitet unter den Interpreten. Für eine Kritik dieser These erlaube ich mir noch einmal den Verweis auf mein ,Vernunft und Freiheit. Das Naturrecht Feyerabend und die Entwicklung des kantischen Moraldenkens'.

59   RGV, AA 06: 26.

60   V-NR/Feyerabend, 8 (AA 27: 1322).

DAS *NATURRECHT FEYERABEND* UND DIE KRITIK KANTS

des Jahres 1784 bieten somit ein wertvolles Zeugnis der Kontinuität des kantischen Moraldenkens. Die von Rousseau gestellte Aufgabe, zu definieren, was ein ‚Gesetz' im moralischen Bereich sei, findet in Kant, ab dem *Naturrecht Feyerabend*, eine Lösung, die die Unterscheidung zwischen Gesetzen der Natur und Gesetzen der Freiheit und die damit verbundene Kritik an der traditionellen Naturrechtslehre durchläuft.

Die ‚Wiederentdeckung' des *Naturrechts Feyerabend*, das vor der neuen kritischen Ausgabe nahezu komplett ignoriert worden war, erweist sich demnach als eine wichtige Errungenschaft für die Kantforschung. Sie erlaubt, den Grad der Ausarbeitung des Rechtsdenkens Kants in einem Moment der Wende in seiner moralischen Reflexion zu bestimmen, dreizehn Jahre vor der Publikation der *Rechtslehre*. Die fortdauernde Gegenwart der Reflexionen, die in den Vorlesungen des Jahres 1784 deutlich wird, ist vor allem, wie angedeutet, im *Gemeinspruch* des Jahres 1793 nachweisbar, der die erste veröffentlichte Darstellung des rechtsphilosophischen Denkens Kants bildet.

Die Kontinuität zwischen den drei Werken, *Naturrecht Feyerabend*, *Gemeinspruch* und *Rechtslehre*, ist offensichtlich, beginnend mit der klassischen Definition dessen, was das Recht ist. So wird im *Naturrecht Feyerabend* definiert: „Recht ist die Einschränkung der Freiheit, nach welcher sie mit jeder andrer Freiheit nach einer allgemeinen Regel bestehen kann."[61] Im *Gemeinspruch* von 1793 liest man: „Recht ist die Einschränkung der Freiheit eines jeden auf die Bedingung ihrer Zusammenstimmung mit der Freiheit von jedermann, in so fern diese nach einem allgemeinen Gesetze möglich ist"[62] Und in der *Rechtslehre* klingt das allgemeine Prinzip des Rechts wie folgt: „Eine jede Handlung ist Recht, die oder nach deren Maxime die Freiheit der Willkür eines jeden mit jedermanns Freiheit nach einem allgemeinen Gesetze zusammen bestehen kann".[63] Nicht weniger klar sind die Unterschiede. Insbesondere die entscheidende Eigentumstheorie zeigt die eingetretene Änderung in der kantischen Sichtweise: Gerade die theoretischen Schwierigkeiten, die diese Theorie aufwarf, stellen wahrscheinlich die Ursache für die Verspätung bei der Veröffentlichung der *Metaphysik der Sitten* dar.[64] Eine detaillierte Untersuchung der Entwicklung des kantischen Rechtsdenkens übersteigt allerdings die Grenzen dieses Aufsatzes. Es gibt jedoch eine Frage, die nicht übergangen werden kann, bevor wir zum Schluss kommen.

---

61   V-NR/Feyerabend, 6 (AA 27: 1320).

62   TP, AA 08: 289f.

63   MS, AA 06: 230.

64   Vgl. oben Anm. 12.

Wir haben gesehen, wie die Reflexion über das Konzept der Freiheit das Moraldenken Kants geleitet hat. Wir haben gesehen, wie diese Reflexion ihn zur wesentlichen Unterscheidung zwischen Gesetzen der Natur und Gesetzen der Freiheit geführt hat, und wie Kant auf Grundlage dieser Unterscheidung seine Kritik der traditionellen Naturrechtslehre entworfen hat.

Dies bedeutet auf keine Weise, dass Kant die Naturrechtslehre gänzlich verlässt und sich in Richtung einer positivistischen Rechtslehre bewegt. Wie wir am Anfang gesehen haben, wurde die Vorstellung von Kant als Zerstörer des Naturrechts im Bereich der entstehenden historischen Rechtsschule vertreten, besonders von Gustav Hugo, einem enthusiastischen Bewunderer Kants. Vom Neukantianismus bis Kelsen überwog hingegen die Vorstellung, nach der Kant letztlich der Metaphysik der Naturrechtslehre verhaftet blieb und dass somit die wahre ‚kritische' Wende im juridischen Bereich noch zu vollbringen war. Ein Teil der Philosophiegeschichtsschreibung, der von der neukantianischen Perspektive beeinflusst war, goss bei der Suche nach der frühen Bildung des kantischen Rechtsdenkens Wasser auf die Mühlen der These einer Verwurzelung Kants in der traditionellen Naturrechtslehre.[65] Mit der entgegengesetzten Intention präsentiert Cassirer, in einer leidenschaftlichen Verteidigung des Naturrechts in der dramatischen Situation der dreißiger Jahre des 20. Jahrhunderts, ein einheitliches Bild der mit Grotius beginnenden modernen Naturrechtslehre, das in der Verteidigung der ‚Menschenrechte' gipfelt.[66] Auf diese Weise wurde der Sinn der kantischen Unterscheidung zwischen Gesetzen der Natur und Gesetzen der Freiheit jedoch verdunkelt, so wie der philosophische Unterschied zwischen der kantischen Sicht der Menschenrechte und jener Sicht, die in der *Déclaration des Droits de l'Homme* aus dem Jahr 1789 enthalten ist.[67] Das *Naturrecht Feyerabend* hilft zu zeigen, wie die Grenzen der traditionellen Naturrechtslehre Kant 1784, und wahrscheinlich auch schon früher, bewusst waren, wenn wir berücksichtigen, dass die Unterscheidung zwischen den beiden Gesetzesarten, Angelpunkt der kantischen Kritik, schon ab den Ethikvorlesungen der siebziger Jahre, zumindest im Anfangsstadium, präsent war.

All dies soll jedoch nicht zu der voreiligen Schlussfolgerung führen, dass Kant radikal mit der Naturrechtslehre gebrochen hätte. Sicherlich, eine bloß empirische Rechtslehre wird von Kant ironischerweise wie der hölzerne Kopf

---

65   Vgl. insbesondere die wichtige Studie von Christian Ritter, *Der Rechtsgedanke Kants nach den frühen Quellen* (Frankfurt am Main: Klostermann, 1971).

66   Vgl. Ernst Cassirer, „Vom Wesen und Werden des Naturrechts", in *Zeitschrift für Rechtsphilosophie in Lehre und Praxis* 6 (1932): 1–27.

67   Vgl. oben Anm. 31.

in der Fabel des Phaedrus bezeichnet: schön, aber leider ohne Gehirn.[68] Es besteht auch kein Zweifel, dass das grundlegende Prinzip des juridischen Formalismus: „Das Recht kann jeglichen Inhalt haben" in diametralem Gegensatz zum kantischen Denken steht.

Die *Rechtslehre* zeigt dies auf unmissverständliche Weise. Aufgrund der allgemeinen Unterscheidung in der systematischen Rechtslehre zwischen dem Naturrecht, das auf Prinzipien a priori gründet, und dem positiven Recht, das auf dem Willen eines Gesetzgebers[69] fußt, präzisiert Kant: „Das *Naturrecht* im Zustande einer bürgerlichen Verfassung (d. i. dasjenige, was für die letztere aus Principien *a priori* abgeleitet werden kann) kann durch die statutarischen Gesetze der letzteren nicht Abbruch leiden [...]".[70] Die Staatsverfassung soll vielmehr mit dem Naturrecht in Einklang gebracht werden, das als Modell in der Idee der Vernunft präsent ist.[71]

Sicherlich erlaubte die systematische Vertiefung der *Metaphysik der Sitten* Kant, grundlegende semantische und begriffliche Präzisierungen vorzunehmen. Die beiden Arten von Moralgesetzen, ethische und juridische, werden nun als ‚Gesetze der inneren Freiheit' beziehungsweise ‚Gesetze der äußeren Freiheit' unterschieden.[72] Insbesondere in der *Rechtslehre* wird Kant eine Unterscheidung im bürgerlichen Zustand, also im Bereich der äußeren Gesetze, zwischen „natürlichen Gesetzen" und „positiven Gesetzen"[73] hervorheben. Man muss daher unterscheiden zwischen ‚Naturgesetzen' oder Gesetzen der Natur im physikalischen Sinne und ‚natürlichen Gesetzen' im

---

68 MS, AA 06: 230.
69 MS, AA 06: 237.
70 MS, AA 06: 256.
71 ZeF, AA 08: 372. Vgl. auch Rudolf Reicke (Hg.), *Lose Blätter aus Kants Nachlass*, 3 Bde. (Königsberg: Ferdinand Beyer, 1889, 1895, 1898), Bd. 2, 315. Das Naturrecht, könnte man also sagen, ist für Kant *ein Projekt*, das in der Vernunft als virtuelles Modell subsistiert. Um die geschichtspolitischen Auswirkungen dieses Projekts zu verstehen (mit denen wir uns hier nicht aufhalten können), ist zu berücksichtigen, dass die Prinzipien a priori, die dem Naturrecht zugrunde liegen und mittels der Vernunft für jeden Menschen erkennbar sind (MS, AA 06: 296), im *Gemeinspruch* in den Prinzipien der Freiheit, Gleichheit und Unabhängigkeit bestimmt sind: Sie sind keine positiven Gesetze, sondern Prinzipien, gemäß denen eine Staatserrichtung nur möglich ist nach rationalen Prinzipien des Rechts (TP, AA 08: 290). Um die geschichtliche Komplexität der Frage zu erahnen, im vollen und dramatischen Geschehen der französischen Revolution, beachte man, dass Kant in den Vorarbeiten des *Gemeinspruchs*, neben Freiheit und Gleichheit, „Verbrüderung" geschrieben hatte (VATP, AA 23: 139). Für die, nur teilweise entsprechende, Abhandlung der *jura connata* im *Naturrecht Feyerabend* vgl. V-NR/Feyerabend, 27ff. (AA 27: 1338ff.).
72 Vgl. MS, AA 06: 214.
73 MS, AA 06: 224.

juridischen Sinne. Die Ersteren stehen den ‚Gesetzen der Freiheit' entgegen, die Letzteren den ‚positiven Gesetzen'.

Jedes mögliche Missverständnis ist auf diese Weise geklärt und der Gebrauch der Terminologie der Naturrechtslehre kann die eingetretene Änderung der Perspektive nicht verbergen. Das Recht setzt sicher rationale Grundlagen a priori voraus und wird sich nie auf seinen empirischen Inhalt beschränken können: Für das Recht gilt, was für die Moral gilt, und das heißt, dass der Empirismus deren Zerstörung darstellt. Kant stellt auch subtil fest – wobei er ein Problem vorwegnimmt, mit dem sich der juridische Positivismus auseinandersetzen werden muss –, auch wenn man eine äußere Gesetzgebung konzipieren wollte, die nur positive Gesetze enthielte, „alsdann aber müßte doch ein natürliches Gesetz vorausgehen, welches die Autorität des Gesetzgebers (d. i. die Befugniß, durch seine bloße Willkür andere zu verbinden) begründete".[74]

In der *Rechtslehre* hält Kant es offensichtlich nicht mehr für notwendig, die allgemeine Kritik an der traditionellen Naturrechtslehre zu wiederholen, die wir in der Einleitung des *Naturrechts Feyerabend* gesehen haben. Die Unterscheidung zwischen den beiden Sphären der ‚Gesetze' ist vorausgesetzt und wird in ihrem Sinn und in ihrer grundlegenden Gliederung in der allgemeinen Einleitung zur *Metaphysik der Sitten* geklärt. Kant wird vielmehr in der *Rechtslehre* zu einigen spezifischen Kritiken zurückkehren, die schon im *Naturrecht Feyerabend* dargelegt worden waren, wie die irrtümliche Aufteilung des Naturrechts durch Achenwall ins natürliche und gesellschaftliche, statt der korrekten Aufteilung dessen ins natürliche und bürgerliche.[75]

Andererseits ist die Unterscheidung von ‚Naturgesetzen' und ‚natürlichen Gesetzen' ausreichend, um jedem Missverständnis zuvorzukommen. Die Letzteren, als Prinzipien a priori des Rechts, stammen nicht von den Ersteren, sondern von den Gesetzen der Freiheit, von den Moralgesetzen, nach dem weiten Gebrauch des Begriffs ‚Moral', den Kant in der *Metaphysik der Sitten* definiert. Es handelt sich jedoch nicht nur um eine semantische Begriffsklärung, in der das Konzept der ‚Natur', in den ‚natürlichen Gesetzen', im herkömmlichen Sinn beibehalten wird.[76]

---

74   MS, AA 06: 224.

75   Vgl. v-NR/Feyerabend, 27 (AA 27: 1338); MS, AA 06: 242 und 306.

76   Die Auflösung der semantischen Komplexität würde dann in der geschichtlichen Entwicklung und in den Einzelheiten der kantischen Argumentation verfolgt werden. Die Ambiguität des Konzepts des ‚natürlichen Rechts' war Kant schon bewusst geworden, als er die *Initia Philosophiae Practicae* von Baumgarten kommentierte, insbesondere § 94: vgl. Refl 7083, AA 19: 245. Die ‚natürlichen Gesetze' gelten in erster Linie im Naturzustand, da er von Beziehungen privaten Rechts geregelt wird. Aus ihnen geht jedoch die juridische Pflicht hervor, den Naturzustand zu verlassen, um in eine bürgerliche Verfassung

DAS *NATURRECHT FEYERABEND* UND DIE KRITIK KANTS 101

Das Konzept der ,Natur' weist bei Kant tatsächlich eine charakteristische Komplexität auf. Ohne diese zu verstehen, läuft der Sinn der Unterscheidung zwischen ,Naturgesetzen' und ,Gesetzen der Freiheit' Gefahr, nicht bis ins Letzte verstanden zu werden. Dies zeigt auf elementare Weise die Tatsache, dass diese Unterscheidung Kant nicht daran hindert, in der *Grundlegung* den kategorischen Imperativ zu formulieren als die Notwendigkeit zu handeln, „als ob die Maxime deiner Handlung durch deinen Willen zum allgemeinen Naturgesetze werden sollte".[77] Diese Formel des kategorischen Imperativs zu erklären, war für die Kantforschung immer schwierig: So war Klaus Reich der Auffassung, dass Kant nach der Lektüre der Cicero-Übersetzung von Garve, die bekanntlich am Beginn der *Grundlegung* steht, die stoische Idee des *conveniter naturae vivere* neu in Betracht gezogen hätte, die Kant, wie wir gesehen haben, seit den Ethikvorlesungen der siebziger Jahre kritisierte.[78] Ich glaube nicht, dass dies die richtige Richtung der Interpretation ist: Sie vernachlässigt, den Sinn des Konzepts der ,Natur' in den ,kritischen' Schriften zu vertiefen. Es ist zu berücksichtigen, dass ,Natur' im allgemeinen Sinn für Kant „die Existenz der Dinge unter Gesetzen"[79] bedeutet, und es ist diese formale Bedeutung von ,Natur', die den Sinn der Formel des kategorischen Imperativs erklärt.

Wie Kant in der *Kritik der praktischen Vernunft* klarstellt, wenn wir das Naturgesetz nur relativ zur Form betrachten, können wir es also als „der Typus des Sittengesetzes"[80] betrachten. In der Bedeutung, die Kant für diesen Ausdruck reserviert, heißt dies, sie als ein Vorbild oder Sinnbild[81] zu betrachten, mittels dessen die Maxime der Handlung gemäß moralischen Prinzipien zu beurteilen ist. Die Gesetze der Freiheit sind also sicher den Gesetzen der sinnlichen, phänomenalen Natur entgegengesetzt, somit dem Mechanismus der Natur, der durch die Gesetze der Physik beschrieben wird, aber sie zeigen gleichzeitig eine Welt von Gesetzen, wie sie vom Verstand hervorgebracht wird.

---

einzutreten, in der sie garantiert werden können. Im Inneren dieser Verfassung können also die ,natürlichen Gesetze' nicht außer Kraft gesetzt werden (MS, AA 06: 256). Aus dem Naturzustand herauszutreten, ist jedoch keineswegs eine *natürliche* Verbindlichkeit: „*A natura* ist kein Mensch verbunden, mit dem andern in societatem civilem zu treten" (V-NR/Feyerabend, 74 [AA 27: 1381]; vgl. auch V-NR/Feyerabend, 27 [AA 27: 1339]). Die juridische Pflicht, aus dem Naturzustand auszutreten, rührt von Gesetzen der Freiheit her, während der *Selbsterhaltungstrieb*, als Naturgesetz, mir dies nicht auferlegt. Hinsichtlich des Konzepts des ,Naturzustandes' bei Kant erlaube ich mir den Verweis auf mein „Il concetto di status naturae tra Hobbes e Kant", in *Studi Kantiani* 32 (2019): 25–46.

77   MS, AA 06: 421.

78   Vgl. Klaus Reich, *Kant und die Ethik der Griechen* (Tübingen: Mohr Siebeck, 1935), 34ff.

79   KpV, AA 05: 43.

80   KpV, AA 05: 69.

81   Vgl. Refl, AA 15: 124 und Refl, AA 18: 51.

In diesem Sinn bieten sie der sinnlichen Natur, der wir auch angehören, „die Form einer Verstandeswelt, d. i. einer übersinnlichen Natur", ohne jedoch den Mechanismus der physischen Natur durcheinanderzubringen.[82] Das Moralgesetz als Grundlage der Gesetze der Freiheit erlaubt uns damit, uns idealerweise in eine Dimension zu stellen, in der die reine Vernunft, wenn sie nicht durch die sinnliche Ordnung der Dinge bedingt wäre, den Willen bestimmen könnte als wenn aus ihm „eine Naturordnung entspringen müßte".[83] Die Unterscheidung zwischen Gesetzen der Natur und Gesetzen der Freiheit kann also als die Unterscheidung zwischen „den Gesetzen einer Natur, welcher der Wille unterworfen ist, und einer Natur, die einem Willen [...] unterworfen ist"[84] formuliert werden.

Auch im moralischen Bereich kann also die ‚Natur', im formalen Sinn verstanden, eine paradigmatische Funktion haben, ohne dass dies eine Verdunkelung der grundlegenden Unterscheidung im Inneren der nomologischen Sphäre mit sich bringt. Es ist klar, auch wenn Kant es nicht ausdrücklich sagt, dass diese Neudefinition des Konzepts der ‚Natur' in der *Kritik der praktischen Vernunft* auch vorausgesetzt wird, wo es um jene Teilmenge der Moralgesetze geht, die aus juridischen Gesetzen besteht. Jene juridischen Gesetze, die, da sie keine positiven sind, ‚natürliche Gesetze' genannt werden können, sind solche, weil sie von Prinzipien a priori stammen, nicht weil sie aus der phänomenalen Natur erschlossen werden, soweit *sola ratione*.

Diese Neudefinition des Konzepts der ‚Natur' in Kant trägt sicherlich dem intellektuellen Wandel Rechnung, der durch die wissenschaftliche Revolution bestimmt wurde: Ohne diesen ‚Paradigmenwechsel' würde man schwerlich verstehen, wie das Konzept des Naturgesetzes im deskriptiven Sinn der Naturwissenschaften, das lange Zeit als eine einfache Metapher betrachtet wurde, geradezu zum Modell des Konzepts des ‚Gesetzes' im Allgemeinen werden konnte.

Auch die Lehre des Naturrechts erhält auf diese Weise eine neue Form und eine neue Rechtfertigung, die eng an die Gesamtheit des kantischen Moraldenkens gebunden ist. Die Gesetze der Freiheit, als Gesetze einer übersinnlichen Natur, stellen tatsächlich nichts anderes dar als „eine Natur unter der *Autonomie* der reinen praktischen Vernunft", wie es in der *Kritik der praktischen Vernunft* heißt.[85] Hier lässt sich gut erkennen, wie der Weg, der zu dieser Neudefinition der grundlegenden moralischen Konzepte geführt hat, im

---

82   KpV, AA 05: 43.
83   KpV, AA 05: 44.
84   KpV, AA 05: 44.
85   KpV, AA 05: 43 (kursiv durch d. Verf.).

Naturrecht Feyerabend einen Dreh- und Angelpunkt von primärer Wichtigkeit findet: In ihm wird de facto nicht aufs Geratewohl zum ersten Mal das Konzept der ,Autonomie' formuliert. Und es ist dieses Konzept, das zur Grundlage der Idee einer Selbstgesetzgebung der Vernunft wird, unter Gesetzen der Freiheit, dazu bestimmt, die traditionelle Naturrechtslehre tiefgreifend neu zu definieren, entlang einer Linie, die von Rousseau gezeichnet worden war. Es war tatsächlich der Genfer gewesen, der Kant aufzeigte, wie das schwierigste der Probleme zu lösen ist, d. h. wie die Menschheit als sittliche Gattung mit der Menschheit als Naturgattung, beziehungsweise Freiheit und Natur zu vereinen sind. Kant beruft sich auf die Thesen von Rousseau, wobei er die Kohärenz des Denkens des Genfers verteidigt, in *Mutmaßlicher Anfang der Menschengeschichte,* das chronologisch und thematisch mit den großen Schriften der Jahre 1784/85 und den Vorlesungen über das Naturrecht verbunden ist.[86] Die Lösung kann für Kant nur durch die Verwirklichung einer „vollkommenen bürgerlichen Verfassung"[87] erreicht werden, die das höchste Ziel der *Kultur* darstellt, worin sie erneut *Natur* werden kann: Dies ist es, was die wahre „sittliche Bestimmung" der Menschheit[88] ausmacht, in der die Autonomie der praktischen Vernunft eine Welt bestimmen kann, die durch universelle Gesetze der Freiheit gelenkt wird.

Hier sieht man gut, wie in der von Kant bewirkten Neudefinition das Naturrecht keine *Gegebenheit,* sondern eine *Aufgabe* ist, ein moralpolitisches Ideal. In der modernen Naturrechtslehre, in der Dichotomie ,Naturzustand/bürgerlicher Zustand', war bereits, *in nuce,* eine Geschichtsphilosophie präsent. Die Subsumtion des Naturrechts unter Gesetze der Freiheit verändert nicht den grundlegenden Sinn dieser Perspektive, sondern verwirklicht sie vielmehr, im neuen geschichtlichen Horizont eines ,bürgerlichen Zustands', in dem die natürliche Freiheit und die bürgerliche Freiheit in einer Constitution vereint sind, die zusammenstimmen kann „mit dem natürlichen Rechte der Menschen".[89]

Hier, im *Streit der Facultäten,* meint Kant, wie bekannt, eine mögliche Darlegung dieses platonischen Ideals in der französischen republikanischen Verfassung und im geschichtlichen Prozess, der von dieser angestoßen wurde, ermitteln zu können. Es ist offensichtlich nicht unsere Aufgabe, hier den Sinn und die Konsequenzen dieser Begegnung Kants mit dem konkreten Lauf der Geschichte, ihren Hoffnungen und ihren Tragödien zu untersuchen. Sicher ist,

---

86 Vgl. MAM, AA o8: 116.
87 MAM, AA o8: 116 Anm.
88 MAM, AA o8: 118.
89 SF, AA o7: 90.

dass auch die Begeisterung für die Französische Revolution Kant nicht daran hinderte, die seit dem *Naturrecht Feyerabend* aufgezeigten Prinzipien standhaft aufrechtzuerhalten, und insbesondere, dass sich jede Auffassung des Rechts der Menschheit nur auf das von Kant aufgezeigte Konzept der Freiheit stützen konnte, das sich sehr von jenem unterscheidet – wie Kant selbst zeigen konnte –, das in Art. 4 der *Déclaration des Droits de l'Homme* von 1789 enthalten ist, und von der Auffassung, die daraus noch heute hervorgeht.[90]

Bibliografie

Achenwall, Gottfried, *Ius naturae*, Editio Quinta Emendatior (Gottingae: Bossiegel, 1763).

Altmann, Alexander, „Prinzipien politischer Theorie bei Mendelssohn und Kant", in ders., *Die trostvolle Aufklärung. Studien zur Metaphysik und politischen Theorie Moses Mendelssohns* (Stuttgart-Bad Cannstatt: Frommann-Holzboog, 1982): 192–216.

Arendt, Hannah, *Lectures on Kant's political Philosophy* (Chicago: University of Chicago Press, 1992).

Arnoldt, Emil, „Kritische Excurse im Gebiete der Kantforschung", in ders., *Gesammelte Schriften*, hg. Otto Schöndorfer, 10 Bde. (Berlin: Cassirer, 1906–11), Bd. 4 und 5.

Cassirer, Ernst, „Vom Wesen und Werden des Naturrechts", in *Zeitschrift für Rechtsphilosophie in Lehre und Praxis* 6 (1932): 1–27.

Delfosse, Heinrich P., *Kant-Index: Indices zum Ethikcorpus*, Band 15: *Stellenindex und Konkordanz zur „Grundlegung zur Metaphysik der Sitten"* (Stuttgart-Bad Cannstatt: Frommann-Holzboog, 2000).

Delfosse, Heinrich P., Hinske, Norbert und Sadun Bordoni, Gianluca (Hg.), *Kant-Index: Indices zum Ethikcorpus*, Band 30.1: *Einleitung des „Naturrechts Feyerabend"* (Stuttgart-Bad Cannstatt: Frommann-Holzboog, 2010), Band 30.2: *Abhandlung des „Naturrechts Feyerabend": Text und Hauptindex* (Stuttgart-Bad Cannstatt: Frommann-Holzboog, 2014), Band 30.3: *Abhandlung des „Naturrechts Feyerabend": Konkordanz und Sonderindices* (Stuttgart-Bad Cannstatt: Frommann-Holzboog, 2014).

Fischer, Kuno, *Clavis kantiana. Qua via Immanuel Kant philosophiae criticae elementa invenerit* (Jena: Typis Schreiberi, 1858).

Gierke, Otto von, *Johannes Althusius und die Entwicklung der naturrechtlichen Staatstheorien* (Breslau: M. und H. Marcus, 1902).

Henrich, Dieter, „Der Begriff der sittlichen Einsicht und Kants Lehre vom Faktum der Vernunft", in *Die Gegenwart der Griechen im neueren Denken*, hg. Dieter Henrich, Walter Schulz und Karl-Heinz Volkmann-Schluck (Tübingen: Mohr,

---

90 Vgl. *supra*, S. 88 und n. 31.

DAS *NATURRECHT FEYERABEND* UND DIE KRITIK KANTS 105

1960): 77–115.Hinske, Norbert (Hg.), *Was ist Aufklärung? Beiträge aus der Berlinischen Monatsschrift* (Darmstadt: WBG, 1990).

Hinske, Norbert, „Das stillschweigende Gespräch: Prinzipien der Anthropologie und Geschichtsphilosophie bei Mendelssohn und Kant", in *Moses Mendelssohn und die Kreise seiner Wirksamkeit*, hg. Michael Albrecht, Eva J. Engel und Norbert Hinske (Tübingen: Niemeyer, 1994): 135–156.

Kant, Immanuel, *Lezioni sul diritto naturale*, hg. Norbert Hinske und Gianluca Sadun Bordoni (Mailand: Bompiani, 2016).

Klippel, Diethelm, *Politische Freiheit und Freiheitsrechte im deutschen Naturrecht des 18. Jahrhunderts* (Paderborn: Ferdinand Schöningh 1976).

Klippel, Diethelm, „Ideen zur Revision des Naturrechts. Die Diskussion zur Neubegründung des deutschen Naturrechts um 1780", in *Jahrbuch für Recht und Ethik* 8 (2000): 73–90.

Koselleck, Reinhart, *Preußen zwischen Reform und Revolution. Allgemeines Landrecht, Verwaltung und soziale Bewegung von 1791 bis 1848* (Stuttgart: Klett-Cotta, 1967).

Kühn, Manfred, *Kant. A Biography* (Cambridge: Cambridge University Press, 2002).

Oberhausen, Michael und Riccardo Pozzo (Hg.), *Vorlesungsverzeichnisse der Universität Königsberg (1720–1804)* (Stuttgart- Bad Cannstatt: Frommann-Holzboog, 1999).

Pörschke, Karl Ludwig, „Vorlesung bey Kants Geburtsfeyer, den 22sten April 1812", in *Königsberger Archiv für Philosophie, Theologie, Sprachkunde und Geschichte* (Königsberg: Nicolovius, 1812).

Quesnay, François, „Le droit naturel" (1765), in ders., *Œvres economiques et philosophiques*, hg. Auguste Oncken (Aalen: Scientia, 1965, Neudruck der Ausgabe von Frankfurt: Joseph Baer, 1888): 374–75.

Reicke, Rudolf (Hg.), *Lose Blätter aus Kants Nachlass*, 3 Bde. (Königsberg: Ferdinand Beyer, 1889, 1895, 1898).

Rink, Friedrich Theodor, *Ansichten aus Immanuel Kant's Leben* (Königsberg: Göbbels und Unzer, 1805).

Ritter, Christian, *Der Rechtsgedanke Kants nach den frühen Quellen* (Frankfurt am Main: Klostermann, 1971).

Sadun Bordoni, Gianluca, „Il concetto di status naturae tra Hobbes e Kant", in *Studi Kantiani* 32 (2019): 25–46.

Sadun Bordoni, Gianluca, „Leggi della natura e leggi della libertà. Kant e il giusnaturalismo", in *Nomos-Lex. Atti del XV Colloquio Internatzionale*, hg. Claudio Buccolini und Antonio Lamarra (Florenz: Olschki, 2019).

Sadun Bordoni, Gianluca, „Vernunft und Freiheit. Das Naturrecht Feyerabend und die Entwicklung des kantischen Moraldenkens", in *Kants Naturrecht Feyerabend. Analysen und Perspektiven*, hg. Margit Ruffing, Gianluca Sadun Bordoni, Annika Schlitte (Berlin und Boston: De Gruyter, 2020): 7–32.

Schillers Werke (Nationalausgabe, Weimar: Böhlau, 1958).

Schmitt, Anton, „Kuno Fischers *Clavis Kantiana* – Einführung und Übersetzung", in *Kant als Bezugspunkt philosophischen Denkens*, hg. Hubertus Busche und Anton Schmitt (Würzburg: Königshausen und Neumann, 2010): 207–235.

Schmucker, Josef, *Die Ursprünge der Ethik Kants in seinen vorkritischen Schriften und Reflexionen* (Meisenheim am Glan: Hain, 1961).

Schönecker, Dieter, *Kants Begriff transzendentaler und praktischer Freiheit. Eine entwicklungsgeschichtliche Studie* (Berlin und New York: De Gruyter, 2005).

Schwaiger, Clemens, *Kategorische und andere Imperative. Zur Entwicklung von Kants praktischer Philosophie bis 1785* (Stuttgart-Bad Cannstatt: Frommann-Holzboog 1999).

Tieftrunk, Johann Heinrich, *Immanuel Kant's Vermischte Schriften*, 3 Bde. (Halle: Regnersche Buchhandlung, 1799): I–CXXVIII.

Wagner, Wilhelm, *Die preußischen Reformer und die zeitgenössische Philosophie* (Köln: Kölner Universitätsverlag 1922).

Wieacker, Franz, *Privatrechtsgeschichte der Neuzeit unter besonderer Berücksichtigung der deutschen Entwicklung* (Göttingen: Vandenhoeck und Ruprecht, [2]1967).

Willaschek, Marcus, „Kant als Bauherr. Der Maurer als Zweck", in *Frankfurter Allgemeine Zeitung*, 7. Januar 2015.

Wolff, Christian, „Vernünfftige Gedancken von der Menschen Thun und Lassen, zu Beförderung ihrer Glückseeligkeit (Deutsche Ethik)", in ders., *Gesammelte Werke*, 1. Abteilung, Bd. 4 (Hildesheim, New York: Olms, 1976).

Wood, Allen, „The Final Form of Kant's Practical Philosophy", in *Kant's Metaphysics of Morals. Interpretative Essays*, hg. Mark Timmons (Oxford: Oxford University Press, 2002): 1–21.

TEIL 2

Das Naturrecht Feyerabend *und die kritische Moralphilosophie*

∴

Verbindlichkeit, Ethik und Recht im *Naturrecht Feyerabend* (Einleitung, Titulus I)

Manfred Baum

Die Nachschrift Feyerabend beginnt mit dem Satz: „Für den Willen des Menschen ist die ganze Natur unterworfen, soweit seine Macht nur reichen kann, außer andre Menschen und vernünftige Wesen."[1] Das Verhältnis der ganzen Natur zum Menschen wird hier offenbar als das der Unterwerfung dieser Natur unter die Herrschaft eines einzelnen menschlichen Willens gedacht, sofern nur andere Menschen und vernünftige Wesen überhaupt, die ebenfalls Teile der Natur sind, davon ausgenommen werden, weil sie außerhalb der Reichweite der Wirkungsmacht des Willens stehen sollen. Aber diese Unterwerfung der Natur unter den Willen eines Menschen ist natürlich nicht durch den einzelnen Willen des Menschen geschehen, sondern „für" ihn. Das ist der erste Hinweis in dieser Nachschrift auf den theologischen Kontext, in dem diese Vorlesung ebenso steht, wie das Lehrbuch *Ius Naturae* des Autors Achenwall. Und so heißt es denn auch bald: „der Mensch ist also der Zweck der Schöpfung",[2] nämlich ihr Endzweck.

Das ist eine z. B. aus der „Methodenlehre der teleologischen Urteilskraft"[3] wohlbekannte Lehre Kants, von der im § 84 der *Kritik der Urteilskraft* unter dem Titel „Von dem Endzweck des Daseins einer Welt, d.i. der Schöpfung selbst" gehandelt wird. Wenn das Dasein einer Welt das Resultat einer göttlichen Schöpfung ist, dann muss es zugleich als der Endzweck eines nach Zweckbegriffen handelnden Schöpfers angesehen werden, also eines göttlichen Wesens, das Verstand und Willen hat. Da aber die Zweckbegriffe, wie alle Begriffe überhaupt, nur diskursive Verstandesvorstellungen sind, die, um theoretische oder praktische Erkenntnisse zu werden, d. h. objektive Realität zu erhalten, einer sinnlichen Anschauung bedürfen, so handelt es sich bei der Vorstellung eines nach Zweckbegriffen handelnden Schöpfers, wie bei Platons Demiurg, offenbar um eine mythische, anthropomorphe Gottesvorstellung, die mit dem *intuitus originarius* eines intellektuell und zugleich produktiv anschauenden Urwesens schlecht zu vereinbaren ist. Sich die Welt oder die

---

1   V-NR/Feyerabend, 5 (AA 27: 1319).
2   V-NR/Feyerabend, 5 (AA 27: 1319).
3   KU, AA 05: 416ff.

© KONINKLIJKE BRILL NV, LEIDEN, 2021 | DOI:10.1163/9789004448193_006

Natur als Geschöpf eines nach Zwecken handelnden Urhebers zu denken, ist also nur der reflektierenden Urteilskraft erlaubt, die keinerlei Anspruch auf begründbare Erkenntnis erhebt. Innerhalb dieser Schöpfung als eines zweckmäßigen Ganzen von Geschöpfen kann sie sich dann einen höchsten Zweck, d.h. einen Endzweck der Schöpfung, denken. So gibt also dieser § 84 der *Kritik der Urteilskraft* den besten Kommentar zu diesem Text der Feyerabendschen Naturrechtsnachschrift:

> Von dem Menschen nun (und so jedem vernünftigen Wesen in der Welt), als einem moralischen Wesen, kann nicht weiter gefragt werden: wozu (quem in finem) er existire. Sein Dasein hat den höchsten Zweck selbst in sich, dem, so viel er vermag, er die ganze Natur unterwerfen kann, wenigstens welchem zuwider er sich keinem Einflusse der Natur unterworfen halten darf.[4]

Die Übereinstimmung der beiden Texte von 1784 und 1790 ist erstaunlich. Aber die „Kritik der teleologischen Urteilskraft" hat den Vorteil, dass sie nicht, wie die Vorlesung über einen permanent theologisierenden Naturrechtsautor, unverblümt und dogmatisch eine theistische Metaphysik vorträgt. Das gilt auch für die dort zu findende Charakterisierung des Menschen in seinem Verhältnis zur Natur:

> Wenn nun Dinge der Welt, als ihrer Existenz nach abhängige Wesen, einer nach Zwecken handelnden obersten Ursache bedürfen, so ist der Mensch der Schöpfung Endzweck; denn ohne diesen wäre die Kette der einander untergeordneten Zwecke nicht vollständig gegründet; und nur im Menschen, aber auch in diesem nur als Subjecte der Moralität ist die unbedingte Gesetzgebung in Ansehung der Zwecke anzutreffen, welche ihn also allein fähig macht ein Endzweck zu sein, dem die ganze Natur teleologisch untergeordnet ist.[5]

Fast so hatte es auch im ersten Satz der „Einleitung" in die Vorlesung geheißen. Aber hier hat Professor Kant seinen Studenten eine Lehre vorgetragen, die er im § 86 der *Kritik der Urteilskraft*, „Von der Ethikotheologie", als die Beurteilung der Welt durch den gemeinen Mann vorstellen wird:

---

4 KU, AA 05: 435.
5 KU, AA 05: 435f.

VERBINDLICHKEIT, ETHIK UND RECHT IM *NATURRECHT FEYERABEND*   111

Es ist ein Urtheil, dessen sich selbst der gemeinste Verstand nicht ent-
schlagen kann, wenn er über das Daseyn der Dinge in der Welt und die
Existenz der Welt selbst nachdenkt: daß nämlich alle die mannigfaltigen
Geschöpfe [...] zu nichts da sein würden, wenn es [...] nicht Menschen
(vernünftige Wesen überhaupt) gäbe; d. h. daß ohne den Menschen die
ganze Schöpfung eine bloße Wüste, umsonst und ohne Endzweck sein
würde.[6]

Aber das ist nicht nur die Meinung des gemeinsten Verstandes, sondern auch
die Meinung des von Kant geschätzten Popularphilosophen Cicero, dessen *De
officiis* als „Abhandlung von den Pflichten" 1783 von Garve neu und im Auftrag
Friedrich II. von Preußen übersetzt erschienen war. Dieses Buch und die Kritik
an ihm bildet einen Ausgangspunkt für Kants *Grundlegung der Metaphysik der
Sitten* und insbesondere für die in deren „Zweitem Abschnitt" skizzierte teleologische Metaphysik, die, da sie einer „Kritik der reinen praktischen Vernunft"
vorherging, nur eine dogmatische sein konnte. So auch in unserer Vorlesung,
deren Gemeinsamkeiten mit der von Kant in dieser Zeit verfassten *Grundlegung* schon vielfach bemerkt worden sind. Das gilt insbesondere für die Einbettung des menschlichen Handelns als einer Verwirklichung von Zwecken in
eine teleologisch verfasste Natur. Sie bestimmt auch hier die Einführung moralischer Begriffe, Gesetze, Verbindlichkeiten und Pflichten, die sowohl der Ethik
als auch dem Recht als Prinzipien zu Grunde liegen.

Der auffälligste Unterschied gegenüber der *Grundlegung*, der auch von
anderen schon bemerkt wurde, ist das Fehlen des Maximenbegriffs in unserer
Vorlesung. Damit ist auch der allgemeinen Formel des kategorischen Imperativs und seiner ersten und dritten besonderen Formel, die alle auf dem Maxi-
menbegriff beruhen, der Boden entzogen. Nur die zweite Formel, die nicht von
Maximen handelt, hat in der *philosophia practica universalis* der „Einleitung"
ihre Gegenstücke. Es fehlen ferner die Unterscheidungen des positiven und des
negativen Freiheitsbegriffs, der praktischen und der transzendentalen sowie
der Handlungs- und der Willensfreiheit, deren letztere als ein unbeantwort-
bares Problem dargestellt wird: „Wie ich sie [die Freiheit des Willens] begreifen
kann, weiß ich nicht."[7] So gibt es in dieser Vorlesung auch keine Deduktionen
von Sittengesetz und Freiheit, da sie nicht einmal als eine zu erfüllende Aufgabe präsentiert werden.

---

6   KU, AA 05: 442.
7   V-NR/Feyerabend, 8 (AA 27: 1322).

Vielmehr nimmt die „Einleitung" zu ihrem Ausgangspunkt den Begriff des Menschen als eines Zwecks an sich selbst, aus dem sowohl der Begriff der Freiheit als auch der des moralischen Gesetzes abgeleitet werden. Die Basis dieser „Einleitung" in die Moralphilosophie Kants ist also eine metaphysische Anthropologie, die allerdings gelegentlich, wie wir noch sehen werden, infrage gestellt wird. Positiv ausgedrückt, kann man sagen, dass diese „Einleitung" frei ist von dem berüchtigten Formalismus der Aufstellung und Anwendung des Kantischen Prinzips der Moralität und dass der Begriff eines Zweckes an sich selbst ihr, ebenso wie der zweiten der besonderen Formeln in der *Grundlegung*, eine gewisse Popularität und Beliebtheit bei ihren Interpreten garantiert. Allerdings wird in dieser „Einleitung" für Studenten unerkennbar, dass Kant gerade im Absehen von allen vorausgesetzten Zweckbegriffen das Auszeichnende seines Moralprinzips gesehen hat, dessen Formalität für ihn die Bedingung seiner Gültigkeit a priori als eines moralischen Gesetzes war, das für alle Vernunftwesen überhaupt gelten sollte.

Kehren wir also zum Menschen zurück. „Die Dinge in der Natur durch Vernunft betrachtet, können nur als Mittel zu Zwecken angesehen werden, aber bloß der Mensch kann als Zweck selbst angesehen werden. Ich kann mir bei anderen Dingen keinen Werth denken, als wenn ich sie als Mittel zu anderen Zwecken betrachte."[8] Kant schreckt in seiner Vorlesung nicht vor Wolffischer Plattheit zurück:

> zE: der Mond hat für uns einen Werth, sofern er die Erde beleuchtet, Ebbe und Flut *etc.* hervorbringt. Das Daseyn der unvernünftigen Dinge hat keinen Werth, wenn nichts da ist, das sich dessen bedienen kann d.i. wenn kein vernünftiges Wesen sie als Mittel gebraucht. Auch die Thiere haben an sich keinen Werth, denn sie sind sich ihres Daseyns nicht bewußt – der Mensch ist also Zweck der Schöpfung [...].[9]

Der Wert der untermenschlichen Naturdinge, d. h. die Antwort auf die Frage, wozu sie gut sind, ja sogar wozu sie überhaupt da sind, beruht also auf dem Werturteil über sie, das Baumgarten die *dijudicatio* ihrer Vollkommenheit, sei sie Nützlichkeit oder Schönheit, genannt hatte. Dieser relative Wert für den Menschen muss sogar als die *causa finalis* der Existenz der ganzen Natur gedacht werden, um derentwillen Gott sie geschaffen hat. Aber trotz aller pädagogischen Absicht bringt Kant auch ein Beispiel für die mögliche Umkehrung

---

8 V-NR/Feyerabend, 5 (AA 27:1319).
9 V-NR/Feyerabend, 5 (AA 27:1319).

der Zweck-Mittel-Relation zwischen Tieren und Menschen: „*Pope* in seinem Versuch des Menschen, sagt von der Gans ,der Mensch dient auch mir, denn er streut mir das Futter für' ".[10] Diese Brauchbarkeit des Menschen für die Zwecke des Tieres, die nicht in der Natur stattfindet, kann als Indiz der Distanzierung Kants von einem zu einfältigen Verständnis der Unterwerfung der Natur unter den Willen des Menschen verstanden werden.

Aber der Mensch kann auch andere Menschen als Mittel zu seinen Zwecken gebrauchen, und von diesem Gebrauch handelt auch die zweite der besonderen Formeln des kategorischen Imperativs in der *Grundlegung*: „[E]r kann aber auch wieder als Mittel von einem andern vernünftigen Wesen gebraucht werden, aber nie ist es bloß ein Mittel; sondern zu gleicher Zeit Zweck zE: wenn mir der Maurer dient als Mittel zum Bau eines Hauses; so diene ich ihm wieder als Mittel um Geld zu erlangen."[11] Zu beachten ist die deskriptive Sprache, in der das Beispiel vorgetragen wird. Es heißt nicht, dass ein Vernunftwesen ein anderes nie bloß als Mittel gebrauchen soll, sondern der gebrauchte Mensch „ist" nie bloß Mittel, wie es bei einem Lohn- und Arbeitsvertrag und seinen rechtlich bestimmten gegenseitigen Leistungen der Fall ist. Wie in der *Grundlegung*, dort im Falle des lügenhaften Versprechens, wird auch hier eine Rechtspflicht nicht aus der moralischen Unmöglichkeit eines gewissen Freiheitsgebrauchs abgeleitet. Aber hier wird der Begriff der Pflicht zunächst ganz vermieden und nur auf die Reziprozität des wechselseitigen Gebrauchs als Zweck und Mittel hingewiesen, wie er auch in der Natur stattfinden kann. „In der Welt als System der Zwecke muß doch zuletzt ein Zweck seyn, und das ist das vernünftige Wesen. Wäre kein Zweck so wären auch die Mittel umsonst und hätten keinen Werth. – Der Mensch ist Zweck, daher widerspricht es sich, daß er bloß Mittel seyn sollte."[12] Die Welt ist also als ein System der Zwecke zu denken, in dem es einen höchsten Zweck als Zweck an sich selbst geben muss, der nicht wieder nur Mittel ist, denn sonst gäbe es nichts, wozu alle subordinierten Zwecke die Mittel sind, sie hätten nicht einmal den relativen Wert eines Mittels zu einem Zweck, sie wären „umsonst" und wertlos. In der Natur aber, sagt Kant mit Aristoteles, geschieht nichts umsonst, d. h. zwecklos.

Dieses System der Zwecke bedarf also als solches des Menschen, sofern er als letzter Zweck der Natur als ihr Endzweck gedacht werden muss. Der Satz: „der Mensch ist Zweck" hat also denselben Sinn wie Kants Satz in der *Grundlegung*: „der Mensch und überhaupt jedes vernünftige Wesen *existirt* als Zweck an sich selbst, *nicht bloß als Mittel* zum beliebigen Gebrauche für diesen oder

---

10   v-nr/Feyerabend, 5 (AA 27: 1319).
11   v-nr/Feyerabend, 5 (AA 27: 1319).
12   v-nr/Feyerabend, 5 (AA 27: 1319).

jenen Willen".[13] Das ist auch der Sinn des wenig später folgenden Satzes: „jeder Mensch ist selber Zweck, und daher kann er nicht bloß Mittel seyn".[14] Aber warum existiert er so als Zweck an sich selbst? Die Antwort, die in der *Grundlegung* nicht gegeben, sondern durch die rhetorische Floskel „Nun sage ich"[15] am Anfang der berühmten Behauptung als keiner Begründung bedürftige Tatsache hingestellt wird, findet sich hier in der Vorlesung: „der Mensch ist [...] Zweck der Schöpfung", und die Welt ist ein „System der Zwecke", das ohne den Menschen als Vernunftwesen kein solches von Gott geschaffenes System sein könnte. Daraus wird nun sogleich die Konsequenz gezogen: „Wenn ich mit einem Bedienten einen Kontrakt mache, so muß er auch Zweck seyn, als ich, und nicht bloß Mittel. Er muss auch wollen."[16] Ein solcher Arbeitsvertrag ist also kein Gewaltakt, sondern etwas, was der Bediente wollen kann, weil er ein Mittel zu seinen Zwecken ist, ebenso wie ich als Lohnherr durch seine Dienstleistung ein Mittel zu meinen Zwecken erhalte.

Kant interpretiert diesen Sachverhalt als Rechtsverhältnis: „Der menschliche Wille ist also eingeschränkt auf die Bedingung der allgemeinen Einstimmung des Willens andrer".[17] Der Grund dafür, dass der Bediente der Einschränkung seines Willens durch meinen Willen, die in dem Auftrag besteht, mir zu Diensten zu sein, zustimmt, ist also mein Lohnversprechen, das er akzeptiert. Meinerseits stimme ich der Einschränkung meines Willens, die in der Verwendung meiner Mittel zur Bezahlung seines Lohns besteht, zu, weil dieses von ihm akzeptierte Versprechen mir seine Dienstleistung sichert. Also besiegelt der Arbeitsvertrag die „allgemeine Einstimmung des Willens andrer" zu der wechselseitigen Einschränkung des eigenen Willens der Vertragspartner durch den jeweils anderen Willen. Dieser gemeinsame Vertragswille kann ausgeweitet werden auf alle vernünftigen Wesen, wobei die Formulierung Feyerabends es offenlässt, ob eine distributive oder kollektive Einheit aller gemeint ist: „Soll ein System der Zwecke seyn; so muss der Zweck und Wille eines vernünftigen Wesens, mit dem eines jeden andern übereinstimmen. Der Wille des Menschen wird durch die ganze Natur nicht eingeschränkt, [...] ausgenommen durch Willen andrer Menschen."[18] Das ist so, weil die Willen der Menschen als vernünftiger Wesen ein System der Zwecke bilden, in dem sie sich wechselseitig und mit allgemeiner Zustimmung einschränken lassen. Auch das

---

13   GMS, AA 04: 428.

14   V-NR/Feyerabend, 5 (AA 27: 1319).

15   GMS, AA 04: 428.

16   V-NR/Feyerabend, 5 (AA 27: 1319).

17   V-NR/Feyerabend, 5 (AA 27: 1319).

18   V-NR/Feyerabend, 5 (AA 27: 1319).

Diebstahlsverbot ergibt sich einfach daraus, dass durch diese einseitige Wegnahme eine Asymmetrie im System der Zwecke entsteht: „Ich kann nicht dem Acker eines andren etwas entnehmen, um meinem damit zu dienen; denn da wäre der andre bloß Mittel [zu meinem Zweck]".[19]

Aber warum muss ich mich in meiner Zweckverfolgung einschränken? „Diese Einschränkung beruht auf den Bedingungen, der möglichsten allgemeinen Einstimmung des Willens andrer."[20] Der andere kann aber nicht wollen, dass ich ihn bestehle. Also verstoße ich durch meinen Diebstahl gegen die „möglichst allgemeine Einstimmung" des Willens des jeweils anderen mit meinem Willen. Als diese allgemeine Willensgemeinschaft aller wird nun das Recht eingeführt, ohne dass von der äußeren Freiheit der Menschen die Rede war: „Es ist außer dem Menschen nichts achtenswerther gesetzt worden als das Recht der Menschen."[21] Es ist aber das Recht „gesetzt worden" durch den Schöpfer der Welt als eines Systems der Zwecke, innerhalb dessen eine Rechtsgemeinschaft gedacht wird, die ihrerseits aus Zwecken an sich selbst besteht, die *sich* wechselseitig in ihren Zwecksetzungen einschränken, ohne dazu eines eigenen Rechtsgesetzes zu bedürfen. Deshalb ist das so verstandene Recht der Menschen, außer dem Menschen selbst, das Achtenswerteste in der Welt.

Diese Achtung beruht also letztlich auf der Würde des Menschen als eines Zwecke setzenden Zwecks an sich selbst, der ein Geschöpf Gottes ist. „Der Mensch nemlich ist Zweck an sich selbst, er kann daher nur einen innern Werth d.i. Würde haben, an dessen Stelle kein *Aequivalent* gesetzt werden kann. Andre Dinge haben äußern Werth d.i. Preis, dafür ein jedes Ding, das zu eben dem Zweck tauglich ist, als *Aequivalent* gesetzt werden kann."[22] Diese Bestimmung der Würde des Menschen als solchen als eines inneren Wertes im Unterschied zum äußeren oder relativen Wert, einem Gebrauchswert, den der Preis eines Dinges ausdrückt, hat ihre zeitgenössischen und antiken Vorbilder.

In Achenwalls Lehrbuch ist sowohl von Wert, Preis und Äquivalent als auch von Würde die Rede, die allerdings vom Autor nicht ins Verhältnis zueinander gesetzt werden. Im § 200 des ersten Bandes heißt es: „Quantitas perfectionis *in genere*, et *speciatim* quantitas utilitatis, quae objecto cuidam tribuitur, eius VALOR; valorem definire (determinare), AESTIMARE; valor determinatus PRETIUM appellatur."[23] Und aus dem § 202 erfahren wir, was Achenwall

---

19 V-NR/Feyerabend, 5 (AA 27: 1319).

20 V-NR/Feyerabend, 5 (AA 27: 1319).

21 V-NR/Feyerabend, 5 (AA 27: 1319).

22 V-NR/Feyerabend, 5f. (AA 27: 1319).

23 (Die Größe der Vollkommenheit im allgemeinen und insbesondere die Größe der Brauchbarkeit, die einem Gegenstand zugeschrieben wird, ist sein Wert. Den Wert feststellen (bestimmen) heißt [ihn] schätzen. Der bestimmte Wert wird Preis genannt.)

unter Äquivalent versteht: „id, ex quo definitur alterius objecti valor, eius est 1) *mensura*, et quatenus exprimit identitatem valoris cum altero, seu aequilitatem ratione utilitatis, est 2) eius AEQUIVALENS."[24] Während aber in diesen drei Begriffen vollständige Übereinstimmung Kants mit Achenwall zu bestehen scheint, so gibt es hinsichtlich des Würdebegriffs den Unterschied, dass Achenwall offenbar nur den politischen, d.h. den staatsrechtlichen Begriff der Würde kennt, von dem Kant seinerseits in § 47 seiner *Rechtslehre* handelt. Bei Achenwalls heißt es im zweiten Band seines Lehrbuchs, § 122: „PRAECELLIT id, quod aliis perfectius iudicatur, praecellentia personae respectu aliorum personarum est DIGNITAS."[25] Die staatsrechtliche Bedeutung dieses Würdebegriffs ergibt sich aus der Fortsetzung: „*imperium* parit dignitatem imperantis respectu subditorum suorum".[26]

Cicero (bzw. Panaitios) ist der erste philosophische Autor, der diesen politischen Würdebegriff für den Menschen als solchen im Verhältnis zu den Tieren verwendet hat. Ich zitiere eine Stelle aus Garves Übersetzung von *De officiis*, mit der sich Kant in der Zeit seiner Vorlesung beschäftigt haben wird. Über die Pflicht, in Vergnügungen Maß zu halten, schreibt Cicero an seinen Sohn:

> Zur Beobachtung dieser Pflicht aber, so wie aller anderen, ist es ein großes Hülfsmittel, sich die Vorstellung von der Würde des Menschen, und seinem über die Thiere erhabenen Range, gegenwärtig zu erhalten. Diese haben keine Empfindung als für die sinnliche Lust; ihr einziger und deshalb ungestümer Trieb ist, diese zu suchen. Der Mensch hingegen kennt auch die Bedürfnisse des Geistes, er verlangt nach Nahrung für den Verstand, wie für seinen Körper; und da er diese nur findet, indem er selbst denkt, oder indem er anderer Gedanken sich zu eigen macht: so hat er einen beständigen Trieb, entweder selbst zu arbeiten und zu untersuchen, oder etwas von anderen zu hören, zu sehen, zu erfahren, was ihn mit neuen Vorstellungen bereichere. [...] Ein inneres Gefühl sagt uns [...], daß das körperliche Vergnügen der Würde unsrer Natur nicht angemessen genug sey: [...] In der That, wenn wir bedenken, was der Mensch sey, welche Kräfte in seiner Natur liegen, zu welcher Vortrefflichkeit er

---

24   (Dasjenige, aus dem der Wert eines anderen Gegenstandes festgestellt wird, ist 1) sein *Maß*, und insofern es die Identität eines Wertes mit einem andern ausdrückt, d.h. die Gleichheit hinsichtlich seiner Brauchbarkeit, so ist dieses andere 2) sein Äquivalent.)

25   (Es ragt das hervor, was als vollkommener als andere beurteilt wird. Das Hervorragen einer Person über andere Personen ist ihre Würde.)

26   (die Herrschaft erzeugt die Würde des Herrschers im Hinblick auf seine Untertanen.)

VERBINDLICHKEIT, ETHIK UND RECHT IM *NATURRECHT FEYERABEND* 117

gelangen könne: so werden wir seiner nichts unwürdiger finden, als in Weichlichkeit die Kräfte zu verzehren [...].[27]

Statt Garves Übersetzung „was der Mensch sey, welche Kräfte in seiner Natur liegen, zu welcher Vortrefflichkeit er gelangen könne" heißt es bei Cicero „quae sit in natura [nostra] excellentia et dignitas".[28] Die Würde der menschlichen Natur gegenüber den Tieren beruht also nach Cicero auf der „mens" des Menschen, sowie auf seinem Lern- und Denkvermögen (*discendo et cogitando*), das ihm aufgrund seines Geistes zukommen.

Schließlich findet sich die Kantische Unterscheidung von Preis und Würde bei einem anderen Stoiker, worauf Herbert James Paton schon 1947 hingewiesen hat.[29] In Senecas 71. Brief an Lucilius heißt es: „ Körperliche Güter freilich sind zwar für die Körper gut, aber an sich (in totum) sind sie keine Güter; diese werden zwar irgend- einen Wert (sic) haben (his *pretium* quidem erit aliquod), abgesehen davon aber keine innere Würde (*dignitas* non erit)."[30] Kants Satz, „andere Dinge haben äußeren Werth d.i. Preis, dafür ein jedes Ding, das zu eben diesem Zweck tauglich ist, als *Aequivalent* gesetzt werden kann",[31] klingt fast wie eine Übersetzung mit Kommentar zu der zitierten Passage aus Seneca. Gleichwohl sind die Unterschiede zwischen Kants Vorlesungstext und seinen vermutlichen Quellen nicht zu übersehen. Nur Kant setzt den „innern Werth" des Menschen mit seiner „Würde" gleich. Und nur Kant begründet diesen inneren Wert jetzt in der menschlichen Freiheit:

Des Menschen innrer Werth beruht auf seiner Freiheit, daß er einen eignen Willen hat. Weil [!] er der letzte Zweck seyn soll; so muss sein Wille von nichts mehr abhängen. – Die Thiere haben einen Willen, aber sie haben nicht ihren eignen Willen; sondern den Willen der Natur. Die Freyheit des Menschen ist die Bedingung, unter der der Mensch selbst Zweck seyn kann. Die andre Dinge haben keinen Willen; sondern sie müssen sich nach andern Willen richten, und sich als Mittel gebrauchen lassen.[32]

---

27 Marcus Tullius Cicero, *Abhandlung über die menschlichen Pflichten in drey Büchern*, übers. Christian Garve (neue Ausgabe, Breslau und Leipzig: Korn 1801), 64f.

28 Cicero: *De officiis*, I 30.

29 Vgl. Herbert James Paton, *The Categorical Imperative. A study in Kant's Moral Philosophy* (London: Hutchinson's University Library 1947), 189.

30 Seneca: *Epistolae morales ad Lucilium*, Liber VIII, übers. Rainer Rauthe (Stuttgart: Reclam, 2008), 71,33.

31 V-NR/Feyerabend, 6 (AA 27: 1319).

32 V-NR/Feyerabend, 6 (AA 27: 1319f.).

Dass die Freiheit des Menschen darin besteht, dass er einen eigenen Willen hat, gegenüber den Tieren, die zwar einen „Willen der Natur", aber keinen eigenen Willen haben, sondern sich nach dem Willen des Menschen richten und von ihnen als Mittel zu deren Zwecken gebrauchen lassen müssen – diese praktische Freiheit des Menschen gilt seit Rousseau als dessen „qualité d'homme". In der Geigerschen Übersetzung des *Contrat social* von 1763 lautet die einschlägige Passage: „Auf seine Freyheit Verzicht zu thun, ist eben so viel als sich des Standes eines Menschen, aller menschlichen Rechte, ja selbst seiner Pflichten begeben."[33] Aber diese Freiheit im Gebrauch des eigenen Willens wird von Kant hier als „die Bedingung" bezeichnet, „unter der der Mensch selbst Zweck sein kann". Dass er aber ein solcher „letzter Zweck" ist, das beruht wiederum auf der Schöpfung, die ihm darum auch die Freiheit verliehen hat: „Weil er der letzte Zweck seyn soll; so muß sein Wille von nichts mehr abhängen."[34] Neu ist also Kants Bestimmung des Zwecks an sich selbst im System der Zwecke durch die Freiheit des eigenen Willens des Menschen. Aber diese Freiheit, die sich alsbald als die neue Basis von Recht und Moral herausstellen wird, wird ihrerseits in der göttlichen Schöpfung als einem System der Zwecke verankert. Durch diesen Umweg bringt Kant seine Vorlesung in Übereinstimmung mit der theonomen Rechtslehre seines Autors Achenwall.

Das gilt aber nicht für Kants neue Rechtsdefinition, die ganz auf seiner Zweckmetaphysik beruht: „*Soll* der Mensch also Zweck an sich selbst seyn; *so muß* er einen eignen Willen haben, *denn* darf er sich nicht als [bloßes] Mittel gebrauchen lassen. Recht, ist die Einschränkung der Freiheit, nach welcher sie mit jeder andrer Freiheit nach einer allgemeinen Regel bestehen kann."[35] Die so gewonnene Definition des objektiven Rechts ist im Einklang mit der 1797 in der *Rechtslehre* der *Metaphysik der Sitten*: „Das Recht ist [...] der Inbegriff der Bedingungen, unter denen die Willkür des einen mit der Willkür des anderen nach einem allgemeinen Gesetze der Freiheit zusammen vereinigt werden kann."[36]

Offenbar am Anfang einer Vorlesungsstunde heißt es bei Kant:

> Man hat noch gar nicht dem *jure naturae* seine Stelle in der praktischen Philosophie aus *Principien* zu bestimmen, und die Grenzen zwischen demselben und der Moral zu zeigen gewußt. Daher laufen verschiedne

---

33   Jean-Jacques Rousseau, *Der gesellschaftliche Vertrag, oder die Grundregeln des allgemeinen Staatsrechts*, übers. Christoph Friedrich Geiger (Marburg: Müller, 1763), I 4,29f.

34   V-NR/Feyerabend, 6 (AA 27: 1319).

35   V-NR/Feyerabend, 6 (AA 27: 1320).

36   MS, AA 06: 230.

Sätze aus beiden Wissenschaften in einander. – Dieses also auszumachen, muß man die Begriffe des Rechts zu entwikeln suchen.[37]

Die Neubestimmung dessen, was das Naturrecht ist, hat davon auszugehen, dass es ein Teil der praktischen Philosophie ist. Aber der zweite Teil der praktischen Philosophie wird hier „Moral" genannt, und nicht, wie man erwarten könnte, „Ethik". Dass unter „Moral" hier, wie an vielen anderen Stellen, auch in Kants gedruckten Schriften, nicht die gesamte reine praktische Philosophie verstanden wird, wie es Kants Sprachgebrauch in der *Metaphysik der Sitten* entspricht, sondern das, was er sonst Ethik oder auch Tugendlehre nennt, hat unter seinen Interpreten manche Verwirrung gestiftet. Der Grund für diese terminologischen Unsicherheiten dürfte ein historischer sein. Nach der stoischen Einteilung der Philosophie, der Kant folgt, ist die Ethik, nach der Logik und Physik, die ganze praktische Philosophie. Ihrem griechischen Namen entspricht der lateinische „Moral" oder „philosophia moralis". Nach der Entstehung des neuzeitlichen Naturrechts, sowie nach der seit Thomasius einsetzenden Abtrennung der Ethik vom Naturrecht ergab sich eine neue Zuordnung der Termini. Während die ganze praktische Philosophie seit der Antike Ethik oder Moral hieß und danach das so genannte Naturrecht seinerseits das *Ius naturae* im engeren Sinne und die Ethik umfasste, bildete sich nach Thomasius und trotz Wolff allmählich ein Sprachgebrauch heraus, den auch Kant weitgehend befolgt: Die „Moral" bezeichnet die Gesamtheit der praktischen Philosophie und „Ethik" und „Recht" bezeichnen ihre beiden Hauptteile.

Aber bei Kant finden sich auch Spuren des früheren Sprachgebrauchs. So heißt es zum Beispiel in der *Moralphilosophie Mrongovius II*: „Die Ethic oder Moralphilosophie ist entweder Tugendlehre oder eigentliche Ethik, oder Jus."[38] Sogar in der heutigen Kantliteratur ist es nicht unüblich, Recht und Moral als die beiden Hauptdisziplinen gegenüberzustellen. Wichtiger aber ist die Tatsache, dass Kant selbst sich nicht streng an seine kanonische Sprachregelung hält, was dazu beigetragen hat, dass nicht wenige Interpreten den kategorischen Imperativ in seiner allgemeinen Formel (aus der *Grundlegung* bzw. der *Kritik der praktischen Vernunft*) für einen auch in Kants *Rechtslehre* geltenden Grundsatz halten, auch wenn sie nicht von einer „Rechtsethik" sprechen.

Sieht man sich danach um, wie Kant in seiner Vorlesung dem eigenen Programm folgt und im Ausgang von der Entwicklung des Begriffs des Rechts die Stellung des Naturrechts im Ganzen der Moralphilosophie zu bestimmen

---

37 V-NR/Feyerabend, 7 (AA 27: 1321).
38 V-Mo/Mron II, AA 29: 630.

unternimmt, so fällt zunächst in die Augen, dass er, wie kein Philosoph vor ihm, den Begriff der Freiheit, in seiner Mehrdeutigkeit, den beiden Hauptteilen der Moral zu Grunde legt. Wir haben schon gesehen, dass dieser Freiheitsbegriff aus dem des Zwecks an sich selbst abgeleitet wird. Legt man ihn zu Grunde, so lässt sich zunächst über das Recht sagen: „Recht beruht [...] auf der Einschränkung der Freyheit"[39] und zwar auf einer Einschränkung nicht durch die Natur, sondern durch den Menschen selbst.[40] Daraus, dass der Mensch Zweck an sich selbst ist, folgen nach Kant auch besondere Rechtspflichten, nicht bloß der allgemeine Begriff des Rechts. „Wenn jemand was bei mir deponirt, und er will es wiederhaben, ich gebe es ihm aber nicht, und sage, ich kann es mehr zum Weltbesten nützen als er, so brauche ich sein Geld und ihn bloß als Mittel. Soll er Zweck seyn; so muss sein Wille auch den Zweck, als ich haben."[41] Genauer, der andere, dessen Depositum ich unterschlagen könnte, muss im System der Zwecke denselben Zweck haben *können*, wie ich selbst. Und da er nicht den Zweck haben kann, von mir betrogen zu werden, so müssen wir die Einschränkung unserer Willen auf die Bedingung ihrer Einstimmigkeit zum gemeinsamen Zweck haben, also das Recht.

Dieses Beispiel lässt sich wieder auf das allgemeine Prinzip zurückführen. „Wenn nur vernünftige Wesen können Zweck an sich selbst seyn; so können sie es nicht darum seyn, weil sie Vernunft, sondern weil sie Freiheit haben. Die Vernunft ist bloß ein Mittel."[42] Das könnte gegen Ciceros Begründung der Würde des Menschen in der Lern- und Denkfähigkeit seines Geistes gerichtet sein. Und so heißt es auch:

> Die Vernunft [...] giebt uns nicht die Würde. [...] Aber die Freyheit, nur die Freyheit allein, macht, daß wir Zweck an sich selbst sind. Hier haben wir Vermögen, nach unsrem eignen Willen zu handeln. [...] Die Freyheit des Wesens muß ich voraussetzen, wenn es soll ein Zweck vor sich selbst seyn. Ein solches Wesen muß also Freyheit des Willens haben. Wie ich sie begreifen kann, weiß ich nicht, es ist doch aber eine nothwendige Hypothesis, wenn ich vernünftige Wesen als Zwecke an sich selbst denken soll. Ist es nicht frey; so ist es in der Hand eines *andern*, also immer der Zweck eines andern, also bloß Mittel. Freyheit ist also nicht nur oberste; sondern auch hinreichende Bedingung.[43]

---

39 V-NR/Feyerabend, 7 (AA 27: 1321).

40 Vgl. V-NR/Feyerabend, 7 (AA 27: 1321).

41 V-NR/Feyerabend, 8 (AA 27: 1321).

42 V-NR/Feyerabend, 8 (AA 27: 1321).

43 V-NR/Feyerabend, 8 (AA 27: 1322).

Die Vernunft ist nur die notwendige Bedingung für das negative Freisein vom Regiertwerden eines Wesens durch die Sinne. Erst die Freiheit macht es positiv möglich, dass ein Wesen auch die Einschränkung seiner Freiheit nur durch sich selbst vollzieht. „Unter welcher Bedingung", fragt Kant, „kann ein freyes Wesen Zweck an sich selbst seyn?" Und er gibt zur Antwort: „Daß die Freyheit sich selbst ein Gesetz sey. [...] Die Freyheit muss, wenn sie unter Gesetzen seyn soll, sich selbst die Gesetze geben."[44] Nur die Selbsteinschränkung der Freiheit durch sich selbst gegebene Gesetze ist also mit der Freiheit widerspruchslos vereinbar. Aber: „Wie kann Freyheit sich selbst ein Gesetz seyn? [...] Das einzusehen scheint schwer zu seyn, und alle Lehrer des Naturrechts haben um den Punkt geirret, den sie aber nie gefunden haben."[45]

An dieser Stelle unterbricht Kant die angekündigte Entwicklung der Begriffe des Rechts im Ausgang von seinem Grundbegriff des Zwecks an sich selbst und geht zu einer allgemeinen Erörterung der moralischen Gesetzgebung über, aus der sich auch das Verhältnis von Recht und Ethik ergibt. Erst am Ende dieser Erörterung findet sich eine Rückkehr zum Thema des Rechts als des Resultats der Einschränkung der Freiheit durch sich selbst. Diese knappen Bemerkungen entsprechen durchgängig der späteren „Rechtslehre" in der *Metaphysik der Sitten*. Das Recht wird nun als Lehre vom gesetzmäßigen Zwang vorgestellt.

> Eine Handlung, die derjenigen, die der allgemeinen Freiheit entgegengesetzt ist, widersteht, ist recht. Das Widerstehen einer unrechten Handlung, ist ein Hinderniß der Handlung, die der allgemeinen Freiheit widersteht, also ists Beförderung der Freiheit und der Übereinstimmung der Privatfreiheit mit der allgemeinen Freiheit. Der Widerstand gegen die Handlung [aus] eines andern Freiheit heißt Zwang. Die Uebereinstimmung der Privatfreiheit mit der allgemeinen Freiheit, ist das oberste *Princip* des Rechts, dieses ist ein Zwangsgesetz.[46]

Kant beendet so seine in der „Einleitung" skizzierte Neubegründung des Naturrechts, indem er auch die rechtliche Befugnis zum Zwang, wie die gesamte Rechtslehre, auf die gesetzliche Freiheit zurückführt. „Zwang ist rechtmäßig wenn er die allgemeine Freiheit befördert."[47]

Kehren wir zu dem zurück, was Kant in seiner Vorlesung über praktische und moralische Gesetzgebung vorgetragen hat. Er nimmt seinen Ausgangspunkt

---

44 V-NR/Feyerabend, 8 (AA 27: 1322).
45 V-NR/Feyerabend, 8f. (AA 27: 1322).
46 V-NR/Feyerabend, 14 (AA 27: 1328).
47 V-NR/Feyerabend, 14 (AA 27: 1328).

vom Begriff eines an sich guten Willens, der nicht weiter erläutert wird. „Alle Gesetze des Willens sind praktische, und drücken entweder *objective* oder *subjective* Nothwendigkeit aus. Daher objektive und subjektive Gesetze des Willens."[48] Kant definiert die objektiven Gesetze des Willens nicht als solche, die für jeden vernünftigen Willen gelten, weil sie aus dem Begriff eines praktischen Gesetzes überhaupt abgeleitet sind. Vielmehr definiert er: „Die ersteren sind Regeln eines an sich guten Willens, wie dieser verfahren würde, die andre Regeln, nach denen ein gegebner Wille wirklich verfährt. [...] Ist der Wille eines Wesens an sich gut; so sind die *objectiven* Gesetze seines Willens von den subjectiven nicht unterschieden."[49]

Kant sagt also weder etwas über diese Gesetze eines an sich guten Willens, noch gibt er an, worin das an sich Gutsein dieses Willens besteht. Aber offenbar ist der Wille des Menschen nicht an sich gut. „Des Menschen Wille ist nicht von der Art, dass die *subjectiven* Gründe des Wollens mit den *objectiven* übereinstimmen."[50] Das wird von Kant nicht begründet, aber dadurch bereitet er den Begriff des Imperativs vor: „Nun heißt die *objective* Regel des Wollens angewandt auf einen Willen, dessen *subjective* Regeln nicht mit den *objectiven* übereinstimmen *imperativ*. Von Wesen, deren Willen schon an sich gut ist, gilt keine Regel als *Imperativ*."[51] Nun erst wird der Imperativ definiert, indem die Anwendung der objektiven Regel auf einen Willen, dessen subjektive Regeln nicht mit ihr übereinstimmen, konkretisiert wird: „Imperativ ist ein Gesetz sofern es einen nicht an sich guten Willen nöthigt durch die Idee eines an sich guten Willens. Es setzt voraus einen Willen, der es nicht gerne thut, also genöthigt werden muss. [...] Praktische *Neceßitation* ist *imperativ*, ein Geboth."[52] In diesem Gebot wird also die gesetzliche Nötigung eines nicht an sich guten Willens durch „die Idee" eines an sich guten Willens ausgesagt. Kant sagt nicht, wie eine solche Idee einen Willen nötigen kann und welches die Relation zwischen Gesetz und Idee ist. Aber er sagt, dass diese Nötigung den Charakter eines Zwanges hat, der offenbar auf den Willen innerhalb der Seele ausgeübt wird. „Zwang ist Nöthigung zur ungernen Handlung."[53]

Unvermittelt geht Kant vom durch die Idee eines an sich guten Willens nötigenden Gesetz zu besonderen praktischen Gesetzen über. Immerhin haben beide Nötigung und inneren Zwang gemeinsam. Als allgemeines Schema

---

48   V-NR/Feyerabend, 9 (AA 27: 1322).
49   V-NR/Feyerabend, 9 (AA 27: 1322f.).
50   V-NR/Feyerabend, 9 (AA 27: 1323).
51   V-NR/Feyerabend, 9 (AA 27: 1323).
52   V-NR/Feyerabend, 9 (AA 27: 1323).
53   V-NR/Feyerabend, 9 (AA 27: 1323).

eines solchen Gesetzes formuliert er: „Ich *soll das thun,* heißt eine durch mich nothwendige Handlung würde gut seyn."[54] Die Notwendigkeit dieser Handlung ist offenbar eine praktische, die mir als dem Handelnden auferlegt wird. Der Feyerabend-Text spricht an dieser Stelle nicht von „Pflicht", er sagt nur: „Ich stelle mir [...] jene [Handlung] als nothwendig vor."[55] Dann erst wird in Übereinstimmung mit der *Grundlegung* gesagt: „Praktische Gesetze, als neceßitirende Gründe der Handlungen heißen Imperative."[56]

Damit sind wir bei Kants revolutionärer Neuerung in der Moralphilosophie angelangt, der Einführung kategorischer Imperative. Es werden keinerlei Formeln für dieses Moralprinzip angegeben, weder eine allgemeine noch die aus der *Grundlegung* bekannten besonderen Formeln. Deshalb ist die Darstellung des kategorischen Imperativs in der Vorlesung noch formaler als in der *Grundlegung,* zumal in der Vorlesung keinerlei Ableitung einer seiner Formeln geliefert wird. Stattdessen gibt Kant Beispiele für besondere moralische Gesetz in Imperativform: „du sollst nicht lügen" und „Man muß die Wahrheit reden, das ist ganz unbedingt".[57] Wie in der *Grundlegung* werden auch hier keine Beispiele für juridische Imperative vorgestellt, wie etwa „neminem laede" oder „pacta sunt servanda". Zwar wird sodann zwischen Moralität und Legalität unterschieden, da aber statt von Maximen von „subjectiven Gesetzen des Willens"[58] gehandelt wird, so wird nicht deutlich erkennbar, dass der kategorische Imperativ *das Wollen* betrifft und erst mittelbar das äußere Handeln. Kant sagt in der *Grundlegung,* sie sei „nichts mehr als die Aufsuchung und Festsetzung *des obersten Prinzips der Moralität".*[59] Das gilt auch für die Vorlesung. Da aber, wie wir gesehen haben, auch von Rechtspflichten und von der Legalität äußerer Handlungen die Rede ist, so entsteht noch stärker der Eindruck, als sei das Prinzip der Moralität zugleich das Prinzip der Moral insgesamt und also auch grundlegend für die Rechtslehre. Daraus lässt sich wohl auch erklären, warum einige Kantinterpreten sich durch die Vorlesung in ihrer Missdeutung des Verhältnisses von Recht und Ethik bei Kant bestätigt fühlen.

Kant präsentiert seinen Zuhörern seine neue Lehre von den drei Arten von Imperativen ohne einleitende Bemerkungen: „Wir haben 3 Imperative, technische, pragmatische, und moralische, Regeln der Geschicklichkeit, Klugheit und Weisheit."[60] Obwohl kurz vorher von „Tugend" die Rede war, wird der

---

54 V-NR/Feyerabend, 9 (AA 27: 1323).
55 V-NR/Feyerabend, 9 (AA 27: 1323).
56 V-NR/Feyerabend, 9 (AA 27: 1323).
57 V-NR/Feyerabend, 10 (AA 27: 1324).
58 V-NR/Feyerabend, 9 (AA 27: 1322).
59 GMS, AA 04: 392.
60 V-NR/Feyerabend, 9f. (AA 27: 1323).

124 BAUM

dritte Imperativ nicht als Regel der Sittlichkeit bezeichnet. Wie in der *Grundlegung* sind die Imperative der Geschicklichkeit solche, die „unter der Bedingung, wenn man einen bloß möglichen Zweck [...] erwerben will"[61] gebieten. Imperative der Klugheit gebieten „unter der Bedingung eines wirklichen Zwecks",[62] nämlich der „Glückseeligkeit", deren nicht bloß alle Menschen, sondern „alle Geschöpfe [...] bedürfen".[63] Schließlich: „3. der Imperativ der Weisheit gebiethet die Handlung als Zweck selbst",[64] d. h. als das, was ich wollen soll, einschließlich der Unterlassungen, wofür Kant „die Regel, du sollst nicht lügen"[65] als Beispiel angeführt. „Ich kann diese Regel aber auch als Weisheit einsehen. Da betrachte ich es als kein Mittel zu meinem Zweck",[66] sondern die Unterlassungshandlung ist selbst der Zweck meines Willens. Ich vermute, dass Kant hier in Übereinstimmung mit den Stoikern die Weisheit als die oberste der Tugenden ansieht. Dafür sprechen auch die ausführlichen Erläuterungen, die Kant nun gibt:

> Es mag mir gehen, wie es will, gut oder bös, so geht das mich nicht an. Es bleibt doch immer ein Gesetz. Kann ich es auch nicht ausführen; so bleibt mir das Gesetz doch immer ehrwürdig. – Dieses unbedingte Gute sehen wir viel höher an, als alles, was wir durch die Handlung, wenn wir sie als Mittel brauchten, erlangen würden. – Die Wohlthat ist an sich viel mehr werth, als das Gute, was ein Wohlthätiger dadurch erreicht, zE: daß man ihn liebt *etc.* – Die guten Folgen bestimmen nicht den Werth. Die Tugend an sich hat eine Würde, wenn sie auch gar nicht ausgeübt werden könnte, die guten Folgen sind Werthe, die durch ein *Aequivalent* ersetzt werden können.[67]

Das ist alles stoische Lehre, wie sie auch in zwei Zitaten ausgedrückt wird, die Kant sich schon 1765 in seinen *Bemerkungen zu den Beobachtungen* notiert hatte: „Si desint vires, tamen est laudanda voluntas"[68] und „in magnis et voluisse sat est".[69]

---

61   V-NR/Feyerabend, 10 (AA 27:1323).
62   V-NR/Feyerabend, 10 (AA 27:1324).
63   V-NR/Feyerabend, 10 (AA 27:1324).
64   V-NR/Feyerabend, 10 (AA 27:1324).
65   V-NR/Feyerabend, 10 (AA 27:1324).
66   V-NR/Feyerabend, 10 (AA 27:1324).
67   V-NR/Feyerabend, 10 (AA 27:1324).
68   Ovid, *Epistulae ex Ponto*, III 4.
69   Properz, *Elegiae*, II 10. Beide Zitate: AA 20:148

VERBINDLICHKEIT, ETHIK UND RECHT IM *NATURRECHT FEYERABEND* 125

Erst nach diesen Erläuterungen der drei Arten von Imperativen präsentiert Kant deren Systematik, wobei er sich bei deren Einteilung der Urteilsformen der Relation und der Modalität bedient. „Alle Imperative sind bedingt oder unbedingt, die bedingten sind entweder problematisch, ein Imperativ der Geschicklichkeit, oder assertorisch, ein Imperativ der Klugheit."[70] Hier begeht Kant denselben Fehler wie in der *Grundlegung*,[71] den er in der späteren *Ersten Einleitung in die Kritik der Urteilskraft* korrigiert hat. Dort heißt es:

> Hier ist der Ort, einen Fehler zu verbessern, den ich in der *Grundlegung zur Metaphysik der Sitten* beging. Denn, nachdem ich von den Imperativen der Geschicklichkeit gesagt hatte, dass sie nur bedingterweise und zwar unter der Bedingung bloß möglicher, d.i. *problematischer*, Zwecke geböten, so nannte ich dergleichen practische Vorschriften *problematische Imperativen*, in welchem Ausdruck freilich ein Widerspruch liegt.[72]

In einem hypothetischen Satz, auch in einem solchen praktischen Satz, werden zwar die beiden Teilurteile aus denen die Wenn-dann-Verknüpfung besteht, als problematisch angenommen, z. B. „Wenn du X willst, dann tue Y". Aber die Verknüpfung (Konsequenz) selbst ist assertorisch, auch im Falle der hypothetischen Imperative der Klugheit mit assertorischem Vorderglied: „weil du X willst, tue Y". Also kann es hypothetische Imperative, in denen die Verknüpfung der beiden Teilsätze ein bedingtes Gebot ausdrückt, als problematische gar nicht geben.

Kant fährt nun fort mit demjenigen Imperativ, auf den es ihm ankommt: „Der unbedingte Imperativ der Weisheit ist apodictisch, alle *Imperative* sind also *Hypothetisch* oder *Categorisch*. Man muß die Wahrheit reden, das ist ganz unbedingt."[73] Aber diese Unbedingtheit ist nur scheinbar eine Nichtbedingtheit von allen möglichen vorausgesetzten Zwecken, wie sie seit der *Grundlegung* von 1785 von Kant angenommen wird. Nur ein so verstandener kategorischer Imperativ gebietet eine Handlungsweise, die durch eine Maxime und deren Form bestimmt ist, unangesehen alles dessen, was man durch diese Handlung bewirken könnte, also unter allen Umständen und ausnahmslos, sofern die Handlung nur physisch nicht unmöglich ist. An dieser Stelle der Vorlesung stellt Kant, unter Absehung von allem Inhalt des fraglichen Imperativs, eine Frage, die ihn schon damals beschäftigte, die aber in der Vorlesung

---

70   V-NR/Feyerabend, 10 (AA 27: 1324).
71   Vgl. GMS, AA 04: 415.
72   EEKU, AA 20: 200.
73   V-NR/Feyerabend, 10 (AA 27: 1324).

nicht beantwortet wird: „Wie ist ein solcher *categorischer* Imperativ möglich?"[74] Er überlässt diese Frage dem Nachdenken seiner Hörer und fährt mit seinen Erläuterungen fort: „*Categorische* Imperative gebieten ohne empirische Bedingungen. Sie können wohl Bedingungen haben, aber *a priori*, und denn ist Bedingung selbst *categorisch*."[75] Dieser Gedanke hat, wenn ich recht sehe, kein Gegenstück in der *Grundlegung*. Das bedeutet, dass der kategorische Imperativ der Vorlesung nicht derselbe ist, wie der der *Grundlegung*. Der kategorische Imperativ der Vorlesung stimmt aber überein mit dem, was Kant in der ersten Auflage der *Kritik der reinen Vernunft* (1781) über „moralische Gesetze" gesagt hatte: sie sind „reine praktische Gesetze, deren Zweck durch die Vernunft völlig a priori gegeben ist, und die nicht empirisch bedingt, sondern schlechthin gebieten".[76] Hier werden moralische Gesetze gerade durch ihren a priori gegebenen Zweck definiert, den sie zu realisieren gebieten, sie sind nur „empirisch nicht bedingt", wohl aber durch ihren reinen Vernunftzweck. Ähnlich hatte Kant schon in der Preisschrift von 1764, *Untersuchung über die Deutlichkeit der Grundsätze der natürlichen Theologie und Moral*, argumentiert.[77]

Was meine eigene Glückseligkeit betrifft, so ist sie zu den empirischen Bedingungen zu rechnen, unter denen die Befolgung eines kategorischen Imperativs gerade nicht steht. Imperative, in denen Handlungen geboten werden, die zu meiner Glückseligkeit beitragen, nennt Kant nun pragmatische Imperative. Man kann ohne Übertreibung sagen, dass die gesamte Ethikgeschichte von Platon bis Wolff, wenn sie überhaupt von Sollenssätzen oder von Imperativen handelt, wie es etwa bei Baumgarten wirklich geschieht, nur im Kantischen Sinne pragmatische Imperative kannte. Denn: „Pragmatisch ist das was zur Beförderung der Glückseeligkeit dient."[78] Kants gegen die gesamte Ethiktradition berichtete Verwerfung des Eudämonismus versteckt sich hier in der Einteilung seiner Imperative. So erklärt er kurz angebunden: „*Pragmatische Imperative* sind von den Moralischen unterschieden"; und: „Glückseeligkeit ist [...] kein *moralisches Princip*". Denn: „der pragmatische *Imperativ* [...] beruht [...] auf bloß empirischen Bedingungen",[79] er gehört also zu den Imperativen der Klugheit.

Das gibt Kant die Gelegenheit zu einer kurzen Auseinandersetzung mit der *moral sense*-Lehre Shaftesburys und Hutchesons, die ich hier ebenso übergehe,

---

74   V-NR/Feyerabend, 10 (AA 27: 1324).
75   V-NR/Feyerabend, 10 (AA 27: 1324).
76   KrV, A 800.
77   Vgl. UD, AA 02: 298f.
78   V-NR/Feyerabend, 11 (AA 27: 1324).
79   V-NR/Feyerabend, 11 (AA 27: 1324).

VERBINDLICHKEIT, ETHIK UND RECHT IM *NATURRECHT FEYERABEND*   127

wie den Rest der „Einleitung", mit Ausnahme dessen, was dort von Verbindlichkeit gesagt wird. „Moralische Gesetze sind immer *cathegorisch* und haben Verbindlichkeit d.i. *moralische* Nöthigung zu einer Handlung. Die Handlung wozu ich durch *moralische* Gesetze genöthigt werde ist *Pflicht*."[80] Diese dem Kant-Leser bekannten Begriffsbestimmungen stehen, wie wir sehen werden, im Gegensatz zum Begriff der *obligatio* bei Achenwall und Baumgarten. Zunächst aber geht es Kant um das Handeln *aus Pflicht*, das spezifisch in der ethischen Gesetzgebung geboten wird. So heißt es etwa: „Eine *moralische* Handlung hat nicht, wenn sie aus Neigung, sondern wenn sie aus Pflicht entsteht, einen Werth. Eine Handlung kann pflichtmäßig seyn, aber nicht aus Pflicht geschehen. Wir müssen die *moralischen* Handlungen, ohne die geringsten Triebfedern, bloß aus Pflicht und Achtung fürs *moralische* Gesetz thun."[81] Zu diesen vertraut klingenden Ausführungen Kants mache ich nur drei Anmerkungen:

(1) Der Begriff ‚Pflicht', der in der Phrase ‚aus Pflicht handeln' im doppelten Gegensatz zu ‚aus Neigung handeln' und zu ‚pflichtmäßig handeln' steht, hat in diesem Zusammenhang nicht die zitierte Bedeutung einer „Handlung wozu ich durch *moralische* Gesetze genöthigt werde", sondern eine zweite, die Kant so bestimmt: „Pflicht ist die *objective* Nothwendigkeit der Handlung selbst aus Verbindlichkeit."[82] Wer also *aus Pflicht* handelt, handelt aus dem Bewusstsein seiner Verbindlichkeit und diese ist die „moralische Neceßitation der Handlung".[83]

(2) D. h. also zweitens, dass Verbindlichkeit bei Kant immer „*moralische* Nöthigung" oder „*moralische Neceßitation*" bedeutet, um Baumgartens Begriff zu verwenden. Aber eine so verstandenen Verbindlichkeit setzt ein moralisches Gesetz und die Achtung für es voraus und ist Achenwall und auch Baumgarten völlig unbekannt.

(3) Drittens hat das Adjektiv ‚moralisch' in der Verbindung mit Handlung nicht die allgemeine Bedeutung, die ethisch und juridisch gebotene Handlungen umfasst, sondern bedeutet ausschließlich „aus Pflicht" oder „aus Pflicht und Achtung fürs *moralische* Gesetz" geschehende, also moralisch *gute* Handlungen, wie sie nur in der Ethik geboten werden.

Hieran lässt sich nun Kants Auseinandersetzung mit Achenwall und Baumgarten gegen Ende der „Einleitung" und am Anfang des „Titulus I" anschließen. „Der Werth [einer Handlung] muß daher in der Pflicht selber liegen. Alle Gesetze

---

80   V-NR/Feyerabend, 12 (AA 27: 1325).
81   V-NR/Feyerabend, 12 (AA 27: 1326).
82   V-NR/Feyerabend, 12 (AA 27: 1326).
83   V-NR/Feyerabend, 12 (AA 27: 1326).

können durch ihre Gesetzmäßigkeit oder durch ihre angehängte Triebfeder den Willen nöthigen, oder auch durch Zwang und Furcht."[84] „Gesetzmäßigkeit" bedeutet hier so viel wie Gesetzlichkeit, oder das „Gesetz [...] als Gesetz", seine „Form".[85] Die „angehängte Triebfeder" ist die mit dem Rechtsgesetz verbindbare Strafandrohung, „Zwang und Furcht" sind die Mittel der Erzwingung von gesetzeskonformem Verhalten durch einen positiven Gesetzgeber, etwa durch einen „Tyrannen".[86] Aber eine solche „angehängte Triebfeder" setzt im Kantischen Naturrecht voraus, dass das Gesetz schon an sich selbst, d.h. durch seine Vernunft den Menschen nötigt. Das ist auch der Grund dafür, dass auch Rechtsgesetze „aus Pflicht" befolgt werden können, obwohl dies keine Forderung des Jus, sondern der Ethik ist. „Das Gesetz nöthigt durch Neigung und Furcht nicht an sich selbst, sondern bedingt".[87] Das ist der Fall der Rechtsgesetze. „Das Gesetz das an sich selbst nöthigt, muß aus Achtung nöthigen".[88] Das ist der Fall der ethischen Gesetze. Beide Arten von Verbindlichkeit, die juridische und die ethische, sind moralische Verbindlichkeiten aus unbedingt gebietenden Gesetzen. Das wendet Kant nun an:

> Unser *Autor* und andre reden von der *obligatio per poenas*, so auch Baumgarten. Aber durch *Poenas* und *Praemia* einen verbinden ist *contradictio in adjecto*; denn da bewege ich ihn zu Handlungen, die er nicht aus Verbindlichkeit sondern aus Furcht und Neigung thut. Ich kann ihn auch dadurch zu Dingen zwingen, die für ihn nicht einmal verbindlich sind.[89]

Dieses Thema greift Kant in der Vorlesung über den „Titulus I" wieder auf. Hier geht er auf Achenwalls Einführungsschrift ein:

> In den *Prolegomena* sagt der *Autor*: *Neceßitatio per motiva* ist *moralis. Motiva sunt elateres ei, qui distincte representantur. Obligatio est neceßitatio per motiva potiora.* Er sieht hier aufn Grad. Wo die meisten Gründe sind, sie mögen sinnlich oder intellectuell seyn, das muss man wählen, und das sey das wahre Gute. *Ergo* sagt er *sine spe et metu proposito non datur obligatio.* Das ist gerade umgekehrt. Eine Handlung zu der ich Verbindlichkeit habe, muss ganz ohne Hofnung und Furcht geschehen. [...]

---

84 V-NR/Feyerabend, 12 (AA 27: 1326).
85 V-NR/Feyerabend, 13 (AA 27: 1326).
86 V-NR/Feyerabend, 18 (AA 27: 1331).
87 V-NR/Feyerabend, 12 (AA 27: 1326).
88 V-NR/Feyerabend, 12 (AA 27: 1326).
89 V-NR/Feyerabend, 12f. (AA 27: 1326).

VERBINDLICHKEIT, ETHIK UND RECHT IM *NATURRECHT FEYERABEND* 129

Verbindlichkeit habe ich zu einer Handlung, wenn ich sie ohne allen Vortheil thun muß.[90]

Die so beschriebene Verbindlichkeit gilt für alle moralischen Gesetze. Aber im Falle der Rechtsgesetze kommt etwas hinzu:

> Wenn ein Mensch nicht durch Verbindlichkeit einer Handlung sich zwingen läßt, so kann die Furcht und Hofnung dazu kommen. Aber die ist da nichts wesentliches bei der Verbindlichkeit denn die ist schon vorher, sondern es ist ein *Vehicel*, um dem Gesetz mehr Eingang zu verschaffen, weil der Wille nicht vollkommen ist, um durch das Gesetz allein bestimmt zu werden.[91]

Ich lasse diese Passagen unerörtert und verweise zuletzt auf einen Text Kants, der belegt, wie wenig er sich 1781 vom traditionellen Naturrecht entfernt hat. In der *Kritik der reinen Vernunft* sagt Kant im Zusammenhang mit der Erörterung des „Ideals des höchsten Guts":

> Einen solchen [weisen Urheber und Regierer der intelligiblen Welt], samt dem Leben in einer solchen Welt, die wir als eine künftige ansehen müssen, sieht sich die Vernunft genötigt anzunehmen, oder die moralischen Gesetze als leere Hirngespinste anzusehen, weil der notwendige Erfolg derselben [...] ohne jene Voraussetzung wegfallen müßte. Daher auch jedermann die moralischen Gesetze als Gebote ansieht, welches sie aber nicht sein könnten, wenn sie nicht a priori angemessene Folgen mit ihrer Regel verknüpften, und also *Verheißungen* und *Drohungen* bei sich führten.[92]

1781 war Kants Lehre vom kategorischen Imperativ noch nicht auf der Welt, aber auch nicht im Sommersemester 1784.

Bibliografie

Cicero, Marcus Tullius, *Abhandlung über die menschlichen Pflichten in drey Büchern*, übers. Christian Garve (neue Ausgabe, Breslau und Leipzig: Korn 1801).

---

90   V-NR/Feyerabend, 18f. (AA 27: 1330f.).
91   V-NR/Feyerabend, 19 (AA 27: 1331).
92   KrV, A 810f.

Paton, Herbert James, *The Categorical Imperative. A study in Kant's Moral Philosophy* (London: Hutchinson's University Library 1947).

Rousseau, Jean-Jacques, *Der gesellschaftliche Vertrag, oder die Grundregeln des allgemeinen Staatsrechts*, übers. Christoph Friedrich Geiger (Marburg: Müller, 1763).

Seneca: *Epistolae morales ad Lucilium*, Liber VIII, übers. Rainer Rauthe (Stuttgart: Reclam, 2008).

Freiheit und Vernunft im Spannungsfeld des *Naturrechts Feyerabend* und der *Grundlegung*

Franz Hespe

Wenn man sich für den Freiheitsbegriff in der Nachschrift *Feyerabend*, wenn man sich für diese Nachschrift überhaupt interessiert, dann sicherlich nicht wegen der Nachschrift als solcher, sondern um sich über die Position Kants zum Freiheitsbegriff und zum Recht überhaupt in einer ganz bestimmten Phase, nämlich der zwischen der *Kritik der reinen Vernunft* und der *Grundlegung zur Metaphysik der Sitten* Gedanken zu machen. Dies war ja auch eine der Intentionen der Herausgeber für die Neuausgabe dieser Vorlesung,[1] weshalb sie dieser auch ein detailliertes Register von Parallelstellen in der *Grundlegung* beigefügt haben. Aber dass im *Naturrecht Feyerabend* Sätze stehen, die prima facie Parallelen in der *Grundlegung* haben, bedeutet ja nicht, dass sie im Kontext der *Grundlegung* dieselbe Bedeutung hätten. Wir müssen uns daher den Argumentationsgang der Schriften vergegenwärtigen.

Die Nachschrift stammt aus einer Vorlesung Kants aus dem Sommersemester 1784, ihr Gegenstand war das Naturrecht nach Achenwalls Kompendium *Jus Naturale*. Die zeitliche Nähe dieser Vorlesung zur *Grundlegung zur Metaphysik der Sitten* von 1785 – Kant hat an ihr parallel zu dieser Vorlesung gearbeitet, sie ging im Herbst 1784 an den Drucker – macht diese Nachschrift bedeutsam für die Frage, inwieweit das in der *Grundlegung* neu entwickelte Konzept transzendentaler Freiheit in die Entwicklung der Rechtstheorie Kants einfließt, oder aber auch, inwieweit spezifische Fragen der Rechtstheorie Einfluss auf moralphilosophische Fragen haben könnten.

Die Vorlesung selbst orientiert sich wie gesagt am Naturrecht Achenwalls, ihr ist eine allgemeine Einleitung vorangestellt, die grundlegende

---

1 Vgl. Heinrich P. Delfosse, Norbert Hinske und Gianluca Sadun Bordoni (Hg.), *Kant-Index: Indices zum Ethikcorpus*, Band 30.1: *Einleitung des „Naturrechts Feyerabend"* (Stuttgart-Bad Cannstatt: Frommann-Holzboog, 2010), Band 30.2: *Abhandlung des „Naturrechts Feyerabend": Text und Hauptindex* (Stuttgart-Bad Cannstatt: Frommann-Holzboog, 2014), Band 30.3: *Abhandlung des „Naturrechts Feyerabend": Konkordanz und Sonderindices* (Stuttgart-Bad Cannstatt: Frommann-Holzboog, 2014). Zu den Intentionen der Herausgeber vgl. auch Gianluca Sadun Bordoni, „Vernunft und Freiheit. Das Naturrecht Feyerabend und die Entwicklung des kantischen Moraldenkens", in *Kants Naturrecht Feyerabend, Analysen und Perspektiven*, hg. Margit Ruffing, Gianluca Sadun Bordoni und Annika Schlitte (Berlin und Boston: De Gruyter, 2020): 7–31, hier 7f.

© KONINKLIJKE BRILL NV, LEIDEN, 2021 | DOI:10.1163/9789004448193_007

Begriffe der Moralphilosophie überhaupt klären soll und offenbar zwei Sitzungen umfasst. Die erste befasst sich mit der Stellung des Menschen als Selbstzweck wie mit der Frage der Freiheit des Menschen. Die zweite greift das Thema zunächst wieder auf und behandelt dann rhapsodisch Fragen nach dem Verhältnis von Moralität und Legalität der Handlungen – an ihr macht Kant offenbar die Frage des Verhältnisses von Recht und Ethik (hier noch Moral) fest – und kommt schließlich zum Verhältnis von Freiheit und Person.

Die Vorlesung *Feyerabend* beginnt dogmatisch mit der Feststellung, der Mensch sei Zweck an sich. Kant eröffnet seine Vorlesung mit dem klassischen Unterschied zwischen dem Menschen als Vernunftwesen und der inferioren Natur. Gemeint ist damit, der Mensch stehe in einer als durchgehende Zweck-Mittel-Beziehung gedachten Naturordnung an oberster Stelle. Dem Menschen ist, soweit seine (physische) Macht reicht, die ganze Natur unterworfen, außer andere Menschen und vernünftige Wesen. Er steht somit an der Spitze eines Systems der Zwecke: „In der Welt als System der Zwecke muß doch zuletzt ein Zweck seyn, und das ist das vernünftige Wesen. Wäre kein Zweck so wären auch die Mittel umsonst und hätten keinen Werth".[2]

Zweck an sich selbst, so die Vorlesung weiter, kann nur etwas sein, das Vernunft hat, da es sonst kein Bewusstsein von sich selbst hat. Vernunft ist aber nur Mittel zum Zweck, darum nicht hinreichende Bedingung dafür, dass etwas Zweck an sich selbst ist, der Mensch könnte von der Natur abhängen. Was das bedeutet, wird nicht näher ausgeführt, gemeint ist damit wohl, er könnte nur von sinnlichen Antrieben und Neigungen bestimmt sein. Hinreichende Bedingung ist nur die Freiheit, nur durch die Freiheit hat der Mensch einen eigenen Willen.

Die *Grundlegung* dagegen nimmt ihren Ausgang von der These, mit der die Einleitung des *Naturrechts Feyerabend* endete, vom guten Willen, allerdings unter der zunächst als problematisch angenommenen Annahme, wenn Moral überhaupt möglich ist. Voraussetzung ist zunächst, moralische Gesetze müssen streng allgemein sein, das können sie aber nur, wenn sie für alle vernünftigen Wesen gleich gelten.[3] Wenn das so ist, können alle sinnlichen Antriebe des Menschen für die moralischen Gesetze keine Bedeutung haben. Unter dieser Voraussetzung kann aber nur noch der bloße Wille als etwas gelten, das

---

2 V-NR/Feyerabend, 5 (AA 27: 1319).

3 Diese These wird in der *Grundlegung* immer wieder wiederholt: Eine *Metaphysik der Sitten* muss rein und a priori sein, ihr darf nichts Empirisches beigemischt sein, weshalb sie nicht nur für Menschen, sondern für alle vernünftigen Wesen gilt (vgl. GMS, AA 04: 387–392, 406–412, 425–427, 441–444, 447f.).

unbedingt gut ist. Dann aber kann nur ein Wille unbedingt gut sein, der unter moralischen Gesetzen steht.

Weil bei diesem Willen von allen sinnlichen Antrieben abstrahiert wurde, also nur die Gesetzmäßigkeit als Motiv des Handelns übrigbleibt, kann dieser nur ein solcher sein, der um des Gesetzes willen handelt, und das Gesetz selbst kann nur ein solches sein, das die bloße Form der Gesetzmäßigkeit zum Inhalt hat. Wesen, die nur durch Vernunft bestimmt werden, ist dieses Gesetz unmittelbar Bestimmungsgrund ihres Handelns. Für solche, die auch durch Triebe und Neigungen bestimmt werden, hat dieses Gesetz ebenfalls objektiv Gültigkeit, subjektiv ist seine Befolgung jedoch zufällig. Für solche Wesen ist es daher ein Imperativ, einer, der kategorisch gebietet.

Die vorstehenden Überlegungen folgen Kant zufolge analytisch aus dem Begriff der Moral. Deswegen gehören sie zum analytischen Teil der *Grundlegung*, d. h. sie sind gültig, wenn Moral überhaupt möglich ist. Dass Moral möglich ist, muss der dritte, der synthetischen Methode folgende Teil der *Grundlegung* beweisen. Sie ist möglich, wenn der Mensch Gesetzen unabhängig bzw. sogar unter Hintansetzung seiner Triebe und Neigungen überhaupt folgen kann, d. h. allein aus Vernunftgründen handeln kann oder im transzendentalen Sinne frei ist. Diese Freiheit bestimmt Kant auch als Autonomie. Autonomie bedeutet daher viel mehr als Selbstgesetzgebung, sondern unabhängig von Bestimmungen der Sinnlichkeit sich selbst durch Vernunft zu bestimmen.

Zwischen diesen beiden Abschnitten erfüllt der zweite Abschnitt die Funktion der Dialektik, d. h. er soll die aus der Erfahrung abgeleiteten Einsprüche der Popularphilosophie, eine rein aus der Vernunft begründeten Moral sei unmöglich, zurückweisen.[4] Das wirkungsmächtigste Thema dieses Abschnittes sind dabei die sogenannten Nebenformeln des kategorischen Imperativs und hier insbesondere die Mensch-als-Zweck-an-sich-Formel, die in der Literatur oftmals sogar als die Essenz der kantischen Moralphilosophie angesehen wird. Es wird noch im Einzelnen zu diskutieren sein, dass dieser Formel keineswegs eine eigenständige Funktion in der kantischen Moralphilosophie zukommt, sondern dass sie, wenn man denn auf sie zurückgreifen will, nichts anderes ausdrückt, als der kategorische Imperativ selbst.

Unterschied und Gemeinsamkeiten von Vorlesung und *Grundlegung* sollen im Folgenden an drei Themen festgemacht werden: der Mensch als Zweck an sich selbst, das Verhältnis von Vernunft und Freiheit, sowie der Freiheits- und Autonomiebegriff selbst.

---

4 Vgl. GMS, AA 04: 404f. und 411f.

1   Der Mensch als Zweck an sich

Mit dem Begriff des Menschen als Zweck an sich selbst leitet Kant wie ausgeführt, die Einleitung ein. Diese Auszeichnung gegenüber allen anderen Wesen kommt ihm aufgrund seiner Vernunft zu. Als vernünftigem Wesen sind ihm alle unvernünftigen Dinge untertan, existieren zu seinem Zweck: „Das Daseyn der unvernünftigen Dinge hat keinen Werth, wenn nichts da ist, das sich dessen bedienen kann d.i: wenn kein vernünftiges Wesen sie als Mittel gebraucht. [...] der Mensch ist also Zweck der Schöpfung.“[5] Dieser Gedanke wird ausdrücklich mit einer Argumentation begründet, die Kant in der dritten Antinomie der *Kritik der reinen Vernunft* verworfen hatte, weil sie zu widersprüchlichen Annahmen führt. Dabei wird der Fehler, der dort zur Antinomie führte, dass die in der Erfahrung gegebene Verknüpfung von jeder Wirkung auf eine Ursache, und von dieser auf eine weitere usf. über jede Erfahrung hinaus weitergeführt werde, hier ausdrücklich als Argument eingeführt:

> Daß das Daseyn irgend eines Dinges als Zweck an sich selbst seyn müsse, und nicht alle Dinge bloß als Mittel seyn können, ist in dem System der Zwecke eben so nothwendig, als in der Reihe der wirkenden Ursachen ein Ens a se. Ein Ding, das an sich selbst Zweck ist ist ein Bonum a se. Was bloß als Mittel kann betrachtet werden, hat bloß den Werth als Mittel, wenn es als solches gebraucht wird. Dazu muß nun ein Wesen seyn, das Zweck an sich selbst ist. Ein Ding in der Natur ist ein Mittel dem andern; das läuft immer fort, und es ist nothwendig, am Ende ein Ding zu denken, das selbst Zweck ist, sonst würde die Reihe kein Ende haben.[6]

Der Text spricht für sich: Wie in der Kette der Kausalverknüpfungen führt uns die Vernunft dazu, die Kette von der Bedingung zum Bedingten über alle Erfahrung hinauszuführen, hier von den Mitteln für bedingte Zwecke zum unbedingten Zweck, dem Zweck an sich selbst. Wie dort können wir ihn nicht beweisen, müssen es aber wegen des Bedürfnisses unserer Vernunft nach Vollständigkeit der Glieder einer solchen Kette annehmen. Nur folgt daraus nach Kant an dieser Stelle keine Dialektik, kein unzulässiger Vernunftschluss. Jedoch wird die Parallele zu den Antinomien der *Kritik der reinen Vernunft* von Kant an dieser Stelle der Sache nach selbst hergestellt:

---

5   V-NR/Feyerabend, 5 (AA 27: 1319).
6   V-NR/Feyerabend, 7 (AA 27: 1321).

FREIHEIT UND VERNUNFT IM SPANNUNGSFELD

In der Reihe der wirkenden Ursachen ist ein ens ab alio, aber endlich muß ich doch an ein ens a se kommen. Der Zweck ist beim Wollen ein Grund, warum das Mittel da ist. Ein Ding ist Mittel des andern, daher muß zuletzt ein Ding seyn, das kein Mittel mehr, sondern Zweck an sich selbsten ist. Wie aber ein Wesen an sich selbst bloß Zweck seyn kann, und nie Mittel, ist eben so unbegreiflich, als wie in der Reihe der Ursachen ein nothwendiges Wesen seyn müsse. Indessen müssen wir beides annehmen, wegen des Bedürfnisses unsrer Vernunft, alles vollständig zu haben.[7]

Die Dinge in der Natur, einschließlich der Tiere, können nur als Mittel zum Zweck angesehen werden, nur der Mensch kann als Zweck an sich selbst angesehen werden. Die unvernünftigen Dinge haben keinen Wert, außer dass sie von vernünftigen Wesen als Mittel gebraucht werden. Der Mensch kann von anderen Menschen als Mittel gebraucht werden, aber nur indem er demselben wechselseitig zum Mittel wird, z. B. wenn Menschen im Arbeitsvertrag einander gegenseitig als Mittel zur Erreichung ihres Zweckes gebrauchen, aber nie bloß als Mittel, sondern nur „zu gleicher Zeit Zweck", d. h. nur so, dass der andere darin ebenfalls seinen Zweck erreicht. Als Zweck an sich kann der Wille des Menschen seine Grenze nur am Willen eines anderen finden: „Der menschliche Wille ist also eingeschränkt auf die Bedingung der allgemeinen Einstimmung des Willens andrer". Dass niemand bloß Mittel, sondern auch Zweck sein soll, findet etwa im Vertrag seinen Ausdruck darin, dass er einstimmen muss: „er muß auch wollen".[8]

Auch in der *Grundlegung* findet sich die These vom Menschen als Zweck an sich selbst: „Nun sage ich: der Mensch und überhaupt jedes vernünftige Wesen existirt als Zweck an sich selbst, nicht bloß als Mittel zum beliebigen Gebrauche für diesen oder jenen Willen."[9] Woraus Kant dann als eine Reformulierung des kategorischen Imperativs ableitet: „Handle so, daß du die Menschheit sowohl in deiner Person, als in der Person eines jeden andern jederzeit zugleich als Zweck, niemals bloß als Mittel brauchst."[10]

Zweifellos ist dies einer der wirkungsmächtigsten Thesen der *Grundlegung* geworden. Wir sollten aber sehen, dass diese Überlegungen im zweiten Abschnitt der *Grundlegung* stehen, jenem Abschnitt, den Kant selbst als Dialektik bezeichnet und dessen Funktion es ist, über die Fehlschlüsse der

---

7 V-NR/Feyerabend, 7 (AA 27: 1321).
8 V-NR/Feyerabend, 5 (AA 27: 1319).
9 GMS, AA 04: 428.
10 GMS, AA 04: 429.

Popularphilosophie aufzuklären. Während aber in der spekulativen Vernunft diese Fehlschlüsse daraus resultieren, dass Sätze über alle Erfahrung hinaus erweitert werden (wo sie keine Anwendung mehr finden), so in der praktischen Philosophie darin, dass sie sich auf Erfahrungen einlässt.[11] Die populäre sittliche Weltweisheit unterliegt einer „natürlichen Dialektik", aus der Erfahrung auf das sittlich Gebotene schließen zu wollen. Statt reine praktische Imperative zu formulieren, lässt sie sich auf Anforderungen der Erfahrung ein und beginnt zu „vernünfteln", praktische Fehlschlüsse zu produzieren, die aus Verallgemeinerung von Erfahrungssätzen resultieren und damit die kategorischen Vernunftprinzipien verwässern.[12] Sie gilt es daher über die Quellen ihrer Fehlschlüsse aufzuklären und die Ansprüche der empirischen Erfahrung in der philosophischen Sittenlehre zurückzuweisen.[13] Denselben Gedanken wiederholt Kant in einem Absatz unmittelbar vor den Überlegungen zur Unterscheidung von hypothetischen und kategorischen Imperativen.[14] Der Abschnitt schließt mit der Bemerkung Kants, er habe die Nebenformeln nur eingeführt, um den kategorischen Imperativ der Anschauung näher zu bringen, eigentlich sei es aber besser, „wenn man in der sittlichen Beurtheilung immer nach der strengen Methode verfährt und die Formel des kategorischen Imperativs zum Grunde legt".[15] Kant nennt die Nebenformeln deswegen mehrfach auch nicht Formeln des kategorischen Imperativs, sondern „Arten, das Princip der Sittlichkeit vorzustellen".[16]

Es ist schon lange darauf hingewiesen worden, ohne dass dies allerdings in der Kantforschung sonderlich zur Kenntnis genommen wurde, dass der Adressat dieser Kritik Christian Garve, genauer die mit eigenen Anmerkungsbänden[17] versehene Übersetzung von Ciceros *De officiis*[18] war.[19] Ausweislich

---

11   GMS, AA 04: 411f.

12   Kants Kritik der Erfahrungstheorie führt schließlich zu einer Änderung des Titels: Kritisiert werden muss demnach nicht die reine praktische Vernunft, sondern die praktische Vernunft, insofern sie den Anmaßungen der Erfahrung nicht widersteht (vgl. KpV, AA 05: 03; 15f.).

13   GMS, AA 04: 404f.

14   GMS, AA 04: 412.

15   GMS, AA 04: 436.

16   Vgl. GMS, AA 04: 436; auch 431: „Vorstellungsart".

17   Vgl. Christian Garve: *Philosophische Anmerkungen und Abhandlungen zu Ciceros Büchern von den Pflichten* (Breslau: W.G. Korn, 1783).

18   Vgl. Marcus Tullius Cicero, *Abhandlung über die menschlichen Pflichten in drey Büchern*, übers. Christian Grave (Breslau: W.G. Korn, 1783).

19   Vgl. Klaus Reich, *Kant und die Ethik der Griechen* (Tübingen: J.C.B. Mohr, 1935), wieder in ders., *Gesammelte Schriften*, hg. Manfred Baum, Udo Rameil, Klaus Reisinger und Gertrud Scholz (Hamburg: Meiners, 2001): 113–146, hier 137ff., sowie Manfred Baum, „Kant und

FREIHEIT UND VERNUNFT IM SPANNUNGSFELD

mehrerer Briefe Hamanns an Kants Freunde Ende 1783 und Anfang 1784 arbeite Kant an einer „Antikritik [...] gegen Garvens Cicero". Ende April 1784 schreibt Hamann dann jedoch, die Arbeit sei unter der Hand zu „einem Prodromo zur Moral" geworden, die aber immer noch „auf Garvens Cicero Beziehung haben soll".[20]

Der Kontext belegt, dass die Nebenformeln keineswegs dem kategorischen Imperativ etwas hinzufügen[21] oder gar das Wesen der Kantischen Moralphilosophie ausmachen. Mit den Nebenformeln greift Kant die Themen der Populärphilosophie (der „Vorstellungsart") auf und zeigt, wie diese in Bezug auf den kategorischen Imperativ – und nur in diesem Bezug – vernünftig interpretiert werden können. Unabhängig vom kategorischen Imperativ kommt ihnen hingegen keine Vernunft zu. Kant schließt daher an jede Formel den Beweis an, dass ihnen keine empirischen Inhalte beigemischt werden dürfen und sie nur als reine Vernunftformeln Gültigkeit haben. Werden ihnen hingegen empirische Inhalte beigemischt, resultieren daraus dogmatische Fehlschlüsse.

Dies gilt auch für die sog. „Mensch als Zweck an sich Formel". Auf den ersten Blick erscheint sie als ein Paradox, weil „in der Idee eines ohne einschränkende Bedingung (der Erreichung dieses oder jenes Zwecks) schlechterdings guten Willens durchaus von allem zu bewirkenden Zwecke abstrahirt werden muß." Aber hier wird der Zweck „nicht als ein zu bewirkender", sondern „nur negativ gedacht", „dem niemals zuwider gehandelt, der also niemals bloß als Mittel, sondern jederzeit zugleich als Zweck in jedem Wollen geschätzt werden muß".[22] Die „Mensch als Zweck an sich"-Formel besagt nicht, wir sollen uns den Menschen zum Zweck machen, sondern der Mensch an sich ist *Grenze* jeder Zwecksetzung; es sind keine Zwecke erlaubt, in denen wir den Menschen zum bloßen Mittel unserer Zwecke machen

Jeder Zweck bedarf zu seiner Realisierung eines Mittels: Wer den Zweck will, will auch das Mittel. Der kategorische Imperativ ist hingegen eine negative Grenze jedes Zwecks. Ein Zweck bzw. das Prinzip eines Zwecks, das nicht gesetzesfähig ist, dürfen nicht verfolgt werden. Alle materiellen Zwecke sind daher bloß relativ, seien sie solche, die die Glückseligkeit, oder solche, die die

---

Ciceros ,De officis' ", in ders., *Kleine Schriften, Bd. 2. Arbeiten zur praktischen Philosophie Kants*, hg. Dieter Hüning (Berlin und Boston: De Gruyter, 2020): 45–56, hier 55.

20   Vgl. dazu im Einzelnen Paul Menzer, „Einleitung", in GMS, AA 04:626f. sowie Bernd Kraft und Dieter Schönecker, „Einleitung", in *Immanuel Kant: Grundlegung zur Metaphysik der Sitten*, hg. Bernd Kraft und Dieter Schönecker (Hamburg: Meiner, [2]2016): VII–XXIX, hier IXff.

21   So Dieter Schönecker und Allen W. Wood, *Kants Grundlegung zur Metaphysik der Sitten. Ein einführender Kommentar* (Paderborn: Schöningh, [3]2007), 127f. und 142.

22   GMS, AA 04: 437.

Vollkommenheit zum Inhalt haben. Das Prinzip der Menschheit als Zweck an sich selbst ist hingegen „oberste einschränkende Bedingung der Freiheit der Handlungen eines jeden Menschen".[23] Und „[d]ieses Princip der Menschheit und jeder vernünftigen Natur überhaupt, *als Zwecks an sich selbst* [...] ist nicht aus der Erfahrung entlehnt" – wegen seiner allgemeinen Geltung für alle vernünftigen Wesen überhaupt, die nicht Gegenstand der Erfahrung sein können, vor allem aber, weil es kein subjektiver Zweck ist, den Menschen sich wirklich zum Zweck machen können, sondern als objektiver Zweck „die oberste einschränkende Bedingung" aller Zwecksetzung ist.[24] Die Formeln sind also deswegen nicht paradox, weil Kant sie des ursprünglichen Sinns, den sie im Stoizismus oder der Popularphilosophie haben, beraubt und stattdessen als ein Ideal oder Grenzbegriff interpretiert, das oder der allein aus der Vernunft abgeleitet wird.

Von all dem ist in der Naturrechtsvorlesung *Feyerabend* keine Rede. Der Mensch als Zweck an sich ist kein Vernunftbegriff, kein Begriff, an dem jede Zwecksetzung seine Grenze findet, der selbst aber nicht in der Erfahrung, sondern in der reinen praktischen Vernunft gründet, sondern das Ende einer empirischen Kette von Zweck-Mittel-Verknüpfungen, so dass alle Zwecke letztlich Mittel zu diesem Zweck sind, den der Mensch sich machen soll. Mit diesen Überlegungen führt die Vorlesung jedenfalls nicht zum Freiheitsbegriff der *Grundlegung*.

Aus der Eigenschaft des Menschen, Zweck an sich zu sein, leitet Kant dann als deren Voraussetzung ab, dass der Mensch einen Willen hat und damit auch Freiheit besitzt: „Die Freiheit des Menschen ist die Bedingung, unter der der Mensch selbst Zweck seyn kann". Und: „Soll der Mensch also Zweck an sich selbst seyn; so muß er einen eignen Willen haben.[25] Daraus leitet Kant dazu über, dass die Freiheit des Menschen Grund sei, dass der Mensch Wert hat: „Des Menschen innrer Werth beruht auf seiner Freiheit, daß er einen eignen Willen hat".[26]

2 Vernunft und Freiheit

Die zweite Stunde beginnt Kant erneut mit Ausführungen zum Menschen als Endzweck der Natur. Daran schließen sich befremdliche Äußerungen zum

---

23   GMS, AA 04: 430f.
24   GMS, AA 04.430f.
25   V-NR/Feyerabend, 6 (AA 27: 1320).
26   V-NR/Feyerabend, 6 (AA 27: 1319).

FREIHEIT UND VERNUNFT IM SPANNUNGSFELD

Verhältnis von Vernunft und Freiheit an, dass der Mensch nicht durch Vernunft, sondern erst durch die Freiheit Zweck an sich selbst ist. Voraussetzung dafür, dass der Mensch Zweck an sich ist, ist dass der Mensch Vernunft hat. Denn nur durch Vernunft sei er sich seiner selbst überhaupt bewusst. Aber nicht Vernunft, sondern Freiheit sei hinreichende Bedingung dafür, dass der Mensch Zweck an sich ist. Denn Vernunft sei bloß Mittel zum Zweck, nämlich beliebige Zecke zu verfolgen. Nur durch Freiheit unterscheide sich der Mensch vom Tier.

Es lohnt sich, diese Ausführungen hier ausführlich zu zitieren:

> Wenn nur vernünftige Wesen können Zweck an sich selbst seyn; so können sie es nicht darum seyn, weil sie Vernunft, sondern weil sie Freiheit haben. Die Vernunft ist bloß ein Mittel. – Der Mensch könnte durch die Vernunft, ohne Freyheit, nach allgemeinen Gesetzen der Natur das hervorbringen, was das Thier durch Instinct hervorbringt – Ohne Vernunft kann ein Wesen nicht Zweck an sich selbst seyn; denn es kann sich seines Daseyns nicht bewußt seyn, nicht darüber reflektiren. Aber Vernunft macht noch nicht Ursache aus, daß der Mensch Zweck an sich selbst ist, hat er Würde, die durch kein *Aequivalent* ersetzt werden kann. Die Vernunft aber giebt uns nicht die Würde. Denn wir sehen doch, daß die Natur bei den Thieren durch Instinct das hervorbringt, was die Vernunft durch lange Umschweife erst ausfindet. Nun könnte die Natur unsre Vernunft ganz nach Naturgesetzen eingerichtet haben [...]. So wären wir aber nicht besser als die Thiere. Aber die Freyheit, nur die Freyheit allein, macht, daß wir Zweck an sich selbst sind. Hier haben wir Vermögen, nach unsrem eignen Willen zu handeln. Würde unsre Vernunft nach allgemeinen Gesetzen eingerichtet seyn, so wäre mein Wille nicht mein eigner, sondern der Wille der Natur.[27]

Der Grundgedanke ist wohl der: Zweck an sich kann nur sein, wer nur seinen eigenen Zweck setzt und nicht Zweck eines anderen ist. Wären wir Naturgesetzen unterworfen, so wären wir Naturzweck und nicht Selbstzweck. Um Selbstzweck zu sein, müssen wir uns unserer selbst bewusst sein, sonst könnten wir keine eigenen Zwecke setzen. Dazu ist Vernunft erforderlich. Aber Vernunft allein könnte immer noch so ausgelegt sein, dass sie nur Mittel ist, durch die Natur vorgegebene Zwecke zu realisieren. Wir würden dann nur durch Vernunft realisieren, was die Tiere durch Instinkt realisieren. Dann hätten wir

---

27   V-NR/Feyerabend, 8 (AA 27: 1321f.).

nicht eigene Zwecke und auch keinen eigenen Willen, sondern realisieren den der Natur. Welches diese Zwecke sind, wird hier nicht ausgeführt, wir können aber wohl annehmen, dass es die Zwecke sind, die wir ausführen müssen, um unser Dasein zu fristen. Auch der Inhalt des Freiheitsbegriffes wird hier nicht angegeben.

Allerdings spricht Kant hier von der Vernunft, die die Mittel zur Erreichung beliebiger Zwecke bereitstellt, ich nenne sie hier instrumentelle Vernunft. Von einer reinen praktischen Vernunft, die Gesetze der Freiheit und Autonomie gibt, ist hier nicht die Rede.

Vernunft ist Bedingung, dass ein Wesen Zweck an sich selbst ist, denn ohne Vernunft könnte er sich „seines Daseyns nicht bewußt seyn".[28] Vernunft ist nicht hinreichende Bedingung dafür, dass der Mensch Zweck an sich ist, hinreichende Bedingung ist nur die Freiheit. Denn Vernunft könnte nur Mittel zum Zweck sein, durch lange Umschweife das aufzufinden, was die Natur bei den Tieren durch Instinkt hervorbringt. Die Natur könnte die Vernunft so eingerichtet haben, dass sie nach Naturgesetzen wirkt, dann wäre unser Wille nicht unser eigener Wille, sondern der der Natur, wir wären nicht frei. Nur wenn wir frei sind, haben wir ein Vermögen, nach unserem eigenen Willen zu handeln, und dies macht, dass wir Zweck an sich sind.

Der Gedanke hat eine Parallele im ersten Abschnitt der *Grundlegung*, in dem Kant in der Absicht, den absoluten Wert des guten Willens herauszustreichen, danach fragt, warum die Natur diesen unter die Regierung der Vernunft gestellt hat. Seine Antwort lautet dort:

> Wäre nun an einem Wesen, das Vernunft und einen Willen hat, seine Erhaltung, sein Wohlergehen, mit einem Worte seine Glückseligkeit, der eigentliche Zweck der Natur, so hätte sie ihre Veranstaltung dazu sehr schlecht getroffen, sich die Vernunft des Geschöpfs zur Ausrichterin dieser ihrer Absicht zu ersehen.[29]

Wäre dies die Absicht der Natur gewesen, so wäre sie besser gefahren, den Menschen mit Instinkt auszustatten.[30] Wenn sie ihn dennoch mit Vernunft ausgestattet hat, so muss sie damit einen anderen Zweck verfolgt haben, nämlich den „an sich selbst guten Willen hervorzubringen",[31] indem er diesen der Gesetzgebung der Vernunft unterwirft. Es ist also keineswegs die Absicht, die

---

28   V-NR/Feyerabend, 8 (AA 27: 1322); vgl. auch V-NR/Feyerabend, 5 (AA 27: 1319).
29   GMS, AA 04: 395.
30   Vgl. GMS, AA 04: 395.
31   GMS, AA 04: 396.

FREIHEIT UND VERNUNFT IM SPANNUNGSFELD 141

Vernunft zu depotenzieren, sondern vielmehr ihre Aufgabe als reine praktische Vernunft hervorzuheben. Kant will an dieser Stelle also nicht sagen, nicht
die Vernunft, sondern allein die Freiheit macht die Würde des Menschen aus,[32]
sondern: Der Mensch hat Vernunft nicht, um allerlei Zwecke zu verfolgen, diese
Funktion hat Vernunft sicherlich auch, aber vor allem um ihn als reine praktische Vernunft ihren Gesetzen zu unterwerfen. Die Fähigkeit, Gesetzen der
reinen praktischen Vernunft folgen zu können, macht nun wiederum die Freiheit des Menschen aus. Freiheit und Vernunft stehen also nicht in irgendeinem
Konkurrenzverhältnis, sondern sind zwei Seiten ein und derselben Medaille.

3   Freiheit und Autonomie

Dieser Freiheitsbegriff der *Grundlegung* ergibt sich aus einem Defizit des Freiheitsbegriffs der *Kritik der reinen Vernunft*. Im Kanon der *Kritik der reinen Vernunft* unterscheidet Kant zwischen einer transzendentalen und einer praktischen Freiheit. Von der praktischen Freiheit heißt es, dass sie „durch Erfahrung
bewiesen werden"[33] könne. Zur Erläuterung der praktischen Freiheit unterscheidet Kant zwischen der tierischen Willkür (*arbitrium brutum*), die durch
sinnliche Antriebe pathologisch bestimmt wird, und einer freien Willkür (*arbitrium librum*), „welche unabhängig von sinnlichen Antrieben, mithin durch
Bewegursachen, welche nur von der Vernunft vorgestellt werden, bestimmt
werden kann".[34] Dabei geht es zunächst nur um Kriterien zur Beurteilung
von Handlungen „durch Vorstellungen von dem, was selbst auf entfernte
Art nützlich oder schädlich ist".[35] Mithin beruht jede Handlung, die als Mittel zu einem Zweck dient oder nach einer subjektiven Maxime erfolgt, „auf
der Vernunft".[36] Praktische Freiheit ist also zunächst nichts weiter als das Vermögen, auf Grund von selbstgesetzten Zwecken und insofern durch Vernunft
bestimmt zu handeln.

Dieser Freiheitsbegriff unterscheidet sich nun keineswegs von dem, den Kant
in der *Anmerkung* zur Thesis der dritten Antinomie wie in der *Auflösung der
dritten kosmologischen Antinomie*[37] entwickelt. Die transzendentale Idee der
Freiheit als der eigentliche Grund, jemanden seine Handlungen zuzurechnen,

---

32   So die Interpretation von Sadun Bordoni, „Vernunft und Freiheit", 12ff.
33   KrV, A 802/B 830.
34   KrV, A 802/B 830.
35   KrV, A 802/B 830.
36   KrV, A 802/B 830.
37   Vgl. KrV, A 532ff./B 560ff.

mache den eigentlichen Stein des Anstoßes für die Philosophie in Hinblick auf das aus, was Kant in der *Anmerkung* den „psychologischen Begriff"[38] der Freiheit, in der *Auflösung* die ‚praktische Freiheit' nennt. Ohne die Möglichkeit der ersten wäre auch die letzte hinfällig, die Aufhebung der transzendentalen Freiheit würde „zugleich alle praktische Freiheit vertilgen", führt Kant an letzterer Stelle aus.[39] Die Bestreitung der Möglichkeit transzendentaler Freiheit würde also die Bestreitung der Möglichkeit der psychologischen oder praktischen Freiheit bedeuten. Es stelle sich mithin die Frage, ob ein Vermögen angenommen werden könne, „eine Reihe von successiven Dingen oder Zuständen von selbst anzufangen".[40] M. a. W.: Kant beansprucht, mit der Auflösung der Freiheitsantinomie ein Problem lösen zu können – oder wie sich dann erweist, die *Voraussetzung* für die Lösung eines Problems anzubieten –, das zu lösen der empirischen Psychologie unmöglich ist, nämlich das, eine Handlung spontan zu beginnen, was nach Naturgesetzen eigentlich unmöglich ist.

Definitorisch wird der Begriff der praktischen Freiheit so bestimmt, wie der oben schon erwähnte im *Kanon*, nämlich als „Unabhängigkeit der Willkür von der Nötigung durch Antriebe der Sinnlichkeit." Auch hier trifft Kant die schon bekannte Unterscheidung zwischen der Willkürhandlung des Tieres von der des Menschen: Der Mensch wird in seinen Willkürhandlungen durch Sinnlichkeit nicht pathologisch oder notwendig bestimmt („necessiert"). Die menschliche Willkür ist zwar von Antrieben durch Sinnlichkeit affiziert, aber nicht notwendig bestimmt, ist „ein *arbitrium sensitivum,* aber nicht *brutum,* sondern *liberum*".[41] Diesen Begriff der Freiheit bezeichnet Kant wenig später als den negativen Begriff der Freiheit, den er mit dem positiven Begriff „als ein Vermögen [...], eine Reihe von Begebenheiten von selbst anzufangen", kontrastiert.[42] Hierbei handelt es sich ganz offensichtlich um den transzendentalen Begriff der Freiheit, was allein daraus hervorgeht, dass dieser Begriff die der Antithesis widersprechenden Annahme,[43] durch deren Widerlegung erstere bewiesen werden soll, nahezu wörtlich wiederholt.[44]

---

38 KrV, A 448/B 476.

39 KrV, A 534/B 562.

40 KrV, A 448/B 476; vgl. KrV, A 533/B 561.

41 KrV, A 534/B562.

42 KrV, A 553f./B 582f.

43 „Setzet: es gebe eine *Freiheit* im transscendentalen Verstande als eine besondere Art von Causalität, nach welcher die Begebenheiten der Welt erfolgen könnten, nämlich ein Vermögen, einen Zustand, mithin auch eine Reihe von Folgen desselben schlechthin anzufangen" (KrV, A 445/B 473).

44 Die Zuordnung des positiven Freiheitsbegriffs zum transzendentalen ergibt sich auch eindeutig aus dem Kontext: Nachdem Kant die praktische Freiheit abgehandelt hat, zeigt er, dass diese die transzendentale Freiheit voraussetzt.

FREIHEIT UND VERNUNFT IM SPANNUNGSFELD 143

Nach der *Kritik der reinen Vernunft* bleibt dieser Freiheitsbegriff aber der Kritik ausgesetzt, dass er offenlässt, ob „die Vernunft selbst in diesen Handlungen, dadurch sie Gesetze vorschreibt, nicht wiederum durch anderweitige Einflüsse bestimmt sei, und das, was in Absicht auf sinnliche Antriebe Freiheit heißt, in Ansehung höherer und entfernter wirkende Ursachen nicht wiederum Natur sein möge".[45] Die durch Erfahrung bewiesene Freiheit der menschlichen Willkür, in ihren *Handlungen* frei zu sein von unmittelbaren sinnlichen Antrieben, sich mithin mittels Zwecken und Maximen durch Vernunft bestimmen lassen zu können, beweist noch nicht, dass sie auch in ihrer *Gesetzgebung* für diese Zwecke und Maximen frei von sinnlichen Antrieben ist, oder dass sie im transzendentalen Sinne frei ist. Die transzendentale Freiheit bleibt daher für die spekulative Vernunft „ein Problem", weil sie „dem Naturgesetze, mithin aller möglichen Erfahrung zuwider zu sein scheint".[46] Nach der *Kritik der reinen Vernunft* ist das aber auch unerheblich, „geht uns im praktischen, da wir nur die Vernunft um die *Vorschrift* des Verhaltens zunächst befragen, nichts an, sondern ist eine bloß spekulative Frage, die wir, so lange als unsere Absicht aufs Thun oder Lassen gerichtet ist, bei Seite setzen können".[47] Nach dieser Beschreibung geht es der praktischen Vernunft also um die Gesetzgebung des äußeren Verhaltens, keineswegs um eine Gesetzgebung für die Maximen oder subjektiven Regeln, die der Mensch sich für sein Verhalten gibt.

Von der Freiheit kennt die *Kritik der reinen Vernunft* also einen positiven und einen negativen Begriff. Der negative Begriff besagt ‚Unabhängigkeit der Willkür von der Nötigung durch Antriebe der Sinnlichkeit'. Von dem, was damit bezeichnet wird, haben wir in der Erfahrung durch sollensbestimmte Handlungen Beispiele, nämlich zweckgerichtete bzw. prinzipiengeleitete Handlungen. Das, was mit dem negativen Begriff der Freiheit beschrieben wird, nennt Kant praktische Freiheit. Diese setzt das, was mit dem positiven Begriff der Freiheit beschrieben wird, nämlich eine Reihe von Gegebenheiten spontan anzufangen, voraus. Kant nennt sie transzendentale Freiheit. Von ihr wissen wir in spekulativer Hinsicht nur, dass sie nicht unmöglich ist und wir daher, soweit wir in der Erfahrung Ereignisse finden, die ihre Annahme notwendig machen, von ihr als regulative Idee Gebrauch machen können. Weil wir von ihr selbst aber in der Erfahrung keine Beispiele haben, kann die spekulative Philosophie – anders als von der praktischen Freiheit – keinen Beweis ihrer Wirklichkeit liefern.

---

45 KrV, A 803f./B 831f.
46 KrV, A 803f./B 831f.
47 KrV, A 803f./B 831f.

Es kommt noch ein weiteres Problem hinzu: Der positive oder transzendentale Begriff der Freiheit, *eine Reihe von Bedingungen von selbst anzufangen*, ist genau der Begriff, den Kant in der Antithese der dritten Antinomie benutzt, um durch ihre Widerlegung zu beweisen, dass in der Welt eine andere Kausalität als die, die auf ein vorhergehendes Ereignis nach einer Naturkausalität folgt, unmöglich ist; denn diese Voraussetzung würde einen Anfang ermöglichen, der außer der Naturgesetzlichkeit liegt – mithin gesetzlos wäre. Die transzendentale Freiheit würde mithin bewirken, dass keine Einheit der Erfahrung möglich wäre; sie kann daher in keiner Erfahrung angetroffen werden und ist mithin „ein leeres Gedankending".[48] Zufolge der *Kritik der reinen Vernunft* wissen wir also, was Freiheit *nicht* ist, nämlich Abhängigkeit von Naturkausalität. Dadurch wissen wir aber nicht, was Freiheit in positiver Hinsicht ist, weil der einzige positive Freiheitsbegriff, den die *Kritik der reinen Vernunft* kennt, nichts anderes ist, als die Negation von Naturkausalität, nämlich etwas zu sein, das *nicht* auf eine vorhergehende Bestimmung folgt, also eine Reihe von Bestimmungen von selbst anfängt. Dieser Begriff aber ist leer, nicht nur, weil wir davon keine Erfahrung haben, sondern solange wir keinen Begriff von einer Gesetzgebung der Kausalität durch Freiheit haben, auch unmöglich ist, weil Kausalität nach Kant, und darin folgt er durchaus der klassischen Metaphysik, eine Gesetzmäßigkeit fordert, aufgrund der etwas, was geschieht, notwendig geschieht. Damit ist die Weiterentwicklung des Freiheitsbegriffs in der *Grundlegung* und der *Kritik der praktischen* Vernunft vorgezeichnet: Kant muss zeigen, dass das, was – jedenfalls nach der Antithesis der dritten Antinomie – für die theoretische Philosophie unmöglich ist, für die praktische Philosophie Realität hat, eine Kausalität aus Freiheit – neben der Naturkausalität –, die gleichwohl gesetzmäßig – also nicht gesetzlos – ist.

Der Freiheitsbegriff der *Grundlegung* zielt daher von vornherein auf die Bestimmung der Gesetzgebung des Willens durch Vernunft und nicht auf Handlungen ab. „Der Wille", so führt gleich der erste Satz des dritten Abschnitts der *Grundlegung* aus, „ist eine Art von Kausalität lebender Wesen, so fern sie vernünftig sind", durch Freiheit, die „unabhängig von fremden sie *bestimmenden* Ursachen wirkend sein kann".[49] Die Kausalität durch Freiheit wird damit gleichzeitig gegen die Naturkausalität, durch die die Tätigkeit der vernunftlosen Wesen bestimmt ist, abgegrenzt. Letztere werden „durch den Einfluß fremder Ursachen zur Tätigkeit bestimmt".[50] Dies bezeichnet Kant dann als die *negative* Erklärung der Freiheit, aus der die *positive* folge. Die erstere sei,

---

48 Vgl. KrV, A 445–457/B 473–475.
49 GMS, AA 04: 446.
50 GMS, AA 04: 446.

FREIHEIT UND VERNUNFT IM SPANNUNGSFELD

weil bloß negative Erklärung, „unfruchtbar", die letztere dagegen „desto reich-haltiger und fruchtbarer".[51] Der Unterschied zur Charakterisierung von negativer und positiver Freiheit in der *Kritik der reinen Vernunft* ist auffällig. Während dort der negative Begriff der Freiheit der empirisch gehaltvolle und durch Erfahrung bewiesene, der positive oder transzendentale hingegen ein leerer Begriff ist, der noch dazu eine (unmögliche) gesetzlose Kausalität oder Zufall impliziert, verhält es sich hier gerade umgekehrt. Bezeichnend ist auch Kants Begründung für diese Ausführung:

> Da der Begriff einer Causalität den von *Gesetzen* bei sich führt, nach welchen durch etwas, was wir Ursache nennen, etwas anderes, nämlich die Folge, gesetzt werden muß: so ist die Freiheit, ob sie zwar nicht eine Eigenschaft des Willens nach Naturgesetzen ist, darum doch nicht gar gesetzlos, sondern muß vielmehr eine Causalität nach unwandelbaren Gesetzen, aber von besonderer Art sein; denn sonst wäre ein freier Wille ein Unding.[52]

Der positive Begriff der Freiheit ist also deswegen nicht leer, weil Kant nun behauptet, dass die Freiheit des Willens – mithin die Kausalität durch Freiheit – nicht gesetzlos ist, sondern eigenen, gleichwohl unwandelbaren Gesetzen folgt und darum kein Unding ist.

Kausalität durch Freiheit ist im Gegensatz zur Naturkausalität, die durch Heteronomie gekennzeichnet ist – dass etwas anderes, vorhergehendes die Ursache für eine Wirkung ist – die Autonomie, die durch zwei Charakteristiken beschrieben wird: die Gesetzgebung durch die eigene Vernunft und die Unterwerfung unter diese durch kein anderes Motiv als die Achtung vor dem Gesetz selbst. Seinem Inhalt nach kann dieses Gesetz den Willen durch nichts anderes bestimmen als die Form der Gesetzmäßigkeit, denn alle inhaltliche Bestimmung durch bestimmte Zwecke rührt von sinnlicher Neigung und ist darum heteronom.

Die wesentlichen Ausführungen dazu macht Kant im zweiten Abschnitt der *Grundlegung* in den Absätzen mit den Überschriften *Die Autonomie des Willens* bzw. *Die Heteronomie des Willens.*[53] Autonomie des Willens bedeutet

---

51   GMS, AA 04: 446.
52   GMS, AA 04: 446.
53   GMS, AA 04; 440 und 441. Denselben Gedanken entwickelt Kant auch schon in der dritten Nebenformel des kategorischen Imperativs als eines Reichs der Zwecke als Reich der Natur: Gemäß dieser Formel sind nur solche Zwecke erlaubt, die aus dem eigenen gesetzgebenden Willen hervorgegangen sind und doch als Gesetz jedes vernünftigen Wesens gelten können sollen. Der Inhalt dieses Gesetzes kann nur der sein, durch seine

danach, dass der Wille sich selbst „unabhängig von aller Beschaffenheit des Wollens"[54] Gesetz ist, d. h. allein durch seine eigene Vernunft bestimmt wird. Wenn der Wille hingegen durch irgendetwas anderes als allein durch dieses formale Prinzip bestimmt wird, so ist er heteronom bestimmt, weil dieses andere ihm das Gesetz des Handelns vorschreibt: „ich soll etwas thun darum, *weil ich etwas anderes will*".[55] Beispiele für Heteronomie, die Kant im Folgenden aufführt, sind eigene Vollkommenheit und anderer Glückseligkeit.[56]

Dass das Prinzip der Autonomie das alleinige Prinzip der Sittlichkeit sei, lässt sich nach Kant analytisch durch „bloße Zergliederung ihres Begriffes" (der Sittlichkeit) ableiten. Nicht ableiten lässt sich daraus der Beweis der Gültigkeit des Autonomieprinzips bzw. des damit verbundenen kategorischen Imperativs. Dies zu beweisen ist Aufgabe des dritten Abschnittes der *Grundlegung*, der nach Kant darum der synthetischen Methode folgt.

Zur ‚Vorbereitung' dieses Beweises erläutert Kant, dass wir einem jeden vernünftigen Wesen, das einen Willen hat, Freiheit zusprechen müssen, denn als solches handelt es nach Prinzipien. Aber nur insofern es nach eigenen Prinzipien handelt und nicht durch fremde Einflüsse bestimmt wird, könne es als Urheber *seiner* Prinzipien angesehen werden. Der Wille eines jeden vernünftigen Wesens müsse daher ‚in praktischer Absicht' als frei angesehen werden.[57] Offensichtlich ist damit nicht mehr erreicht als das, was Kant in der *Kritik der reinen Vernunft* als praktische Freiheit bezeichnet. So folgert Kant denn auch, dass aus diesem Begriff der Freiheit nicht folge, warum der Wille sich unter Abbruch jeglicher Bestimmungen durch Neigungen dem Sittengesetz unterwerfen solle, statt sich die Erreichung eines angenehmen Zustandes zur Maxime zu machen. Es fließe zwar aus der Idee eines mit Willen begabten und sich unter der Idee der Freiheit zum Handeln bestimmenden Wesens die Idee, das dessen subjektive Grundsätze oder Maximen jederzeit auch objektiv zu einer allgemeinen Gesetzgebung dienen können. Für den Gültigkeitsbeweis dieses Satzes reicht die Freiheit, sein Handeln nach eigenen Grundsätzen bestimmen zu können nach Kant offensichtlich nicht aus. Wir bewegen uns vielmehr in einem Zirkel, dass wir für die Idee der Freiheit das moralische Gesetz und das Prinzip der Autonomie des Willens voraussetzen, um danach

---

Handlungen ein mögliches Reich der Zwecke zu realisieren, die eine Gemeinschaft von Menschen unter Gesetzen schafft, und dieses Gesetz kann nur ein solches sein, als ob durch sein Handeln ein Reich der Natur hervorgebracht werden solle.

54   GMS, AA 04; 440.

55   GMS, AA 04; 441.

56   Vgl. GMS, AA 04; 441f.

57   Vgl. GMS, AA 04: 448.

FREIHEIT UND VERNUNFT IM SPANNUNGSFELD

zu folgern, dass wir diesem Gesetz unterworfen sind, weil wir uns die Freiheit des Willens beigelegt haben.[58]

Der Zirkel scheint nur vermeidbar, wenn wir einen vom Autonomiebegriff unabhängigen Freiheitsbeweis bzw. einen Beweis unserer Zugehörigkeit zur intelligiblen Welt finden. Der Grundgedanke der nun folgenden Beweisführung ist folgender: Wenn wir uns als Glieder einer intelligiblen Welt begreifen können, dann folgen wir per se dem Sittengesetz und sind in diesem Sinne frei. Wenn wir uns jedoch *zugleich* als Glieder der Sinnenwelt begreifen und folglich auch von Neigungen bestimmt werden, so folgen wir nicht von selbst dem Sittengesetz, sondern dasselbe begründet für uns eine Verbindlichkeit. Den Beweis, dass wir uns als Mitglieder einer intelligiblen Welt begreifen können, entlehnt Kant nun der spekulativen Philosophie. Weil das Ich, durch welches wir unsere Vorstellungen als zur Einheit verbunden denken, uns nicht empirisch gegeben ist, müssen wir uns, insofern wir ein Bewusstsein von ihm haben, zur ,*intellektuellen* Welt zählen', von der wir ansonsten keine Kenntnis haben. Damit ist nun nach Kant der Freiheitsbeweis ohne den oben erwähnten Zirkel erbracht, denn als Glieder der Verstandeswelt müssen wir uns als frei denken.[59]

Kant hat die in der *Grundlegung* gelieferte Begründung für die Gültigkeit des kategorischen Imperativs bereits drei Jahre später verworfen. In der *Kritik der praktischen Vernunft* insistiert er darauf, dass „die objektive Realität des moralischen Gesetzes durch keine Deduktion bewiesen werden"[60] kann. An anderer Stelle führt er zur *Grundlegung* aus, sie sei nur insofern Voraussetzung für das neue Werk, als sie mit den Formen des Sittengesetzes bekannt mache.

Von all diesen Überlegungen ist in der Vorlesung wenig zu finden. Ihr Freiheitsbegriff ist wie der Begriff der praktischen Freiheit in der *Kritik der reinen Vernunft* an Handlungen orientiert. Der Mensch ist frei, weil er im Unterschied zum Tier einen *eigenen* Willen hat. Der tierische Wille hängt von den allgemeinen Naturgesetzen ab, deswegen ist er in seinen Handlungen durch diese beschränkt, sein Verhalten daher vorhersehbar.[61] Auch der Mensch muss in seinen Handlungen beschränkt sein, weil er sonst unberechenbar und damit schlimmer als jedes Tier ist. Weil er dies nicht von Natur aus, sprich durch den Instinkt ist, kann er nur durch eigene Gesetze eingeschränkt sein.[62] Auch

---

58 GMS, AA 04: 449f.

59 Vgl. GMS, AA 04: 450ff.

60 KpV, AA 05: 47.

61 Kant erläutert dies mit Anders Sparrmanns Beschreibung des Jagdverhaltens der Löwen (V-NR/Feyerabend, 6f. [AA 27: 1320]).

62 Vgl. V-NR/Feyerabend, 6 (AA 27: 1320).

wenn in diesem Zusammenhang der Begriff der Autonomie fällt, wird weder der Begriff der Freiheit noch der der Autonomie erläutert, noch ist gar von einer Gesetzgebung für die Maxime des Willens durch Unterwerfung unter die Gesetze der eigenen Vernunft die Rede.

Es kann an dieser Stelle nicht geklärt werden, ob Kant in den Vorlesungen eine andere Begründung der Moralphilosophie präsentierte als in den eigenen Schriften, etwa weil seine Hörer die nicht verstünden,[63] oder ob der Mitschreiber einfach nur das notierte, was er verstand, und deswegen gerade die Pointe der kritischen Philosophie verfehlte, oder aber dieser Text älteres Material enthält.[64] Er ist jedenfalls keine Hilfe zur Interpretation der *Grundlegung*, sondern führt eher in die Irre.

Bibliografie

Baum, Manfred, „Kant und Ciceros ‚De officis' ", in ders., *Kleine Schriften, Bd. 2. Arbeiten zur praktischen Philosophie Kants*, hg. Dieter Hüning (Berlin und Boston: De Gruyter, 2020): 45–56.

Cicero, Marcus Tullius, *Abhandlung über die menschlichen Pflichten in drey Büchern*, übers. Christian Grave (Breslau: W.G. Korn, 1783).

Delfosse, Heinrich P., Hinske, Norbert und Sadun Bordoni, Gianluca (Hg.), *Kant-Index: Indices zum Ethikcorpus*, Band 30.1: *Einleitung des „Naturrechts Feyerabend"* (Stuttgart-Bad Cannstatt: Frommann-Holzboog, 2010), Band 30.2: *Abhandlung des „Naturrechts Feyerabend": Text und Hauptindex* (Stuttgart-Bad Cannstatt: Frommann-Holzboog, 2014), Band 30.3: *Abhandlung des „Naturrechts Feyerabend": Konkordanz und Sonderindices* (Stuttgart-Bad Cannstatt: Frommann-Holzboog, 2014).

Garve, Christian: *Philosophische Anmerkungen und Abhandlungen zu Ciceros Büchern von den Pflichten* (Breslau: W.G. Korn, 1783).

Kraft, Bernd und Schönecker, Dieter, „Einleitung", in *Immanuel Kant: Grundlegung zur Metaphysik der Sitten*, hg. Bernd Kraft und Dieter Schönecker (Hamburg: Meiner, [2]2016): VII–XXIX.

---

63   Vgl. etwa die Begründung, dass die kritische Philosophie nicht populär sein könne.

64   Es war nicht unüblich, dass die Hörer gekaufte Mitschriften früherer Vorlesungen in den Hörsaal mitbrachten und diese im Hörsaal mit einigen Zusätzen versahen. Der Text könnte so eine Kompilation aus altem und neuem Material sein. Dafür spricht die Beschreibung des Manuskripts durch die Herausgeber, dass es sich um eine Abschrift, möglicherweise um eine Abschrift einer Abschrift handele, in die Randnotizen, die sich nicht nahtlos in den Text einfügen, eingearbeitet wurden.

FREIHEIT UND VERNUNFT IM SPANNUNGSFELD

Reich, Klaus, *Kant und die Ethik der Griechen* (Tübingen: J.C.B. Mohr, 1935), wieder in ders., *Gesammelte Schriften*, hg. Manfred Baum, Udo Rameil, Klaus Reisinger und Gertrud Scholz (Hamburg: Meiners, 2001): 113–146.

Sadun Bordoni, Gianluca, „Vernunft und Freiheit. Das Naturrecht Feyerabend und die Entwicklung des kantischen Moraldenkens", in *Kants Naturrecht Feyerabend, Analysen und Perspektiven*, hg. Margit Ruffing, Annika Schlitte und Gianluca Sadun Bordoni (Berlin und Boston: De Gruyter, 2020): 7–31.

Schönecker, Dieter und Wood, Allen W., *Kants Grundlegung zur Metaphysik der Sitten. Ein einführender Kommentar* (Paderborn: Schöningh, ³2007).

Kants subjektivistische Begründung von Moral und Freiheit im *Naturrecht Feyerabend*

Markus Kohl

1 Einleitung

In diesem Beitrag befasse ich mich mit Kants Bemerkungen zu der Begründung von Moral und Freiheit in der Einleitung zum *Naturrecht Feyerabend*. Meine zentrale These ist, dass diese Bemerkungen eine Form von Subjektivismus aufweisen die weitaus radikaler ist als alles, was Kant in seinen publizierten Schriften aus der „kritischen" Periode zu diesen Themen sagt. Desweiteren argumentiere ich dafür, dass dieser Subjektivismus in einigen zentralen Punkten nicht mit Kants kritischer Moraltheorie vereinbar ist.

Der Aufsatz gliedert sich in vier Teile. Im ersten Teil kläre ich den Begriff von Subjektivismus, auf den ich mich im Weiteren beziehe. Im zweiten und dritten Teil versuche ich darzulegen, dass Kants Ansatz zur Begründung von Moral und Freiheit im *Naturrecht Feyerabend* stark subjektivistische Züge trägt. Im letzten Teil untersuche ich die Stichhaltigkeit dieses subjektivistischen Begründungsansatzes in Hinsicht auf Kants kritische Moraltheorie, d. h. in Hinsicht auf seine Position in der *Grundlegung zur Metaphysik der Sitten* und insbesondere in der *Kritik der praktischen Vernunft*.

2 Drei Formen von Subjektivismus

Der Gegensatz von ‚objektiv' und ‚subjektiv' ist von zentralem Interesse für die westliche Philosophiegeschichte, aber die Bedeutung dieser Begriffe ist schillernd und unscharf. Im Folgenden begnüge ich mich damit, drei verschiedene Arten dieses Gegensatzes herauszustellen, die eine wichtige Rolle in Kants kritischer Philosophie spielen.

Kant unterscheidet das Objektive und das Subjektive *erstens* in transzendentaler Bedeutung.[1] Subjektiv in diesem Sinne sind Eigenschaften, die von der Beziehung eines Dinges zu den Formen der Sinnlichkeit erkennender

---

1 Siehe z. B. KrV, A 46–49/B 64–66.

© KONINKLIJKE BRILL NV, LEIDEN, 2021 | DOI:10.1163/9789004448193_008

Subjekte abhängen.[2] Subjektiv in diesem Sinne sind, soweit ich Kant verstehe, ebenfalls Eigenschaften, die von der Beziehung eines Dinges zu den Gedankenformen eines diskursiven Verstandes abhängen.[3] Objektiv in diesem Sinne ist, was den Dingen an ihnen selbst zukommt, wenn man von aller Beziehung auf ein endliches, sinnlich anschauendes und diskursiv begreifendes Subjekt abstrahiert. In diesem (transzendentalen) Sinne sind zum Beispiel alle raumzeitlichen Prädikate subjektiv. Zumindest durch die theoretische Vernunft können wir, nach Kants kritischer Doktrin, von Dingen keine positiven Prädikate erkennen, die im transzendentalen Sinne objektiv sind, d. h. den Dingen an sich selbst zukommen.

Was transzendental ‚subjektiv' ist, kann ‚objektiv' in einem zweiten, empirischen Sinne sein. Objektiv in diesem Sinne ist, was Allgemeingültigkeit für alle Subjekte einer bestimmten endlichen Erkenntnisart, zum Beispiel der menschlichen Erkenntnisart hat: Empirisch objektiv ist für uns, was mit den allgemeinen Gesetzen der menschlichen Erfahrung zusammenstimmt. Dem entgegengesetzt ist das bloß Subjektive im empirischen Verstande, was nur Privatgültigkeit hat, das heißt, was von der besonderen, zufälligen Beschaffenheit dieses oder jenes menschlichen Subjektes abhängt: Zum Beispiel schmeckt Hummus meiner Frau gut und ich finde Hummus abscheulich.[4] Unter die Kategorie des bloß Subjektiven im empirischen Sinne, das von keinerlei Bedeutung für die objektive Erkenntnis der Dinge (als Erscheinungen) ist, fällt

---

2   MS, AA 06: 211: „Man kann Sinnlichkeit durch das subjektive unserer Vorstellungen überhaupt erklären …".

3   Dieser Punkt ist kontrovers, weil die reinen (nicht-schematisierten) Kategorien unabhängig von unserer Sinnlichkeit im reinen Verstand entspringen. Einige Interpreten ziehen daraus den Schluss, dass die Kategorien, wenn auch bloss allgemein und unbestimmt, Eigenschaften aller Dinge überhaupt vorstellen und demnach eben nicht ‚subjektiv' (in dem hier bestimmten ersten Sinne) sind. Siehe z. B. Eric Watkins, „Transcendental Idealism and the Categories", in *History of Philosophy Quarterly* 19 (2002): 191–215. Das Problem mit dieser Lesart ist, meiner Meinung nach, dass Kant zumindest an manchen Stellen klar betont dass die reinen Kategorien zwar unabhängig von *unserer menschlichen* Sinnlichkeit sind aber eben nicht von Sinnlichkeit überhaupt: demzufolge haben sie bloss Gültigkeit für einen endlichen, diskursiven Verstand (siehe z. B. KrV, B 148 und B 150). Die Subjektivität der reinen Verstandesformen ist relativ klar herausgestellt in Textstellen wie KrV, A 287/B 344; Prol, AA 04: 322. Ich diskutiere dieses Problem ausführlich in „Kant on the Inapplicability of the Categories to Things in Themselves", in *British Journal for the History of Philosophy* 23 (2015): 90–114.

4   Siehe z. B. KrV, A 45–46/B 62–64; Prol, AA 04: 290f. und 298–300. Zu unterscheiden ist hier noch eine Art von Vorstellungen, die ebenfalls niemals objektive empirische Erkenntnis von Dingen darstellen können, aber anders als diejenigen Vorstellungen die ‚subjektiv' im nur privat-gültigen Sinne sind, Allgemeingültigkeit haben. Sinnliche Vorstellungen, die bloß subjektiv Allgemeingültigkeit für alle menschlichen Subjekte haben, beziehen sich auf das Schöne und Erhabene.

auch alles, was bloß auf psychologischen Gesetzen der Assoziation beruht, zum Beispiel dass ich mit dem Wort ‚Lemming' eine Neigung zum Selbstmord verbinde. Hätte Hume recht mit seiner psychologischen Herleitung des Kausalbegriffes, dann wären alle unsere Kausalurteile empirisch subjektiv: Alle behauptete Verknüpfung von Ursache und Wirkung wäre dann bloßer Schein, hervorgerufen durch eine Selbsttäuschung der Vernunft durch den Einfluss der Einbildungskraft.[5]

Wenn ich Kant eine subjektivistische Begründung von Moral und Freiheit in der *Feyerabend* Vorlesung unterstelle, dann habe ich aber einen dritten Begriff von Subjektivität im Sinn. Subjektiv in diesem Sinne ist ein Urteil, das auf Vernunftgründen beruht, die sich auf das Subjekt beziehen (und also nicht vom Objekt hergeleitet werden können), die aber nicht auf den Bedingungen raumzeitlicher Erfahrung beruhen (also nicht subjektiv im ersten, transzendentalen Sinne sind) und auch nicht von kontingenten Sinnesbeschaffenheiten oder psychologischen Zwängen abhängen (also nicht subjektiv im zweiten, empirischen Sinne sind). Subjektiv in diesem dritten Sinne ist, was sich auf allgemeine Bedürfnisse endlicher Vernunft gründet. Diese Bedürfnisse sind nicht willkürlich, sondern haben eine Art von vernünftiger Notwendigkeit: Sie beruhen darauf, wie die Vernunft alle endlichen Wesen zu urteilen nötigt.[6] Die Gründe so zu urteilen, lassen sich allgemein mitteilen, sind also nicht bloß privatgültig. Transzendente Urteile über gewisse Gegenstände, die unser sinnliches Erkenntnisvermögen überschreiten, sind subjektiv in diesem dritten Sinne. Zum Beispiel: Es ist uns unmöglich, das Dasein Gottes aus objektiven Gründen zu erkennen, aber nach Kant müssen wir die Existenz Gottes annehmen, weil dies eine notwendige Voraussetzung für unser Streben nach dem höchsten Gut ist. Das Urteil, dass Gott existiert, ist also subjektiv in der dritten von mir hier unterschiedenen Bedeutung.

3 Moralischer Subjektivismus im *Naturrecht Feyerabend*

Es scheint offenkundig, dass Kant in dieser Vorlesungsmitschrift einen anderen moralphilosophischen Ansatz verfolgt als etwa in der *Grundlegung zur Metaphysik der Sitten*. In der *Grundlegung* stellt er die Regel, nur nach derjenigen Maxime zu handeln, die zugleich als allgemeines Naturgesetz vorgestellt oder gewollt werden kann, als die erste und fundamentale Form des

---

5 Siehe z. B. KrV, A 94/B 127, B 168; Prol, AA 04: 257f.; KpV, AA 05:12.
6 Siehe z. B. KrV, A 648/B 678; KpV, AA 05: 04; KU, AA 05: 450.

KANTS SUBJEKTIVISTISCHE BEGRÜNDUNG VON MORAL 153

Sittengesetzes vor. Das *Naturrecht Feyerabend* aber fokussiert sich, gleich von Beginn an,[7] auf die Idee, dass der Mensch als ein Zweck an sich selbst zu behandeln ist und demnach nicht als bloßes Mittel gebraucht werden darf.[8] Wir haben es hier also mit einer moralischen Norm zu tun, die wir (als endliche vernünftige Wesen) in der Form eines Imperativs auffassen: Wir *sollen* (kategorisch unbedingt) jeden Menschen, oder besser jedes vernünftige und freie Wesen, immer als Zweck an sich selbst und nie als bloßes Mittel gebrauchen. Nun kann man sich bei allen Normen fragen, warum sie gelten oder warum wir sie befolgen sollen. Worin liegt der Grund, wenn es denn überhaupt einen solchen gibt, dass wir jedes vernünftige Wesen immer und unbedingt als Zweck an sich selbst behandeln sollen? Der Versuch, auf diese Frage eine Antwort zu geben, ist das, was ich hier unter „Moralbegründung" verstehe.

Paul Guyer zufolge gibt das *Naturrecht Feyerabend* auf diese Frage eine deutliche und ambitionierte Antwort: „Here it should be observed that Kant is deriving a moral norm – a human being cannot be treated as a mere means – from a metaphysical fact – a human being *is* an end. Kant is not worrying about the impermissibility of deriving an ‚ought' from an ‚is'."[9] Dies würde Kants Versuch einer Moralbegründung im *Naturrecht Feyerabend* in die Nähe dessen rücken, was manche als zentralen Ansatz der Strategie des dritten Teils der *Grundlegung* ansehen: Ihnen zufolge versucht Kant dort, die Gültigkeit des kategorischen Imperatives ausgehend von einer nicht-normativen,

---

7 Siehe V-NR/Feyerabend, 5 (AA 27: 1319).

8 Dieser Punkt wird als ein hervorstechendes Merkmal dieser Vorlesungsmitschrift herausgestellt von Paul Guyer, „Stellenindex und Konkordanz zum *Naturrecht Feyerabend*, Teilband I: Einleitung des *Naturrechts Feyerabend*", in *Ratio Juris* 25 (2012): 210–216. Dagegen behauptet Günter Zöller, der Unterschied liege darin, dass das *Naturrecht Feyerabend* anders als die *Grundlegung* den Imperativ der Moral nicht "an die kontrafaktische Intersubjektivität ethischen Handelns" (die Formel des Reichs der Zwecke) sondern "an die allgemein-gesetzliche Form rein-individuellen ethischen Wollens" knüpfe („‚[O]hne Hofnung und Furcht' – Kants Naturrecht Feyerabend über den Grund der Verbindlichkeit zu einer Handlung", in *Das Band der Gesellschaft. Verbindlichkeitsdiskurse im 18. Jahrhundert,* hg. Simon Bunke, Katerina Mihaylova und Daniela Ringkamp (Heidelberg: Mohr Siebeck, 2015), 99–112, hier 111). Zöller weist zurecht darauf hin, dass die Einschränkung auf allgemeine Gesetze eine wichtige Rolle im *Naturrecht Feyerabend* spielt. Aber daraus folgt nicht, dass der Bezug auf die Form allgemeiner Gesetzgebung hier *grundlegend* für Kants Moraltheorie ist: Denn erstens würde das den Begriff der ‚Maxime' des Einzelwillens erfordern, der aber in der Vorlesungsmitschrift nicht vorkommt (siehe dazu Guyer, „Stellenindex und Konkordanz", 113); und zum anderen scheint Kant hier die Notwendigkeit der möglichen allgemeinen Einstimmung des einzelnen Willens nicht als erstes moraltheoretisches Prinzip anzunehmen, sondern aus der Idee zu folgern, dass der Mensch Zweck an sich selbst sei (V-NR/Feyerabend, 5f. [AA 27: 1319.25–32]; siehe dazu auch Zöller selbst, „‚[O]hne Hofnung und Furcht' ", 108f.).

9 Guyer, „Stellenindex und Konkordanz", 113.

deskriptiv-metaphysischen Prämisse, zum Beispiel der Behauptung unserer transzendentalen Freiheit, zu beweisen.[10] Der Schluss von Sein auf Sollen, den Guyer im *Naturrecht Feyerabend* verortet, wäre ein Schluss von der metaphysischen Tatsache, dass der Mensch ein Endzweck *ist*, zu der moralischen Norm, dass wir ihn niemals als bloßes Mittel behandeln *sollen*. Die Frage ist, ob Kant hier tatsächlich die Gültigkeit der Zweck-an-sich-selbst Formel unter Bezugnahme auf die objektive Beschaffenheit von vernünftigen Wesen, Zweck an sich zu sein, zu begründen versucht.

Meiner Ansicht nach übersieht Guyer hier zwei zentrale Abschnitte aus der Einleitung zum *Naturrecht Feyerabend*.[11] Die Abschnitte folgen direkt auf die Ankündigung, „dem jure naturae seine Stelle in der praktischen Philosophie zu bestimmen, und die Grenzen zwischen demselben und der Moral zu zeigen" und „die Begriffe des Rechts zu entwickeln", und zwar nicht „tumultarisch", sondern „methodisch".[12] Angesichts dieser Ankündigung ist anzunehmen, dass Kant hier das Ziel verfolgt, grundlegende Begriffe der Rechts- und Moralphilosophie in systematischer Weise zu klären, um davon ausgehend Naturrecht und Moral klar voneinander abgrenzen zu können.

Kant sagt nun: „Dass das Daseyn irgend eines Dinges als Zweck an sich selbst seyn müsse, und nicht alle Dinge bloss als Mittel seyen können, ist in dem System der Zwecke eben so nothwendig, als in der Reihe der wirkenden Ursachen ein *Ens a se*." Die Notwendigkeit, von der Kant hier spricht, liegt nicht in der Sache selbst, sondern in der Vernunft eines endlichen Subjektes begründet. Eine solche Vernunft ist genötigt, sich die Reihe der Bedingungen zu jedem Bedingten als vollendet oder komplett gegeben zu denken.[13] Daher muss sich die menschliche Vernunft zu einer gegebenen (erkannten) Wirkung eine Reihe von Ursachen denken, die in sich abgeschlossen ist, d. h. die in einer

---

10   Siehe z. B. den klassischen Aufsatz von Karl Ameriks, „Kant's Deduction of Freedom and Morality", in ders., *Interpreting Kant's Critiques* (Oxford: Oxford University Press, 2003), 161–92. Siehe auch Guyers eigene Lesart, zuletzt vorgestellt in seinem Aufsatz „Die Beweisstruktur der Grundlegung und die Rolle des dritten Abschnittes", in *Kants Begründung von Freiheit und Moral in Grundlegung III. Neue Interpretationen*, hg. Dieter Schönecker (Münster: mentis, 2015), 109–136. Der schwierige Text der *Grundlegung* lässt aber auch Spielraum für völlig andere Lesarten. Zum Beispiel degradiert Manfred Baum Kants Bezugnahme auf unsere Freiheit als Mitglieder einer intelligiblen Verstandeswelt zu einer pädagogisch leidlich sinnvollen, aber nicht ernst gemeinten Konzession an eine vulgäre Popularphilosophie. Siehe Manfred Baum, „Sittengesetz und Freiheit. Kant 1785 und 1788", in *Kants Rechtfertigung des Sittengesetzes in Grundlegung III: Deduktion oder Faktum?*, hg. Heiko Puls (Berlin und New York: De Gruyter, 2014), 209–226.

11   Vgl. V-NR/Feyerabend, 7.19–26 und 27–40 (AA 27: 1321).

12   Vgl. V-NR/Feyerabend, 7.13–19 (AA 27: 1321).

13   Siehe z. B. KrV, A 307f./B 364f. und A 409/B 436.

KANTS SUBJEKTIVISTISCHE BEGRÜNDUNG VON MORAL

ersten Ursache terminiert, die nicht wiederum als Wirkung durch eine andere Ursache bedingt ist.[14] In Kants kritischer Lehre ist dieser Gedanke von der Gegebenheit aller Bedingungen zu einem erkannten Bedingten eine notwendige transzendentale Illusion, die uns zu falschen Urteilen (welche auf einer dialektischen Täuschung beruhen) verleiten, aber auch von großem Nutzen für den gesunden Verstandesgebrauch sein kann – nämlich dann, wenn sie uns als regulative Idee anleitet, im theoretischen Nachdenken nach immer größerer Erkenntnis (dem Umfang und der Tiefe nach) zu streben.[15] Wichtig ist im Kontext dieses Aufsatzes vor allem der folgende Punkt: Die Notwendigkeit der Annahme einer solchen unbedingten Bedingung, eines aristotelischen unbewegten Bewegers, beruht nicht auf der Einsicht in die objektive metaphysische Notwendigkeit der Sache selbst, sondern auf der subjektiven Denknotwendigkeit dieser Annahme für das theoretische Reflexionsvermögen eines endlichen vernüftigen Subjekts.

Im *Naturrecht Feyerabend* scheint Kant eine analoge Idee für den praktischen Vernunftgebrauch („das Wollen") zu verfolgen, der sich nicht mit dem Verhältnis von Ursache und Wirkung, sondern mit dem von Mittel und Zweck befasst. Kant sagt: „Ein Ding in der Natur ist ein Mittel dem andern; das läuft immer fort, und es ist nothwendig, am Ende ein Ding zu denken, das selbst Zweck ist, sonst würde die Reihe kein Ende haben." Er führt diese Analogie auch gleich weiter fort: „In der Reihe der wirkenden Ursachen [muss ich] doch an ein *ens a se* kommen. Der *Zweck* ist beim *Wollen* ein Grund, warum das Mittel da ist. Ein Ding ist Mittel des andern, daher muss zuletzt ein Ding seyn, das kein Mittel mehr, sondern Zweck an sich selbsten ist." Sowohl im theoretischen als auch im praktischen Vernunftgebrauch ist diese Idee eines unbewegten Bewegers für uns völlig unverständlich: „Wie aber ein Wesen an sich selbst bloss Zweck seyn kann, und nie Mittel, ist eben so unbegreiflich, als wie in der Reihe der Ursachen ein notwendiges Wesen sein müsse." Ungeachtet dieser Unbegreiflichkeit müssen wir uns einen unbedingten Zweck oder ein notwendiges Wesen zu der Reihe der bloßen Mittel oder der zufällig wirkenden Ursachen hinzudenken: „Indessen müssen wir beides annehmen, wegen des

---

14 Man könnte einwenden, dass Kants Beispiel hier – durch seine Bezugnahme auf das *Ens a se* – eher den Schluss von der Serie der kontingenten Veränderungen auf ein absolut notwendiges Wesen als den Schluss auf eine unbedingte erste Ursache nahelegt; d. h. es scheint sich eher um die der vierten statt die der dritten Antinomie zugrundeliegende Vernunftidee zu handeln. Andererseits ist Kants expliziter Verweis auf die Reihe der wirkenden Ursachen ein klarer Hinweis auf die dritte Antinomie. Diese Schwierigkeit kann und muss hier aber nicht entschieden werden.

15 Siehe z. B. KrV, A 509f./B 537f.

Bedürfnisses unsrer Vernunft, alles vollständig zu haben." D. h. der Gedanke, dass bloss Bedingtes ohne eine letztbegründende Bedingung sei, ist für unsere Vernunft nicht tragbar wegen ihres Bedürfnisses, sich ein gegebenes Bedingtes als vollständig begründet vorzustellen. Sowohl angesichts der Vorstellung einer gegebenen Wirkung als auch angesichts der Vorstellung eines gegebenen Mittels fordert unsere Vernunft uns unwiderruflich auf, eine Idee anzuwenden, die es uns erlaubt, das jeweils Gegebene oder Bedingte als vollständig aus unbedingten Gründen hergeleitet vorzustellen. Aus diesem Vernunftbedürfnis entspringt sowohl die Idee einer ersten Ursache (in Hinsicht auf eine gegebene Wirkung) als auch die Idee eines letzten Zweckes (in Hinsicht auf ein gegebenes Mittel).

Guyers Behauptung, Kant leite die normative Gültigkeit der Zweck-an-sich-selbst-Formel im *Naturrecht Feyerabend* von einer metaphysischen Gegebenheit ab, ist also nicht tragbar. Im *Naturrecht Feyerabend* beruht die normative Gültigkeit der Regel, dass wir den Menschen immer auch als Zweck behandeln müssen, nicht auf der angeblichen Einsicht in seine objektive metaphysische Eigenschaft, als Zweck an sich zu existieren, sondern auf der subjektiven Notwendigkeit unserer Vernunft, sich zu allen gegebenen Mitteln etwas denken zu müssen, das selbst nicht mehr Mittel ist und das demnach als letzter praktischer Grund der Reihe von bloßen Mitteln vorgestellt werden kann. Kant leitet hier also nicht ein Sollen von einem angeblichen Sein, sondern ein Sollen von einem Sollen ab: Wir sollen den Mensch als Zweck an sich selbst behandeln, weil wir uns zu allen bedingten Mitteln einen unbedingten Selbstzweck denken sollen, und (wie im Folgenden noch zu zeigen sein wird) weil der Mensch unter allen uns bekannten Wesen als einziges die Bedingungen erfüllt, die wie uns in der Idee eines Zwecks an sich denken. Da die Notwendigkeit der Annahme eines Zwecks an sich von Kant hier als subjektive Notwendigkeit eines endlichen praktischen Vernunftgebrauches gekennzeichnet wird, so ist seine Begründung der moralischen Zweck-an sich-selbst-Formel im *Naturrecht Feyerabend* also insgesamt als ‚subjektivistisch' zu klassifizieren, in dem oben (in Abschnitt 1) bestimmten dritten Sinn von Subjektivität, der sowohl von transzendentaler als auch empirischer Subjektivität zu unterscheiden ist.

Ich werde im letzten Teil meines Aufsatzes auf die Frage eingehen, ob dieser subjektivistische Ansatz zur Moralbegründung Kants kritischen Kriterien standhält. An dieser Stelle will ich nur auf ein wichtiges Problem für den hier kolportierten Gedankengang hinweisen. Kants Argument basiert auf der Prämisse: Wir können uns keine Reihe von Mitteln denken, ohne uns etwas zu denken, das diese Reihe als letzter Zweck praktisch begründet. Dieses Argument erinnert entfernt an den Gedankengang des ersten Buches der *Nikomachischen Ethik* und man ist versucht, die gleiche Schlussfolgerung wie

KANTS SUBJEKTIVISTISCHE BEGRÜNDUNG VON MORAL

Aristoteles zu ziehen: Der letzte Zweck menschlichen Handelns, der nicht wiederum Mittel ist, ist unsere Glückseligkeit. Das wäre natürlich Kants intendierter Schlussfolgerung zuwider, nach der *der Mensch selbst* als vernünftiges und freies Wesen, und nicht bloß sein empirischer Zustand, der letzte Zweck und die unbedingte Bedingung unseres Handelns sein soll. Kant versucht diesen Einwand wie folgt zu antizipieren: „Sage ich, der Mensch ist da, um glücklich zu seyn. Warum aber hat das Glücklichseyn einen Werth? Es hat nur einen bedingten Werth, nämlich weil das Daseyn des Menschen einen Werth hat."[16] Kant scheint also hier zu behaupten, dass wir die Glückseligkeit nicht als letzten Zweck annehmen können, weil der Wert unseres Zustandes der Glückseligkeit nur ein bedingter Wert ist, der wiederum vom moralischen Wert des Daseins einer Person abhängt.

Aber hier könnte man einwenden, dass Kant eine Unterscheidung übersieht, die er selbst in etlichen Schriften mindestens impliziert, nämlich die Unterscheidung zwischen (1) einem Zweck, den wir um seiner selbst Willen, also nicht als Mittel, aber auch nicht bedingungslos vernünftig begehren, und (2) einem Zweck, den wir sowohl um seiner selbst Willen als auch ohne jede Bedingung vernünftig begehren. Nach Kant begehrt jedes endlich vernünftige Wesen seine Glückseligkeit um ihrer selbst willen, d. h. es wählt (insofern es pragmatisch vernünftig ist) alle besonderen empirischen Zwecke (wie Gesundheit, Geld, Freundschaften) als Mittel, um Glückseligkeit zu erlangen.[17] Dieser Punkt kommt im *Naturrecht Feyerabend* selbst zur Sprache,[18] und er wird von Kant noch in den 1790er Jahren durch die Behauptung betont, dass wir unsere Glückseligkeit ‚unbedingt' begehren.[19] Die Glückseligkeit wird *von unserer Vernunft* allerdings nur unter einer weiteren Bedingung, nämlich der moralischen Glückswürdigkeit, als begehrenswert geschätzt.[20] Das moralisch Gute (der Wert eines guten Willens) allein wird von unserem vernünftigen Willen sowohl als ein letzter Zweck als auch ohne jede weitere Bedingung begehrt.

Diese Unterscheidung zwischen (1) und (2) wirft für Kants Gedankengang im *Naturrecht Feyerabend* ein grundlegendes Problem auf. Kant will hier die Gültigkeit der Formel, dass wir den Menschen als Zweck an sich behandeln und demgemäß auch unser Begehren nach Glückseligkeit einschränken müssen,

---

16   V-NR/Feyerabend, 7.36–40 (AA 27: 1321).
17   Ich diskutiere diesen Punkt in „The Normativity of Prudence", in *Kant-Studien* 108 (2017): 517–542.
18   „Alle beliebigen Zwecke beziehen sich zuletzt auf Glückseeligkeit" (V-NR/Feyerabend, 10.38 [AA 27: 1324]).
19   Vgl. RGV, AA 06: 45.
20   Siehe wiederum RGV, AA 06: 45 oder auch GMS, AA 04: 393–397.

dadurch begründen, dass wir uns keine endlose Folge von Mitteln ohne einen Zweck denken können, der diesen Mitteln einen Sinn und ein Ziel gibt.[21] Nun begehren wir aber unsere Glückseligkeit als allgemeinen Zweck, zu dem alle besonderen empirischen Zwecke wie Gesundheit oder Geld bloß als Mittel dienen, und der selbst *nicht* wiederum Mittel zu etwas anderem ist. Glückseligkeit ist also ein unbewegter Beweger in der Kette der empirischen Mittel-Zweck Beziehungen: Der Zweck der Glückseligkeit erfüllt, in Hinsicht auf den Menschen als Sinneswesen, das Kriterium des Vernunftbedürfnisses nach einem Zweck, der die Kette der bloßen Mittel abschließt. Das ist ein Einwand gegen Kants Versuch, dieses Vernunftbedürfnis als Begründung anzuführen für die Norm, dass der Mensch selbst (und nicht bloß sein empirischer Zustand) als Zweck an sich behandelt werden solle. Solange Kant sich also nur auf das Vernunftbedürfnis beruft, uns zu bloßen Mitteln etwas denken zu müssen, das ihnen als letzter Zweck einen Sinn gibt, brauchen wir nur auf unser Streben nach Glückseligkeit zu sehen. Wir wollen alle bestimmten empirischen Dinge oder Aktivitäten um unserer Glückseligkeit willen, aber wir wollen die Glückseligkeit bloß um ihrer selbst willen. Die moralische Notwendigkeit, den Menschen niemals als bloßes Mittel zu gebrauchen, selbst wenn ein derartiger Gebrauch unsere Glückseligkeit befördern möge (zum Beispiel wenn ich lüge, um mir ein schamvolles Gespräch zu ersparen), kann also nicht durch das Vernunftbedürfnis begründet werden, uns einen Zweck denken zu müssen, der die Kette der gegebenen empirischen Mittel abschließt, ohne selbst Mittel zu einem Zweck zu sein.

4 Subjektivismus des Freiheitsbegriffs im *Naturrecht Feyerabend*

Charakteristisch für Kants Texte und Vorlesungen aus der kritischen Periode seines Denkens ist der Versuch, das Verhältnis zwischen Moral und transzendentaler Freiheit des Willens zu bestimmen. In der Einleitung zum *Naturrecht Feyerabend* ist dieses Ziel ebenfalls verfolgt, allerdings in einer etwas ungewöhnlichen Art und Weise: Kant argumentiert (anders als zum Beispiel in der *Grundlegung* oder der *Kritik der praktischen Vernunft*) hier nicht explizit, dass ein Subjekt nur dann verantwortlich nach Moralgesetzen handeln kann und soll, wenn es Willensfreiheit besitzt. Stattdessen führt er die Willensfreiheit als Bedingung dafür an, dass ein Subjekt von handelnden Wesen moralische

---

21 „[D]aher muss zuletzt ein Ding seyn, das kein Mittel mehr, sondern Zweck an sich selbsten ist" (V-NR/Feyerabend, 7.29f. [AA 27: 1321]).

KANTS SUBJEKTIVISTISCHE BEGRÜNDUNG VON MORAL

Berücksichtigung finden kann und soll. Ein Subjekt findet nach dem im *Naturrecht Feyerabend* kolportierten moraltheoretischen Ansatz genau dann moralische Berücksichtigung, wenn es als Zweck an sich selbst betrachtet werden kann. Kant behauptet nun, dass die transzendentale Willensfreiheit eine notwendige und hinreichende Bedingung dafür ist, dass ein Subjekt als Zweck an sich selbst betrachtet werden kann. Der Besitz von Vernunft (hier bestimmt als Fähigkeit sich seines Daseins bewusst zu sein) ist hierzu zwar notwendig, aber nicht hinreichend, denn ein (in diesem Sinne) vernünftiges Wesen könnte doch vollständig durch Naturgesetze bestimmt und demnach unfrei sein.[22]

Warum ist Freiheit des Willens hinreichend und notwendig für den Status eines Zwecks an sich? Ein wiederkehrender Gedanke in der Einleitung zum *Naturrecht Feyerabend* ist, dass ein Wesen dessen Willen komplett nach Naturgesetzen bestimmt wäre, keinen ‚eigenen' Willen besäße, und dass der Wille eines Wesens, welches letzter Zweck sein soll, von nichts anderem – und also von keinen fremden Naturursachen – mehr abhängen darf.[23] Dieser Gedanke ist sicherlich suggestiv, aber der hier von Kant anvisierte Begründungszusammenhang ist nicht völlig eindeutig. Kant scheint hier erneut die Analogie zu strapazieren, die ich schon im vorigen Abschnitt diskutierte, nämlich die zwischen unbedingter Ursache und unbedingtem Zweck. Die Behauptung aber, dass die metaphysische Eigenschaft, von keiner fremden Ursache bestimmt zu sein, einen normativen Status als Zweck an sich selbst mit sich führt, ist nicht offensichtlich evident oder analytisch wahr. Man kann diesen Zusammenhang aus zweierlei Gründen anzweifeln.

Erstens: Es ist kein offensichtlicher Widerspruch zwischen der Annahme, dass ein Wesen nicht durch fremde Ursachen bestimmt ist, und der Annahme, dass dieses Wesen ein Mittel zu einem Zweck ist. Zum Beispiel könnte man annehmen, dass Gott uns als frei erschaffen hat, unsere Existenz und Freiheit aber nur als Mittel zum Zweck eines vollkommenen Universums (der besten möglichen Welt) betrachtet. Zweitens: Es ist auch kein offensichtlicher Widerspruch zwischen der Annahme, dass ein Wesen durch fremde Ursachen bestimmt, aber dennoch Zweck an sich ist. Zum Beispiel glauben einige Menschen, dass wir unfreie, kausal determinierte Tiere nicht als blosses Mittel zur Kosmetikforschung und Genussbefriedigung benutzen dürfen. Eine solche Position mag falsch sein, aber sie ist nicht offensichtlich absurd oder eindeutig falsch. Damit will ich nur andeuten, dass der von Kant in der Einleitung zum *Naturrecht Feyerabend* behauptete Zusammenhang zwischen Willensfreiheit

---

22   Vgl. V-NR/Feyerabend, 8.06–22 (AA 27: 1321f.).
23   Vgl. V-NR/Feyerabend, 5f. und 8 (AA 27: 1319f. und 1322).

160   KOHL

und moralischem Status als Zweck an sich selbst erklärungsbedürftig ist. Ich werde gegen Ende meines Aufsatzes auf dieses Problem zurückkommen.

Zunächst ist aber zu klären, welchen Status die Annahme hat, dass ein Subjekt Freiheit des Willens besitzt und demzufolge moralische Berücksichtigung verdient. Kant sagt hierzu: „Die Freyheit des Wesens muss ich voraussetzen, wenn es soll ein Zweck vor sich selbst seyn. Ein solches Wesen muss also Freyheit des Willens haben. Wie ich sie begreifen kann, weiss ich nicht; es ist aber doch eine notwendige Hypothesis, wenn ich vernünftige Wesen als Zwecke an sich denken soll."[24] Wir haben es hier mit der gleichen (dritten) Form von Subjektivismus zu tun, die ich zuvor hinsichtlich der Idee eines Zwecks an sich selbst erläutert habe. Zur Erinnerung: Dem *Naturrecht Feyerabend* zufolge ist die Idee eines Zwecks an sich eine notwendige, wenn auch unbegreifliche Voraussetzung der praktischen Vernunft, die sich nicht mit der Vorstellung einer endlosen Kette von bloßen Mitteln zufriedenstellen kann. Hier sagt Kant nun, dass die Voraussetzung der Freiheit ebenfalls eine notwendige, wenn auch unbegreifliche Voraussetzung der Vernunft ist, wenn sie sich ein Wesen denken soll, das Zweck an sich selbst ist. Die Annahme der Freiheit entspringt also nicht aus der objektiven Einsicht in die metaphysischen Eigenschaften der Dinge, sondern aus einem subjektiven Grundbedürfnis endlicher Vernunft.

Bemerkenswert ist hier nicht so sehr die Betonung der Unbegreiflichkeit der Idee der Freiheit. Dass unsere Vernunft, wenigstens als theoretische Vernunft, nicht begreifen kann, wie eine Ursache eine Wirkung hervorbringt, ohne selbst durch eine fremde Ursache bestimmt zu sein, wird von Kant wieder und wieder in allen kritischen Schriften bestätigt.[25] Ebensowenig ist es für sich genommen auffällig, dass Kant die Annahme der Freiheit als eine subjektiv notwendige Hypothese begründet: Dass wir unsere Freiheit subjektiv annehmen müssen, um uns unsere eigene Person als ein vernünftig handelndes und moralisch verantwortliches Wesen vorzustellen, ohne aber *wissen* zu können, ob wir wirklich freie Personen sind, ist eine These die Kant des öfteren zugeschrieben wird.[26] Aber wie ich schon vorher bemerkte: Dies ist nicht die These, die Kant hier

---

24   V-NR/Feyerabend, 8.24–27 (AA 27: 1322).
25   Siehe z. B. KrV, A 557f./B 585f.; GMS, AA 04: 463; MS, AA 06: 378.
26   Siehe z. B. Henry Allison, *Idealism and Freedom: Essays on Kant's Theoretical and Practical Philosophy* (Cambridge: Cambridge University Press, 1996); Christine Korsgaard, *Creating the Kingdom of Ends* (Cambridge: Cambridge University Press, 1996). Zugunsten dieser Lesart kann man GMS, AA 04: 448 anführen. Dagegen sprechen aber Textstellen wie KpV, AA 05: 03; KU, AA 05: 467–70 oder auch Log, AA 09: 93, in denen Kant klar behauptet, dass die Annahme der Freiheit nicht bloss auf subjektiv notwendigen Gründen beruht und demnach von der Annahme der Existenz Gottes oder auch unserer Unsterblichkeit zu unterscheiden ist.

KANTS SUBJEKTIVISTISCHE BEGRÜNDUNG VON MORAL 161

behauptet. In der Einleitung zum *Naturrecht Feyerabend* ist die subjektive Notwendigkeit, die Freiheit eines Wesens anzunehmen, nicht dadurch begründet, dass wir ein Wesen als frei denken müssen, um es als moralisch *verpflichtet*, d. h. als moralisch verantwortlich handelndes Wesen denken zu können. Kants Punkt scheint hier vielmehr zu sein, dass wir uns ein Wesen als frei denken müssen, weil wir uns dieses Wesen sonst nicht als uns *verpflichtend* denken können, d. h. weil wir uns sonst nicht vorstellen können, dass dieses Wesen ein Zweck an sich ist, dem gegenüber wir die Pflicht haben, es nicht als bloßes Mittel zu behandeln.

Die Annahme der Freiheit hat hier also den Status einer subjektiv notwendigen Hypothese praktischer Vernunft. Endliche vernünftige Wesen bedürfen dieser Annahme, um sich selbst wie auch andere vernunftbegabte Wesen als Zwecke an sich und damit als Quelle normativer Verbindlichkeit denken zu können. Dies zeigt, dass Guyers These, Kant begründe das moralische Sollen durch einen Schluss von einem metaphysischen Sein, auch abgesehen von der in Teil 2 vorgestellten Interpretation unhaltbar ist. Moralische Sollenssätze erfordern, dass wir uns die Wesen, denen gegenüber wir uns als moralisch verpflichtet denken (einschließlich uns selbst), als frei vorstellen; dass irgendwelche uns bekannten Wesen aber frei *sind*, wird nicht eingesehen als metaphysische Tatsache, sondern postuliert aufgrund subjektiv notwendiger Bedürfnisse endlicher Vernunft.

5   Kants doppelter Subjektivismus und seine kritische Bewertung

Aus dem Vorangegangenen folgt, dass in der Einleitung zum *Naturrecht Feyerabend* ein doppelter Subjektivismus vorzuliegen scheint. Erstens ist eine endliche Vernunft genötigt, sich einen letzten Zweck zu denken: Dieses subjektive Bedürfnis unserer Vernunft ist das Fundament der Begründung dessen, was Kant hier als oberstes Prinzip moralischer Verbindlichkeit anzuführen scheint (nämlich der Zweck-an-sich-selbst-Formel). Zweitens ist eine Vernunft, die sich einen letzten Zweck zu denken hat, auch noch genötigt, vernunftbegabten Wesen die transzendentale Willensfreiheit zuzuschreiben, denn ohne derartige Freiheit könnten vernunftbegabte Wesen nicht als Zwecke an sich selbst gedacht werden, denen gegenüber wir moralische Verpflichtungen haben.

Die Radikalität dieses doppelt subjektivistischen Ansatzes praktischer Philosophie lässt sich daran festmachen, was nach diesen Vorgaben als eine mindestens epistemische Möglichkeit zugestanden werden muss,[27] und

---

27   Der Ausdruck ‚epistemische Möglichkeit‘ besagt hier: eine Möglichkeit, die wir nach dem, was wir objektiv und mit apodiktischer Sicherheit wissen können, nicht auszuschließen in der Lage sind.

welche Folgen es für unser Moralverständnis hätte, wenn diese Möglichkeit wirklich einträfe. Unsere Vernunft nötigt uns dazu, einen Zweck zu denken, der nicht ein bloßes Mittel zu etwas anderem ist. Aber weil dies eine bloße Hypothese ist, die (nach Kants eigenen Angaben) lediglich ein subjektives Bedürfnis endlicher Vernunft reflektiert, können wir nicht ausschließen, dass diese Hypothese falsch ist. D. h. wir können keine der beiden folgenden Vorstellungen objektiv widerlegen. Erstens: die Vorstellung von einem Szenario, in dem alle existierenden Wesen nur Glieder einer Kette von Mitteln sind, die durch keinerlei letzten Zweck je einen Abschluss findet. Zweitens: die Vorstellung von einem Szenario, in dem die teleologischen Prädikate von Mittel und Zweck nicht den Dingen selbst zukommen, sondern lediglich anthropomorphe Strukturen menschlichen (oder auch endlich vernünftigen) Denkens widerspiegeln. Wenn aber eines dieser Szenarien statt fände, und die Hypothese eines letzten Zweckes also falsch wäre, dann würde daraus folgen, dass die moralische Norm, die uns vorschreibt, vernünftige Wesen als Zweck an sich selbst zu behandeln, auf einer falschen Voraussetzung beruht, die Moral also null und nichtig ist. *Dass* die Moral null und nichtig ist, ist also eine (wenigstens epistemische) Möglichkeit, die wir objektiv nicht ausschließen können.

Sehen wir von diesem Problem ab und nehmen es als gegeben an, dass es Zwecke an sich wirklich gibt, so dass wirklich moralische Verbindlichkeiten bestehen. Daraus folgt aber noch nicht, dass der Mensch ein solcher Zweck an sich ist. Denn laut Kant ist die transzendentale Freiheit des Willens eine notwendige und hinreichende Bedingung dafür, ein Zweck an sich zu sein, und ob die Menschen eine solche Freiheit wirklich besitzen ist objektiv unerweislich. Weil wir die Möglichkeit, dass Menschen vollständig (d. h. nicht bloß als Phänomene) kausal determiniert sind, nicht objektiv ausschliessen können, so können wir auch nicht ausschließen, dass es keinerlei moralische Verbindlichkeiten gegenüber Menschen gibt. Dies hätte wiederum zur Folge, dass die Moral zumindest von unserem Standpunkt aus gesehen null und nichtig wäre, denn menschliche Wesen sind die einzigen uns bekannten Wesen, die aufgrund ihrer Vernunft (als notwendiger, wenn auch nicht hinreichender Bedingung zum Zweck-an-sich-Status) dafür in Frage kommen, moralische Pflichten aufzurufen.

Nun sollte man nicht ohne Vorsicht die Mitschriften der Hörer von Kants Vorlesungen Kant selbst als Teil seiner systematisch reflektierten Position zuschreiben. Selbst wenn man von der Möglichkeit absieht, dass besagte Hörer Kant einfach falsch verstanden haben könnten, so bleibt doch immer die Möglichkeit, dass Kant in solchen Vorlesungen Konzessionen macht (zum Beispiel aus pädagogischen Gründen) an gängige Vorstellungen, die er letztlich nicht

KANTS SUBJEKTIVISTISCHE BEGRÜNDUNG VON MORAL

teilt, oder dass er Ideen ausprobiert, von deren Tragfähigkeit er (noch) nicht überzeugt ist. Dennoch ist es unter Umständen aufschlussreich zu prüfen, ob die in Vorlesungsmitschriften auftauchenden Gedankengänge einer „kritischen" Reflexion stand halten – vor allem dann, wenn diese Gedankengänge in gewisser Hinsicht attraktiv und somit als willkommene Ergänzung zum offiziellen, kritischen kantischen System erscheinen mögen.

So könnte man zum Beispiel argumentieren, dass die oben aufgeworfenen Zweifel, ob die Moral null und nichtig sein könnte, bloße Pseudo- oder Scheinprobleme sind, die darauf beruhen, dass man die Muster theoretischer Vernunft illegitimer Weise auf den praktischen Standpunkt überträgt, von dem aus wir uns als frei und moralisch verbunden denken. Diesem Ansatz zufolge ist die theoretisch denkbare (oder auch epistemische) Möglichkeit, dass es keine Zwecke an sich gibt oder dass wir keine transzendentale Freiheit haben, gänzlich irrelevant für unser praktisches Selbstverständnis: Wir können solcherlei theoretische Möglichkeiten komplett ignorieren, wenn wir uns im Kontext der Praxis befinden. Der doppelte Subjektivismus, den man nach meiner Interpretation in der Einleitung zum *Naturrecht Feyerabend* verorten kann, wäre demzufolge nicht nur unproblematisch, sondern sogar höchst begrüßenswert, weil das Denken in Moral- und Freiheitskategorien für uns keine reelle Bedeutung hat – abgesehen von unserem subjektiven menschlichen Bedürfnis nach einer vernünftigen Orientierung im Handeln.[28]

Aber diese Argumentation ist meiner Ansicht nach irreführend. Ich will zwei zusammenhängende Punkte anführen, die einerseits von elementarer Bedeutung für Kants kritisches Moralverständnis sind und andererseits mit dem subjektivistischen Ansatz der Feyerabend-Vorlesung unvereinbar scheinen.

Erstens: In seinen repräsentativen praktischen Schriften lässt Kant keinen Zweifel daran, dass das Sittengesetz apodiktisch gewiss ist, dass wir also mit nicht bloss subjektiver, sondern *objektiver* Gewissheit a priori darüber urteilen können, wie wir uns (jedenfalls im Allgemeinen) zu verhalten haben.[29] Moralische Urteile haben nicht den Status bloßen Meinens (das sich auf empirische Wahrscheinlichkeiten bezieht); noch haben sie den Status eines bloßen Glaubens, der wenigstens zum Teil auf subjektiven Bedürfnissen endlicher Vernunft beruht. Weil alles Fürwahrhalten Kant zufolge entweder Meinen, Glauben oder Wissen ist, folgt daraus, dass moralische Sätze den Status des *Wissens* haben: „Denn es ist an sich ungereimt, a priori zu meinen. Auch könnte in der

---

28 Einen solchen Gedankengang könnte man mit einigem Recht zum Beispiel dem Interpretationsansatz von Allison und Korsgaard (siehe Fn 26) zuschreiben.

29 Siehe z. B. GMS, AA 04: 408; KpV, AA 05: 47; MS, AA 06: 225; V-NR/Feyerabend, 12.25–27 (AA 27: 1326).

That nichts lächerlicher sein, als z. B. in der Mathematik nur zu meinen. hier, so wie in der Metaphysik und Moral, gilt es: entweder zu wissen oder nicht zu wissen."[30] „Und was insbesondere die Gegenstände des praktischen Vernunfterkenntnisses in der Moral, die Rechte und Pflichten, betrifft: so kann in Ansehung dieser eben so wenig ein bloßes Glauben stattfinden. Man muß völlig gewiß sein: ob etwas recht oder unrecht, pflichtmäßig oder pflichtwidrig, erlaubt oder unerlaubt sei."[31]

Dementsprechend findet man in Kants reifen Schriften auch eine klare Unterscheidung zwischen subjektiv notwendigen Vernunfthypothesen, wie zum Beispiel der Annahme, dass Gott existiert oder dass wir unsterblich sind, und den objektiv notwendigen moralischen Urteilen, auf welchen diese Hypothesen (zum Teil) beruhen. Wir müssen einen Gott annehmen, weil sich unsere Vernunft sonst das höchste Gut nicht als möglich denken kann; das setzt aber voraus, dass wir objektiv dazu verpflichtet sind zu versuchen, das höchste Gut zu bewirken. Ich *weiss*, was ich moralisch verpflichtet bin zu tun; und nur aufgrund dieses Wissens kann ich gewisse nicht-moralische, transzendent-metaphyische Sätze als Glaubenspostulate annehmen, insofern sie subjektiv notwendige Bedingungen zur objektiv gebotenen Pflichterfüllung sind.[32] Unter diesem Gesichtspunkt ist der Ansatz zu verwerfen, nach dem das moralische Gesetz, dass der Mensch als Zweck an sich behandelt werden soll, begründet werden kann durch unser subjektives Vernunftbedürfnis, sich einen unbedingten Zweck zur Kette der Mittel hinzu zu denken. Eine derart subjektivistische Grundlage der Moral würde jeden Anspruch auf apodiktische Gewissheit und objektive Gültigkeit unwiderbringlich zerstören.

Zweitens: In seinen repräsentativen praktischen Schriften lässt Kant keinen Zweifel daran, dass das Sittengesetz in seiner ursprünglichen Form – also

---

30 Log, AA 09: 67; vgl. dazu KrV, A 823/B 851. Ich behandele die Logik-Vorlesungen, aus denen ich hier zitiere (die sogenannte „Jäsche-Logik") als eine zuverlässige Quelle: erstens, weil die zitierten Aussagen Kants Gedankengang in publizierten Werken entsprechen, und zweitens weil Kant diese Vorlesungsmitschriften selbst zur Veröffentlichung freigab.

31 Log, AA 09: 69–70. Die Tatsache, dass Kant von ‚Wissen' in der Moral spricht und dieses Wissen explizit gleichsetzt mit mathematischem und metaphysischem Wissen, sollte dazu beitragen, das weit verbreitete Vorurteil zu korrigieren dass ‚Wissen' bei Kant ausschliesslich theoretische Konnotationen hat. Natürlich gibt es Unterschiede zwischen theoretischem Wissen von dem, was ist, und praktischem Wissen von dem, was sein soll; zum Beispiel kann nur praktisches Wissen die Ursache von der Existenz von Dingen sein. Aber dessen ungeachtet ist bei Kant ‚Wissen' ein übergeordneter Begriff, der als solcher apodiktisch-unbedingte Gewissheit erfordert und moralisches, metaphysisches und mathematisches Wissen als Unterarten umfasst. Ich befasse mich ausführlicher mit diesem Thema in meinem Buchmanuskript zu Kants Freiheitslehre.

32 Siehe z. B. KpV, AA 05: 03f.

KANTS SUBJEKTIVISTISCHE BEGRÜNDUNG VON MORAL

unabhängig von aller Beziehung auf Anthropologie, Tugend und imperativischen Charakter – für alle vernünftigen Wesen und damit auch für einen unendlich vernünftigen, göttlichen Willen gelten würde.[33] Das ware aber unmöglich, wenn sich die Begründung der Gültigkeit des Sittengesetzes auf eine Regel stützen würde, die bloß auf den Bedürfnissen endlicher Vernunft beruht. Das heißt konkret: Die praktisch-moralische Notwendigkeit, den Menschen als Zweck an sich zu behandeln, kann nicht durch unser Vernunftbedüfnis, sich eine Kette von Mitteln als vervollständigt durch einen Zweck an sich denken zu müssen, begründet werden. Denn eine unendliche Vernunft (oder auch ein intuitiver Verstand) würde frei von allen subjektiven Bedürfnissen der Vervollständigung sein und sie müsste (weder im theoretischen noch im praktischen, sofern dieser Unterschied auf eine unendliche Vernunft anwendbar ist) nicht vom Bedingten zur Bedingung aufsteigen. Sie würde aber die praktische Notwendigkeit, freie Wesen als einen Zweck an sich zu behandeln, erkennen.[34] Also kann diese Notwendigkeit nicht auf einem Bedürfnis endlicher Vernunft, die vom Bedingten zur Bedingung gehen muss, beruhen.

Hier könnte man einwenden, dass der subjektivistische Gedankengang der Feyerabend-Vorlesung auch in Kants offiziellen kritischen Schriften zentrale Bedeutung hat. Frederick Rauscher behauptet, dass Kants abschließende Bemerkungen zur *Grundlegung* den in der Feyerabend-Vorlesung vorgestellten Gedankengang aufgreifen, demzufolge der Gebrauch unserer praktischen Vernunft zu dem subjektiven Bedürfnis führt, etwas Unbedingtes aus Gründen der Vollständigkeit zu setzen, das wir uns aber nicht erklären können.[35] In der Tat zieht Kant hier[36] eine Parallele zwischen spekulativer und praktischer Vernunft in Hinsicht darauf, das absolut Notwendige denken zu müssen. Aber der für die Feyerabend-Vorlesung zentrale Gedanke, dass wir uns einen

---

33   Siehe z. B. GMS, AA 04: 389 und 408; KpV, AA 05: 31 und 36.

34   Wenn ich sage, dass ein unendlich vernünftiges Vernunftwesen die praktische Notwendigkeit des Moralgesetzes erkennen würde, dann meine ich damit, dass ein solches Wesen, ein heiliger Wille, erkennen würde, dass es unbedingte, objektiv gültige Gründe gibt, nach dem Moralgesetz zu handeln. Ein heiliger Wille wäre so beschaffen, dass diese objektiven Günde immer auch seine subjektiven inneren Bestimmungsgründe sind (RGV, AA 06: 50). Er würde also die Vorstellung, dass moralisch in einer bestimmten Weise gehandelt werden muss oder dass es unbedingt gut ist so zu handeln, nicht als Sollen (Imperativ) auffassen. (Dass ein heiliger Wille die Vorstellung des unbedingt Guten und die Vorstellung von unbedingter praktischer Notwendigkeit, nicht aber die Vorstellung des Sollens haben würde, scheint klar belegt durch GMS, AA 04: 413f.)

35   Frederick Rauscher, „Die äußerste Grenze aller praktischen Philosophie und die Einschränkungen der Deduktion in *Grundlegung* III", in *Kants Begründung von Freiheit und Moral in Grundlegung III. Neue Interpretationen*, hg. Dieter Schönecker (Münster: mentis, 2015): 215–229, bes. 224f.

36   GMS, AA 04: 463.

unbedingten Zweck denken müssen, um unsere Erkenntnis gegebener Mittel zu vervollständigen, findet hier nicht statt. Vielmehr ist das Notwendige, das die praktische Vernunft denken muss, das Moralgesetz selbst, „die Notwendigkeit [...] der Gesetze der Handlungen eines vernünftigen Wesens, als eines solchen." Dieses Zitat belegt zugleich, dass die Idee des Moralgesetzes eben nicht bloß eine subjektiv-notwendige Idee der endlichen Vernunft sein kann: Insofern das Moralgesetz die unbedingte praktische Notwendigkeit von Handlungen *aller vernünftigen Wesen* vorstellt, kann es sich nicht auf die menschliche oder endliche Vernunft beschränken.[37] Statt dessen sind „moralische Gesetze [...] aus dem allgemeinen Begriffe eines vernünftigen Wesens überhaupt abzuleiten",[38] woraus folgt: „Ein vollkommen guter Wille würde [...] eben sowohl unter den objektiven Gesetzen (des Guten) stehen".[39] Hierin liegt der entscheidende Unterschied zu der theoretischen Idee einer unbedingten Ursache für eine gegebene Wirkung, die nur auf dem theoretischen Bedürfnis endlicher spekulativer Vernunft beruht, sich die Kette der Ursachen als komplettiert denken zu müssen, und demnach nicht aus dem allgemeinen Begriffe eines vernünftigen Wesens überhaupt abgeleitet werden kann (denn ein unendliches vernünftiges Wesen denkt nicht von Bedingung zu Bedingung).

Zuletzt ist auch noch zu berücksichtigen, dass sich die von Kant hier angesprochene Unbegreiflichkeit der unbedingten Notwendigkeit des kategorischen Imperatives darauf bezieht, dass wir uns nicht erklären können, wie reine Vernunft ohne ein der Willensbestimmung vorhergehendes Interesse den Willen bestimmen kann, oder wie Freiheit als Kausalität des Willens möglich ist.[40] Die Aufgabe zu erklären, wie unbedingte Motivation oder Willensfreiheit möglich sei, kommt aber nur der theoretischen Vernunft zu. Die praktische Vernunft, der es allein um Handeln und Handlungsbegründung geht, hat mit der theoretischen Aufgabe zu erklären, wie die Willensfreiheit möglich ist, gar nichts zu schaffen.[41] Also ist die subjektive Unbegreiflichkeit der Willensfreiheit, und damit des Moralgesetzes, kein Problem für die praktische Vernunft; und demzufolge unterliegt die reine praktische Vernunft nicht denselben subjektiven Einschränkungen wie die reine spekulative Vernunft.[42]

---

37 Siehe z. B. GMS, AA 04: 389.

38 GMS, AA 04: 412.

39 GMS, AA 04: 414.

40 GMS, AA 04: 461f.

41 Siehe z. B. KpV, AA 05: 49.

42 Siehe hierzu auch die Vorrede zur *Grundlegung* (GMS, AA 04: 391), wo Kant bemerkt, dass allein die reine *theoretische* Vernunft „ganz und gar dialektisch ist".

Angesichts dieser Überlegungen glaube ich nicht, dass der subjektivistische Ansatz zur Moralbegründung, den man der Einleitung zum *Naturrecht Feyerabend* entnehmen kann, im Kontext von Kants kritischer Moraltheorie tragfähig oder vielversprechend ist. Wenn diese Einschätzung richtig ist, dann bleiben Kant zwei Optionen: erstens, die objektive Gültigkeit moralischer Normen aus objektiven Prinzipien abzuleiten; zweitens, auf eine Begründung der objektiven Gültigkeit moralischer Normen zu verzichten. Die erste Option wird, wie schon angemerkt, Kant von einigen Kommentatoren als Strategie des dritten Teils der *Grundlegung* zugeschrieben. Die zweite Option scheint implementiert in der Lehre des Faktums der Vernunft in der *Kritik der praktischen Vernunft*. Ob Kants Verzicht auf eine Deduktion objektiver moralischer Grundsätze Fluch oder Segen ist, ist freilich umstritten.[43]

Legt man den Ansatz der *Kritik der praktischen Vernunft* zu Grunde, dann verwandelt sich der hier besprochende doppelte Subjektivismus in einen doppelten Objektivismus. Denn Kant argumentiert nun,[44] ausgehend vom apodiktisch gewissen Bewusstsein des Sittengesetzes als Faktum der Vernunft und der weiteren Prämisse, dass die Willensfreiheit der Grund des Seins (*ratio essendi*) des Sittengesetzes ist, dass wir uns auch unserer Willensfreiheit apodiktisch und objektiv gewiss sein können (während Gott und Unsterblichkeit Gegenstände eines bloßen, zum Teil auf subjektiven Vernunftbedürfnissen beruhenden Glaubens bleiben).[45]

Das führt mich zu einer letzten abschließenden Bemerkung. Ich habe im dritten Teil festgestellt, dass es nicht klar ist, warum der moralische Status eines Zwecks an sich an die metaphysische Bedingung der Willensfreiheit geknüpft ist. Der Versuch, die metaphyische Willensfreiheit mit dem normativen Status als Zweck an sich selbst zu verknüpfen, bedarf also einer weiteren Erläuterung. Ziel dieser Argumentation wäre es zum einen, den Einwand

---

43 Ein Beispiel für eine negative Bewertung der Lehre vom Faktum der Vernunft ist Gerold Prauss, *Kant über Freiheit und Autonmie* (Frankfurt am Main: Klostermann, 1983), bes. 62–70. Andere sehen diese Lehre als Kants kritisches Meisterstück, z. B. Henry Allison, *Kant's Theory of Freedom* (Cambridge: Cambridge University Press, 1990); Jochen Bojanowski, *Kant's Theorie der Freiheit* (Berlin und New York: De Gruyter, 2006).

44 Siehe KpV, AA 05: 03f., KpV, AA 05: 29–32 und KpV, AA 05: 42–50. Vgl. KU, AA 05: 467–70; Log, AA 09: 93; MS, AA 06: 225.

45 Die Behauptung, dass wir in der Lage sind zu wissen, dass wir als Noumena frei sind, mag als unwiderzeihliche Verletzung der epistemischen Prinzipien von Kants kritischer Doktrin erscheinen. Kant sagt aber ganz explizit, dass wir die (reale, nicht bloß logische) Möglichkeit der Freiheit „wissen" (KpV, AA 05: 04) und dass Freiheit nicht Gegenstand von Meinen oder (wie Gott und Unsterblichkeit) Glauben ist (KU, AA 05: 467–475). Ich diskutiere dieses Thema ausführlich in meinem Buchmanuskript zu Kants Freiheitslehre.

auszuräumen, dass unfreie Wesen wie Purro, die niedliche Hauskatze, doch auch Zweck an sich selbst sind; und zum anderen zu begründen, warum ein freies Wesen nicht bloßes Mittel zum Zweck, z. B. dem Zweck der Schöpfung der besten aller möglichen Welten, sein kann. Ich denke, dass Kants vielversprechendster Weg hier ist, den im *Naturrecht Feyerabend* geäußerten Gedanken, dass ein Zweck an sich selbst nicht von anderen Ursachen abhängen kann und einen ‚eigenen Willen' haben muss, wie folgt zu ergänzen: Ein Wesen hat nur dann den moralischen Status eines Zwecks an sich selbst, wenn es die Fähigkeit besitzt, seinen Willen autonom durch Gesetze zu bestimmen, die seine Vernunft unabhängig von kontingenten Naturumständen aktiv erkennt und sogar selbst setzt.

Eine solche Fähigkeit, so könnte man argumentieren, setzt den Menschen absolut, nicht bloß dem Grad nach, über alle Wesen hinweg, deren Begehrungsvermögen immer passiv und abhängig von zufälligen Begierden oder Instinkten bleibt, wie z. B. Purro, die niedliche Hauskatze. Wesen, welche die Fähigkeit haben, sich aufgrund ihrer Erkenntnis von objektiv-notwendigen Vernunftvorstellungen zum Handeln zu bestimmen, verdienen eine Art von Respekt, die es verbietet, sie zu bloßen Mittel zu degradieren, im Unterschied zu Lebewesen wie Purro (die niedliche Hauskatze), welche objektive Handlungsgründe (und damit eben auch den grundlegenden normativen Unterschied zwischen bloßem Mittel und Zweck an sich selbst) gar nicht einzusehen fähig sind (all ihrer Niedlichkeit zum Trotz) und deren Verhalten immer durch subjektive, kontingente Triebursachen bestimmt ist.

Desweiteren, so könnte man argumentieren, schließt die Eigenschaft eines Wesens, ‚einen eigenen Willen' zu besitzen, die Möglichkeit aus, dass die Existenz eines solchen Wesens subordiniert ist zu den guten Zwecken, die von einer höchsten Intelligenz als Schöpfer der Welt gesetzt werden. Denn ‚einen eigenen Willen zu haben' heißt auch und insbesondere, die autonome Quelle von eben jenem Moralgesetz zu sein, das die Grundlage *aller* guten Zwecke und allen guten Handelns ist. Demzufolge hätte selbst eine höchste Intelligenz als Schöpfer nicht die Autorität, Wesen mit einem eigenen Willen als bloßes Mittel zur besten möglichen Welt zu behandeln, denn das Handeln und die Zwecksetzung der höchsten Intelligenz würden unter denselben Gesetzen des guten Handelns stehen wie das Handeln und die Zwecksetzung aller anderen Wesen, die einen eigenen Willen haben. Insbesondere müsste (und würde) die höchste Intelligenz anerkennen, dass die Gesetze, nach denen sie das Universum zum Besten ordnet, aus eben derselben praktischen Vernunft entspringen, die auch allen anderen Wesen, die einen eigenen Willen haben, zu eigen ist. Die höchste Intelligenz müsste (und würde) also erkennen, dass alle anderen Wesen, die einen eigenen Willen haben, den gleichen Status als

KANTS SUBJEKTIVISTISCHE BEGRÜNDUNG VON MORAL

Gesetzgeber und Zwecksetzer unter den autonomen Bedingungen des guten Handelns haben, den es auch selbst hat. (Hier beziehe ich mich, wenn auch nur vage, auf Kants Gedanken zum Reich der Zwecke in der *Grundlegung*.) Also könnte die höchste Intelligenz alle anderen Wesen, die einen eigenen Willen haben, nicht als bloße Mittel zu einem Zweck behandeln, ohne deren Status als Gleiche unter Seinesgleichen (zumindest in Hinsicht auf die Fähigkeit zu Gesetzgebung und Zwecksetzung) misszuverstehen oder (was auf dasselbe hinausläuft) sich implizit selbst als bloßes Mittel zum Zweck zu begreifen. (Dieser Gedankengang setzt natürlich voraus, dass die höchste Intelligenz die autonomen Bedingungen des guten Handelns und der guten Zwecksetzung nicht willkürlich bestimmt. Das moralisch Gute ist nicht deshalb gut, weil die höchste Intelligenz es als solches bestimmt, sondern die höchste Intelligenz erkennt es durch autonome Selbstbestimmung als solches, weil es unbedingt gut ist.)

Diesem Argumentationsansatz zufolge ist die Willensfreiheit, die unseren besonderen moralischen Status ausmacht, nicht durch einen moralisch neutralen Begriff eines ‚eigenen Willens‘ zu fassen.[46] Statt dessen wird Willensfreiheit von vorneherein als die Fähigkeit zur praktischen Orientierung an unbedingten (d. h. an für alle vernüftigen Wesen gültigen) Handlungsgründen

---

46 *Ob* Kant im *Naturrecht Feyerabend* einen moralisch neutralen Freiheitsbegriff voraussetzt (also eine Verbindung zwischen unserem normativen Status als Zweck an sich und einer nicht-moralisch bestimmten Fähigkeit zum freien Handeln zu ziehen versucht), ist allerdings fraglich. Zum Beispiel kommt er von der scheinbar neutralen Idee von Freiheit als ‚eigenem Willen‘ sogleich auf die Idee, dass Freiheit unter allgemeinen Gesetzen stehen muss (V-NR/Feyerabend, 8.32–38 [AA 27: 1322]). Desweiteren erklärt er die Freiheit zumindest an einer Stelle als Vermögen, den Willen allein durch Achtung für das Sittengesetz bestimmen zu können (V-NR/Feyerabend, 12.05–12 [AA 27: 1326]; auch der Autonomiebegriff ist daher schon eindeutig im Spiel: V-NR/Feyerabend, 12.26–30 [AA 27: 1326]). Andererseits operiert er auch mit einem Freiheitsbegriff, der bloss besagt, dass man tun kann was man will um seine Glückseligkeit zu befördern (V-NR/Feyerabend, 15.24–27 [AA 27: 1329]), und die Notwendigkeit die Freiheit des Einzelnen durch allgemeine Gesetze einzuschränken wird dadurch erklärt dass ohne solche Einschränkung der „schreckliche" Zustand einträte dass jeder mit dem anderen machen kann was er will und somit niemand die Freiheit hätte seine Glückseligkeit in allgemeinen Schranken, die Schutz vor willkürlichen Eingriffen anderer bieten, zu befördern (V-NR/Feyerabend, 6.15–30 [AA 27: 1320]). Man kann annehmen, dass diese Ambivalenz dadurch begründet ist, dass Kant wirklich mit zwei verschiedenen (wenn auch verwandten) Ideen der Freiheit operiert: einmal mit dem wenigstens schon in Grundzügen vorliegenden Begriff von Freiheit als Autonomie (d. h. Bestimmbarkeit durch ein selbstgegebenes, apodiktisch notwendiges Sittengesetz); und – zumal im Kontext der Rechtstheorie – dann auch Freiheit als blosses Vermögen, zu tun und lassen, „was man will", ohne von anderen gehindert zu werden, freilich innerhalb der Grenzen der allgemeinen juridischen Gesetze.

170 KOHL

und damit an einem objektiv, apodiktisch gewissen Moralgesetz aufgefasst. Dies schließt aber den subjektvistischen Begründungsansatz des *Naturrechts Feyerabend* aus.[47]

Bibliografie

Allison, Henry, *Kant's Theory of Freedom* (Cambridge: Cambridge University Press, 1990).

Allison, Henry, *Idealism and Freedom: Essays on Kant's Theoretical and Practical Philosophy* (Cambridge: Cambridge University Press, 1996).

Ameriks, Karl, „Kant's Deduction of Freedom and Morality", in ders., *Interpreting Kant's Critiques* (Oxford: Oxford University Press, 2003): 161–92.

Baum, Manfred, „Sittengesetz und Freiheit. Kant 1785 und 1788", in *Kants Rechtfertigung des Sittengesetzes in Grundlegung III: Deduktion oder Faktum?*, hg. Heiko Puls (Berlin und Boston: De Gruyter, 2014): 209–226.

Bojanowski, Jochen, *Kant's Theorie der Freiheit* (Berlin und New York: De Gruyter, 2006).

Guyer, Paul, „Stellenindex und Konkordanz zum *Naturrecht Feyerabend*, Teilband I: Einleitung des *Naturrechts Feyerabend*", in *Ratio Juris* 25 (2012): 210–216.

Guyer, Paul, „Die Beweisstruktur der Grundlegung und die Rolle des dritten Abschnittes", in *Kants Begründung von Freiheit und Moral in Grundlegung III. Neue Interpretationen*, hg. Dieter Schönecker (Münster: mentis, 2015): 109–136.

Kohl, Markus, „Kant on the Inapplicability of the Categories to Things in Themselves", in *British Journal for the History of Philosophy* 23 (2015): 90–114.

Kohl, Markus, „The Normativity of Prudence", in *Kant-Studien* 108 (2017): 517–542.

Kohl, Markus, *Kant on Freedom in Theory and Practice* (Buchmanuskript, unveröffentlicht).

Korsgaard, Christine, *Creating the Kingdom of Ends* (Cambridge: Cambridge University Press, 1996).

Prauss, Gerold, *Kant über Freiheit und Autonmie* (Frankfurt am Main: Klostermann, 1983).

Rauscher, Frederick, „Die äusserste Grenze aller praktischen Philosophie und die Einschränkungen der Deduktion", in *Grundlegung* III, *Kants Begründung von Freiheit*

---

47 Ich möchte mich sehr herzlich bei Bernd Dörflinger und Dieter Hüning für die Einladung zum Trierer Kant-Kolloquium 2015 und für anregende Diskussionen bedanken. Mein Dank gebührt desweiteren dem College of Arts and Sciences, der Office of Research und dem Department of Philosophy der University of Tenessee, Knoxville, die meine Reisekosten getragen haben. Mein besonderer Dank für moralische Unterstützung und königliche Bewirtung gilt meinen Eltern, Gertrud und Walter Kohl.

KANTS SUBJEKTIVISTISCHE BEGRÜNDUNG VON MORAL

und Moral in Grundlegung III. Neue Interpretationen, hg. Dieter Schönecker (Münster: mentis, 2015): 215–229.

Watkins, Eric, „Transcendental Idealism and the Categories", in *History of Philosophy Quarterly* 19 (2002): 191–215.

Zöller, Günter, „„[O]hne Hofnung und Furcht' – Kants Naturrecht Feyerabend über den Grund der Verbindlichkeit zu einer Handlung", in *Das Band der Gesellschaft. Verbindlichkeitsdiskurse im 18. Jahrhundert,* hg. Simon Bunke, Katerina Mihaylova und Daniela Ringkamp (Heidelberg: Mohr Siebeck, 2015): 99–112.

Vernunft und Freiheit bei Kant. Überlegungen im Anschluss an *Naturrecht Feyerabend* (Einleitung) und *Moral Mrongovius* II

Stefan Klingner

Fragt man nach dem Verhältnis von Vernunft und Freiheit in Kants kritischer Moralphilosophie, ist es unerlässlich, dessen Differenzierungen sowohl des Vernunft- als auch des Freiheitsbegriffs zu berücksichtigen. Mit Blick auf den ersten ist vor allem der Unterschied zwischen ‚moralisch-praktischer‘ und ‚technisch-praktischer Vernunft‘ relevant.[1] Denn insofern Freiheit das Wollen und Handeln endlich-vernünftiger Subjekte betrifft, ist theoretische Vernunft hier weniger als erkennende und noch weniger als spekulative, sondern vor allem als technische von Interesse. Mit Blick auf den zweiten ist vor allem Kants Unterscheidung eines ‚praktischen‘ von einem ‚transzendentalen‘ Freiheitsbegriff entscheidend.[2] Denn nur mit ihr lässt sich ein trivialer von einem emphatischen Freiheitsbegriff unterscheiden und zugleich eine erste, vorläufige Antwort auf die Frage nach Kants Bestimmung des Verhältnisses von Vernunft und Freiheit angeben. Sie kann folgendermaßen formuliert werden: Zwar setzen sowohl das Fungieren moralisch-praktischer als auch das technisch-praktischer Vernunft Freiheit voraus – aber nur im ersten Fall muss diese Freiheit im emphatischen Sinn, d. h. als ‚autonomes‘, allein vernunftbestimmtes Wollen gedacht werden, während im zweiten Fall die Voraussetzung ‚praktischer‘ Freiheit im Sinne eines zwar überlegten, aber letztlich naturbestimmten Wollens hinreichend zu sein scheint. Von der anderen Seite aus betrachtet sieht es dagegen so aus, als setze Freiheit sowohl in praktischer als auch in transzendentaler Bedeutung schlichtweg Vernunft voraus, ohne dass eine weitere Differenzierung nötig wäre.

---

1 Vgl. bes. KU B XIII–XVI, AA 05: 172.14–173.36; ferner KU B 433, AA 05: 455.25f. und MS, AA 06: 387.05–23.

2 Vgl. etwa bereits KrV A 533/B 561, AA 03: 363.25–364.03. Instruktiv sind Georg Geismann, „Recht und Moral in der Ethik Kants“, in *Jahrbuch für Recht und Ethik* 14 (2006): 3–124, und Bernd Ludwig: „Positive und negative Freiheit bei Kant?‘ – Wie begriffliche Konfusion auf philosophi(histori)sche Abwege führt“, in *Jahrbuch für Recht und Ethik* 21 (2013): 271–305, wo auch Verweise auf die (zahlreichen) relevanten Stellen in Kants kritischen Texten zu finden sind.

VERNUNFT UND FREIHEIT BEI KANT 173

Will man diese vorläufige Antwort mit dem Hinweis darauf bestreiten, dass auch im zweiten Fall eine Differenzierung durchaus in Kants Sinne wäre, indem der praktische Freiheitsbegriff bloß technisch-praktische, der transzendentale dagegen zudem moralisch-praktische Vernunft voraussetze, dann macht man es sich entweder recht einfach – und wendet sich anderen, vielleicht interessanteren Fragen zu – oder man wägt diese Antwort und genannten Hinweis gegeneinander ab und stößt auf denjenigen Problemkomplex, dem die folgenden Überlegungen nachgehen.[3] Denn die Zuordnung: ‚technisch-praktische Vernunft – Willkür (praktische Freiheit)' und ‚moralisch-praktische Vernunft – Wille (transzendentale Freiheit)',[4] mag zwar einige suggestive Kraft, aber bei näherem Hinsehen auch einige Unklarheit haben.

Vorläufig verdeutlicht werden kann das mithilfe der Vorstellung von *bloß* praktisch-freien Wesen, also solchen, denen ausschließlich technisch-praktische, aber keine moralisch-praktische Vernunft zukäme.[5] Diese wären zwar geplanten Handelns und dessen Kultivierung, aber keiner einzigen selbstbestimmten Tat fähig. Vor allem hätten sie aber Kant zufolge keinen Begriff vom Sittengesetz – und d. h.: Sie hätten keine *allgemeine* Vorstellung von einer *unbedingt* gültigen Regel (oder mehreren unbedingt gültigen Regeln) für ihr eigenes Handeln.[6] Der Unterschied zwischen Regel und Ausnahme wäre für sie demnach (zumindest mit Blick auf ihr eigenes Handeln) bloß ein quantitativ bestimmbarer. Die Idee einer besonderen *Gesetzlichkeit* eigenen Handelns wäre ihnen völlig fremd. Warum sollten solche Wesen dann – wenigstens aus kantischer Sicht – aber noch als vernünftige bezeichnet werden? Schließlich ist es Kant zufolge doch gerade die Vernunft, die „zum Schlechthin-Unbedingten hinausführ[t]",[7] mithin zur Vorstellung einer unbedingt gültigen Regel (wofür auch immer). Mag diese der ersten *Kritik* entnommene Bestimmung Kants

---

3 Auf den im Folgenden thematisierten Problemkomplex wurde ich erstmals durch einige Gespräche mit Reinhard Hiltscher gestoßen, die wir zwischen 2010 und 2015 gelegentlich über das Verhältnis von technisch-praktischer und moralisch-praktischer Vernunft bei Kant geführt haben. Wieviel der folgenden Überlegungen ihm geschuldet ist, kann allein er einschätzen. Jedenfalls wären sie ohne ihn nie zustande gekommen.

4 Vgl. zu den Differenzierungen ‚Wille – Willkür' und ‚transzendentale – praktische Freiheit' auch den Beitrag von Hirsch im vorliegenden Band: 197–228, bes. 214–218.

5 Im Anschluss an ZeF, AA 08: 366.15–23 könnten die derart ausgezeichneten Wesen auch ‚Teufel' genannt werden. Vgl. dazu und mit besonderem Blick auf die Frage, inwiefern solche Wesen als Rechtssubjekte qualifizierbar wären, Stefan Klingner, „Rechtsgeltung und technische Vernunft bei Kant", in *Das Verhältnis von Recht und Ethik in Kants praktischer Philosophie*, hg. Bernd Dörflinger, Dieter Hüning und Günter Kruck (Hildesheim: Olms, 2017): 219–237.

6 Vgl. etwa die Anmerkung in RGV, AA 06: 26.21–37, die weiter unten (vgl. Abschnitt 2.) eigens thematisiert wird.

7 KrV B 383, AA 03: 253.22f.

auch sofort wieder mit dem Verweis auf deren Anzeige der bloß regulativen Funktion spekulativer Vernunft relativiert werden können, so ist es doch mit Blick auf die praktische, den Freiheitsbegriff in den Blick nehmende Philosophie eben diese Vernunft, die – auch schon in der ersten *Kritik* – „[uns] das Sittengesetz [...] aus der Natur der Handlungen selbst lehrt"[8] und die als reine – wie es dann in der zweiten *Kritik* heißt – „für *sich allein* praktisch [ist] und [...] ein allgemeines Gesetz [giebt], welches wir das *Sittengesetz* nennen".[9] – Und genau diese ‚Vernunft' und mit ihr die Vorstellung einer unbedingt gültigen Regel fehlten den angenommenen, bloß praktisch-freien Wesen.

Das angedeutete Problem könnte man wiederum umgehen, indem technisch-praktische Vernunft gar nicht erst als ein Typus von Vernunft, sondern bloß als ‚praktischer Gebrauch des Verstandes'[10] verstanden wird. Dann wäre das angedeutete Problem nur ein terminologisches und die angenommenen bloß praktisch-freien Wesen wären gar nicht als technisch-*vernünftige*, sondern als vielleicht irgendwie kluge oder besonders ‚verständige', aber *per definitionem* nicht-vernünftige zu bezeichnen. Wenn sie aber als solche gar keine Vorstellung (oder auch ‚Idee') von etwas ‚Unbedingtem' haben, dann haben sie vielleicht auch gar keine Vorstellungen von *Gesetzen überhaupt* – zumindest, wenn man den Gesetzesbegriff im strengen Sinn nimmt, der ‚*notwendige* Regeln'[11] bezeichnet. Dann aber verlöre auch diese Option, technisch-praktische Vernunft gar nicht als Vernunft, sondern bloß als ‚praktischen Gebrauch des Verstands' zu verstehen, ihre Plausibilität. Denn nicht erst der Umstand, dass technisch-praktische Vernunft dasjenige Vermögen sein soll, dass zum zweckmäßigen Gebrauch von (empirischen resp. besonderen) Natur*gesetzen* befähigt, sondern bereits Kants Verwendung des Verstandesbegriffs im Kontext seiner Erkenntniskritik stünden dem entgegen: Auch der terminologischen Differenzierung zwischen ‚Verstand' und ‚Vernunft' in der ersten *Kritik* zufolge ist es gerade nicht die spekulative, sondern eben die auf gegebenes Mannigfaltiges bezogene Vernunft, also der Verstand, die bzw. der (empirische resp. besondere) Naturgesetze erkennen kann und qua reiner Verstand diese in einem gewissen Sinn sogar allererst konstituiert.[12]

---

8   KrV B 847, AA 03: 531.13f.

9   KpV A 56, AA 05: 31.36f. (Hervorhebung S. K.).

10   In Anlehnung an Kants Formulierung in KrV B 384, AA 03: 254.23.

11   Vgl. bes. KrV B 263, AA 03: 184.12–18 oder auch KU B XXXI–XXXV, AA 05: 182.37–184.37. Dabei wird eine ‚notwendige Regel' als eine (für einen bestimmten Gegenstandsbereich) unbedingt – d. h. ausnahmslos – gültige Regel verstanden.

12   Vgl. etwa KrV B 197f., AA 03: 146.06–20.

VERNUNFT UND FREIHEIT BEI KANT 175

Diese Vorüberlegungen mögen genügen, um die Problematik wenigstens anzudeuten, durch die die nachfolgenden Überlegungen motiviert sind. Dass sie nicht nur zurechtgelegt, sondern eine durchaus kantische ist, lässt sich dabei gerade an der im Sommersemester 1784 gehaltenen Naturrechtsvorlesung Kants[13] zeigen. Denn bereits nach wenigen Absätzen der Nachschrift „Feyerabend" hält Kant fest, dass Freiheit zwar notwendigerweise Vernunft voraussetze, aber nicht Vernunft auch notwendigerweise Freiheit. Bei einem ausschließlichen Blick auf die für unseren Kontext wesentlichen Aussagen heißt es da:

> Wenn nur vernüftige Wesen können Zweck an sich selbst seyn; so können sie es nicht darum seyn, weil sie Vernunft, sondern weil sie Freiheit haben. Die Vernunft ist bloß ein Mittel. [...] Nun könnte die Natur unsre Vernunft ganz nach Naturgesetzen eingerichtet haben, daß jeder Mensch von selbst lernte, allerhand Künste erfinden möchte, und das alles nach bestimmten Regeln. [...] Die Freiheit des Wesens muß ich voraussetzen, wenn es soll ein Zweck vor sich selbst seyn. Ein solches Wesen muß also Freyheit des Willens haben. [...] Freiheit ist als nicht nur oberste; sondern auch hinreichende Bedingung. Ein frey-handelndes Wesen muß Vernunft haben; denn würde ich von Sinnen bloß affizirt; so würde ich von ihnen regiert [...].[14]

Kant setzt hier also genau ein solches Verhältnis zwischen Vernunft und Freiheit an, wie es gerade angeführt und mit Blick auf die Begriffe ‚Unbedingtes' und ‚Gesetz' problematisiert wurde. Dass Kant dies ausgerechnet in einer Vorlesung zur Rechtsphilosophie unternimmt, verschärft schließlich sogar die angedeutete Problematik. Denn indem diese Verhältnisbestimmung zwar vernünftige, aber in ihrem Wollen stets ‚sinnlich-affizierte' Wesen zulässt, provoziert sie eine Reihe von kritischen Fragen, von denen die nach der Zurechnungsfähigkeit solcher Wesen wohl eine für die Rechtsphilosophie besonders dringliche ist.

Im Folgenden ist es nicht das Ziel, einen ausführlichen Vorschlag für eine adäquate Bestimmung des Verhältnisses von Vernunft und Freiheit in Kants kritischer Philosophie vorzulegen. Diese Aufgabe wäre schlichtweg zu groß

---

13 Vgl. zu Kants Vorlesungen zum Naturrecht und zur besonderen Relevanz des *Naturrecht Feyerabend* als einziger erhaltener Nachschrift zum Thema Gianluca Sadun Bordoni, „Kant e il diritto naturale. L'Introduzione al *Naturrecht Feyerabend*. Saggio introduttivo, edizione critica e note", in *Rivista internazionale di filosofia del diritto* 84 (2007): 201–281.

14 V-NR/Feyerabend, 08.06–31 (AA 27: 1321f.).

für den vorliegenden Artikel. Vielmehr wird in einem ersten Schritt versucht werden, diejenige Bestimmung des Verhältnisses von Vernunft und Freiheit zu rekonstruieren, die Kant seinen Zuhörern 1784/85 – also nach dem Erscheinen der erste Auflage der ersten *Kritik*, aber noch vor dem Erscheinen seiner kritischen Schriften zur praktischen Philosophie – gelehrt hat (1.).[15] Im Anschluss werden zwei Probleme der rekonstruierten Bestimmung vorgestellt, die sich aus der Perspektive der veröffentlichten kritischen Moralphilosophie, besonders der zweiten *Kritik*, ergeben – ohne dass aber eine präzise Rekonstruktion der dort von Kant vorgelegten Bestimmung(en) des Verhältnisses von Vernunft und Freiheit angestrengt wird (2.). Die damit geschärfte Problematisierung des von Kant in der Einleitung zum *Naturrecht Feyerabend* und auch in der Vorlesungsnachschrift *Moral Mrongovius II* vorgelegten Konzepts wird schließlich den Ausgangspunkt dafür abgeben, im letzten Abschnitt einige Überlegungen zu skizzieren, die in ausschließlich sachlicher Hinsicht das Verhältnis von Vernunft und Freiheit bei Kant mit besonderer Akzentuierung des von ihm wiederholt hervorgehobenen Unterschieds zwischen technisch-praktischer und moralisch-praktischer Vernunft betreffen (3.).

1 Vernunft und Freiheit in *Naturrecht Feyerabend* und *Moral Mrongovius II*

Die Einleitung zur Naturrechtsvorlesung „Feyerabend" ist für die problematisierte Frage nach dem Verhältnis von Vernunft und Freiheit insofern besonders interessant, als Kant hier die Perspektive technisch-praktischer Vernunft zum Ausgangspunkt seiner Überlegungen wählt. Bereits mit den beiden ersten Sätzen wird technisch-praktische Vernunft als diejenige herausgestellt, deren technisch-teleologischer Beurteilung kein Teil der Natur entzogen ist. Damit kann das technisch-vernünftig bestimmte Begehren als Natur gestaltendes gelten, wobei einem Teil der Natur jeweils bloß aufgrund des ihm in der technisch-teleologischen Beurteilung zugeschriebenen Mittelcharakters ein ‚Wert' zukommen kann, den Kant etwas später auch ‚äußeren Wert' bzw. ‚Preis'[16] nennt. Die Gegenstände technisch-vernünftig bestimmten Begehrens sind demnach nie ‚Zwecke an sich '. Sie sind vielmehr stets auch Mittel und in ihrer jeweiligen Besonderheit nur insofern schätzenswert, als sie zu

---

15 Dabei wird neben der Einleitung zum *Naturrecht Feyerabend* auch die nur wenig später von Kant gehaltene Vorlesung zur Moralphilosophie (*Moral Mrongovius II*, vgl. AA 29: 597–642) herangezogen.

16 Vgl. V-NR/Feyerabend, 06.01 (AA 27: 1319) sowie V-Mo/Mron II, AA 29: 614.04–08.

VERNUNFT UND FREIHEIT BEI KANT

einem Zweck ‚tauglich'[17] sind. Und da die iterierbare Zweck-Mittel-Relation nur im jeweiligen technisch-vernünftig bestimmten Begehren einen gewissen Abschluss findet, kann mit Blick auf die gesamte Natur der Mensch als „Zweck der Schöpfung"[18] gelten.

Diesen Umstand deutet Kant in den folgenden Sätzen so aus, dass der Mensch qua eines technisch-vernünftig bestimmten Begehrens fähiges Wesen selbst zwar „als Mittel von einem anderen vernünftigen Wesen gebraucht werden"[19] kann, dabei aber stets auch selbst als Zweck gelten müsse. Als Zweck müsse ein Mensch auch dann gelten, wenn etwa seine Arbeitskraft als Mittel zur Realisierung eines Zwecks eines anderen Menschen in Anspruch genommen wird, da jener als Mittel gebrauchte Mensch *als Mensch* einer technisch-vernünftigen Bestimmung seines Begehrungsvermögens fähig ist – oder wie Kant es knapp ausdrückt: „Er muß auch wollen".[20] Insofern der Mensch ein technisch-vernünftig bestimmbares Begehrungsvermögen hat, mithin der Zwecksetzung fähig ist, hat er somit Kant zufolge nie bloß einen ‚äußerer Wert' bzw. ‚Preis', sondern einen ‚inneren Wert' bzw. eine ‚Würde'.[21]

Allerdings verschärft Kant im Anschluss an die Bestimmung des Menschen als ‚Zweck an sich' den *Grund* dieser Bestimmung, indem er schreibt: „Des Menschen innerer Werth beruht auf seiner Freiheit, daß er einen eignen Willen hat. Weil er der letzte Zweck seyn soll; so muß sein Wille *von nichts mehr* abhängen".[22] Es ist demnach nicht der bloß technisch-vernünftig bestimmte Wille, sondern der völlig von Naturbestimmungen unabhängige Wille, der den Menschen als ‚Zweck an sich', mithin als ein Wesen, das eine ‚Würde' hat, qualifiziert. Wenn Kant also kurz darauf erläutert: „Die Freyheit des Menschen ist die Bedingung, unter der der Mensch selbst Zweck seyn kann.",[23] dann ist hier unter ‚Freiheit' offenkundig nicht bloß eine punktuelle bzw. teilweise, sondern die vollständige Unabhängigkeit des Willens von Naturbestimmungen[24] zu verstehen. Denn erst in dem Fall, dass der Wille eines Subjekts nicht durch

---

17   Vgl. v-nr/Feyerabend, 06.02 (aa 27: 1319).

18   v-nr/Feyerabend, 05.11 (aa 27: 1319). Vgl. auch die späteren Überlegungen Kants in den §§ 82 und 83 der dritten *Kritik* sowie den Beitrag von Manfred Baum im vorliegenden Band: 109–130.

19   v-nr/Feyerabend, 05.12 (aa 27: 1319).

20   v-nr/Feyerabend, 05.21 (aa 27: 1319).

21   Vgl. v-nr/Feyerabend, 05.31–06.05 (aa 27: 1319).

22   v-nr/Feyerabend, 06.03–05 (aa 27: 1319), Hervorhebung S. K.

23   v-nr/Feyerabend, 06.06f. (aa 27: 1320).

24   Unter ‚Naturbestimmungen' des Willens (bzw. Begehrungsvermögens) werden im Folgenden einfach ‚sinnliche Triebfedern' verstanden. Eine Differenzierung zwischen Triebfedern, Begierden, Neigungen usw. scheint für den vorliegenden Kontext irrelevant zu sein.

etwas (mit-)bestimmt ist, das ihm äußerlich ist, scheint er als ein dem Subjekt ‚eigener Wille'[25] gelten zu können – ansonsten wäre er, wie Kant sich mit Blick auf Tiere ausdrückt, ein „Wille[] der Natur".[26]

Der Freiheitsbegriff, den Kant hier entwickelt und der die Bedingung für die Qualifikation des Menschen als ‚Zweck an sich' bezeichnet, ist aber lediglich ein negativer. Denn es ist bisher nur herausgestellt worden, wodurch der Wille nicht (mit-)bestimmt sein darf, um als frei gelten zu können. Kant gibt in den unmittelbar folgenden Passagen allerdings auch keine weitere Auskunft darüber, was es denn nun sein müsse, das den Willen bestimmt, damit dieser als frei gelten könne. Vielmehr stellt er zuerst lediglich die Forderung nach „eine[r] allgemeine[n] Regel",[27] d. h. einem „Gesetz"[28] auf, das die Freiheit verschiedener Subjekte einschränkt. Anlass für diese Forderung ist die Vorstellung von „einem Gesetzlosen Menschen", vor dem man sich mehr fürchten müsse als vor „dem wildesten Thiere".[29] Das Beispiel solcher gesetzlosen Menschen, das Kant dann gibt, sind ‚die Wilden', deren Handeln als völlig unkalkulierbar dargestellt wird. Allerdings können diese wohl kaum als frei in dem Sinne verstanden werden, dass sie einen von jeglichen Naturbestimmungen unabhängigen Willen haben. Denn wie die von Kant angeführte Anekdote vom Schicksal des ‚Ritters Marion' zeigt, wurde dieser von jenen verspeist, „bloß weil sie ihn *gerne* essen wollten".[30] Offenbar war ihr Wille in dieser Situation durch eine bestimmte Neigung – etwa zum Fleisch fremdartiger Menschen oder bloße Neugier – bestimmt. Dass dieses durch Natur bestimmte Wollen der gesetzlosen Menschen allerdings auch kein instinktgeleitetes und insofern *ausschließlich* durch Natur bestimmtes ist, macht Kant wiederum mittels einer Anekdote deutlich, der zufolge „ein Hottentotte"[31] mittels technisch-vernünftiger Überlegung seinem drohenden Schicksal als Löwenfraß zu entgehen weiß.

Die Forderung nach einem die Freiheit einschränkenden Gesetz resultiert demnach an dieser Stelle aus dem Umstand, dass Menschen technisch-praktische Vernunft zukommt, so dass sie ihr Wollen zumindest teilweise von unmittelbaren sinnlichen Bestimmungsgründen lösen und bekannte empirische Gesetzmäßigkeiten für die Realisierung ihrer Zwecke nutzen können. Dieses Vermögen zu technisch-praktischer Überlegung und einer aus ihr resultierenden Willensbestimmung ist es, das menschliche Handlungen als

---

25   Vgl. V-NR/Feyerabend, 06.03f. (AA 27: 1319) und 06.09f. (AA 27: 1320).

26   V-NR/Feyerabend, 06.06 (AA 27: 1320).

27   V-NR/Feyerabend, 06.14f. (AA 27: 1320).

28   V-NR/Feyerabend, 06.20 (AA 27: 1320).

29   V-NR/Feyerabend, 06.21f. (AA 27: 1320).

30   V-NR/Feyerabend, 06.30 (AA 27: 1320), Hervorhebung S. K.

31   V-NR/Feyerabend, 06.38 (AA 27: 1320).

VERNUNFT UND FREIHEIT BEI KANT

unkalkulierbar und nur schwer miteinander vereinbar erscheinen lässt. Die Forderung nach einer „Einschränkung der Freyheit"[32] ist damit immerhin pragmatisch gerechtfertigt.

Kant lässt es aber nicht bei dieser pragmatischen Rechtfertigung bewenden. Vielmehr greift er ein wenig später die Problematik der Qualifikation des Menschen als ‚Zweck an sich selbst' wieder auf[33] und nimmt dabei zuerst das Verhältnis von Freiheit und Vernunft und schließlich auch das noch ungelöste Problem eines positiven Freiheitsbegriffs in den Blick. Wie bereits angemerkt, darf der Mensch insofern als ‚Zweck an sich selbst' gelten, als er ein technisch-vernünftig bestimmbares Begehrungsvermögen hat, mithin der Zwecksetzung und -verwirklichung fähig ist. Die zudem bereits angemerkte Verschärfung dieser Bestimmung, der zufolge es nicht nur der aufgrund technisch-praktischer Überlegung bestimmte, sondern der völlig von Naturbestimmungen unabhängige Wille ist, der den Menschen als ‚Zweck an sich', mithin als ein Wesen, das eine ‚Würde' hat, qualifiziert, führt jetzt zu einer genaueren Bestimmung der Verhältnisses zwischen den Begriffen ‚Zweck an sich', ‚Vernunft' und ‚Freiheit'. Ihr zufolge ist Vernunft notwendige, Freiheit dagegen hinreichende Bedingung für die Qualifikation eines Wesens als ‚Zweck an sich selbst'. Kants Argumentation lässt sich etwa folgendermaßen zusammenfassen:[34]

(1) *Vernunft als notwendige Bedingung.* Dass kein vernunftloses Wesen als ‚Zweck an sich' gelten könne, begründet Kant zuerst damit, dass dieses „sich seines Daseyns nicht bewußt seyn, nicht darüber reflektiren [kann]".[35] Diese – etwa auch aus der *Anthropologie* bekannte[36] – Begründung, die auf einen wesentlichen Unterschied zwischen Mensch und Tier abzielt, präzisiert Kant einige Sätze später, indem er in der Fähigkeit zur Reflexion die notwendige Bedingung dafür sieht, sich von unmittelbaren Sinnesaffektionen distanzieren zu können: „denn würde ich von Sinnen bloß affizirt; so würde ich von ihnen regiert".[37] Bereits die Möglichkeit, dass sich ein Wesen von seinen Begierden und Neigungen distanzieren kann, so dass diese nicht gleichsam mechanisch als unmittelbare Bestimmungen seines Begehrungsvermögens fungieren, unterscheidet den Menschen als ‚vernünftiges Tier' von anderen Tieren.[38] Und genau diese Fähigkeit ermöglicht allererst

---

32   V-NR/Feyerabend, 07.11 (AA 27: 1321).
33   Vgl. V-NR/Feyerabend, 08.01ff. (AA 27: 1321f.).
34   Vgl. die ähnliche Darstellung von Hirsch im vorliegenden Band: 202–206.
35   V-NR/Feyerabend, 08.11 (AA 27: 1322).
36   Vgl. Anth, AA 07: 127.04–14.
37   V-NR/Feyerabend, 08.30f. (AA 27: 1322).
38   Vgl. z. B. KrV B 830, AA 03: 521.07–14; KU B 174, AA 05: 303.11–18; RGV, AA 06: 26.06–09; Anth, AA 07: 322.21–323.20.

eine technisch-vernünftige Bestimmung des Begehrungsvermögens, mithin Zwecksetzung. Nur ein Wesen, dem diese Fähigkeit zukommt, *kann* als ‚Zweck an sich selbst' gelten.

(2) *Freiheit als hinreichende Bedingung.* Dennoch ist die auf Vernunft zurückzuführende Fähigkeit zur Reflexion Kant zufolge nicht ausreichend, um den Menschen als ‚Zweck an sich selbst' zu qualifizieren. Denn die Vernunft ermögliche zwar eine Distanzierung von unmittelbaren Sinnesaffektionen sowie ein nicht-instinktives, regelgeleitetes Handeln. Allerdings, so Kant, „könnte die Natur unsre Vernunft ganz nach Naturgesetzen eingerichtet haben".[39] Auch in diesem Fall wäre der Mensch als ‚vernünftiges Tier' wesentlich von anderen Tieren unterschieden, indem er etwa „lesen lernte, allerhand Künste erfinden möchte, und das alles nach bestimmten Regeln".[40] Wäre dieser Unterschied aber der einzige wesentliche, dann dürfte der Mensch dennoch nicht als ‚Zweck an sich selbst' gelten. Denn in einer bestimmten, für Kant hier einzig relevanten Hinsicht würde er sich keineswegs von Tieren unterscheiden: Auch der Mensch hätte dann nämlich keinen ‚*eigenen* Willen', sondern wie die Tiere den „Wille[n] der Natur".[41] Es ist also auch hier der völlig von Naturbestimmungen unabhängige Wille, der eine Qualifikation des Menschen als ‚Zweck an sich selbst' ermöglicht. Anders formuliert: Nicht die ‚Freiheit' in der Wahl der Mittel, sondern die ‚Freiheit' in der Wahl der Zwecke qua Bestimmungsgründe des Willens ist Kant zufolge hier entscheidend. Und diese kann insofern zugleich *hinreichende* Bedingung für die Qualifikation des Menschen als ‚Zweck an sich selbst' sein, als sie Vernunft impliziert. Denn die Fähigkeit zu einer Distanzierung von unmittelbaren Sinnesaffektionen sowie zu regelgeleitetem Handeln muss erst einmal vorliegen, damit eine völlig von Naturbestimmungen losgelöste Bestimmung eines Begehrungsvermögens möglich wird.

Das von Kant hier angedeutete Verhältnis von Vernunft und Freiheit lässt sich auf die kurze Formel bringen, dass Freiheit zwar Vernunft, aber Vernunft (noch) nicht Freiheit impliziert. Dass mit ‚Vernunft' dabei lediglich eine technisch-praktische Funktionalität gemeint ist, dürfte deutlich geworden sein. Was hier mit ‚Freiheit' gemeint ist, kann auch an dieser Stelle immer noch bloß negativ formuliert werden: völlige Unabhängigkeit von Naturbestimmungen. Einen positiven Freiheitsbegriff entwickelt Kant dann aber im Anschluss an das bisher Dargestellte. Genau zwei Überlegungen scheinen dabei entscheidend zu

---

39   V-NR/Feyerabend, 08.16 (AA 27: 1322)
40   V-NR/Feyerabend, 08.17f. (AA 27: 1322).
41   V-NR/Feyerabend, 08.22 (AA 27: 1322).

VERNUNFT UND FREIHEIT BEI KANT

sein: Zuerst einmal muss der negative Aspekt, die völlige Naturunabhängigkeit, berücksichtigt werden, damit der freie Wille als *eigener* (nicht als ‚natürlicher') gelten kann. Zudem muss auch für den Willen eine Gesetzlichkeit veranschlagt werden, damit auch der freie Wille als *Ursache* gelten kann. Beide Überlegungen zusammengenommen führen zu dem positiven Freiheitsbegriff, dass „die Freyheit sich selbst ein Gesetz sey".[42]

Dass Kant an dieser Stelle eine besondere, von der Naturgesetzlichkeit zu unterscheidende Gesetzlichkeit des Willens ins Spiel bringt, ist der angedeuteten Überlegung geschuldet, dass der freie Wille als eine (besondere) Ursache gelten können muss. Zwei Gründe sind hier wiederum anzuführen. Der erste Grund ist von begriffsanalytischer Art und betrifft bloß den Begriff des Willens: Der Begriff ‚Wille' bezeichnet nichts anderes als eine besondere Ursächlichkeit.[43] Als Ursache muss das Begehrungsvermögen aber gesetzlich bestimmt sein. Kant formuliert das deutlich folgendermaßen: „Ohne Gesetze läßt sich keine Ursache, mithin kein Willen dencken, da Ursache das ist, worauf etwas nach einer beständigen Regel folgt".[44] Der zweite Grund ist ebenfalls von begriffsanalytischer Art und betrifft allerdings den Begriff eines *freien* Willens: Der Begriff ‚freier Wille' bezeichnet eine nicht-natürlich bestimmte Ursache, als die sich ein Subjekt versteht. Die mit dem Begriff ‚Ursache' implizierte Gesetzlichkeit muss dabei eine selbst auferlegte sein. Denn nur wenn der Wille eine durch ‚selbstgegebene' Gesetze bestimmte Ursache ist, kann auch das jeweilige Subjekt sich selbst als Urheberin bzw. seinen Willen als ‚eigenen' verstehen. Kant formuliert das an dieser Stelle folgendermaßen: „Ist Freiheit einem Gesetz der Natur unterworfen, so ist sie keine Freiheit. Sie muß sich daher selbst Gesetz seyn".[45]

Auch ein freier Wille ist demnach nur als ein gesetzlich bestimmter Wille denkbar. Dessen besondere Gesetzlichkeit wird von Kant in der Einleitung zu *Naturrecht Feyerabend* und in *Moral Mrongovius II* ganz ähnlich gekennzeichnet. Diese Kennzeichnung kann schrittweise folgendermaßen dargestellt werden:

(i) Zuerst ist nochmals darauf hinzuweisen, dass die den freien Willen bestimmenden Gesetze keine ‚Naturgesetze' sein können. Als ‚Naturgesetze' wären sie weder dem Subjekt oder dessen ‚Vernunft' eigene, noch könnte sich das Subjekt für bzw. gegen deren Befolgung entscheiden. Sie sind daher auch

---

42 V-NR/Feyerabend, 08.32 (AA 27: 1322).
43 Vgl. auch KU B XII, AA 05: 172.04–06.
44 V-NR/Feyerabend, 08.37f. (AA 27: 1322).
45 V-NR/Feyerabend, 08.38–09.02 (AA 27: 1322).

bloß Imperative, so dass – im Unterschied zu Naturgesetzen – gegen sie verstoßen werden kann.

(ii) Da die Gesetze des Willens keine ‚Naturgesetze‘, aber dennoch Regeln sein sollen, die die ihnen entsprechenden Handlungen als notwendige vorstellen,[46] müssen sie solche sein, die der freie Wille sich selbst gibt. Mit Blick auf das konkrete vernünftige Subjekt äußert sich dies Kant zufolge in der Anerkennung dieser Gesetze im Gefühl der Achtung.[47] Mit Blick auf die Vernunft bedeutet dies, dass die Gesetze des Willens keine bloßen Regeln für ein einzelnes Subjekt, sondern überindividuelle sein müssen. Sie sind objektive, allgemeingültige Regel, mithin Gesetze.[48]

Mit den beiden genannten Schritten wird vor allem dem negativen Freiheitsbegriff Rechnung getragen. Denn mit dem ersten werden die Gesetze des Willens von ‚Naturgesetzen‘ unterschieden und damit eine direkte Naturbestimmung des Willens ausgeschlossen. Und mit dem zweiten Schritt wird mittels des Gedankens einer ‚Selbstgesetzgebung‘ die Möglichkeit vorgestellt, dass auch die Bestimmung eines vollständig von Naturbestimmungen unabhängigen Willens eine objektive und allgemeingültige sein kann, so dass ein Subjekt sich trotz der Unabhängigkeit seines Willens von Naturbestimmungen als Ursache begreifen kann.

(iii) Offen bleibt an dieser Stelle die genauere Kennzeichnung der (besonderen) Gesetze eines freien Willens. In beiden hier herangezogenen Einleitungen stellt Kant seine auch aus den veröffentlichten Schriften bekannte Unterscheidung von technischen, pragmatischen und moralischen Imperativen (der ‚Geschicklichkeit‘, der ‚Klugheit‘ und der ‚Sittlichkeit‘) vor[49] und qualifiziert allein die zuletzt genannten als solche (praktischen) Regeln, die dem negativen Freiheitsbegriff angemessen sind. Denn während die technischen und pragmatischen Imperative bloß „hypothetisch“ sind, also eine „Nothwendigkeit der Handlungen als ein Mittel zu Zwecken“[50] vorstellen, sind die moralischen Imperative „kategorisch“, so dass sie die „Nothwendigkeit der Handlung schlechthin“ vorstellen, „ohne daß der Bewegungs Grund in irgend einem anderen Zwecke enthalten ist“.[51] Nur in dem Fall, dass sich der Wille einem

---

46   Vgl. z. B. v-nr/Feyerabend, 09.19f. (AA 27: 1323) und V-Mo/Mron II, AA 29: 598.17–19.

47   Vgl. z. B. v-nr/Feyerabend, 12.18–20 (AA 27: 1326) und 14.13f. (AA 27: 1327) sowie V-Mo/Mron II, AA 29: 612.13–15 und 612.25.

48   Der Aspekt der ‚Allgemeingültigkeit‘ wird bes. in V-Mo/Mron II, AA 29: 607.15–608.11 herausgestellt.

49   Vgl. v-nr/Feyerabend, 09.39–10.31 (AA 27: 1323) und V-Mo/Mron II, AA 29: 59.19–39.

50   V-Mo/Mron II, AA 29: 606.13f.

51   V-Mo/Mron II, AA 29: 606.15f.

VERNUNFT UND FREIHEIT BEI KANT

kategorischen Imperativ gemäß bestimmt, kann er als freier Wille gelten. Denn nur in diesem Fall ist er eine Ursache, die durch eigene und nicht durch Gesetze der Natur bestimmt ist – indem ein kategorischer Imperativ gebietet, „das zu wirken, was allgemein als Regel genommen immer der Gegenstand des Willens seyn kann".[52]

Mit dieser Konzeption eines Willens, der frei und damit einer eigenen *Gesetzlichkeit* unterworfen ist, gelingt es Kant, einen positiven Freiheitsbegriff vorzustellen, mit dessen Hilfe es im Kontext des *Naturrechts Feyerabend* – aber auch in *Moral Mrongovius II*[53] – möglich wird, die besondere Qualifikation des Menschen als ,Zweck an sich selbst' zu rechtfertigen. Das Verhältnis dieses Freiheitsbegriffs zum Begriff ,Vernunft' scheint allerdings nach wie vor insofern unklar, als auch mit der hier rekonstruierten Bestimmung eines freien, eigenen Gesetzen unterworfenen Willens der Begriff ,Vernunft' bloß eine technisch-praktische Funktionalität zu bezeichnen scheint. Lediglich mit Blick auf die Frage nach dem ,Bewegungsgrund' (oder der ,Triebfeder') eines freien Willens finden sich Andeutungen, die auf eine Relevanz der ,Vernunft' für die Qualifikation des Menschen als ,Zweck an sich selbst', mithin für ein autonomes Wollen hindeuten.[54] Inwiefern aber der ,Bewegungsgrund' „Achtung fürs Gesetz"[55] ein ,vernünftiger' ist, bleibt dabei offen. Und dies gilt erst recht für die Frage, ob und – wenn ja – inwiefern die in kategorischen Imperativen vorgestellten (praktischen) Gesetze selbst als ,vernünftig' zu bezeichnen sind.

2 Zwei Probleme mit der Vorstellung bloß technisch-praktischer Wesen

Die anhand der Einleitung zu *Naturrecht Feyerabend* und der *Moral Mrongovius II* nachgezeichnete Bestimmung des Verhältnisses von Vernunft und Freiheit, der zufolge Freiheit zwar Vernunft, aber nicht Vernunft Freiheit impliziere, macht die Vorstellung von solchen Wesen möglich, die zwar vernünftig, aber

---

52   V-Mo/Mron II, AA 29: 608.01–03.

53   Vgl. V-Mo/Mron II, AA 29: 610.14–19.

54   So gibt Kant im *Naturrecht Feyerabend* etwa den Hinweis, dass die „Form" des Willens ihn bestimmen müsse, damit dieser als freier bzw. eigener gelten könne – schließt aber direkt an: „er muß also Achtung fürs Gesetz haben" (V-NR/Feyerabend, 3.11f. [AA 27: 1326]). Und zu Beginn der *Moral Mrongovius II* wirft er Baumgarten und Wolff vor, dass diese in ihren Darstellungen der praktischen Philosophie „nicht von den Bestimmungen unseres Wollens durch reine Bewegungs Gründe der Vernunft, sondern überhaupt von den Bestimmungen des Willens" (V-Mo/Mron II, AA 29: 598.13–15) handelten.

55   V-NR/Feyerabend, 13.12 (AA 27: 1326) u. ö. Vgl. auch V-Mo/Mron II, AA 29: 612.25f. u. ö.

nicht frei wären. Deren Vernunft scheint dann nichts anderes als eine technisch-praktische Funktionalität zu sein und ihrem Wollen scheint nur in dem Sinn Freiheit zugeschrieben werden zu können, als sie die verschiedenen möglichen Bestimmungen ihres Begehrungsvermögens, die allesamt Naturbestimmungen sind, organisieren[56] könnten. Diese Freiheit ist aber gerade nicht diejenige, die der gerade rekonstruierte Freiheitsbegriff bezeichnet. Denn ihr Wille könnte *per definitionem* niemals vollständig unabhängig von Naturbestimmungen, mithin niemals besonderen ,Gesetzen der Freiheit' unterworfen sein. Ihnen kann demzufolge auch keine ihrer Handlungen im strengen Sinn zugerechnet werden. Denn ihr Wille wäre nicht ihr ,eigener', sondern stets der ,Wille der Natur'.[57]

Zu dieser Konzeption scheint dann auch Kants bekannte Kennzeichnung des Menschen aus der *Religionsschrift* zu passen, der zufolge die menschliche Natur nicht nur eine ,tierische' und eine ,vernünftige', sondern auch eine moralische Anlage habe.[58] Diese „Anlage für die *Persönlichkeit*" besteht Kant zufolge in der „Empfänglichkeit der Achtung für das moralische Gesetz, *als einer für sich hinreichenden Triebfeder der Willkür*".[59] Sie erlaubt damit die Kennzeichnung des Menschen „als eines vernünftigen und zugleich der *Zurechnung fähigen* Wesens".[60] Denn wie Kant in einer Anmerkung eigens hervorhebt,

> folgt daraus, daß ein Wesen Vernunft hat, gar nicht, daß diese ein Vermögen enthalte, die Willkür unbedingt durch die bloße Vorstellung der Qualification ihrer Maximen zur allgemeinen Gesetzgebung zu bestimmen und also für sich selbst praktisch zu sein: wenigstens so viel wir einsehen können.[61]

---

56   Solche Wesen wären also der Maximenbildung fähig, d. h. der Strukturierung ihrer Begierden und Neigungen mittels ,Vernunft', mithin der Distanzierung, Abwägung und Hierarchisierung von ihren sie unmittelbar motivierenden Triebfedern. Vgl. zu dieser Fähigkeit der Selbstdisziplinierung als Funktion technisch-praktischer Vernunft Stefan Klingner, „Technische und moralische Kultur bei Kant", in ,*Fortgesetzte Aufklärung'. Kant's Idea of Culture*, hg. Tommaso Morawski (Rom: Sapienzia, 2021) sowie bereits Stefan Klingner, *Technische Vernunft. Kants Zweckbegriff und das Problem einer Philosophie der technischen Kultur* (Berlin und Boston: De Gruyter, 2012), 301.

57   Bestenfalls könnte ihnen die Wahl der Mittel, also die Zweckverwirklichung zugerechnet werden. Allerdings scheint diese nicht weniger ,naturbestimmt' zu sein als die Zwecksetzung. Denn es hinge von der jeweiligen, naturgegebenen Geschicklichkeit bzw. Klugheit des einzelnen, bloß technisch-vernünftigen Wesens ab, welche Mittel es in einer gegebenen Situation wählte. Wäre es besonders begabt und ließen es die Umstände zu, wählte es *eo ipso* die angemessensten (effektivsten) Mittel.

58   Vgl. RGV AA 06: 26.01–11.

59   RGV AA 06: 27.27–29

60   RGV AA 06: 26.10f.

61   RGV AA 06: 26.22–26 Anm.

VERNUNFT UND FREIHEIT BEI KANT

Und unmittelbar im Anschluss verwendet Kant selbst die Vorstellung bloß technisch-praktischer Wesen, indem er fortfährt:

> Das allervernünftigste Weltwesen könnte doch immer gewisser Triebfedern, die ihm von Objecten der Neigung herkommen, bedürfen, um seine Willkür zu bestimmen; hiezu aber die vernünftigste Überlegung, sowohl was die größte Summe der Triebfedern, als auch die Mittel, den dadurch bestimmten Zweck zu erreichen, betrifft, anwenden: ohne auch nur die Möglichkeit von so etwas, als das moralische, schlechthin gebietende Gesetz ist, welches sich als selbst und zwar höchste Triebfeder ankündigt, zu ahnen.[62]

Auch noch fast zehn Jahre später findet sich demnach die anhand der Einleitung zu *Naturrecht Feyerabend* und der *Moral Mrongovius II* rekonstruierte Verhältnisbestimmung von Vernunft und Freiheit in Kants Überlegungen. Zudem scheint diese von Kant selbst mittels der Vorstellung eines äußeren Triebfedern bedürftigen ,allervernünftigsten Weltwesens‘, also eines bloß technisch-praktischen Wesens, das seine ,Vernunft‘ bis zu einem sehr hohen Grad kultiviert hat, illustriert zu werden.

Nimmt man im Anschluss an die vorgestellte Bestimmung des Verhältnisses von Vernunft und Freiheit an, dass der Begriff ,bloß technisch-praktisches Wesen‘[63] ein logisch möglicher ist, dann stellen sich zumindest zwei Probleme ein: Das erste betrifft einen subjektiv-psychologischen Aspekt, nämlich die den angenommenen, bloß technisch-praktischen Wesen abgehende moralische ,Triebfeder‘ (1); das zweite betrifft dagegen einen objektiv-vernunfttheoretischen Aspekt, nämlich die für die angenommenen, bloß technisch-praktischen Wesen unverständliche Eigenart moralischer Gesetze als unbedingt gültiger Vorschriften (2).

(1) Der in den Vorlesungen entwickelte positive Freiheitsbegriff impliziert die Möglichkeit aufseiten des Subjekts, dass dessen von allen Naturbestimmungen unabhängiger Wille den besonderen Gesetzen der Freiheit auch tatsächlich zu folgen bereit ist. Dies ist bereits in den genannten Vorlesungen

---

62   RGV AA 06: 26.26–32 Anm.

63   Wie eingangs erwähnt (vgl. oben Fn 6), könnten im losen Anschluss an eine Wendung Kants in der *Friedensschrift* solche Wesen auch ,Teufel‘ genannt werden (vgl. dazu ausführlicher Klingner, „Rechtsgeltung und technische Vernunft bei Kant“, 226f.). Für den vorliegenden Kontext ist die Benennung allerdings nicht sonderlich relevant. Da aber der Begriff ,Teufel‘ gelegentlich zu Missverständnissen führt, wird hier die etwas sperrige Formulierung ,bloß technisch-praktisches Wesen‘ beibehalten.

durch das ‚Gefühl der Achtung' garantiert und die herangezogenen Passagen aus der *Religionsschrift* stellen diese subjektive Bedingung als eine besondere „Empfänglichkeit"[64] dar. Kant nennt sie hier auch den „subjective[n] Grund"[65] für das mögliche Fungieren des Achtungsgefühls als (hinreichende) Triebfeder des Begehrungsvermögens. Genau diese ‚Anlage' ist es somit, die ein bloß praktisch-vernünftiges Wesen von einem auch moralisch-vernünftigen Wesen wie den Menschen unterscheidet – die ‚Vernunft', die beiden zukommt und von beiden in Anspruch genommen wird bzw. werden kann, scheint dagegen dieselbe zu sein.[66] Beide Wesen unterscheiden sich aus dieser Perspektive nur noch durch das Vorhandensein bzw. Nicht-Vorhandensein einer bestimmten ‚Naturanlage', ohne dass ein notwendiger Zusammenhang zwischen ihr und ‚Vernunft' herausgestellt werden könnte.[67] Damit wird Kants Lehre vom Gefühl der Achtung zu einem *bloß noch* anthropologischen Lehrstück, was aber nur schwer mit der Funktion, die sie in Kants kritischer Moralphilosophie einnimmt, zu vereinbaren ist.[68] Denn nicht nur der Umstand, dass das Vorhandensein dieser Anlage nicht ohne weiteres empirisch überprüfbar ist und lediglich postuliert werden kann, sondern vor allem auch Kants Bestimmung der Moralphilosophie als einer apriorischen Wissenschaft, die mithin gerade keine Anthropologie ist, stehen quer zu einer solchen Interpretation. Zudem hat sie den kantischen Text auch gar nicht auf ihrer Seite. Denn auch mit Blick auf die zitierte Passage aus der *Religionsschrift*, klärt sich das Problem dann, wenn man einige Zeilen weiterliest. Wie Kant gegen Ende des Abschnitts zu den ‚ursprünglichen Anlagen' des Menschen hervorhebt, ist es nicht (bloß) das Vorhandensein bzw. Nicht-Vorhandensein einer bestimmten ‚Empfänglichkeit' qua ‚Anlage', sondern die jeweilige teleologische Qualifikation der Vernunft, die bloß technisch-praktische von auch moralisch-praktischen Wesen unterscheidet.[69] Während die ersten Vernunft ausschließlich als Mittel gebrauchen,

---

64   RGV AA 06: 27.27ff.

65   RGV AA 06: 28.05.

66   Dies legt zumindest die Zuordnung der ‚Vernunft' zur zweiten ‚Anlage' (für die Menschheit) nahe (vgl. RGV AA 06: 26.08f.).

67   Kant konstatiert hier lediglich eine ‚Unzertrennlichkeit' von ‚moralischem Gesetz' und ‚Achtung', aber nicht von ‚moralischem Gesetz' und ‚Empfänglichkeit für das Gefühl von Achtung' (vgl. RGV AA 06: 28.01f.).

68   Vgl. etwas ausführlicher zur moralpsychologischen Funktion des – besonders im „Dritten Hauptstück" der „Analytik" der zweiten *Kritik* vorgestellten – Lehrstücks vom Gefühl der Achtung z. B. Stefan Klingner, „Kant und die Zweckmäßigkeit religiösen Glaubens", in *Kant und die Religion – die Religionen und Kant*, hg. Reinhard Hiltscher und Stefan Klingner (Hildesheim: Olms, 2012): 177–192, hier 185–187.

69   Vgl. RGV AA 06: 28.08–12.

VERNUNFT UND FREIHEIT BEI KANT

kann sie für die zweiten auch selbst ein Zweck sein. Die „Wurzel" der Persönlichkeitsanlage ist auch ‚Vernunft' – eben die „allein für sich selbst praktische, d. i. unbedingt gesetzgebende".[70]

(2) Das zweite Problem ist ein wenig komplizierter – aber auch wesentlich gefährlicher für die unterstellte Konsistenz des Begriffs ‚bloß praktischvernünftiges Wesen'. Denn während das erste Problem nur auf das im Detail zwar nicht immer einfach zu durchschauende, aber mit einiger Aussicht auf Erfolg rekonstruierbare Verhältnis von Moralphilosophie und Anthropologie bei Kant abzielt, betrifft das zweite den bei genauerem Hinsehen nicht ebenso klaren Gesetzesbegriff. Dieser bezeichnet in seiner allgemeinen Bedeutung (und besonders im Rahmen von Kants theoretischer Philosophie) eine für einen bestimmten Gegenstandsbereich allgemein – und d. h.: ausnahmslos, mithin unbedingt – geltende Regel.[71] Die auch den bloß technisch-praktischen Wesen zuzuschreibende technische Vernunft ist das Vermögen, bekannte (empirische resp. besondere) Naturgesetze mit Blick auf die Realisierung von Zweckvorstellungen anzuwenden, so dass technisch-praktische Vernunft in demjenigen Vermögen besteht, den Willen zur Ursache für eine bekannten (empirischen resp. besonderen) Naturgesetzen gemäße Realisierung von Zweckvorstellungen werden zu lassen.[72] Auch das ‚vernünftige' Handeln bloß technisch-praktischer Wesen scheint als gesetzliches Handeln in diesem Sinne verstanden werden zu müssen. Das angenommen, ergeben sich allerdings sofort zwei Folgeprobleme:

Denn zieht man *erstens* Kants Überlegungen zu einem „System der Erfahrung nach besonderen Naturgesetzen"[73] aus der Einleitung in die dritte *Kritik* heran und bedenkt, dass auch die Qualifikation von Zweckvorstellungen als objektiv gültig dieser in der ‚Heautonomie'[74] reflektierender Urteilskraft gegründeten Annahme einer ‚Zweckmäßigkeit der Natur' bedarf,[75] dann können weder aus der Perspektive auf das Handeln der bloß technisch-praktischen Wesen noch aus der Perspektive solcher Wesen selbst die deren Handeln zugrunde liegenden technischen Sätze als auf *Gesetzen* beruhende verstanden werden. Denn

---

70   RGV AA 06: 28.11f.

71   Vgl. neben den oben in Fn. 11 angeführten Stellen auch KrV A 113, AA 04: 85.22–25; weiterführend zu Kants Begriff des *Natur*gesetzes und seinem philosophiehistorischen Kontext Giuseppe Motta, *Die Postulate des empirischen Denkens überhaupt. KrV A 218–235/ B 265–287. Ein kritischer Kommentar* (Berlin und Boston: De Gruyter, 2012), 131–135.

72   Vgl. dazu ausführlich Klingner, *Technische Vernunft*, 263–274 und 293–296.

73   KU B XXVII, AA 05: 180.24f.

74   Vgl. KU B XXXVII, AA 05: 185.35–186.15.

75   Vgl. Klingner, *Technische Vernunft*, 202–207, 266f.; zur ‚Heautonomie' im Kontext technischer Vernunft dort 268–270.

insofern solche Wesen bereits mit Blick auf die durch ihr Handeln zu gestaltende Natur keine allgemeine Vorstellung von notwendigen Regeln zu haben scheinen, kann ihr technisch-praktisch motiviertes Handeln weder als ein – aus der Außenperspektive – kalkulierbares noch als ein – aus deren Innenperspektive – verlässliches Handeln gelten. Da technisch-praktische Regeln bloße ‚Vorschriften‘[76] für eine (mögliche) Willensbestimmung sind, die die ihnen eigentümliche Normativität aus der Einsicht in empirische resp. besondere Naturgesetze erhalten, wären solche technisch-praktischen Wesen, die gar keine Vorstellung von Naturzusammenhängen als ‚notwendigen Regeln‘ haben, gar nicht in der Lage, jene für ihre Vorhaben kalkuliert und verlässlich auszunutzen.

Und geht man *zweitens* zudem davon aus, dass die angenommenen bloß technisch-praktischen Wesen über gar keinen (strengen) Gesetzesbegriff verfügen, kann die vorangegangene Überlegung noch verschärft werden. Denn im Unterschied zu empirischen Naturgesetzen, deren Qualifikation als notwendige Regeln eines heautonomen Fungierens reflektierender Urteilskraft bedarf, sind die ‚Grundsätze des reinen Verstandes‘ *eo ipso* als allgemeine, notwendige und ausnahmslos geltende zu verstehen.[77] Somit könnte mit gutem Grund sogar daran gezweifelt werden, ob sich die angenommenen bloß technisch-praktischen Wesen überhaupt in einer gesetzlich bestimmten Welt qua Natur wiederfänden. Bereits das ‚subjektive Prinzip der Zweckmäßigkeit der Natur‘ ist eine notwendige Bedingung technisch-praktischen Handelns. Das Erkennen einer (allgemein-)gesetzlich bestimmten Natur ist es allemal.

Diese skizzenhafte Darstellung des zweiten Problems anhand der mit ihm verbundenen Folgeprobleme bezog sich allerdings lediglich auf dessen theoretisch relevanten Teilaspekt. Die eigentliche Brisanz des mit dem Gesetzesbegriff verbundenen Problems liegt aber in dessen genuin *praktischem* Teilaspekt, dem Begriff des *Sittengesetzes*.[78] Und in diesem ist auch der vorgetragene Zweifel daran begründet, den angenommenen bloß technisch-praktischen Wesen die Fähigkeit zuzusprechen, überhaupt über einen Begriff einer allgemeinen bzw. notwendigen Regel, also einen (strengen) Gesetzesbegriff zu

---

76   Der Einleitung zur dritten *Kritik* zufolge sind die „technisch-praktischen Regeln (d. i. die der Kunst und Geschicklichkeit überhaupt [...])" (KU B XIII, AA 05: 172.23f.) gerade keine „Gesetze (etwa so wie physische), sondern nur Vorschriften" (KU B XIV, AA 05: 172.32).

77   Vgl. bes. KrV B 197f., AA 03: 146.06–20, ferner z. B. KrV B 188, AA 03: 140.17–26.

78   Vgl. zu einer Einschätzung einiger mit der Vorstellung bloß technisch-praktischer Wesen verbundenen Probleme in Hinblick auf Kants (kritische) Rechtskonzeption auch Klingner, „Rechtsgeltung und technische Vernunft bei Kant", 226–230. Von ihnen wird hier aber abgesehen.

VERNUNFT UND FREIHEIT BEI KANT

verfügen. Nimmt man nämlich Kants Konzeption des positiven Freiheitsbegriffs aus der zweiten *Kritik* in den Blick, dann stellt sich das Verhältnis zwischen ‚Vernunft' und ‚Freiheit' so dar, dass *ausschließlich* ‚reine Vernunft' *selbst* – d. h. noch vor einer Differenzierung in theoretische und praktische – die Vorstellung eines für den Willen unbedingt geltenden Gesetzes möglich macht. Und bereits diese bloße Möglichkeit ist dem § 7 der zweiten *Kritik* zufolge hinreichend dafür, jenes Gesetz als tatsächlich verbindlich bzw. verpflichtend anzuerkennen:

> Es [d. h.: das Grundgesetz der reinen praktischen Vernunft, S. K.] ist aber auch nicht eine Vorschrift, nach welcher eine Handlung geschehen soll, dadurch eine begehrte Wirkung möglich ist (denn da wäre die Regel immer physisch bedingt), sondern eine Regel, die bloß den Willen in Ansehung der Form seiner Maximen a priori bestimmt, und da ist ein *Gesetz*, welches bloß zum Behuf der subjectiven Form der Grundsätze dient, als Bestimmungsgrund durch *die objective Form eines Gesetzes überhaupt, wenigstens zu denken nicht unmöglich.* [...] Folgerung. *Reine Vernunft ist für sich allein* praktisch und giebt (dem Menschen) ein *allgemeines Gesetz*, welches wir das Sittengesetz nennen.[79]

Allein aus der Vernunftbegabung resultieren hier die Vorstellung eines für das Wollen unbedingt geltenden Gesetzes, kurz: des Sittengesetzes, und damit ein positiver Freiheitsbegriff sowie dessen (praktische) Realität. Kurzum: Jedes vernünftige Wesen verfügt als vernunftbegabtes über den Gesetzesbegriff und hat die Möglichkeit, ihn auf das resp. sein Begehrungsvermögen zu beziehen, wodurch der Begriff eines praktischen Gesetzes *in sensu stricto* („Sittengesetz") gebildet wird. Dann bleiben mit Blick auf die angenommenen bloß technisch-praktischen Wesen allerdings nur noch zwei Optionen: Entweder das Sittengesetz ist überhaupt kein ihnen zugänglicher Begriff oder er ist einer ohne eigene motivationale Auswirkung. Im ersten Fall wären sie kaum noch als vernünftige Wesen zu bezeichnen. Denn als vernünftige müssten sie *per definitionem* des Denkens, Erkennens und Anwendens von Gesetzen fähig sein. Im zweiten Fall könnte das Sittengesetz dagegen insofern keinen Bestimmungsgrund ihres Wollens ausmachen, als es ihnen kein entsprechendes Gefühl (‚Achtung') abnötigt. Solche Wesen unterschieden sich bloß noch durch das Fehlen einer bestimmten ‚Naturanlage' (der ‚Empfänglichkeit der Achtung für das moralische Gesetz') von anderen vernünftigen Wesen – was zum ersten,

---

79   KpV A 55f., AA 05: 31.17–37, Hervorhebung S. K.

bereits angesprochenen Problem zurückführt. Abgesehen davon bliebe vor allem aber unklar, was im Fall solcher, mit Blick auf die Bestimmbarkeit ihres Begehrungsvermögens ausschließlich ‚gemischt-vernünftigen' Wesen das Wort ‚Vernunft' überhaupt noch bedeuten könnte. Denn indem Kant in der zweiten *Kritik* die Vorstellung des Sittengesetzes unmittelbar an das Vernunftvermögen knüpft, kann auch die technisch-praktische Vernunft keine andere als die mit dem Sittengesetz vertraute, mithin zugleich moralisch-praktische sein.

Mit der Bestimmung des positiven Freiheitsbegriffs in der zweiten *Kritik*, der zufolge der Wille *„durch die bloße Form des Gesetzes* als bestimmt gedacht und dieser Bestimmungsgrund als die oberste Bedingung aller Maximen angesehen"[80] werden kann, darf einerseits die in der Einleitung zu *Naturrecht Feyerabend* und in *Moral Mrongovius II* vorgelegte Freiheitskonzeption als vollendet,[81] die dort mit ihr inaugurierte Bestimmung des Verhältnisses von Vernunft und Freiheit allerdings als revidiert gelten. Denn es ist die reine Vernunft, die den Gesetzesbegriff impliziert, durch den dann der positive Freiheitsbegriff möglich wird. Wird aus der Perspektive dieser Konzeption der Begriff eines Wesens, dem keine reine, sondern bloß technisch-praktische Vernunft zukommt, beurteilt, dann scheint mit dem in ihm gedachten Verzicht auf reine Vernunft auch die technisch-praktische wegzufallen, mithin jener Begriff als inkonsistenter angesehen werden zu müssen.

3 Der Unterschied zwischen technisch-praktischer und moralisch-praktischer Vernunft

Abschließend soll noch der Versuch unternommen werden, ein Fazit aus den vorangegangenen Überlegungen mit einem besonderen Blick auf das Verhältnis von technisch-praktischer und moralisch-praktischer Vernunft bei Kant zu ziehen. Im Anschluss an die rekonstruierte Bestimmung des Verhältnisses von Vernunft und Freiheit aus *Naturrecht Feyerabend* und *Moral Mrongovius II*, nach der Freiheit zwar Vernunft, Vernunft aber nicht zugleich Freiheit impliziere, sind zwei Optionen für eine Bestimmung des Verhältnisses von technisch-praktischer und moralisch-praktischer Vernunft in Betracht zu ziehen: Entweder beide ‚Typen' von Vernunft sind voneinander unabhängig – oder

---

80 KpV A 55, AA 05: 31.12f.

81 Das trifft zumindest auf den sachlichen Gehalt von Kants Freiheitskonzeption in der zweiten *Kritik* zu – auch wenn er ihr erst in der *Metaphysik der Sitten* auch eine adäquate begriffliche Schärfe zu verleihen vermochte (so jedenfalls z. B. Hirsch im vorliegenden Band: 216f.).

technisch-praktische und moralisch-praktische Vernunft sind lediglich zwei Aspekte der *einen* Vernunft. Im ersten Fall wäre der Begriff ‚bloß technisch-praktisches Wesen' vielleicht unproblematisch, allerdings verschärfte sich das Problem einer adäquaten Konzeption der ‚Einheit der Vernunft'.[82] Im zweiten Fall wäre diese weit weniger problematisch, allerdings müsste der Begriff ‚bloß technisch-praktisches Wesen' – und damit auch Kants Bestimmung des Verhältnisses von Vernunft und Freiheit aus *Naturrecht Feyerabend* und *Moral Mrongovius II* – als inkonsistent beurteilt werden. Für eine Entscheidung zwischen diesen beiden Optionen ist es hilfreich, den Blick von den unterschiedlichen ‚Vernunfttypen' auf die unterschiedlichen, von Kant in Anschlag gebrachten Teile der Philosophie und deren Thematisierung ‚der' Vernunft zu richten.

Seine Begründung der grundsätzlichen Einteilung der Philosophie in theoretische und praktische stellt Kant besonders konzise in der Einleitung der dritten *Kritik* vor. Dieser Begründung zufolge haben es beide Teile der Philosophie mit strikt voneinander zu unterscheidenden Begriffen bzw. ‚Gesetzgebungen' zu tun: einer ‚Gesetzgebung durch Naturbegriffe' einerseits und einer ‚Gesetzgebung durch den Freiheitsbegriff' andererseits.[83] Im ersten Fall können (besondere) Gesetze erkannt und – bei Bedarf – angewendet werden; aber nur im zweiten Fall „kann die Vernunft [selbst, S. K.] gesetzgebend sein".[84] Auch hier werden mit Blick auf die praktische Philosophie die Begriffe ‚Vernunft' und ‚Freiheit' nahezu synonym verwendet. Mit Blick auf die theoretische Philosophie hält Kant dagegen fest: „[W]o Regeln praktisch sind, ist die Vernunft nicht darum sofort *gesetzgebend*, weil sie auch technisch-praktisch sein können".[85] Demnach kann die technisch-praktische Vernunft ihre Funktionalität immer nur mit Blick auf besondere, allererst zu erkennende bzw. zu erforschende Naturgesetze, nicht aber als selbst ‚gesetzgebende' in Anschlag bringen. Im Kontext der *theoretischen Philosophie* sind demnach technisch-praktische und moralisch-praktische Vernunft durchaus als voneinander unabhängige ‚Typen' von Vernunft zu unterscheiden: Sie müssen hier unterschieden werden, weil technisch-praktische Vernunft für ihr erfolgreiches Fungieren auf die Erkenntnis empirischer resp. besonderer *Natur*gesetze angewiesen ist. Allerdings ist hierbei die objektive Realität des Begriffs ‚technisch-praktische Vernunft' durch den Verweis auf die „Erfahrung von der Caussalität unseres eigenen Vermögens"[86] gesichert – im Gegensatz zur objektiven Realität des

---

82 Vgl. zum Problemaufriss Reinhard Hiltscher, *Kant und das Problem der Einheit der endlichen Vernunft* (Würzburg: Königshausen und Neumann, 1987), z. B. 9.

83 Vgl. KU B XVII, AA 05: 174.32f.

84 KU B XVII, AA 05: 174.34f.

85 KU B XVII f., AA 05: 175.03–05.

86 EEKU, AA 20: 234.33f.

(transzendentalen) Freiheitsbegriffs.[87] Dieser ist jedoch der für die *praktische Philosophie* wesentliche. Seine objektive Realität ist aber (zumindest) seit der zweiten *Kritik* ausschließlich durch das Sittengesetz qua „ratio cognoscendi der Freiheit"[88] gesichert – und dieses ist wiederum gar kein Gegenstand der theoretischen Philosophie.

Aus der Perspektive der theoretischen Philosophie sind eine völlige Unabhängigkeit des Willens von Naturbestimmungen und erst recht dessen besondere Gesetzlichkeit, die bereits in der Einleitung zu *Naturrecht Feyerabend* und in *Moral Mrongovius II* genau das sind, was mittels des Freiheitsbegriffs bezeichnet wird, nicht bloß problematisch, sondern sogar irrelevant: Problematisch ist der Freiheitsbegriff hier mit Blick auf den spekulativen Gebrauch der Vernunft; irrelevant ist er hier in deren technischem Gebrauch. Denn eine objektiv gültige Erkenntnis davon, ob in einem konkreten Fall ein Wille tatsächlich völlig unabhängig von Naturbestimmungen und ausschließlich durch das Sittengesetz bestimmt ist, ist Kant zufolge ohnehin nicht möglich.[89] Möglich ist vonseiten theoretischer qua technischer Vernunft lediglich die Beurteilung von Zweckvorstellungen als (objektiv) gültig oder ungültig, von Zweckentwürfen als realisierbar oder unrealisierbar, von Mitteln als nützlich oder ungeeignet und von Produkten als mehr oder weniger vollkommen.[90] Das ändert freilich nichts an der unbedingten Geltung des Sittengesetzes. Diese ist allerdings gar kein Thema der theoretischen, sondern eben der zentrale Ausgangspunkt der praktischen Philosophie und bezieht sich wiederum eben nicht auf Zweckvorstellungen, Zweckentwürfe, Mittel oder Produkte, sondern ausschließlich auf die mögliche Bestimmung eines Willens. Und dadurch erlaubt sie auch eine Beurteilung von Maximen als gut oder böse und Handlungen als legal oder illegal, mithin eine ganz andere als diejenige von ‚Erkenntnissen' als wahr oder falsch.

Der mit diesen wenigen Überlegungen bloß skizzierten Einschätzung entsprechend kommt der technisch-praktischen Vernunft in Kants kritischen Grundlegungsschriften zur Moralphilosophie auch lediglich eine marginale,

---

87   Vgl. Kants Bemerkungen dazu im Kontext der Freiheitsantinomie der ersten *Kritik* sowie in der Vorrede zur zweiten *Kritik*.

88   KpV A 5, AA 05: 04.33 Anm.

89   Vgl. zu diesem, vor allem in der *Religionsschrift* hervorgehobenen Punkt ausführlich Bernd Dörflinger, „Die personifizierte Idee des Guten. Zugleich ein Beitrag zu Kants Christologie", in *Worauf Vernunft hinaussieht. Kants regulative Ideen im Kontext von Teleologie und praktischer Philosophie*, hg. Bernd Dörflinger und Günter Kruck (Hildesheim: Olms, 2012): 177–189, hier 182–186.

90   Vgl. dazu ausführlich Klingner, *Technische Vernunft*, 226–243.

VERNUNFT UND FREIHEIT BEI KANT

bestenfalls bloß negative Funktion zu.[91] Denn sie ist gar kein genuines Thema der praktischen, sondern der theoretischen Philosophie. Dass Kant etwa in der *Religionsschrift* oder in seinen geschichts- und kulturphilosophischen Texten verschiedene ,Anlagen' des Menschen unterscheidet, dabei ,Vernunft' auf bloße technisch-praktische reduziert und der für die praktische Philosophie relevanten Fähigkeit zur autonomen Willensbestimmung eine besondere ,Anlage' zuschreibt,[92] spricht dabei keineswegs gegen diese Einschätzung. Vielmehr sind diese Bestimmungen Kants schlichtweg dem Status der Anthropologie als einer *theoretischen* Disziplin geschuldet.[93] Denn insofern technisch-praktische Vernunft *per se* empirisch-bedingte ist, kann und darf sie kein Thema der *praktischen* Philosophie sein. Sie ist aber wesentlich für etliche teleologische und anthropologische Überlegungen, mithin für Teile der *theoretischen* Philosophie.

Die anhand der Einleitung zu *Naturrecht Feyerabend* und anhand *Moral Mrongovius II* rekonstruierte Bestimmung des Verhältnisses von Vernunft und Freiheit ist demzufolge insofern als ein bloßer Zwischenschritt in der Genese der kritischen Vernunftkonzeption Kants zu beurteilen, als sie aus einer noch nicht deutlich hervorgehobenen Trennung von theoretischer qua technisch-praktischer und praktischer qua moralisch-praktischer Vernunft resultiert. Mit dieser Unsauberkeit geht dann zugleich eine Vermengung der jeweiligen genuinen Themen theoretischer und praktischer Philosophie einher. Das in der Einleitung zur Naturrechtsvorlesung von 1784 von Kant forcierte Problem der Qualifikation des Menschen als ,Zweck an sich selbst' noch einmal aufnehmend, lässt sich abschließend festhalten: Dass bloß technisch-praktische Wesen keinen inneren Wert, mithin keine Würde haben, dürfte – wenigstens im Kontext der kantischen Moralphilosophie – unstrittig sein. Sollten die vorangegangenen Überlegungen zutreffen, wären aber nicht nur solche Wesen selbst, sondern bereits der *Begriff* solcher

---

91   Tatsächlich wird die Wendung ,technische' bzw. ,technisch-praktische Vernunft' weder in der *Grundlegung* noch in der zweiten *Kritik* von Kant verwendet. Lediglich im Kontext der Abgrenzung moralischer („kategorischer") von technischen bzw. pragmatischen („hypothetischen") Imperativen wird dort das technisch-praktische Fungieren von Vernunft implizit thematisiert (vgl. GMS, AA 04: 413.12ff. und KpV A 36–38, AA 05: 20.06ff.).

92   Vgl. bes. den Abschnitt E der „Charakteristik" der *Anthropologie* sowie Abschnitt I des ersten „Stücks" der *Religionsschrift*; ausführlicher dazu Klingner, „Technische und moralische Kultur bei Kant".

93   Vgl. zum wissenschaftstheoretischen Status und zur Zuordnung der (pragmatischen) Anthropologie zur theoretischen Philosophie auch Klingner, *Technische Vernunft*, 37f., 40, 46–49.

Wesen von bloß instrumentellem Wert.[94] Genau genommen, ist er sogar inkonsistent.

Bibliografie

Dörflinger, Bernd, „Die personifizierte Idee des Guten. Zugleich ein Beitrag zu Kants Christologie", in *Worauf Vernunft hinaussieht. Kants regulative Ideen im Kontext von Teleologie und praktischer Philosophie*, hg. Bernd Dörflinger und Günter Kruck (Hildesheim: Olms, 2012): 177–189.

Geismann, Georg, „Recht und Moral in der Ethik Kants", in *Jahrbuch für Recht und Ethik* 14 (2006): 3–124.

Hiltscher, Reinhard, *Kant und das Problem der Einheit der endlichen Vernunft* (Würzburg: Königshausen und Neumann, 1987).

Klingner, Stefan, *Technische Vernunft. Kants Zweckbegriff und das Problem einer Philosophie der technischen Kultur* (Berlin und Boston: De Gruyter, 2012).

Klingner, Stefan, „Kant und die Zweckmäßigkeit religiösen Glaubens", in *Kant und die Religion – die Religionen und Kant*, hg. Reinhard Hiltscher und Stefan Klingner (Hildesheim: Olms, 2012): 177–192.

Klingner, Stefan, „Rechtsgeltung und technische Vernunft bei Kant", in *Das Verhältnis von Recht und Ethik in Kants praktischer Philosophie*, hg. Bernd Dörflinger, Dieter Hüning und Günter Kruck (Hildesheim: Olms, 2017): 219–237.

Klingner, Stefan, „Technische und moralische Kultur bei Kant", in *‚Fortgesetzte Aufklärung'. Kant's Idea of Culture*, hg. Tommaso Morawski (Rom: Sapienzia, 2021).

Ludwig, Bernd, „Positive und negative Freiheit bei Kant?' – Wie begriffliche Konfusion auf philosophi(histori)sche Abwege führt", in *Jahrbuch für Recht und Ethik* 21 (2013): 271–305.

Motta, Giuseppe, *Die Postulate des empirischen Denkens überhaupt. KrV A 218–235/ B 265–287. Ein kritischer Kommentar* (Berlin und Boston: De Gruyter, 2012).

Sadun Bordoni, Gianluca, „Kant e il diritto naturale. L'Introduzione al *Naturrecht Feyerabend*. Saggio introduttivo, edizione critica e note", in *Rivista internazionale di filosofia del diritto* 84 (2007): 201–281.

---

94 Der instrumentelle Wert des Begriffs ‚bloß technisch-praktisches Wesen' liegt einerseits in dessen Relevanz für eine Kontrastierung der kritischen Moralphilosophie mit zeitgenössischen, dem Streben nach Glückseligkeit verpflichteten Moraltheorien, andererseits in dessen Potential, bei ethisch und juridisch interessanten Problemkonstellationen eine illustrative Funktion einzunehmen.

TEIL 3

Das Naturrecht Feyerabend *und die* Rechtslehre

∵

Kant über Recht, Autonomie und Selbstzweckhaftigkeit. *Naturrecht Feyerabend* als Geburtsstunde Kants kritischer Rechtsbegründung?

Philipp-Alexander Hirsch

Naturrecht Feyerabend beginnt mit einem Paukenschlag:

> In der Welt als System der Zwecke muß doch zuletzt ein Zweck seyn, und das ist das vernünftige Wesen. Wäre kein Zweck, so wären auch die Mittel umsonst und hätten keinen Werth. – Der Mensch ist Zweck, daher widerspricht es sich, daß er bloß Mittel seyn sollte. – Wenn ich mit einem Bedienten einen Kontrakt mache, so muß er auch Zweck seyn, als ich, und nicht bloß Mittel. Er muß auch wollen. – Der menschliche Wille ist also eingeschränckt auf die Bedingung der allgemeinen Einstimmung des Willens andrer. – Soll ein System der Zwecke seyn, so muß der Zweck und Wille eines vernünftigen Wesens mit dem eines jeden andern übereinstimmen. Der Wille des Menschen wird durch die ganze Natur nicht eingeschränkt, obwohl das Vermögen, ausgenommen durch Willen andrer Menschen. – Denn jeder Mensch ist selber Zweck, und daher kann er nicht bloß Mittel seyn. Ich kann nicht dem Acker eines andren etwas entnehmen, um meinem damit zu dienen; denn da wäre der andre bloß Mittel. Diese Einschränkung beruht auf den Bedingungen der möglichsten allgemeinen Einstimmung des Willens andrer. Es ist außer dem Menschen nichts achtungswerther gesetzt worden als das Recht der Menschen. – Der Mensch nemlich ist Zweck an sich selbst, er kann daher nur einen innern Wert d:i: Würde haben [...]. Des Menschen innrer Werth beruth auf seiner Freiheit, daß er einen eignen Willen hat. Weil er der letzte Zweck seyn soll; so muß seyn Wille von nichts mehr abhängen. [...] Die Freyheit des Menschen ist die Bedingung, unter der der Mensch selbst Zweck seyn kann. Die andern Dinge haben keinen Willen, sondern sie müssen sich nach andern Willen richten, und sich als Mittel gebrauchen lassen. Soll der Mensch also Zweck an sich selbst seyn; so muß er einen eignen Willen haben, denn darf er sich nicht als Mittel gebrauchen lassen. Recht ist die Einschränkung der Freiheit, nach welcher sie mit jeder anderen Freiheit nach einer allgemeinen Regel bestehen kann.

© KONINKLIJKE BRILL NV, LEIDEN, 2021 | DOI:10.1163/9789004448193_010

Wenn jemand ein Platz gefällt, auf dem ein andrer wäre und er wollte ihn davon vertreiben. Ich kann sitzen, wo ich will, und er auch wo er will. Wenn er aber sitzt; so kann ich nicht zugleich sitzen: Es muß daher eine allgemeine Regel seyn, unter welcher beider Freiheit bestehen kann. Ich verspreche ihm also was, und dann ist er wohl Mittel, aber auch Zweck. Ist Einschränkung der Freiheit nothwendig, und kann die Freiheit nicht anders als sich von sich selbsten nach allgemeinen Regeln einschräncken, damit sie mit sich selbst bestehe? Sind die Menschen nicht frey, so wäre ihr Wille nach allgemeinen Gesetzen eingerichtet. Wäre aber jeder frey ohne Gesetz, so könnte nichts schrecklicheres gedacht werden. Denn jeder machte mit dem andern was er wollte, und so wäre keiner frey. [...] Die Freiheit muß also eingeschränkt werden, aber durch Naturgesetze gehts nicht an; denn sonst wäre der Mensch nicht frey; also muß er sich selbst einschränken. Das Recht beruht also auf der Einschränkung der Freiheit.[1]

1 Die *Einleitung* in *Naturrecht Feyerabend* – Ein Paukenschlag

Warum ist dies ein Paukenschlag? Nun ja, zum einen weil Kant hier seine damaligen Studenten und gleichermaßen seine heutigen Leser mit Gedanken überrascht, die zunächst kaum den Namen einer *Naturrechtsvorlesung nach Achenwall* verdienen. Denn Kants Einleitung beginnt nicht etwa mit einer an *Achenwall* orientierten Einführung in die spezifischen Probleme und Fragestellungen der Rechtsphilosophie,[2] sondern enthält eine ausführliche Einführung in die Moralphilosophie als Ganze, und zwar nach genuin Kantischer

---

1 V-NR/Feyerabend, 5–7 (AA 27: 1319.01–1321.03).

2 Grundsätzlich folgte auch Kant in seinen Vorlesungen über praktische Philosophie der staatlichen Vorgabe, akademischen Vorlesungen ein bereits veröffentlichtes Lehrbuch über das jeweilige Gebiet zugrunde zu legen. Für seine Naturrechtsvorlesung nutze Kant ein Kompendium von Achenwalls im deutschen Lehrbetrieb damals weit verbreiteten *Jus Naturale*, dem die von Achenwall und Pütter gemeinschaftlich verfassten *Elementa Iuris Naturae* (vgl. insoweit die kürzliche erschienene Übersetzung des *Jus Naturale*, hg. von Pauline Kleingeld [London: Bloomsbury, 2020] sowie die Neuausgabe von Gottfried Achenwall und Johann Stephan Pütter, *Anfangsgründe des Naturrechts. Elementa iuris naturae*, hg. von Jan Schröder [Frankfurt am Main: Insel Verlag, 1995]) zugrunde liegen. Vgl. im Übrigen zu den von Kant verwendeten Vorlesungskompendien m. w. N. Christian Ritter, *Der Rechtsgedanke Kants nach den frühen Quellen* (Frankfurt am Main: Klostermann, 1971), 34 f. sowie zu Person und Werk Achenwalls zuletzt eingehend Paul Streidl, *Naturrecht, Staatswissenschaften und Politisierung bei Gottfried Achenwall (1719–1772)* (München: Utz, 2003).

KANT ÜBER RECHT, AUTONOMIE UND SELBSTZWECKHAFTIGKEIT   199

Prägung.[3] Denn die *Einleitung* der *Feyerabendnachschrift* stellt erkennbar ein Kondensat zentraler Inhalte der *Grundlegung zur Metaphysik der Sitten* dar, vor deren unmittelbarer Fertigstellung Kant zur Zeit der Vorlesung stand.[4] So finden wir etwa mit Kants Rede von der Selbstzweckhaftigkeit des Menschen und der Selbstgesetzlichkeit der Freiheit im hier angesprochenen Zitat bereits *in nuce* Theorieelemente vor, mit denen später die *Grundlegung* Philosophiegeschichte schreiben wird.[5] Aber dies allein macht den Paukenschlag, mit dem *Naturrecht-Feyerabend* beginnt, noch nicht aus. Die Brisanz der *Einleitung* liegt nämlich zum anderen darin, dass Kant hier *das Recht* im Kontext einer idealen Willensgemeinschaft selbstzweckhafter Vernunftwesen schildert. Rechte kommen dem Einzelnen nur zu, weil und insofern er ein notwendig selbstzweckhaftes Wesen ist. Ihn als *bloßes Mittel*[6] zu gebrauchen, kommt einer

---

3 Diesen Sonderstatus haben in *Naturrecht Feyerabend* vor allen Dingen die Einleitung (V-NR/Feyerabend, 5ff. [AA 27: 1319ff.]) und in Teilen auch noch der Abschnitt „Abhandlung – Titulus 1" (V-NR/Feyerabend, 17ff. [AA 27: 1329ff.]). Diese geben – angeknüpft an Zitate Achenwalls – im Großen und Ganzen Kants eigene Meinung wieder und insbesondere die Einleitung lässt sich in dieser Form nicht der Gliederung von Achenwalls Vorlesungskompendium zuordnen, der Kant im Übrigen folgt. Vgl. so auch Heinrich P. Delfosse, Norbert Hinske und Gianluca Sadun Bordoni, „Einleitung", in *Kant-Index. Band 30: Stellenindex und Konkordanz zum „Naturrecht Feyerabend". Teilband 1: Einleitung des „Naturrecht Feyerabend*, hg. Heinrich P. Delfosse, Norbert Hinske und Gianluca Sadun Bordoni (Stuttgart-Bad Cannstadt: Frommann-Holzboog, 2010): IX–XLI.

4 Kant hielt die dem uns vorliegenden Manuskript zugrundeliegende Naturrechtsvorlesung im Sommersemester 1784 und damit unmittelbar vor Veröffentlichung der *Grundlegung zur Metaphysik der Sitten*. Diese erschien erst 1785, das Manuskript wurde aber bereits 1784 von Kants Schreibgehilfen, Reinhold Bernhard Jachmann, abgeschrieben und im September 1784 (so ein Schreiben Johann Georg Hamanns an Johann Georg Scheffner vom 19.9.1784) bei Kants Verleger, Hartknoch, in den Druck gegeben. Vgl. zum zeitlichen Kontext m. w. N. Gerhard Lehmann, „Einleitung", in *Immanuel Kant: Kant's gesammelte Schriften, Bd. 29. Kant's Vorlesungen, Kleinere Vorlesungen und Ergänzungen*, hg. Akademie der Wissenschaften zu Göttingen (Berlin: De Gruyter, 1980): 650–671, hier 651f.

5 Neben den im Zitat zum Ausdruck kommenden Parallelen hinsichtlich der Bestimmung der Selbstzweckhaftigkeit und Würde des Menschen und deren Begründung durch das Autonomieprinzip (V-NR/Feyerabend, 5–9 [AA 27: 1319–1323]; GMS, AA 04: 434f.) sei hier insbesondere auf Kants Behandlung des kategorischen Imperativs als Prinzip der Sittlichkeit und die davon ausgehende kritische Auseinandersetzung mit den bisherigen Ansichten anderer Philosophen über das Prinzip der Sittlichkeit hingewiesen (V-NR/Feyerabend, 9–12 [AA 27: 1323–1326]; GMS, AA 04: 413ff. und 441ff.). Darüber hinaus findet sich eine hilfreiche Synopse wichtiger Parallelstellen bei Delfosse, Hinske und Sadun Bordoni, *Kant-Index. Band 30*, XLf. und 25–29.

6 Klarstellungshalber ist hier anzumerken: Selbstverständlich erlaubt das Recht die Behandlung anderer als Mittel! So dient bei jedem Vertrag die jeweils andere Vertragspartei als Mittel zum eigenen Nutzen (bspw. dient beim Werkvertrag der Unternehmer dem Besteller mit seiner Werkleistung und umgekehrt der Besteller dem Unternehmer mit dem Werklohn). Was *rechtlich* verboten ist, ist die Behandlung als *bloßes* Mittel, d. h. die einseitige und nicht

Rechtsverletzung gleich, wie Kants Beispiele in der eingangs zitierten Passage verdeutlichen: Es ist rechtswidrig, wenn der eine Vertragspartner bloß ein Mittel des anderen ist. Deliktisch handelt, wer fremdes Eigentum zur eigenen Bereicherung antastet, da hierdurch der andere als bloßes Mittel behandelt wird. Rechtlich zulässig sind also nur solche Handlungen, die „der möglichsten allgemeinen Einstimmung des Willens andrer" fähig sind.

Was wir hier sehen, ist eine Einbettung des Rechtsbegriffs in den Kontext zentraler Theorieelemente von Kants kritischer Moralphilosophie. Während die *Grundlegung zur Metaphysik der Sitten*, in der Kant die Neukonzeption seiner auf den kritischen Freiheitsbegriff gegründeten Moralphilosophie vornimmt, nennenswerte Ausführungen zum Recht bzw. zur Rechtsphilosophie vermissen lässt,[7] finden wir eben solche in *Naturrecht Feyerabend*. Hierdurch wird jedoch nicht bloß lediglich eine Lücke im Quellenbestand zur Kantischen Rechtsphilosophie geschlossen. Vielmehr steht hier eine systematische Kontroverse zur Kantischen Rechtsphilosophie zur Debatte:[8] Denn während sich bei Kant nach klassischer Lesart Rechtsbegriff und Rechtsgesetz aus dem kategorischen Imperativ herleiten lassen, d. h. das Recht – ebenso wie die

---

konsentierte Instrumentalisierung des anderen. Genau dies betont Kant in der eingangs zitierten Passage, wenn er sagt: „Wenn ich mit einem Bedienten einen Kontrakt mache, so muß er auch Zweck seyn, als ich, und nicht bloß Mittel. Er muß auch wollen. [...] Ich verspreche ihm also was, und dann ist er wohl Mittel, aber auch Zweck."

7 Zu weit geht es allerdings, der *Grundlegung* einen gehaltvollen Bezug zum Recht bzw. zur Rechtsbegründung abzusprechen (so mit Blick auf *Naturrecht Feyerabend* zuletzt etwa Günter Zöller, „‚[O]hne Hofnung und Furcht'. Kants *Naturrecht Feyerabend* über den Grund der Verbindlichkeit zu einer Handlung", in *Kant's Lectures/Kants Vorlesungen*, hg. Bernd Dörflinger, Claudio La Rocca, Robert B. Louden und Ubirajara Rancan de Azevedo Marques (Berlin und Boston: De Gruyter, 2015), 197–210, hier 206). Wie auch im Folgenden deutlich wird, enthalten gerade die Anwendungsbeispiele des kategorischen Imperativs in der *Grundlegung* (GMS AA 04: 421ff. und 429ff.) eindeutige Bezugnahmen zum Recht. Insoweit ist Hariolf Oberer „Sittlichkeit, Ethik und Recht bei Kant", *Jahrbuch für Recht und Ethik* (2006): 259–267, hier 260 beizupflichten, dass die *Grundlegung* hierdurch beweist, dass sie „Rechtsbegründung *und* Ethikbegründung a priori ist".

8 Gemeint ist die Kontroverse, ob Kants Rechtsphilosophie als Teil seiner kritischen Moralphilosophie begriffen werden kann oder nicht. Zwar herrscht ein gewisser Grundkonsens darüber, was in Kants kritischer Moralphilosophie die Verbindlichkeit moralischer Gebote generiert, was deren tragendes Prinzip ist und was Erkenntnisgrund sittlicher Verpflichtung bei Kant ist. Nach wie vor umstritten ist jedoch, ob sich dementsprechend auch die Rechtsphilosophie erklären und begründen lässt. Vgl. mit einem konzisen Überblick über die Debatte Marcus Willaschek, „Right and Coercion. Can Kant's Conception of Right Be Derived from his Moral Theory?", *International Journal of Philosophical Studies* 17 (2009): 49–54 und Gerhard Seel, „How Does Kant Justify the Universal Objective Validity of the Law of Right?", *International Journal of Philosophical Studies* 17 (2009): 71–94, hier 72f.

KANT ÜBER RECHT, AUTONOMIE UND SELBSTZWECKHAFTIGKEIT 201

Kantische Ethik – auf das Autonomietheorem rekurriert,[9] sehen Kritiker einer solchen Lesart Kants Rechtsphilosophie unabhängig von der kritischen Moralphilosophie konzipiert. Recht sei bei Kant – so die sog. Unabhängigkeitsthese in ihrer stärksten Form – nur unabhängig vom Autonomietheorem und dem kategorischen Imperativ als seinem maßgeblichen Prinzip zu verstehen. Dies sei spätestens – so wird differenzierend allenfalls noch hinzugefügt – mit der 1797 erschienenen *Metaphysik der Sitten* der Fall.[10]

Was präsentiert uns Kant also zu Beginn der Vorlesungsnachschrift *Naturrecht Feyerabend*? Handelt es sich um die Keimzelle einer kritischen Rechtskonzeption, welche Recht und Ethik als Teil einer einheitlich begründeten Moralphilosophie begreift und welche auch noch in der späteren *Rechtslehre* von 1797 – in nunmehr gereifter Form – im Grundsatz ebenso präsentiert wird? Oder haben wir es nur mit einer Momentaufnahme unausgereifter Gedanken zu tun, die keine kritische Rechtsbegründung vorstellt und gegenüber der Kants spätere *Rechtslehre* in deutlichem Gegensatz steht? Diesen Fragen kann im Rahmen dieses Beitrages nur schwerlich umfassend nachgegangen werden.[11] Gleichwohl möchte ich diesen Problemkreis unter dem Oberthema von *Recht, Autonomie und Selbstzweckhaftigkeit* anhand dreier Fragen aufgreifen, die sich uns in der oben zitierten Eingangspassage aus *Naturrecht-Feyerabend* aufdrängen:

– In welchem Zusammenhang steht Recht zur Selbstzweckhaftigkeit des Menschen?

---

9   Innerhalb dieser klassischen Lesart lässt sich noch zwischen einer moralteleologischen Auffassung, nach der dem Recht gegenüber der Ethik bloß eine dienende Funktion zukommt (also Recht lediglich die sittliche Entfaltung im Rahmen der Ethik ermöglichen soll), und einer geltungstheoretischen Lesart differenzieren, nach welcher Recht und Ethik nebeneinander bestehen und nur in verbindlichkeitstheoretischer Hinsicht gemeinsam auf die sittliche Autonomie rekurrieren.

10   Hinsichtlich der Unabhängigkeitsthese lässt sich wiederum zwischen einer schwachen Fassung, die lediglich die *Möglichkeit* einer Rechtsbegründung unabhängig von der sonstigen Moralphilosophie beansprucht, und einer starken Fassung, nach der eine Rechtsbegründung in vollständiger Unabhängigkeit von der kritischen Moralphilosophie *notwendig* ist, unterscheiden.

11   Vgl. insoweit meine eingehenden Untersuchungen in Philipp-Alexander Hirsch, *Kants Einleitung in die Rechtslehre von 1784. Immanuel Kants Rechtsbegriff in der Moralvorlesung „Mrongovius II" und der Naturrechtsvorlesung „Feyerabend" von 1784* sowie in der *„Metaphysik der Sitten" von 1797* (Göttingen: Universitätsverlag Göttingen, 2012), 82–95 und Philipp-Alexander Hirsch, *Freiheit und Staatlichkeit bei Kant. Die autonomietheoretische Begründung von Recht und Staat und das Widerstandsproblem* (Berlin und Boston: De Gruyter, 2017), 67–168.

- Was hat die angesprochene Selbstgesetzlichkeit der Freiheit mit dem Recht zu tun?
- Inwiefern formuliert Recht die „Bedingungen der möglichsten allgemeinen Einstimmung des Willens andrer"?

Anhand dieser Fragen soll die eingangs zitierte Passage der Vorlesungsnachschrift *Naturrecht Feyerabend* erschlossen werden. Allerdings ist hinsichtlich der Schärfe der Kantischen Argumentation zu bedenken, dass Kants Gedankenführung sehr gedrängt ist. Kant selbst spricht gegen Ende der oben zitierten Passage lediglich von einem „tumultuarisch vorgetragne[n]" Argument für eine Verortung des Rechts „in der praktischen Philosophie aus Principien", mit dem Ziel, „die Grenzen zwischen demselben und der Moral zu zeigen".[12] Um Kants Argumentation zu verstehen, kommt man daher nicht umhin, die eingangs zitierten, anfänglichen Seiten der Einleitung der *Feyerabendnachschrift* nicht nur im Lichte der weiteren Ausführungen in der Vorlesung,[13] sondern vor allem auch im Vergleich mit Kants späterer, gereifter Position (insbesondere in der *Metaphysik der Sitten*)[14] zu interpretieren.[15]

2   Der Zweck im Recht bei Kant

In welchem Zusammenhang steht Recht zur Selbstzweckhaftigkeit (Würde)[16] des Menschen? – Offenkundig verortet Kant zu Beginn von *Naturrecht Feyerabend*

---

12   v-nr/Feyerabend, 7 (AA 27: 1321.6–11).

13   In v-nr/Feyerabend, 7 (AA 27: 1321.10f.) sagt Kant selbst, er wolle im Folgenden das „in der vorigen Stunde tumultuarisch [V]orgetragne, jetzt methodischer zu machen suchen".

14   Gerade in rechtlicher Hinsicht fehlt in *Naturrecht Feyerabend* noch häufig die begriffliche Schärfe, die Kant mit der *Metaphysik der Sitten* von 1797 erreicht. Gleichwohl zeigt ein Vergleich, dass Kants Rechtsbegriff der *Metaphysik der Sitten* im Kern bereits in der Naturrechtsvorlesung *Feyerabend* ausgearbeitet war. Diesbezüglich möchte ich auf Hirsch, *Kants Einleitung in die Rechtslehre von 1784* verweisen, wo ich eingehend untersuche, ob und inwieweit sich Kants rechtsphilosophische Konzeption der *Feyerabendnachschrift* im Kern bis in das Spätwerk fortsetzt.

15   Die methodologische Lauterkeit, die Naturrechtsvorlesung *Feyerabend* und die spätere *Metaphysik der Sitten* in der Auslegung aufeinander zu beziehen und wechselseitig systematisch zu erschließen, steht meiner Ansicht nach außer Frage (vgl. hierzu jedoch eingehend Hirsch, *Freiheit und Staatlichkeit bei Kant*, 23–34). Gleichwohl möchte ich betonen, dass hierdurch nicht Spannungen im Text der Vorlesungsnachschrift nivelliert werden (sollen). Vielmehr kann erst durch ein solches Vorgehen erschlossen werden, ob 1784 bereits eine kritische Rechtsphilosophie vorlag und – falls ja – auf welcher Entwicklungsstufe sie sich im Vergleich zum Spätwerk befand.

16   Vgl. zu Kants Gleichsetzung von Selbstzweckhaftigkeit und Würde v-nr/Feyerabend, 5f. (AA 27: 1319.34) und später in der *Metaphysik der Sitten* ebenso ms, AA 06: 462.21–26.

das Recht im Kontext der notwendigen Selbstzweckhaftigkeit des Menschen, genauer: Recht verbietet es, Menschen nur als bloßes Mittel zu gebrauchen. Warum aber hat der Mensch diesen Status?

Interessanterweise folgt hier Kants Ergebnis, dass der Mensch ein notwendig selbstzweckhaftes Wesen ist, anders als in der *Grundlegung* nicht aus einem Rückschluss vom kategorischen Imperativ auf dessen materiale Möglichkeitsbedingungen.[17] Vielmehr findet sich hierfür in der Eingangspassage ein dreistufiges Argument,[18] das auf der ersten Stufe Zweck-Mittel-Relationen – ähnlich dem Argument für die Thesis in der vierten Antinomie der *Kritik der reinen Vernunft*[19] – unter dem Blickwinkel des Totalitätsbedürfnisses der Vernunft betrachtet. Kant geht davon aus, dass die Dinge in der Natur einen Wert als Zweck oder als Mittel für Zwecke haben. Die Vervollständigung dieser Zweck-Mittel-Relationen setzte vernunftnotwendig voraus, dass zumindest ein notwendiger Zweck an sich[20] existiere.[21] Im Fortgang der Vorlesung präzisiert er diesen Argumentationsschritt wie folgt:

> Ein Ding in der Natur ist ein Mittel dem andern; das läuft immer fort, und es ist nothwendig, am Ende ein Ding zu denken, das selbst Zweck ist, sonst würde die Reihe kein Ende haben. [...] [D]aher muß zuletzt ein Ding seyn, das kein Mittel mehr, sondern Zweck an sich selbsten ist. [...] Indessen müssen wir [*sc.* dies] annehmen, wegen des Bedürfnisses unsrer Vernunft, alles vollständig zu haben.[22]

Zur Annahme, dass am Ende dieser Reihe der Zweck-Mittel-Relationen als Selbstzweck nun der Mensch als vernünftiges Wesen steht, gelangt Kant – auf zweiter Stufe – mit dem weiteren Argument, dass Selbstzweckhaftigkeit die

---

17 Vgl. dazu GMS, AA 04: 427ff.

18 Vgl. mit ähnlichen, teils divergierenden Rekonstruktionen der Kantischen Argumentation Marcus Willaschek, „How Can Freedom be a Law to Itself? The Concept of Autonomy in the Introduction to Naturrecht Feyerabend", in *The Emergence of Autonomy in Kant's Moral Philosophy*, hg. Stefano Bacin und Oliver Sensen (Cambridge: Cambridge University Press, 2019), 141–157, hier 142ff. sowie den Beitrag von Klingner in diesem Band, 172–194, hier 176–181.

19 KrV, B 480–482.

20 Kant verwendet den Begriff *Zweck an sich* in *Naturrecht Feyerabend* bereits als *terminus technicus*, da er – diesen Hinweis verdanke ich Marcus Willaschek – nicht grammatisch korrekt gebeugt wird (vgl. etwa in V-NR/Feyerabend, 8 [AA 27: 1321f.] „daß wir Zwecke an sich selbst sind" statt „daß wir Zwecke an uns selbst sind").

21 V-NR/Feyerabend, 5 (AA 27: 1319.6–20).

22 V-NR/Feyerabend, 7 (AA 27: 1321.23–28; das Argument wird insgesamt von Z. 12–30 entwickelt).

Fähigkeit voraussetze, nach Zwecken zu handeln und darüber zu reflektieren. Dies wiederum könne nur der Mensch.[23] Hiermit unterscheidet Kant der Sache nach zunächst nur zwischen rein instinkthaft durch Neigung bestimmten Wesen und vernünftigen Wesen, welche in der Lage sind, sich nach Gründen zu bestimmen und hierüber zu reflektieren. Kant formuliert hierzu später in der Vorlesung: „Ohne Vernunft kann ein Wesen nicht Zweck an sich selbst seyn; denn es kann sich seines Daseyns nicht bewußt seyn, nicht darüber reflektiren."[24] Kant geht jedoch – auf dritter Stufe – noch einen Schritt weiter und führt den Begriff des *freien Willens* ein: Es reiche für die Selbstzweckhaftigkeit nicht aus, nach Zwecken zu handeln. Vielmehr komme es darauf an, nach *eigenen* Zwecken zu handeln. Dies kann nach Kant jedoch nur, wer einen freien Willen hat. Daher könne Zweck an sich nur sein, wer einen freien Willen habe.[25] Hierzu Kant später:

> Wenn nur vernünftige Wesen können Zweck an sich selbst seyn, so können sie es nicht darum seyn, weil sie Vernunft, sondern weil sie Freiheit haben. Die Vernunft ist bloß ein Mittel. – Der Mensch könnte durch die Vernunft, ohne Freiheit, nach allgemeinen Gesetzen der Natur das hervorbringen, was das Thier durch Instinkt hervorbringt. [...] Nun könnte die Natur unsre Vernunft ganz nach Naturgesetzen eingerichtet haben, daß jeder Mensch von selbst lesen lernte, allerhand Künste erfinden möchte, und das alles nach bestimmten Regeln. So wären wir aber nicht besser als die Thiere. Aber die Freiheit, nur die Freiheit allein, macht, daß wir Zweck an sich selbst sind. Hier haben wir Vermögen, nach unsrem eignen Willen zu handeln. Würde unsre Vernunft nach allgemeinen Gesetzen eingerichtet seyn, so wäre mein Wille nicht mein eigner, sondern der Wille der Natur.[26]

Dieser Punkt verdient Beachtung! Denn Kant gibt hiermit erstmals seine noch in der *Kritik der reinen Vernunft* vertretene Position auf, dass sich die moralisch relevante Freiheit in der Fähigkeit erschöpft, zweckhaft zu handeln und nicht unmittelbar sinnlich, d. h. instinkthaft, determiniert zu sein. Diese von ihm in der ersten Kritik so genannte praktische Freiheit ist empirisch

---

23 V-NR/Feyerabend, 5 (AA 27: 1319.08–14). Vgl. kritisch zur Überzeugungskraft von Kants Argumentation bis hierin Willaschek, „How Can Freedom be a Law to Itself?", 143ff.

24 V-NR/Feyerabend, 8 (AA 27: 1322.02–04).

25 V-NR/Feyerabend, 6 (AA 27: 1319.37–1320.06).

26 V-NR/Feyerabend, 8 (AA 27: 1321.41–1322.15).

KANT ÜBER RECHT, AUTONOMIE UND SELBSTZWECKHAFTIGKEIT   205

nachweisbar und macht uns zu möglichen Adressaten von Imperativen.[27] In
Naturrecht Feyerabend spricht Kant insoweit nur noch schlicht von *Vernunft*.[28]
In Abgrenzung hierzu wird der Begriff *Freiheit* in *Naturrecht Feyerabend* nunmehr anders besetzt: Ohne an dieser Stelle das genaue Verhältnis von Vernunft
und Freiheit analysieren zu wollen,[29] meint Kant in der Vorlesungsmitschrift
mit *Freiheit* der Sache nach die *transzendentale* Freiheit, die *reine* praktische
Vernunft erfordert.[30] Gleichzeitig disqualifiziert die *Feyerabendnachschrift*
damit das, was Kant später in der *Grundlegung* und dann elaboriert in der
Kritik der praktischen Vernunft die *psychologische* Freiheit nennt, die mit einer
empirisch-bedingten bzw. *technisch-praktischen* Vernunft auskommt. Und wie
in *Naturrecht Feyerabend* kritisiert Kant dann auch in der *Kritik der praktischen
Vernunft* ebendiesen, in der ersten Kritik vertretenen Freiheitsbegriff für die
Moralbegründung (und damit auch die Rechtsbegründung) als untauglich. Er
sei ein „elender Behelf", weil es – man beachte die Bewertung von Instinkt und
Vernunft –

> [...] bei der Frage nach derjenigen Freiheit, die allen moralischen Geset-
> zen und der ihnen gemäßen Zurechnung zum Grunde gelegt werden
> muß, darauf gar nicht an[kommt], ob die nach einem Naturgesetze
> bestimmte Causalität durch Bestimmungsgründe, die im Subjecte, oder
> außer ihm liegen, und im ersteren Fall, ob sie durch Instinct oder mit Ver-
> nunft gedachte Bestimmungsgründe nothwendig sei.

In beiden Fällen – so Kant weiter – führe diese „psychologische Freiheit (wenn
man ja dieses Wort von einer blos inneren Verkettung der Vorstellungen der
Seele brauchen will) [...] Naturnothwendigkeit bei sich" und lasse „mithin
keine transscendentale Freiheit übrig".[31]

---

27   Vgl. KrV, A 802/B 830. Hiermit übernimmt Kant – wie V-Met-L1/Pölitz, AA 28: 269 zeigt –
      in der *KrV* ein klassisches Lehrstück der empirischen Psychologie.
28   Gleichwohl bestimmt dies der Sache nach die *praktische Freiheit* der KrV zutreffend, da
      diese in KrV, A 802/B 830 auf die Fähigkeit zurückgeführt wird, die Willkür „durch Beweg-
      ursachen, welche nur von der Vernunft vorgestellt werden", zu bestimmen.
29   Vgl. hierzu eingehend und zutreffend den Beitrag von Klingner in diesem Band, 172–194,
      hier 179ff.
30   Vgl. hierzu auch eingehend meinerseits Hirsch, *Kants Einleitung in die Rechtslehre von
      1784*, 82ff.
31   KpV, AA 05: 96.15–97.01. KpV, AA 05: 97.19f. bezeichnet Kant diese empirisch-
      psychologische Freiheit als die „Freiheit eines Bratenwenders [...], der auch, wenn er ein-
      mal aufgezogen worden, von selbst seine Bewegungen verrichtete".

Lassen wir die Frage, wie in *Naturrecht Feyerabend* der Begriff *Freiheit* bzw. *freier Wille* positiv zu bestimmen ist, zunächst einmal beiseite,[32] so verdeutlicht bis hierin Kants Argumentation in der Einleitung mit Blick auf das Recht doch zumindest eines: Normativer Geltungsgrund rechtlicher Gebote ist für Kant in *Naturrecht Feyerabend* die transzendentale Freiheit voraussetzende notwendige Selbstzweckhaftigkeit des Menschen.[33] Der Mensch muss immer letzter Zweck sein. Notwendige Bedingung hierfür ist, dass er nicht nur bloßes Mittel ist: „Der Mensch ist Zweck, daher widerspricht es sich, daß er bloß Mittel seyn sollte."[34] Wie Kants Beispiele des Vertragsbruches und der Eigentumsverletzung zeigen, stellen solche Rechtsverletzungen jedoch stets die Behandlung eines anderen als bloßes Mittel dar.[35]

Gleichzeitig können wir angesichts des Rekurses auf die vernunftnotwendige Selbstzweckhaftigkeit des Menschen auch die Kategorizität rechtlicher Gebote verstehen: Vertragsbrüche und Eigentumsverletzungen sind rechtlich *schlechthin* verboten. Rechtskonformes Verhalten ist nicht nur als Klugheitsregel für den Fall gefordert, dass es mit meinen kontingenten Bedürfnissen und Zwecken koinzidiert. Vielmehr begründet Recht kategorische, d. h. *unbedingte* Pflichten. Rechtspflichten gebieten aber nur deswegen unbedingt, weil sie dem Schutz des *unbedingten* – d. h. nicht auf einen höheren Zweck zurückführbaren – Wertes der Selbstzweckhaftigkeit des Menschen dienen.

---

32 Vgl. dazu unten 212ff.

33 Vgl. zum spezifischen Begründungszusammenhang von Recht, Selbstzweckhaftigkeit und Autonomie sowie zur Unterscheidung gegenüber der Tugend(lehre) sogleich eingehend unten 220ff.

34 V-NR/Feyerabend, 5 (AA 27: 1319.20f.).

35 Es wäre verfehlt, die angeführten Beispiele lediglich so zu verstehen, dass in diesen Fällen das, was rechtlich falsch ist, auch als moralisch bzw. ethisch verwerflich ausgewiesen wird, weil es gegen die Selbstzweckhaftigkeit des Menschen verstößt. Hiergegen spricht bereits der textliche Zusammenhang: In der eingangs zitierten Passage wird allein Recht auf den Zweck an sich-Charakter des Menschen bezogen; demgegenüber ist von Ethik, Tugend oder Moral nirgends die Rede. Darüber hinaus wäre es terminologisch schief, *moralische* und rechtliche Verwerflichkeit als i. e. S. unterschiedlich gegenüberzustellen. Denn Kant verweist in *Naturrecht Feyerabend* mit *Moral* in der Regel auf die Sittenlehre als gemeinsamen Oberbegriff von Recht und Ethik/Tugend. Damit ist eine Rechtsverletzung *eo ipso* moralisch verwerflich. In den genannten Beispielen geht es Kant aber auch nicht um *ethische* Verwerflichkeit. Weder werden hier Pflichten in Bezug auf innere Handlungen (d. h. Tugendpflichten zu bestimmten Zwecksetzungen) normiert, noch geht es um den Modus der Pflichtexekution (d. h. Moralität als Forderung der Ethik). Vielmehr thematisiert Kant in den genannten Beispielen allein die Pflichten in Bezug auf äußere Handlungen, welche genuiner Gegenstand des Rechts sind, sowie deren moralische Verbindlichkeit angesichts des Zweck an sich-Charakters des Menschen.

KANT ÜBER RECHT, AUTONOMIE UND SELBSTZWECKHAFTIGKEIT 207

Das ist wahrlich eine Neuerung im Kantischen Denken! – Zwar ist es richtig, dass wir bei Kant bereits vor 1784 viele Inhalte und begriffliche Distinktionen finden, die in der Folgezeit und sogar bis 1797 nahezu unverändert in Kants Rechtsphilosophie übernommen werden.[36] Dies ist jedoch vor allem der Tatsache geschuldet, dass Kant sowohl mit der *Grundlegung*, aber vor allem auch mit der späteren *Metaphysik der Sitten* sein Rechtsdenken in den Kontext der klassischen Schulphilosophie Wolff'scher Prägung stellen wollte. Er übernimmt zwar das begriffliche Inventar seiner Zeit, um für seine Zeitgenossen inhaltlich anschlussfähig zu sein. Er stellt es jedoch – wie wir jetzt zumindest hinsichtlich der Frage der Verbindlichkeit rechtlicher Gebote sehen können – im Jahre 1784 in einen gänzlich neuen Begründungszusammenhang. Auf die Frage *Warum haben natur- bzw. vernunftrechtliche Gebote für uns Menschen überhaupt moralische Verbindlichkeit?* antworteten Wolff, Baumgarten, Achenwall,[37] aber auch Crusius[38] und sogar der Kant der ersten *Kritik* (!)[39] noch: weil die geschuldete Handlung mit einem von Gott oder den Menschen in Aussicht gestellten, motivierenden Gut oder Übel verknüpft wird. Anders gesagt: Erst die externe Sanktionsandrohung entfaltet die motivierende Kraft zu einer Handlung und begründet vollends deren moralische Verbindlichkeit. In *Naturrecht Feyerabend* (aber auch in der etwa zeitgleichen Vorlesung *Moralphilosophie Mrongovius II*)[40] wendet sich Kant jedoch explizit gegen eine theonome, auf Belohnung und Strafe aufbauende Begründung moralischer Verbindlichkeit[41] und liefert im Jahre 1784 ausweislich der Einleitung eine gänzlich neue

---

36 Vgl. zum Diskussionsstand hierzu Hirsch, *Kants Einleitung in die Rechtslehre von 1784*, 3–9 m. w. N.

37 Vgl. beispielsweise Achenwall und Pütter, *Anfangsgründe*, § 82: „Wer zu einer freien Handlung verbindet, bestimmt den Willen durch den Begriff eines Guts oder Übels, also durch ein Motiv [...]. Daher wird die Verbindung eines Motivs mit einer freien Handlung *moralische Verbindlichkeit* genannt."

38 Christian August Crusius, *Anweisung vernünftig zu leben* (Hildesheim: Olms, 1969), § 317, 387, der allerdings – anders als die vorgenannten Schulphilosophen in Nachfolge Wollfs – allein den Ursprung und nicht auch die Befolgung moralischer Gesetze theonom begründet.

39 In KrV, A 811 spricht Kant – ganz schulphilosophisch – davon, dass „moralisch[e] Gesetzte als Gebote" uns nicht motivierten, „wenn sie nicht a priori angemessene Folgen mit ihrer Regel verknüpften, und also Verheißungen und Drohungen bei sich führten". Dies setzt laut Kant aber die Existenz eine „notwendigen Wesen[s]" voraus, namentlich – wie aus KrV, A 634 hervorgeht – Gott „als die Bedingung der Möglichkeit ihrer verbindenden Kraft".

40 Vgl. hierzu eingehend meinerseits Hirsch, *Kants Einleitung in die Rechtslehre von 1784*, bes. 82ff.

41 Vgl. etwa V-NR/Feyerabend, 13 (AA 27: 1326.25–32) und 17 (AA 27: 1329.24–1330.11).

208 HIRSCH

Antwort: Rechtliche Gebote – wie moralische Gebote überhaupt – haben Verbindlichkeit, weil der Mensch als Selbstzweck zu respektieren ist. Und die Verbindlichkeit dieser Gebote ist kategorisch und damit unabhängig davon, ob äußere Triebfedern (Belohnungen und Strafen) hinreichend zu rechtskonformem Handeln motivieren.[42]

Nun könnte man meinen: Wenn bei Kant die Selbstzweckhaftigkeit des Menschen die Begründungslast für die Rechtsgeltung trägt, warum verliert er dann hierzu in seinen späteren Schriften kein Wort? – Eine solche Kritik erscheint mir aus zwei Gründen unzutreffend. Zum einen ist es schlichtweg falsch, zu behaupten, dass bei Kant nach 1784 von der Selbstzweckhaftigkeit

---

42 Wer hiergegen einwendet, dass bei Kant das Recht doch gerade auf Moralität bzw. ein Handeln aus Pflicht verzichte (z. B. Günter Zöller, „Allgemeine Freiheit'. Kants Naturrecht Feyerabend über Wille, Recht und Gesetz", in *Das Verhältnis von Recht und Ethik in Kants praktischer Philosophie*, hg. Dieter Hüning, Bernd Dörflinger und Günter Kruck [Hildesheim: Olms, 2017], 86f.), verkennt die Pointe von Kants neuer Sichtweise auf das Recht im Jahr 1784: Auch Rechtsgesetze bzw. Rechtspflichten haben für Kant *moralische Verbindlichkeit* und nötigen damit kategorisch. Die Zwangsbefugnis beim Recht ist lediglich ein *zusätzliches* Vehikel, um zur geschuldeten Handlung zu motivieren: „Eine Handlung zu der ich Verbindlichkeit habe, muß ganz ohne Hofnung und Furcht geschehen. [...] Verbindlichkeit habe ich zu einer Handlung, wenn ich sie ohne allen Vortheil thun muß. Wenn ein Mensch sich nicht durch Verbindlichkeit zu einer Handlung zwingen läßt, so kann die Furcht und Hofnung dazu kommen. *Aber die ist da nichts wesentliches bei der Verbindlichkeit denn die ist schon vorher, sondern es ist ein Vehicel, um dem Gesetz mehr Eingang zu verschaffen,* weil der Wille nicht vollkommen ist, um durch das Gesetz allein bestimmt zu werden." (V-NR/Feyerabend, 18f. [AA: 27: 1331.5–15], kurs. Herv. v. mir) Zwang ist beim Recht nach der *Feyerabendnachschrift* damit keineswegs ein definierendes Merkmal eines „alternative[n] oder genuine[n]n Modus von [...] Verbindlichkeit" (Zöller „Allgemeine Freiheit' ", 86), sondern bloß eine *mögliche* Form der Pflichtexekution, falls nicht ohnehin Achtung vorm Gesetz zur geschuldeten Handlung motiviert. – Genau dieser Gedanke lässt sich auch in der *Metaphysik der Sitten* nachzeichnen: Auch das allgemeine Rechtsgesetz ist, „indem e[s] eine Verbindlichkeit in Ansehung gewisser Handlungen aussagt" (MS, AA 06: 222.35f.), ein kategorischer Imperativ: Es fordert, die Handlungen so einzurichten, dass der eigene Willkürgebrauch mit der Freiheit von jedermann allgemeingesetzlich vereinbar ist, und zwar *unabhängig* von der jeweiligen Handlungsmotivation. Die Besonderheit bei Rechtspflichten ist lediglich, dass diese (im Gegensatz zu Tugendpflichten, vgl. MS, AA 06: 396.17–34) neben Achtung vorm Gesetz auch äußeren Zwang als Handlungsmotivation erlauben. Das Rechtsgesetz fordert daher *nicht* „daß ich ganz *um dieser Verbindlichkeit willen* meine Freiheit auf jene Bedingungen selbst einschränken solle" (MS, AA 06: 231.14 f.; kurs. Herv. v. mir). Um dem kategorischen Imperativ zu genügen, *muss nicht* aus Pflicht gehandelt werden. Nichtsdestoweniger ist aber auch nach dem allgemeinen Rechtsgesetz ein Handeln *aus Pflicht* erforderlich, wenn alle denkbaren sinnlichen Triebfedern zur Pflichtbefolgung ausfallen. Die moralische Verbindlichkeit des allgemeinen Rechtsgesetztes ist damit unabhängig von der motivierenden Kraft externer Sanktionsandrohung. Vgl. hierzu eingehend Hirsch, *Freiheit und Staatlichkeit bei Kant*, 108–133.

KANT ÜBER RECHT, AUTONOMIE UND SELBSTZWECKHAFTIGKEIT 209

des Menschen in Rechtskontexten keine Rede mehr sei. Denn schon kurze Zeit später verknüpft Kant das Recht erneut mit der Selbstzweckhaftigkeit, wenn er in der *Grundlegung* an prominenter Stelle die vollkommenen Pflichten gegen andere behandelt: Beim Betrug (in Kants Worten: „ein[em] lügenhafte[n] Versprechen") und bei „Angriffe[n] auf Freiheit und Eigenthum anderer" bedient sich „der Übertreter der Rechte der Menschen [...] der Person anderer bloß als Mittel".[43] Diese von Kant gewählten Beispiele zeigen, dass im Lichte der Zweckformel des kategorischen Imperativs der *Grundlegung* die Forderung des Rechts – denn hier handelt es sich ausnahmslos um vollkommene Rechtspflichten –[44] im Wesentlichen darin besteht, andere nicht als *bloßes*[45] Mittel zu benutzen. Dass diese Betrachtungsweise mitnichten eine rein ethische ist, sondern ein Spezifikum des Rechts ist, wird sodann in Kants Bestimmung aus den *Vorarbeiten zum Gemeinspruch* deutlich, wonach „Freyheit als Mensch nach dem angebohrnen Recht" darin besteht, „nicht der Willkühr Anderer blos als Mittel unterworfen zu seyn".[46] Diese Definition übernimmt Kant letztlich unverändert in die *Vorarbeiten zur Rechtslehre*:

> Die äußere Freyheit ist die Unabhängigkeit des Menschen von der Willkühr Anderer nicht nach ihren sondern dadurch zugleich nach seinen eigenen Zwecken handeln zu dürfen d.i. nicht blos als Mittel zu irgend einem Zweck des Andern dienen zu dürfen (genöthigt werden zu können).[47]

Die äußere Freiheit, die Kant in den zitierten *Vorarbeiten* beschreibt, ist offensichtlich nichts anderes als das angeborene Recht der späteren *Rechtslehre*: „Freiheit" als die „Unabhängigkeit von eines Anderen nöthigender Willkür", welche das „einzige, ursprüngliche, jedem Menschen kraft seiner Menschheit zustehende Recht" ist.[48] Wir sehen: Bereits *textlich* lässt sich der Zusammenhang von

---

43   GMS, AA 04: 429.29–430.09.
44   Die angesprochenen Beispiele aus der *Grundlegung* thematisieren allein die moralische Verbindlichkeit von Pflichten in Ansehung äußerer Handlungen und damit das Recht. Wie auch in *Naturrecht Feyerabend* (vgl. oben Fn. 35) geht es hier weder um Pflichten zu inneren Handlungen (d. h. Tugendpflichten zu bestimmten Zwecksetzungen) noch um den Modus der Pflichtexekution (Moralität als Forderung der Ethik).
45   Selbstverständlich erlaubt auch das Recht die Behandlung anderer als Mittel; jeder Vertrag beruht darauf. Rechtlich problematisch ist allein die Behandlung als *bloßes* Mittel. Vgl. dazu oben Fn. 6.
46   VATP, AA 23: 136.09f.
47   VAMS, AA 23: 341.18–22.
48   MS, AA 06: 237.29–32. Dass Kant den expliziten Bezug auf die Selbstzweckhaftigkeit aus den *Vorarbeiten* nicht in die Druckschrift übernommen hat, erklärt sich daraus, dass in

Rechtsgeltung und vernunftnotwendiger Selbstzweckhaftigkeit des Menschen von *Naturrecht Feyerabend* aus dem Jahr 1784 bis zum angeborenen Freiheitsrecht aus der *Metaphysik der Sitten* von 1797 durchgehend nachzeichnen.

Zum anderen übersieht der zuvor genannte Einwand eine *terminologische Verschiebung*, die sich bei Kant nach 1784 einstellt. Denn in der Folgezeit verwendet Kant im moralphilosophischen Kontext den Begriff der *Person* so, dass in ihm die Selbstzweckhaftigkeit der Rechtssubjekte aufgeht.[49] Besonders offenkundig ist dies in der 1797 erschienenen *Metaphysik der Sitten*, wenn Kant beispielsweise im Rahmen des Strafrechts ausführt, dass „der Mensch [...] nie bloß als Mittel zu den Absichten eines Anderen gehandhabt und unter die Gegenstände des Sachenrechts gemengt werden [kann], wowider ihn seine angeborne Persönlichkeit schützt".[50] Eine Person ist keine Sache und kann daher nicht beliebig gebraucht werden. Kant kommt in der *Rechtslehre* also nur deswegen punktuell auf die notwendige Selbstzweckhaftigkeit des Einzelnen zu sprechen, weil er sie im Begriff der Recht*person* ohnehin stets mitdenkt. Wenn Kant daher den moralischen Begriff des Rechts in der *Rechtslehre* auf das „praktische Verhältniß einer Person gegen eine andere" bezieht,[51] so führt er hiermit das Recht folglich immer schon implizit auf die notwendige Selbstzweckhaftigkeit der Rechtssubjekte zurück. Träger von Rechten, d. h. Rechtssubjekt, kann nur sein, wer selbstzweckhafte Person ist.[52] Doch nicht nur durch Kants Bestimmung des *Rechts* als inter*personales* Phänomen findet eine Rückbindung an die Selbstzweckhaftigkeit statt. Auch Kants Vorstellung

---

        der *Metaphysik der Sitten* dieser Bezug über den Begriff der *Menschheit* bzw. *Persönlichkeit* (Kant verwendet dies hier synonym, vgl. MS, AA 06: 239.25f.) vermittelt wird: Rechtssubjekte sind Personen und Persönlichkeit verbietet die Behandlung als bloßes Mittel. Vgl. auf diese terminologische Verschiebung eingehend sogleich.

49   Den Begriff der Person verwandte Kant selbstverständlich auch in früheren Schriften. Nach 1784 wird allerdings der Begriff *Person* in der praktischen Philosophie neu so gefasst, dass die moralische Selbstzweckhaftigkeit (einhergehend mit der reinen praktischen Vernunftbegabung) begrifflich mit *Persönlichkeit* gleichgesetzt wird. Vgl. GMS, AA 04: 394.06 und 428–430 sowie KpV, AA 05: 86–88, wonach es allein auf der „Persönlichkeit [...] beruht, „dadurch allein sie [sc. vernünftige Wesen] Zwecke an sich selbst sind" (87.29 f.), und dann in der Folge kontinuierlich, vgl. etwa V-MS/Vigil, AA 27: 627.23–34; RGV, AA 06: 26–28 mit Fn. * und zuletzt explizit MS, AA 06: 331.25–28; 359.20–22; 423.01–06 und bes. 434f.

50   MS, AA 06: 331.25–28. In der zitierten Passage aus der MS klingt die inhaltsgleiche Bestimmung aus der *Grundlegung* (GMS, AA 04: 428.18–25) förmlich nach.

51   MS, AA 06: 07–11.

52   Vgl. diesen Zusammenhang konzis darstellend Bernd Ludwig, „Recht ohne Personen? Oder: Wieviel Metaphysik braucht die (kantische) Rechtslehre?", in *Das Verhältnis von Recht und Ethik in Kants praktischer Philosophie*, hg. Dieter Hüning, Bernd Dörflinger und Günter Kruck (Hildesheim: Olms, 2017), 191–216.

vom *Staat* als vernunftrechtliche Koexistenzordnung gründet sich ersichtlich hierauf. Menschen als Personen darf man nicht wie beliebige Eigentumsgegenstände (z. B. Sachen oder Tiere) „gebrauchen, verbrauchen und verzehren (tödten lassen) [...]. Dieser Rechtsgrund [...] will sich [...] schlechterdings nicht auf den Menschen, vornehmlich als Staatsbürger, anwenden lassen, der im Staat immer als mitgesetzgebendes Glied betrachtet werden muß (nicht bloß als Mittel, sondern auch zugleich als Zweck an sich selbst)".[53] Die Verknüpfung von Persönlichkeit und Selbstzweckhaftigkeit ist mithin eine grundlegende begriffliche Weichenstellung Kants, die er – inhaltlich vermittelt über die Autonomie – entsprechend gleich zu Beginn der *Metaphysik der Sitten* anbringt, wenn er die „moralische Persönlichkeit" als „Freiheit eines vernünftigen Wesens unter moralischen Gesetzen" definiert, „woraus dann folgt, daß eine Person keinen anderen Gesetzen als denen, die sie (entweder allein, oder wenigstens zugleich mit anderen) sich selbst giebt, unterworfen ist".[54]

Als Zwischenergebnis zur Frage nach dem Zusammenhang von Recht und menschlicher Selbstzweckhaftigkeit in *Naturrecht Feyerabend* können wir mithin zweierlei festhalten: Erstens markiert *Naturrecht Feyerabend* in der Frage der geltungstheoretischen Rechtsbegründung einen Wendepunkt in Kants Rechtsdenken: Während sich Kant zuvor noch in der Frage der Rechtsbegründung in klassisch-schulphilosophischen Bahnen bewegte und die Verbindlichkeit des Naturrechts letztlich theonom begründete, finden wir nun eine gänzliche Umkehr. Es ist allein die Qualität des Menschen, notwendig selbstzweckhaftes Wesen zu sein, die die Rechtsgeltung trägt. Rechtliche Pflichten haben nur deswegen unbedingte Verbindlichkeit, weil es die menschliche Selbstzweckhaftigkeit verbietet, Menschen nur als bloßes Mittel zu behandeln. Zweitens ist Kant auch in der Folge allem Anschein nach nicht hinter diese Rechtsbegründung zurückgetreten. Indem Kants Rechtsphilosophie nur rechtliche Verpflichtungen zwischen Personen kennt, kennt sie rechtliche Verpflichtungen nur zwischen selbstzweckhaften Wesen, da Selbstzweckhaftigkeit für moralische Persönlichkeit konstitutiv ist.

3 Recht und Selbstgesetzlichkeit der Freiheit

Der obige Vergleich mit der *Grundlegung* und der *Metaphysik der Sitten* hat uns jedoch über die bisherige Analyse der *Feyerabendnachschrift*

---

53   MS, AA 06: 345.30–35.
54   MS, AA 06: 223.24–31.

hinausgetragen, da Kant in diesen Schriften die Selbstzweckhaftigkeit der Person bereits mit der Idee der Selbstgesetzgebung (Autonomie) verknüpft. Damit stellt sich uns die zweite Frage, was das Recht mit der von Kant zu Beginn von *Naturrecht Feyerabend* angesprochenen Selbstgesetzlichkeit der Freiheit zu tun hat. Laut Kant ergibt sich der Zusammenhang aus der Selbstzweckhaftigkeit des Menschen: „Unter welcher Bedingung kann ein freies Wesen Zweck an sich selbst seyn? Daß die Freiheit sich selbst ein Gesetz sey."[55]

Hinter dieser Behauptung steckt ein Argument, dass in der eingangs zitierten Anfangspassage der *Feyerabendnachschrift* bereits *in nuce* anklingt,[56] dann aber etwas später nochmals ausführlich entwickelt wird:[57]

> Die Gesetze sind entweder Naturgesetze, oder Gesetze der Freiheit. Die Freiheit muß, wenn sie unter Gesetzen seyn soll, sich selbst die Gesetze geben. Nehme sie die Gesetze aus der Natur, so wäre sie nicht frei. – Wie kann Freiheit sich selbst ein Gesetz seyn? Ohne Gesetze läßt sich keine Ursache, mithin kein Willen denken, da Ursache das ist, worauf etwas nach einer beständigen Regel folgt. Ist Freiheit einem Gesetz der Natur unterworfen, so ist sie keine Freiheit. Sie muß sich daher selbst Gesetz seyn.[58]

Wie bereits erläutert,[59] hat Kant die Selbstzweckhaftigkeit des Menschen auf dessen Willensfreiheit zurückgeführt. Kant weist nun diesen freien Willen als Ursache aus. Da alle Ursachen Gesetzen unterliegen, muss also auch ein freier Wille Gesetzen unterliegen. Unterläge ein freier Wille Gesetzen der Natur, wäre er aber nicht frei. Daher muss er eigenen Gesetzen unterliegen oder anders gesagt: Die Freiheit muss sich selbst ein Gesetz sein.

Mithin geht für Kant Selbstzweckhaftigkeit mit Willensfreiheit, verstanden als Selbstgesetzlichkeit der Freiheit, einher. Folgerichtig setzen die Gebote des Rechts – insofern sie wie gezeigt Ausdruck der Selbstzweckhaftigkeit des Menschen sind – ebendiese Willensfreiheit voraus, anders gesagt: Recht ist nach Kants Darstellung in *Naturrecht Feyerabend* in geltungstheoretischer

---

55   V-NR/Feyerabend, 8 (AA 27: 1322.25f.).
56   V-NR/Feyerabend, 6f. (AA 27: 1320.02–18 und 1321.01–04).
57   Vgl. insg. V-NR/Feyerabend, 8f. (AA 27: 1322.13–34). Vgl. hierzu auch Willaschek „How Can Freedom be a Law to Itself?", 147f. und den Beitrag von Klingner im vorliegenden Band, 181–183.
58   V-NR/Feyerabend, 8f. (AA 27: 1322.27–34).
59   Vgl. oben 7ff.

KANT ÜBER RECHT, AUTONOMIE UND SELBSTZWECKHAFTIGKEIT 213

Hinsicht von der Selbstgesetzlichkeit der Freiheit abhängig. Im Vorgriff auf die *Grundlegung* mag man sagen: Recht ist vom Prinzip der Autonomie abhängig. Und in der Tat finden wir an späterer Stelle der Vorlesung eine ähnlich lautende Bestimmung, in der Kant zum ersten Mal überhaupt den Begriff *Autonomie* verwendet: „Verbindlichkeit ist moralische Neceßitation der Handlung, d.i. die Abhängigkeit eines nicht an sich guten Willen vom Princip der Autonomie, oder objectiv nothwendigen praktischen Gesetzen."[60] Gehen wir von dieser allgemeinen Bestimmung *moralischer Verbindlichkeit*, um die es Kant an dieser Stelle geht, aus, so tritt hierin die Abhängigkeit des Rechts – insofern es moralische Pflichten begründet – vom Autonomietheorem deutlich zu Tage.[61]

Allerdings besteht das Problem, dass in der von uns untersuchten Eingangspassage der *Feyerabendnachschrift* der *genaue* Zusammenhang von Recht und Selbstgesetzlichkeit der Freiheit unklar bleibt, da Kants Verwendung des Begriffs *Freiheit* changiert:

> Ich kann sitzen, wo ich will, und er auch wo er will. Wenn er aber sitzt; so kann ich nicht zugleich sitzen: Es muß daher eine allgemeine Regel seyn, unter welcher beider Freiheit bestehen kann. Ich verspreche ihm also was, und dann ist er wohl Mittel, aber auch Zweck. Ist Einschränkung der Freiheit nothwendig, und kann die Freiheit nicht anders als sich von sich selbsten nach allgemeinen Regeln einschräncken, damit sie mit sich selbst bestehe? [...] Die Freyheit muß also eingeschränkt werden, aber

---

60   V-NR/Feyerabend, 12 (AA 27: 1326.15–17). Vgl. mit kritischer Analyse hierzu Willaschek „How Can Freedom be a Law to Itself?", 152.

61   Dies folgt bereits aus Kants Begrifflichkeit: Moralische Verbindlichkeit beruht auf dem Prinzip der Autonomie; Rechtspflichten haben moralische Verbindlichkeit; also beruhen auch diese auf dem Prinzip der Autonomie. Vgl. insoweit auch schon oben Fn. 42. – In *Naturrecht Feyerabend* (wie aber auch in *Moralphilosophie Mrongovius II*) verwendet Kant die Begriffe *Ius*, *Recht* und *Rechtslehre* i. d. R. synonym. Gleiches gilt für die Begriffe *Ethik*, *Tugend* und *Tugendlehre*. Der Begriff *Moral* wird in insoweit jedoch uneinheitlich verwandt. In der Regel verweist er auf die *Sittenlehre* als dem gemeinsamen Oberbegriff zu *Recht* und *Ethik*; ausnahmsweise ist er jedoch auch gleichbedeutend mit letzterer. Vgl. dazu auch Hirsch, *Kants Einleitung in die Rechtslehre von 1784*, 22f. Wenn Kant hier Verbindlichkeit als „moralische Neceßitation der Handlung" definiert, so sind hiermit jedoch Recht und Ethik gleichermaßen gemeint, wie sich aus dem Kontext der Passage ergibt. Denn in der Folge werden *Legalität* (als Spezifikum des Rechts) und *Moralität* (als Spezifikum der Ethik) auf die Pflicht bezogen (vgl. unten, 222f.), welche wiederum als „objective Nothwendigkeit der Handlung aus Verbindlichkeit" vorgestellt wird. Legalität als Pflichtgemäßheit einer Handlung im Recht kann es daher nur geben, sofern Rechts- und Tugendpflichten gleicher maßen *moralische Verbindlichkeit* haben.

durch Naturgesetze gehts nicht an; denn sonst wäre der Mensch nicht frey; also muß er sich selbst einschränken.[62]

Auf den ersten Blick behauptet Kant hier erneut eine Abhängigkeit des Rechts (hier: der Freiheitseinschränkung i.S.v. rechtlicher Begrenzung der Handlungsfreiheit) vom Prinzip der Autonomie (hier: Einschränkung der Handlungsfreiheit nicht durch Naturgesetze, sondern durch die Freiheit selbst). Das Problem ist nur, dass hierbei offenkundig zwei verschiedene Freiheitsbegriffe am Werk sind.[63] Wenn Kant nämlich auf der einen Seite davon spricht, dass „Recht [...] die Einschränkung der Freiheit [ist], nach welcher sie mit jeder anderen Freiheit nach einer allgemeinen Regel bestehen kann",[64] oder davon, dass „[d]as Recht [...] auf der Einschränkung der Freiheit [beruht]",[65] dann meint *Freiheit* ersichtlich so etwas wie *Handlungsfreiheit*. Auf der anderen Seite scheint Kant mit *Freiheit* aber vielmehr so etwas wie – modern gesprochen – *Willensfreiheit* zu meinen. Deutlich wird dies etwa in der Formulierung:

> Die Freyheit des Menschen ist die Bedingung, unter der der Mensch selbst Zweck seyn kann. Die andern Dinge haben keinen Willen, sondern sie müssen sich nach andern Willen richten, und sich als Mittel gebrauchen lassen. Soll der Mensch also Zweck an sich selbst seyn; so muß er einen eignen Willen haben [...].[66]

Die Frage, die sich in *Naturrecht Feyerabend* angesichts der Ambivalenz des Kantischen Freiheitsbegriffs stellt, ist mithin: Inwiefern setzt rechtlich geschützte Handlungsfreiheit – d.h., dass die Freiheit „mit jeder anderen Freiheit nach einer allgemeinen Regel bestehen kann"[67] – die Selbstgesetzlichkeit

---

62   v-nr/Feyerabend, 6 (aa 27: 1320.09–15) und 7 (aa 27: 1321.01–03).

63   Angesichts der insoweit evidenten und hier auszugsweise vorgetragenen Textbasis ist es irreführend, *Freiheit* in der *Feyerabendnachschrift* wie Zöller „Allgemeine Freiheit' ", 79 kurzerhand auf Freiheit in äußeren Handlungen zu beziehen und dadurch in eine unverständliche Opposition zum Willen „als Machtvermögen" zu bringen. Hierdurch wird der Blick auf die Textpassagen unnötig verstellt, in denen der Begriff *Wille* gesetzlich gefasst und mit dem transzendentalen Freiheitsbegriff verknüpft wird (beides ist z. B. in v-nr/Feyerabend 8 [aa 27: 1322.31f.] durch die Qualifikation des Willens als Ursache vorausgesetzt).

64   v-nr/Feyerabend, 6 (aa 27: 1320.06–08).

65   v-nr/Feyerabend, 7 (aa 27: 1321.03).

66   v-nr/Feyerabend, 6 (aa 27: 1320.02–05).

67   v-nr/Feyerabend, 6 (aa 27: 1320.07).

KANT ÜBER RECHT, AUTONOMIE UND SELBSTZWECKHAFTIGKEIT   215

der Freiheit des Willens – d.h., dass die „Freyheit [...], wenn sie unter Gesetzen seyn soll, sich selbst die Gesetze geben [muss]"[68] – voraus?

Kant wird die endgültige Lösung dieses Problems erst in der 1797 erschienenen *Metaphysik der Sitten* präsentieren. Sie besteht nämlich darin, zwischen Willkür als exekutivem und Wille als legislativem Vermögen zu unterscheiden und das Prädikat *frei* allein der Willkür zuzuschreiben. Dies ist eine Neuerung gegenüber vorherigen Veröffentlichungen, in denen Kant die Freiheit stets dem *Willen* attribuierte, und drückt eine inhaltlichen Präzisierung Kants aus, um das Phänomen autonomer Selbstbestimmung angemessen erklären zu können: In der *Grundlegung zur Metaphysik der Sitten* und auch noch in der *Kritik der praktischen Vernunft* werden die Begriffe *Wille* und *Willkür* von Kant weitestgehend synonym verwandt, da er in diesen Schriften den Willen (bzw. die Willkür) gleichzeitig als affiziert und bestimmend ansah.[69] Dies hatte zur Folge, dass Kant den Begriff *Freiheit* nicht eindeutig attribuieren konnte: Wille und Willkür waren gleichermaßen frei. Erst in der *Metaphysik der Sitten* gelingt es Kant, diese Problematik durch eine klare begriffliche Unterscheidung von *Wille* und *Willkür* zu überwinden:[70]

> Von dem Willen gehen die Gesetze aus; von der Willkür die Maximen. Die letztere ist im Menschen eine freie Willkür; der Wille, der auf nichts Anderes, als bloß auf Gesetz geht, kann weder frei noch unfrei genannt werden, weil er nicht auf Handlungen, sondern unmittelbar auf die Gesetzgebung für die Maxime der Handlungen (also die praktische Vernunft selbst) geht, daher auch schlechterdings nothwendig und selbst keiner Nöthigung fähig ist. Nur die Willkür also kann frei genannt werden.[71]

Da Kant hier den Willen mit der gesetzgebenden, reinen praktischen Vernunft identifiziert, kann das Prädikat *frei* nur noch der Willkür als exekutivem Vermögen zugeschrieben werden. Diese begriffliche Präzierung Kants ist auch für das Verständnis des Rechts[72] erhellend, welches in der *Metaphysik der Sitten*

---

68   V-NR/Feyerabend, 8 (AA 27: 1322.28f.).

69   Beispielsweise wechselt Kant im ersten Abschnitt der Analytik der KpV, AA 05: 19–33 ständig begrifflich zwischen *Wille* und *Willkür*. Ähnliches zeigen etwa GMS, AA 04: 428. 451 und 461 sowie V-Mo/Mron II, AA 23: 611 und 597.

70   Vgl. dazu eingehend Hirsch, *Freiheit und Staatlichkeit bei Kant*, 139–142 sowie mit besonderem Blick auf die Vorlesungen *Naturrecht Feyerabend* und *Moralphilosophie Mrongovius II* Hirsch, *Kants Einleitung in die Rechtslehre von 1784*, 83–85.

71   MS, AA 06: 226.04–11.Vgl. auch MS, AA 06: 213.14–26 sowie 221.07–24.

72   Dies gilt jedoch nicht nur für die Rechtslehre, sondern selbstverständlich auch für die Tugendlehre. Denn die erläuterte Begriffsbestimmung von *Wille* und *Willkür* erfolgt in der „Einleitung in die Metaphysik der Sitten" und gilt damit für die Moral, als Oberbegriff von

maßgeblich auf die *Freiheit* der Willkür bezogen wird. Denn Kant stellt gleich in der Einleitung in die Rechtslehre im Zuge der Bestimmung des moralischen Rechtsbegriffs in § B sowie des allgemeinen Rechtsprinzips in § C klar, dass es beim Recht allein um die *freie* Willkür geht.[73] Rechtlich relevant ist die Willkür also nur, insofern sie als *freie* „durch reine Vernunft bestimmt werden kann".[74] Legt man diese Bestimmungen zu Grunde, wird allein begrifflich deutlich, dass Menschen nur deswegen Rechtssubjekte sind, weil ihr Begehrungsvermögen (Willkür) durch den Willen als reine praktische (gesetzgebende) Vernunft bestimmbar ist.[75]

Klar ist, dass Kant in *Naturrecht Feyerabend* noch nicht über die begriffliche Unterscheidung von *Wille* und *Willkür* verfügt und auch noch nicht über einen ausgereiften Begriff von *Gesetzgebung*.[76] Gleichwohl sind – wie auszugsweise gezeigt – diese begrifflichen Differenzierungen in *Naturrecht Feyerabend* bereits *der Sache nach* vorhanden[77] und erlauben es, sie interpretativ zum Verständnis der Vorlesung heranzuziehen.[78] Überall dort, wo Kant von Freiheit spricht, müssen wir uns fragen, ob er das exekutive Handlungsvermögen

---

      Recht und Tugend, allgemein: Recht und Tugend beruhen auf der Freiheit der Willkür, welche durch den gesetzgebenden Willen bestimmbar ist.

73   Laut § B kommt es beim Recht auf die „Form im Verhältniß der beiderseitigen Willkür, sofern sie bloß als frei betrachtet wird," an (MS, AA 06: 230.20f.) und auch in § C wird das Rechtshandeln begrifflich auf die Willkürfreiheit bezogen (MS, AA 06: 230.29–31): „Eine jede Handlung ist recht, die oder nach deren Maxime die Freiheit der Willkür eines jeden mit jedermanns Freiheit nach einem allgemeinen Gesetze zusammen bestehen kann."

74   MS, AA 06: 213.29f.

75   Vgl. dazu weitergehend Hirsch, *Freiheit und Staatlichkeit bei Kant*, 141–145.

76   Kant hat den für die Systematisierung zentralen Begriff der *Gesetzgebung* 1784 in der *Feyerabendnachschrift* noch nicht so präzise ausgearbeitet wie etwa 1797 in der *Metaphysik der Sitten*. Zwar zeigen Inhalt und Darstellung in *Naturrecht Feyerabend*, dass Kant das objektive Gesetz vom subjektiven Bewegungsgrund trennt und hieran die Unterscheidung zwischen Recht und Ethik festmacht (vgl. dazu unten Fn. 95). Eine klare Systematisierung i. S. d. *Metaphysik der Sitten* mit dem Oberbegriff *Gesetzgebung* und den dazugehörigen Elementen *Gesetz* und *Triebfeder* hat Kant damit aber noch nicht erreicht. Die hieran anknüpfende Unterscheidung von Recht und Ethik bzw. Tugend innerhalb der Moral lassen sich daher nur anhand der Inhalte nachweisen, nicht jedoch der systematischen Form nach. Vgl. hierzu eingehend von meiner Seite Hirsch, *Kants Einleitung in die Rechtslehre von 1784*, 69ff.

77   Vgl. hierzu eingehend meinerseits m. w. N. Hirsch, *Kants Einleitung in die Rechtslehre von 1784*, 68–95, zusammenfassend 113–120.

78   Dies ist bereits deswegen angezeigt, weil wir angesichts der gleichen begrifflichen Unschärfe (vgl. Fn. 69) anderenfalls auch in der *Grundlegung* und der *Kritik der praktischen Vernunft* keine gehaltvolle bzw. widerspruchsfreie Interpretation des Autonomietheorems erhalten können. Vgl. konzedierend ebenso Willaschek, „How Can Freedom be a Law to Itself?", 153.

KANT ÜBER RECHT, AUTONOMIE UND SELBSTZWECKHAFTIGKEIT 217

des Menschen (*Willkür*) meint oder die Gesetzgebung reiner praktischer Vernunft (*Wille*). Im vorliegenden Fall ist demzufolge Kants Aussage, dass die Freiheit sich selbst Gesetz sein müsse, bei aller begrifflichen und teils inhaltlichen Unschärfe der Sache nach so zu verstehen, dass das menschliche Handlungsvermögen rechtlich durch den Willen, d. h. die Gesetzgebung der reinen praktischen Vernunft, eingeschränkt wird. Damit wird auch klar, dass Rechte und Rechtspflichten nur zwischen Wesen bestehen können, die über reine praktische Vernunft verfügen und insofern Zweck an sich sind. Hierin liegt der Unterschied zwischen Personen und Sachen, wie Kant in *Naturrecht Feyerabend* selbst betont: „Eine Freiheit wird durch sich selbst eingeschränkt. Dinge die keine Freiheit haben, können daher nicht in ihrer Freiheit eingeschränkt werden. Im Verhältnis mit Wesen die selbst Freiheit haben, ist jede andre Freiheit eingeschränkt. Das ist eine Person, jenes eine Sache."[79] Allein technisch-praktische Vernunftbegabung reicht hingegen für Persönlichkeit nicht aus, denn hierdurch wäre – wie bereits gezeigt – „unsre Vernunft ganz nach Naturgesetzen eingerichtet" und wir wären „nicht besser als die Thiere".[80] Sicherlich: Im Vergleich zur *Grundlegung* und gar zur *Metaphysik der Sitten* ist vollkommen zutreffend, dass die Autonomiekonzeption in *Naturrecht Feyerabend* an vielen Stellen begrifflich und inhaltlich unvollständig ist.[81] Gleichwohl ist mit *Naturrecht Feyerabend* bereits *inhaltlich* die »Agenda« für eine neue Moralbegründung – und damit Rechtsbegründung – gesetzt. Anders gesagt: Kants Redeweise von der *Selbstgesetzlichkeit der Freiheit* verlangt nach einer Rechtsbegründung als Selbstgesetzgebung (Autonomie) und einer Identifikation des Willens mit der reinen praktischen Vernunft. Und bereits hiermit ist im Grunde genommen die Unabhängigkeitsthese, sofern sie eine von der kritischen Moralphilosophie losgelöste Rechtsbegründung beansprucht,[82] durch *Naturrecht Feyerabend* widerlegt.

Wir können insoweit zusammenfassen: Recht ist nach Kants Darstellung in *Naturrecht Feyerabend* in geltungstheoretischer Hinsicht von der Selbstgesetzlichkeit der Freiheit abhängig. Dabei stellt Kants Rede davon, dass beim Recht die Freiheit durch sich selbst eingeschränkt werden müsse, inhaltlich bereits einen Vorgriff auf das Kantische Autonomietheorem dar. Was unter *Auto-Nomie*, d.h. Selbst-Gesetzgebung, jedoch genau zu verstehen ist, hat Kant erst in der *Grundlegung* und sodann in der *Metaphysik der Sitten* durch

---

79   V-NR/Feyerabend, 23 (AA 27: 1335.24–27).
80   V-NR/Feyerabend, 8 (AA 27: 1322.8–11, vollständig zitiert oben, 206).
81   Vgl. für eine kritische Analyse im Vergleich zur *Grundlegung* Willaschek „How Can Freedom be a Law to Itself?", 149ff.
82   Vgl. oben, 201 mit Fn. 10.

die begriffliche Unterscheidung zwischen Wille und Willkür vollends präzisiert: Rechtssubjekte sind nur solche Wesen, deren Willkür der Bestimmung durch die eigene Gesetzgebung reiner praktischer Vernunft fähig ist und die deswegen erst über eine *freie* Willkür verfügen. Und Recht ist dementsprechend nichts anderes als die Gesetzgebung reiner praktischer Vernunft, durch die die freie Willkür des Menschen in äußeren Handlungen allgemeingesetzlich eingeschränkt wird.

4 Recht als „Bedingun[g] der möglichsten Allgemeinen Einstimmung des Willens andrer"

Kommen wir hiermit zur dritten und letzten Frage, die wir an die Anfangspassage aus *Naturrecht Feyerabend* stellen wollen: Inwiefern formuliert Recht die „Bedingungen der möglichsten allgemeinen Einstimmung des Willens andrer"[83]? Hierbei geht es mir um den spezifischen Zusammenhang von Recht und Autonomie (wenn man Kants Redeweise von der Selbstgesetzlichkeit der Freiheit so nennen mag), der den Unterschied zu den Geboten der Ethik bzw. Tugend ausmacht.

Um diesen Zusammenhang zu erörtern, möchte ich zunächst noch einmal einen Schritt zurückgehen und nochmals hervorheben, in welcher Weise Kant die Selbstzweckhaftigkeit beim Recht thematisiert. Wie gesehen, geht es Kant in *Naturrecht Feyerabend* in seinen Beispielen stets darum, dass Rechtsverstöße die Behandlung anderer als bloßes Mittel darstellen, was deren Selbstzweckhaftigkeit widerspreche. Dies erläutert Kant im Falle eines vertraglichen Versprechens (die korrespondierende Rechtsverletzung wäre der Betrug) dahingehend näher, dass bei einem Anstellungsvertrag der Bedienstete „auch wollen [muß]"; anderenfalls wäre er „bloß Mittel". Bedingung sei die „allgemein[e] Einstimmung des Willens andrer".[84] Diese Begründung dürfte jedem Kenner der *Grundlegung* in die Augen stechen. Denn genau dieser Zusammenhang wird auch in der *Grundlegung* thematisiert, wenn Kant die „nothwendige oder schuldige Pflicht gegen andere" – also die Rechtspflicht – am Beispiel des lügenhaften Versprechens (Betrug) erläutert und hierbei das »„sich eines andern Menschen bloß als Mittels [zu] bedienen"« darauf zurückführt, dass der andere „unmöglich in meine Art, gegen ihn zu verfahren, einstimmen" kann.[85]

---

83   V-NR/Feyerabend, 5 (AA 27: 1319.31f.).
84   V-NR/Feyerabend, 5 (AA 27: 1319.22–24).
85   GMS, AA 04: 429.29–430.01.

KANT ÜBER RECHT, AUTONOMIE UND SELBSTZWECKHAFTIGKEIT   219

Die Verknüpfung dieser Redeweise mit dem Kantischen Autonomietheorem finden wir sodann am deutlichsten in der *Kritik der praktischen Vernunft*:

> In der ganzen Schöpfung kann alles [...] auch blos als Mittel gebraucht werden; nur der Mensch und mit ihm jedes vernünftige Geschöpf ist Zweck an sich selbst. Er ist nämlich das Subject des moralischen Gesetzes, welches heilig ist, vermöge der Autonomie seiner Freiheit. *Eben um dieser willen ist jeder Wille, selbst jeder Person ihr eigener, auf sie selbst gerichteter Wille auf die Bedingung der Einstimmung mit der Autonomie des vernünftigen Wesens eingeschränkt, es nämlich keiner Absicht zu unterwerfen, die nicht nach einem Gesetze, welches aus dem Willen des leidenden Subjects selbst entspringen könnte, möglich ist*; also dieses niemals blos als Mittel, sondern zugleich selbst als Zweck zu gebrauchen.[86]

Nur wenn eine Nötigung als Ausdruck der eigenen, gesetzgebenden reinen praktischen Vernunft (Autonomie) begriffen werden kann, ist die eigene Selbstzweckhaftigkeit gewahrt. Im Verhältnis zu anderen muss der andere (in der zitierten Passage das leidende Subjekt) als Person in meinen Willkürgebrauch einwilligen können; anderenfalls behandle ich ihn als bloßes Mittel. Hierbei geht es nicht um die tatsächliche Einwilligung der anderen in meinen Willkürgebrauch, die gegebenenfalls auch auf kontingenten, auf sinnliche Affektion zurückgehenden Gründen beruhen kann. Entscheidend ist die moralische Möglichkeit der Einwilligung als Person.[87]

Hieraus lässt sich der Zusammenhang von Recht und Autonomie, so wie er in *Naturrecht Feyerabend* antizipiert wird, erhellen: Rechtspflichten formulieren Handlungseinschränkungen zur Wahrung der Selbstzweckhaftigkeit der Menschen untereinander, mithin die minimalen Koexistenzbedingungen als Personen. Weil diese garantieren, dass niemand als bloßes Mittel gebraucht wird, ist die hierin liegende Handlungseinschränkung Ausdruck der Selbstgesetzgebung der Freiheit einer jeden Person, d. h. eines jedes willensfreien Vernunftwesens:[88] „Diese Einschränkung beruht auf den Bedingungen der

---

86   KpV, AA 05: 87.16–27, kurs. Herv. v. mir.
87   Vgl. mit Blick auf die Zweckformel in der *Grundlegung* ebenso Willaschek, „Right and Coercion", 60.
88   Damit können wir *Naturrecht Feyerabend* eine wesentliche Bestimmung des Verhältnisses von Recht und Autonomie entnehmen, die für Kants nachfolgende moralphilosophische Schriften prägend sein wird: Kant hat offenkundig sowohl die Idee der Selbstgesetzlichkeit der Freiheit des Willens als Bedingung für Selbstzweckhaftigkeit entwickelt, als auch die Vorstellung eines „System[s] der Zwecke", für welches „der Zweck und Wille eines vernünftigen Wesens mit dem eines andern übereinstimmen [muß]" (V-NR/Feyerabend, 5

möglichsten allgemeinen Einstimmung des Willens andrer".[89] Die Beispiele, die Kant im Eingangszitat für Rechtsverletzungen anführt (Diebstahl, Betrug), sind einer solchen allgemeinen Einstimmung des Willens anderer nicht fähig und unrechtmäßig. Im Vorgriff auf die weitere Entwicklung dieses Gedanken bei Kant kann man auch sagen: Recht weist die Bedingungen aus, unter denen die Einstimmung anderer autonomer Personen in meinen Willkürgebrauch überhaupt *denkbar* ist.[90] Entsprechend möchte Kant in *Zum ewigen Frieden* „meine äußere (rechtliche) Freiheit so […] erklären: sie ist die Befugniß, keinen äußeren Gesetzen zu gehorchen, als zu denen ich meine Beistimmung habe geben *können*."[91] Denn ich *kann* einer äußeren gesetzlichen Einschränkung meiner Freiheit nach Prinzipien des Rechts zustimmen, obgleich hierdurch meinen aktualen Zwecken (d. h. laut Kant meinem Glückseligkeitsstreben) noch gar nicht Rechnung getragen wird. Eine solche Einstimmung als Person ist hingegen bei einem Willkürgebrauch, der die äußere Freiheit des anderen unilateral – also nicht reziprok und allgemeingesetzlich – einschränkt, nicht möglich. Soll die Selbstzweckhaftigkeit des anderen respektiert werden, muss daher in einem System autonomer Personen der Willkürgebrauch des einen mit der Willkür des anderen nach allgemeinen Gesetzen verträglich sein, d. h.: *rechtmäßig* sein.

Auch wenn sich hierdurch in *Naturrecht Feyerabend* der Begründungszusammenhang von Recht – Selbstzweckhaftigkeit – Autonomie zumindest in Grundzügen erklären lässt, bleibt noch immer die Frage offen, wie sich vor diesem Hintergrund Recht und Ethik zueinander verhalten. Schließlich hat Kant ja erklärtermaßen den Anspruch, hier eine solche Verhältnisbestimmung zu liefern.[92] Hierbei möchte ich die Frage nach dem Pflichtinhalt (*Was gebietet eine Rechts- bzw. Tugendpflicht?*) von der Frage der Pflichtexekution (*Wie ist eine Rechts- bzw. Tugendpflicht auszuführen?*) trennen. Letztere Frage

---

[AA 27: 1319.23–26]). Damit ist bereits der Sache nach festgelegt, dass moralische Pflichten bzw. moralische Gesetze für alle Vernunftwesen reziprok und allgemein gelten, und zwar auf Grund der notwendigen Gesetzlichkeit ihres freien Willens. Einschränkend ist zwar hervorzuheben, dass dieser Zusammenhang in der Vorlesung lediglich der Sache nach vorhanden ist und sich – wie auch schon bei der Selbstgesetzlichkeit der Freiheit (vgl. oben, 213f.) – erst aus der Zusammenschau sowie der genealogischen Betrachtung mit Kants Ausführungen in der *Grundlegung* und der *Kritik der praktischen Vernunft* ergibt. Gleichwohl lässt sich insoweit *Naturrecht Feyerabend* im Vergleich zur *Grundlegung* eine gehaltvollere Autonomiekonzeption entnehmen, als dies etwa Willaschek „How Can Freedom be a Law to Itself?", 154 und 157 oder Zöller „Allgemeine Freiheit'", 80f. tun.

89 V-NR/Feyerabend, 5 (AA 27: 1319.30–32).

90 Vgl. dazu auch unten, 224.

91 ZeF, AA 08: 350.16–18, kurs. Herv. v. mir.

92 Vgl. V-NR/Feyerabend, 7 (AA 27: 1321.06–11).

KANT ÜBER RECHT, AUTONOMIE UND SELBSTZWECKHAFTIGKEIT 221

beantwortet Kant bereits in *Naturrecht Feyerabend* so, wie er es später in der *Metaphysik der Sitten* tun wird: Rechtspflichten enthalten lediglich eine Handlungsverpflichtung, die – im Unterschied zu Tugendpflichten –[93] gegenüber dem Handlungsmotiv indifferent ist:[94] „Recht betrachtet die Pflichten als Zwangspflichten und nach ihrer Legalitaet und nicht nach ihrer Moralitaet. Das Jus geht bloß auf die Materie der Handlung, die Ethik auch auf die Form, die Art wie sie geschieht. Da hat es weniger als Ethik."[95]

Die andere Frage, wie in *Naturecht Feyerabend* der Inhalt von Rechts- und Tugendpflichten zu bestimmen ist, lässt sich erneut vom Gedanken der Selbstzweckhaftigkeit her beantworten, wonach Rechtspflichten aus dem Verbot, andere als bloßes Mittel zu behandeln, resultieren.[96] Hierdurch haben wir bisher nur erfahren, was die Selbstzweckhaftigkeit des Menschen *verbietet*, hingegen nicht, was sie *positiv fordert*. Genau diese unbeantwortete Differenzierung hat Kant jedoch kurze Zeit später in der *Grundlegung* ausgearbeitet, indem er anhand der Zweckformel des kategorischen Imperativs die *notwendigen* und die *hinreichenden* Bedingungen zur Wahrung der Selbstzweckhaftigkeit anderer unterscheidet. Denn die Zweckformel gebietet: „Handle so, daß du die Menschheit [...] als in der Person eines jeden andern jederzeit zugleich als Zweck, niemals bloß als Mittel brauchst."[97] Die *notwendige Bedingung*, um diesem Gebot zu genügen, besteht darin, durch seine Handlungen der notwendigen Selbstzweckhaftigkeit anderer bloß nicht zu widerstreiten; die *hinreichende Bedingung* ist, dass die eigenen Handlungen diese befördern. Kant liefert in der *Grundlegung* mit der hierauf folgenden Begründung der

---

93   Diese erfordern stets eine Pflichterfüllung um der Pflicht willen, vgl. MS, AA 06: 396.17–24.

94   Die sich in diesem Zusammenhang anschließende Frage, inwiefern Recht und Ethik angesichts der unterschiedlichen Handlungsmotivation gleichberechtigte Teile einer einheitlichen kritischen Moralphilosophie auf Grundlage des kategorischen Imperativs sind, kann in diesem Rahmen nicht zufriedenstellend thematisiert werden. Vgl. zu diesem Problem bereits Fn. 42 und eingehend m. w. N. Hirsch, *Freiheit und Staatlichkeit bei Kant*, 108–133.

95   V-NR/Feyerabend, 26 (AA 27: 1338.11–13). Vgl. ähnlich auch V-Mo/Mron II, AA 29: 620.14–23. Kant hat damit schon 1784 nicht nur Legalität und Moralität von Handlungen, sondern der Sache nach auch schon ethische und juridische Gesetzgebung unterschieden. Obgleich Kant den Begriff *Gesetzgebung* in den o. g. Vorlesungsmitschriften nicht verwendet, so geht aus den von ihm verwendeten Formulierungen hervor, dass die zur Pflicht erhobene Handlung aus der (Gesetzgebungs-) Perspektive des Rechts bzw. der Ethik, also präskriptiv betrachtet wird, und nicht bloß deskriptiv nach Legalität und Moralität. Vgl. hierzu m. w. N. Hirsch, *Kants Einleitung in die Rechtslehre von 1784*, 71–73 und 113f.

96   Vgl. oben, 204ff.

97   GMS, AA 04: 429.10–12.

unvollkommenen Pflichten gegen andere ein anschauliches Beispiel für diese Unterscheidung:

> Nun würde zwar die Menschheit bestehen können, wenn niemand zu des andern Glückseligkeit was beitrüge, dabei aber ihr nichts vorsetzlich entzöge; allein es ist dieses doch nur eine negative und nicht positive Übereinstimmung zur Menschheit als Zweck an sich selbst, wenn jedermann auch nicht die Zwecke anderer, so viel an ihm ist, zu befördern trachtete. Denn das Subject, welches Zweck an sich selbst ist, dessen Zwecke müssen, wenn jene Vorstellung bei mir alle Wirkung thun soll, auch, so viel möglich, meine Zwecke sein.[98]

Dem Verbot, einen anderen nicht als bloßes Mittel zu behandeln, genüge ich bereits dadurch, dass ich mich gar nicht zu ihm verhalte (d. h., seine Willkür nicht tangiere). Dem Gebot, ihn auch als Zweck zu behandeln, werde ich jedoch erst dadurch gerecht, dass ich mir seine Zwecke zu eigen mache (d. h., seine Glückseligkeit befördere).[99] Aus der Selbstzweckhaftigkeit des Menschen folgen mithin zwei Maßgaben: Erstens, den anderen nicht als bloßes Mittel zu gebrauchen. Diese Maßgabe entfaltet sich angesichts der bisherigen Ergebnisse[100] in den Geboten des Rechts (Rechtspflichten). Zweitens, den anderen stets auch als Zweck zu gebrauchen. Diese Maßgabe findet Ausdruck in den Geboten der Ethik bzw. Tugend (Tugendpflichten), wie Kant in der *Metaphysik der Sitten* anschaulich im „oberste[n] Princip der Tugendlehre" auf den Punkt bringt:

> [H]andle nach einer Maxime der Zwecke, die zu haben für jedermann ein allgemeines Gesetz sein kann. – Nach diesem Princip ist der Mensch sowohl sich selbst als Andern Zweck, und es ist nicht genug, daß er weder sich selbst noch andere blos als Mittel zu brauchen befugt ist (dabei er doch gegen sie auch indifferent sein kann), sondern den Menschen überhaupt sich zum Zwecke zu machen ist an sich selbst des Menschen Pflicht.[101]

---

98 GMS, AA 04: 430.19–27.

99 Jemanden nicht bloß als Mittel zu gebrauchen, heißt nicht automatisch, ihn auch als Zweck zu gebrauchen. Die erste Maßgabe der Zweckformel erschöpft sich in einer negativen Unterlassenpflicht. Erst wenn es überhaupt zur Interaktion mit anderen kommt, tritt die positive Handlungspflicht, diese stets auch als Zweck zu gebrauchen, notwendig hinzu.

100 Vgl. oben, 204ff.

101 MS, AA 06: 395.15–21.

KANT ÜBER RECHT, AUTONOMIE UND SELBSTZWECKHAFTIGKEIT

Genau diese Differenzierung zwischen negativem Pflichtgebot des Rechts (Wahrung der Selbstzweckhaftigkeit) und positivem Pflichtgebot der Tugend (Beförderung der Selbstzweckhaftigkeit) vollzieht Kant auch schon in *Naturrecht Feyerabend*, indem er die Beschränkung auf die Kompatibilität der Freiheit in äußeren Handlung, die die Einstimmung anderer in mein Verhalten allererst ermöglicht, als Spezifikum des Rechts ausweist. Die Befolgung von Rechtspflichten ist möglich, ohne auf die besonderen Interessen anderer Rücksicht zu nehmen und sie erst dadurch – wie es Tugendpflichten fordern – positiv als Zweck zu behandeln. Anschaulich führt Kant hierzu in *Naturrecht Feyerabend* aus:

> Das Recht betrift die Freiheit, die Billigkeit die Absicht. Wenn ich eines andern Glückseligkeit nicht befördere; so thue ich seiner Freiheit keinen Abbruch, sondern ich lasse ihn thun, was er will. Die Freiheit muß mit der Allgemeinheit übereinstimmen [...]. Hier ist weder Glückseligkeit noch Geboth der Pflichten, sondern Freiheit die Ursache des Rechts.[102]

Damit hat das Recht in gewisser Weise einen prioritären Status: Äußere Tugendpflichten verlangen die Übereinstimmung des Freiheitsgebrauchs mit den besonderen Zwecken anderer. *Conditio sine qua non* hierfür ist jedoch stets, dass der Freiheitsgebrauch überhaupt erst einmal mit der *Freiheit* anderer vereinbar ist:

> Die Grundsätze des freyen Willens, durch durchgängige Einstimmung nach Gesetzen, sind entweder mit uns selbst oder andern. [...] Die letztern sind Grundsätze der Uebereinstimmung mit der Freiheit und dem Interesse des Willens andrer. Das erste ist das strikte Recht. Zum letzten gehört Wohlwollen und Gütigkeit, denn Interesse ist Glückseligkeit. Das gehört auch zur Ethik. Ich kann ohne diese letztern Grundsätze die erstern befolgen. Jus enthält also bloß die Regeln der Freiheit, wodurch eine die andre einschränkt, also Wirkung und Gegenwirkung. Das Recht beruht bloß auf Freiheit.[103]

Kant sagt hier in *Naturrecht Feyerabend* nichts anderes, als dass Recht die Bedingungen eines allgemeingesetzlich kompatiblen Willkürgebrauchs formuliert. Ist mein Willkürgebrauch mit dem eines jeden anderen nach allgemeinen

---

102 V-NR/Feyerabend, 15 (AA 27: 1329.11–17).
103 V-NR/Feyerabend, 24 (AA 27: 1336.11–21).

Gesetzen vereinbar, ist er der Einwilligung der anderen fähig, da sichergestellt ist, dass sie hierdurch nicht als bloßes Mittel behandelt werden. Ethik bzw. die Tugendlehre verlangen jedoch darüber hinaus, dass mein Willkürgebrauch nicht nur mit der Willkür anderer, sondern auch mit den besonderen Zwecken und Interessen anderer übereinstimmt. Erst dann behandele ich diese nämlich auch als Zweck.

Damit legt Kant in *Naturrecht Feyerabend* den Grundstein für die Abgrenzung von Recht und Ethik im Rahmen einer einheitlichen kritischen Moralphilosophie, die er in seinen folgenden moralphilosophischen Schriften ausarbeiten wird. Dies gilt – soweit es Pflichten gegen andere anbelangt – sowohl für die materiale Betrachtung nach der vernunftnotwendigen Selbstzweckhaftigkeit von Personen, wie die angeführten Quellen aus *Grundlegung* und *Metaphysik der Sitten* belegen, als auch für die formale Betrachtung, die später ihren Ausdruck in der Allgemeingesetzformel des kategorischen Imperativs findet. Denn auch in *Naturrecht Feyerabend* unterscheidet Kant das rechtlich gebotene *allgemeingesetzliche Denken-Können* einer Handlung vom ethisch gebotenen (Kant spricht von „billig") *allgemeingesetzlichen Wollen-Können*:

> Die Obligation beruht aufm Princip der Gesetzmäßigkeit einer Handlung überhaupt, wenn ich einem [...] etwas versprochen hätte, [...] [muß ich] aber mein Wort halten, denn das Gegentheil kann ich mir nicht denken, daß es als ein allgemeines Gesetz möglich sey. Meine Handlung muß zu einem allgemeinen Gesetz gemacht werden, die unmoralischen Handlungen sind aber nicht als allgemeine Gesetze möglich. Einem Bettler nicht ein Almosen zu geben, ist als ein allgemeines Gesetz möglich, denn wenn wir voneinander abgesondert sind, so bedarf einer des auch nicht, also ist die Handlung recht, aber noch nicht billig, denn da will ich, daß ein andrer nicht bloß meiner Glückseligkeit keinen Abbruch thut, sondern auch etwas hinzuthue.[104]

Dass sich diese Distinktion aus *Naturrecht Feyerabend* auch in der Folgezeit hält und prägend ist, beweisen *Grundlegung* und *Metaphysik der Sitten*. Erstere, indem sie – soweit es Pflichten gegen andere anbelangt – mit der Unterscheidung von *Denken-Können* und *Wollen-Können* einer Maxime nach der Allgemeingesetzformel vollkommene Rechts- und unvollkommene Tugendpflichten differenziert.[105] Letztere, indem dort der oberste Grundsatz der

---

104 V-NR/Feyerabend, 17f. (AA 27: 1330.10–23).
105 Vgl. GMS, AA 04: 421–424.

Sittenlehre lediglich Maximen, „die zugleich als allgemeines Gesetz gelten" können,[106] und damit Rechtspflichten vorschreibt; wohingegen das oberste Prinzip der Tugendlehre „Zwecke, die zu haben für jedermann ein allgemeines Gesetz sein kann",[107] und damit Tugendpflichten vorgibt.[108]

5 Recht und Autonomie in *Naturrecht Feyerabend*

Fassen wir abschließend zusammen und fragen uns erneut: Finden wir in *Naturrecht Feyerabend* die Geburtsstunde von Kants kritischer Rechtsbegründung vor? Ich meine, ja!

Erstens ist es unübersehbar, dass Kant in *Naturrecht Feyerabend* das Recht in geltungstheoretischer Hinsicht gänzlich neu begründen möchte. Anstelle der klassisch-schulphilosophischen theonomen Rechtsbegründung setzt er

---

106   MS, AA 06: 226.02.

107   MS, AA 06: 395.16.

108   Die in der Forschungsliteratur häufig anzutreffende Auffassung, eine Maximenbestimmung durch den kategorischen Imperativ nehme allein die Ethik, nicht jedoch das sich auf Handlungen beziehende Recht vor, ist unzutreffend. Denn jedes moralisch relevante Handeln ist für Kant ein Handeln nach Maximen, sodass jeder rechtlichen Handlungsbestimmung eine rechtsgesetzliche Maximenbestimmung unmittelbar zugrunde liegt, vgl. so auch Seel, „How Does Kant Justify the Universal Objective Validity", 81. Zutreffend ist, dass Recht auf die Regelung äußerer Handlungskonflikte abzielt und dabei vom Handlungsmotiv des Einzelnen abstrahiert. Damit schreiben Rechtspflichten – anders als Tugendpflichten – nicht vor, eine *bestimmte* Maxime zu haben. Jedoch gibt laut Kants eigener Aussage „das formale Princip der Pflicht im kategorischen Imperativ: ‚handle so, daß die Maxime deiner Handlung ein allgemeines Gesetz werden könne' [...] eine Rechtspflicht a[b] [...], die nicht in das Feld der Ethik gehört". Hierbei verlangt das Recht stets, dass sich „[d]ie Maximen [...] zu einer allgemeinen Gesetzgebung blos qualificiren", d. h. zumindest „einem Gesetz überhaupt nicht [...] widerstreiten" (MS, AA 06: 389.01–09). Zu fordern, dass sich die Maxime der Handlung zur allgemeinen Gesetzgebung qualifiziert, ist gleichbedeutend mit der Forderung, das Handeln selbst nach einer allgemeingesetzlichen Regel einzuschränken, sprich: dem widerstreitende Handlungen zu unterlassen. Vgl. in diesem Sinne etwa V-MS/Vigil, AA 27: 524.31–525.08 sowie ZeF, AA 08: 376.22–377.05. Ebendiese Unterscheidung zwischen negativer Maximenbestimmung im Recht und positiver Maximenbestimmung in der Ethik findet sich auch schon in der *Grundlegung* durch die Differenzierung zwischen *Denken-Können* und *Wollen-Können* einer Maxime, nur dass in der *Grundlegung* die bereits um die Kohärenzforderung erweiterte bzw. Pflichtzwecke umfassende Formel des kategorischen Imperativs (*Wollen-Können*) dessen Grundform bildet. Hingegen stellt in der *Metaphysik der Sitten* das (für das Recht maßgebliche) oberste Prinzip der Sittenlehre, das sich auf die Konsistenzforderung (*Denken-Können*) beschränkt, die Grundform dar, die erst im Prinzip der Tugendlehre (MS 06: 395.17–21) um vernunftbestimmte Zwecke erweitert wird. Vgl. hierzu ausführlich Hirsch, *Freiheit und Staatlichkeit bei Kant*, 90–100 m. w. N.

seine eigene kritische, autonome Rechtsbegründung. Geltungsgrund rechtlicher Pflichten (aber auch moralischer Pflichten überhaupt) ist die Selbstzweckhaftigkeit des Menschen, die – so kann man im Vorgriff auf die *Grundlegung* sagen – aus seiner Autonomie und reinen praktischen Vernunftbegabung folgt. In dem beschränkten Rahmen, in dem es hier möglich war, konnte auch gezeigt werden, dass Kant von dieser Rechtsbegründung bis 1797 nicht abrückt, da er in der *Metaphysik der Sitten* die Rechtsgeltung auf *Personen*, d.h. Wesen deren Willkür durch reine praktische Vernunft bestimmbar und insofern frei ist, beschränkt.

Zweitens konnten wir sehen, dass in *Naturrecht Feyerabend* der Blick auf diese autonome Rechtsbegründung vor allem dadurch verschleiert wird, dass Kant die für das Autonomietheorem maßgebliche begriffliche Differenzierung zwischen *Wille* und *Willkür* noch nicht vollzogen hat. Sie ist gleichwohl im Text der Vorlesung der Sache nach angelegt, da Kant bei seiner Rede von der für das Recht erforderlichen Selbstgesetzlichkeit der Freiheit, inhaltlich stets zwischen der Freiheit als exekutivem Handlungsvermögen und der Freiheit als legislativem Vermögen unterscheidet. Diese Unterscheidung deckt sich sachlich mit der 1797 in der *Metaphysik der Sitten* vollzogenen begrifflichen Unterscheidung von der bestimmbaren Willkürfreiheit und dem als reine praktische Vernunftgesetzgebung bestimmenden Willen.

Drittens konnte gezeigt werden, dass die Selbstzweckhaftigkeit autonomer Personen für das wechselseitige Verhältnis zwei unterschiedliche normative Implikationen hat: Einerseits, andere nicht als bloßes Mittel zu behandeln; andererseits, andere stets auch als Zweck zu behandeln. Auch in *Naturrecht Feyerabend* geht Kant von dieser Unterscheidung aus und bezieht das Recht ausschließlich auf den ersteren Aspekt. Erst die Tugend bzw. Ethik verlangt, den anderen stets auch als Zweck zu behandeln und auf seine besonderen Interessen Rücksicht zu nehmen. Recht verlangt hingegen lediglich, andere nicht als bloßes Mittel zu behandeln. Dies ist immer dann gewährleistet, wenn mein Willkürgebrauch der Einstimmung anderer fähig ist, weil er mit dem Willkürgebrauch aller anderen nach allgemeinen Gesetzen vereinbar ist.

Sicherlich wirft *Naturrecht Feyerabend* und die entsprechende Lesart von Kants späteren rechtsphilosophischen Schriften viele weitere Fragen auf: etwa, wie sich die hier vorgestellte kritische Rechtsbegründung zur Zwangsbefugnis beim Recht oder zur vermeintlichen Moralitätsforderung des kategorischen Imperativs verhält.[109] Es wäre jedoch verfehlt, die hiermit angesprochenen

---

109 Diese und andere Fragen umfassend zu erläutern, würde den Rahmen dieses Beitrages sprengen. Insoweit sei erneut auf meine Untersuchung in Hirsch, *Freiheit und Staatlichkeit bei Kant*, 67–168 verwiesen.

KANT ÜBER RECHT, AUTONOMIE UND SELBSTZWECKHAFTIGKEIT

Probleme als Widerlegung einer kritischen Rechtsbegründung Kants zu sehen. Vielmehr gibt *Naturrecht Feyerabend* Anlass, diese Probleme und hierdurch veranlasste idiosynkratische Lesarten im Sinne einer kritischen Rechtsbegründung aufzulösen.

Bibliografie

Achenwall, Gottfried und Johann Stephan Pütter, *Anfangsgründe des Naturrechts. Elementa iuris naturae*, hg. Jan Schröder (Frankfurt am Main: Insel, 1995).

Crusius, Christian August, *Anweisung vernünftig zu leben* (Hildesheim: Olms, 1969; reprograf. Nachdr. der Ausg. Leipzig: Johann Friedrich Gleditsch, 1744).

Delfosse, Heinrich P., Hinske, Norbert und Sadun Bordoni, Gianluca: „Einleitung", in *Kant-Index. Band 30: Stellenindex und Konkordanz zum „Naturrecht Feyerabend". Teilband 1: Einleitung des „Naturrecht Feyerabend"*, hg. Heinrich P. Delfosse, Norbert Hinske und Gianluca Sadun Bordoni (Stuttgart- Bad Cannstadt: Frommann-Holzboog, 2010): IX–XLI.

Hirsch, Philipp-Alexander, *Kants Einleitung in die Rechtslehre von 1784. Immanuel Kants Rechtsbegriff in der Moralvorlesung „Mrongovius II" und der Naturrechtsvorlesung „Feyerabend" von 1784 sowie in der „Metaphysik der Sitten" von 1797* (Göttingen: Universitätsverlag Göttingen, 2012).

Hirsch, Philipp-Alexander, *Freiheit und Staatlichkeit bei Kant. Die autonomietheoretische Begründung von Recht und Staat und das Widerstandsproblem* (Berlin und Boston: De Gruyter, 2017).

Kleingeld, Pauline, *Natural Law. A Translation of the Textbook for Kant's Lectures on Legal and Political Philosophy* (London: Bloomsbury, 2020).

Lehmann, Gerhard, „Einleitung", in *Kant's gesammelte Schriften, Bd. 29. Kant's Vorlesungen, Kleinere Vorlesungen und Ergänzungen*, hg. Akademie der Wissenschaften zu Göttingen (Berlin: De Gruyter, 1980), 650–671.

Ludwig, Bernd, „Recht ohne Personen? Oder: Wieviel Metaphysik braucht die (kantische) Rechtslehre?", in *Das Verhältnis von Recht und Ethik in Kants praktischer Philosophie*, hg. Dieter Hüning, Bernd Dörflinger und Günter Kruck (Hildesheim: Olms, 2017), 191–216.

Oberer, Hariolf, „Sittlichkeit, Ethik und Recht bei Kant", in *Jahrbuch für Recht und Ethik* 14 (2006): 259–267.

Ritter, Christian, *Der Rechtsgedanke Kants nach den frühen Quellen* (Frankfurt am Main: Klostermann, 1971).

Seel, Gerhard, „How Does Kant Justify the Universal Objective Validity of the Law of Right?", in *International Journal of Philosophical Studies* 17 (2009): 71–94.

Streidl, Paul, *Naturrecht, Staatswissenschaften und Politisierung bei Gottfried Achenwall (1719–1772)* (München: Utz, 2003).

Willaschek, Marcus: „Right and Coercion. Can Kant's Conception of Right Be Derived from his Moral Theory?", in *International Journal of Philosophical Studies* 17 (2009): 49–70.

Willaschek, Marcus: „How Can Freedom be a Law to Itself? The Concept of Autonomy in the Introduction to Naturrecht Feyerabend", in *The Emergence of Autonomy in Kant's Moral Philosophy*, hg. Stefano Bacin und Oliver Sensen (Cambridge: Cambridge University Press, 2019): 141–157.

Zöller, Günter: „‚[O]hne Hofnung und Furcht'. Kants *Naturrecht Feyerabend* über den Grund der Verbindlichkeit zu einer Handlung", in *Kant's Lectures/ Kants Vorlesungen*, hg. Bernd Dörflinger, Claudio La Rocca, Robert B. Louden und Ubirajara Rancan de Azevedo Marques (Berlin und Boston: De Gruyter, 2015): 197–210.

Zöller, Günter: „‚Allgemeine Freiheit' ". Kants Naturrecht Feyerabend über Wille, Recht und Gesetz", in *Das Verhältnis von Recht und Ethik in Kants praktischer Philosophie*, hg. Dieter Hüning, Bernd Dörflinger und Günter Kruck (Hildesheim: Olms, 2017): 71–88.

Eigentumsrecht und rechtliche Verbindlichkeit in Kants Vorlesung *Naturrecht Feyerabend*

Gabriel Rivero

Kants Vorlesung zum Naturrecht von 1784 hat in den letzten Jahren besonders an Aufmerksamkeit gewonnen. Diese Aufmerksamkeit wurde ihr ohne Zweifel zu Recht zuteil, denn angesichts des Jahres, in welchem sie gehalten wurde, stellt die Vorlesung im Hinblick auf die Moralphilosophie im Allgemeinen und auf das Naturrecht im Besonderen eine bemerkenswerte Quelle für die Erforschung der Entwicklung Kants praktischer Philosophie dar.[1] In dieser Hinsicht gilt die herausragende Relevanz der Vorlesung zunächst dem Zeitpunkt ihrer Entstehung zwischen der Publikation der ersten Auflage der *Kritik der reinen Vernunft* (1781) und der *Grundlegung zur Metaphysik der Sitten* (1785). Aber nicht nur dieser zeitliche Kontext legt ihre Signifikanz nahe; das *Naturrecht Feyerabend* (1784) bietet darüber hinaus einen Blick auf rechtsphilosophische Themen an, die Kant späterhin in seiner *Metaphysik der Sitten* (1797) wieder aufgreift. Eines dieser prägenden Themen ist das Eigentumsrecht.[2] Bekanntlich sind zwei Grundkonzeptionen der Eigentumsbegründung zur Zeit Kants vorherrschend, welche die Frage nach der ursprünglichen Erwerbung thematisieren: Die eine Theorie geht von der Auffassung aus, das Eigentumsrecht sei durch den Akt der Okkupation zu legitimieren, während die andere hingegen die These aufstellt, Eigentumsrecht entstehe ausschließlich durch einen Akt der Veränderung des Gegenstandes, die in einer durch Arbeit bewirkten Formierung besteht. In seiner vorkritischen Phase vertrat Kant letzteren Ansatz und betrachtete entsprechend die in der Arbeitstheorie angenommene Veränderung des Gegenstandes als juridischen Akt der privaten Erwerbung einer Sache. Später in der *Metaphysik der Sitten* wird er diese jedoch zurückweisen und stattdessen die traditionelle Okkupationstheorie vertreten. Die Vorlesung

---

1 Vgl. dazu Günter Zöller, „Lois de la liberté. Autonomie et conformité à la loi dans le *Naturrecht Feyerabend* de Kant", in *L'Année 1784. Droit et philosophie de l'histoire*, hg. Sophie Grapotte, Mai Lequan und Margit Ruffing (Paris: Vrin, 2017): 351–359.

2 Wirft man einen Blick auf die einschlägige Forschungsliteratur, dann lässt sich feststellen, dass eine entwicklungsgeschichtliche Untersuchung von Kants Auffassung des Eigentums, trotz der bisher vorhandenen detaillierten und pointierten Interpretationsansätze zu diesem Thema, noch immer ein Desiderat in der Kant-Forschung ist. In dieser Hinsicht ist die Vorlesung *Naturrecht Feyerabend* eine herausragende Quelle, um die diesbezügliche Entwicklung des kantischen Denkens erforschen zu können.

© KONINKLIJKE BRILL NV, LEIDEN, 2021 | DOI:10.1163/9789004448193_011

Naturrecht Feyerabend bietet sich als eine herausragende Quelle für die entwicklungsgeschichtliche Erforschung dieses Themas an, indem sie als Übergangsphase der kantischen Denkentwicklung zwischen der frühen Eigentumskonzeption aus den sechziger und der späteren Auffassung aus den neunziger Jahren betrachtet werden kann. Dass die Vorlesung sich auf diese Weise interpretieren lässt, zeigt sich darin, dass in ihr sowohl progressive Elemente gegenüber der Eigentumsauffassung der sechziger Jahre als auch restriktive Elemente im Hinblick auf die Konzeption der neunziger Jahre zu finden sind. Diese widerstreitenden Elemente stellen also ein Spannungsfeld her, in welchem sich Kants Rechts- und Freiheitsbegriff einerseits und sein Eigentumsbegriff andererseits um 1784 befinden.

Die progressiven Elemente sind auf die Rolle des Freiheitsbegriffs zurückzuführen. Mit seiner Unterscheidung zwischen Gesetzen der Natur und Gesetzen der Freiheit erhebt Kant im *Naturrecht Feyerabend* die Freiheit zum ersten Begriff der praktischen Philosophie. Wie im Folgenden ersichtlich wird, ändert sich damit im Vergleich zu der früheren Konzeption von Mitte der sechziger Jahre die Rolle der Freiheit für die Erwerbungslehre. Demzufolge lässt sich die These aufstellen, dass die Vorlesung *Naturrecht Feyerabend* zum Teil eine kritische Überarbeitung der frühen Arbeitstheorie umreißt bzw. antizipiert.

Die restriktiven Elemente ergeben sich ihrerseits aus der Existenz widersprüchlicher Elemente zwischen der im Freiheits- und Rechtsbegriff implizierten Auffassung der Verbindlichkeit mit der auf der Formierung der Gegenstände basierenden Eigentumstheorie. Wie sich zeigen wird, lassen sich anhand einer Zusammenschau der Eigentumstheorie und der rechtlichen Verbindlichkeitskonzeption der achtziger Jahre restriktive Elemente konstatieren, durch welche die Inkonsequenzen der Arbeitstheorie im Rahmen einer kritischen Rechtsphilosophie verdeutlicht werden können. Das geht in der Vorlesung hauptsächlich aus der direkten Ableitung des äußeren aus dem inneren Mein hervor, die Kant später in der *Metaphysik der Sitten* entschieden revidiert. Aus dem vorher Gesagten erweist sich also, dass der Freiheits- und der Verbindlichkeitsbegriff die beiden Dreh- und Angelpunkte konstituieren, aufgrund derer die Eigentumskonzeption und das dabei implizite Spannungsfeld im *Naturrecht Feyerabend* interpretiert werden können.

Ich möchte im Folgenden in drei Schritten auf das angesprochene Thema eingehen. In einem ersten Schritt wird Kants frühe Konzeption des Eigentums aus den sechziger Jahren dargelegt. Dabei sollen Kants anthropologische Voraussetzungen bezüglich der Begründung des Eigentums kurz thematisiert werden. In einem zweiten Schritt wird der Frage nach den 1784 von Kant durchgeführten Änderungen nachgegangen. Von Belang werden hierin zum einen die Freiheitskonzeption und deren Konsequenzen für die Bestimmung

EIGENTUMSRECHT UND RECHTLICHE VERBINDLICHKEIT

des Rechts- und des Eigentumsbegriffs im Vergleich zu den sechziger Jahren sein. Zum anderen werden dabei die Grundzüge der aus der Arbeitstheorie entstandenen Inkonsequenzen im Rahmen des kritischen Verbindlichkeitsbegriffs umrissen, die aus der Ableitung des äußeren aus dem inneren Mein hervorgehen – diese Inkonsequenzen versteht Kant späterhin in den *Vorarbeiten zur Rechtslehre* als Selbstwiderspruch der Freiheit. In einen dritten Schritt werden die im zweiten Schritt aufgezeigten Probleme in den *Vorarbeiten* sowie die von Kant in der *Metaphysik der Sitten* vorgeschlagene Lösung dafür skizzenhaft thematisiert.

1 Kants Konzeption des Eigentumsrechts Mitte der sechziger Jahre

Wie bereits im Vorigen erwähnt, spricht sich der vorkritische Kant eindeutig für eine Theorie des Privateigentums aus, in der das Recht, einen anderen vom Gebrauch eines Objekts auszuschließen, auf die Bearbeitung bzw. Veränderung der Sache zurückgeführt wird. Bekanntlich war John Locke der berühmteste Vertreter dieser Theorie, die mit dem Erscheinen der *Two Treatises of Government* (1689) als eine einflussreiche Alternative zu der seit der Antike vorherrschenden Okkupationstheorie in Erscheinung trat.[3] In den *Bemerkungen zu den Beobachtungen über das Gefühl des Schönen und Erhabenen* von 1765 argumentiert Kant im Einklang mit Lockes Theorie, dass die Rechtfertigungsinstanz der privaten Erwerbung einer Sache, wodurch etwas als Mein und Dein betrachtet werden kann, in der Formierung derselben zu finden ist.[4] Wie

---

3 Zu einer kurzen Entstehungsgeschichte Lockes Textes sowie einer allgemeinen Darlegung seiner Eigentumskonzeption siehe Ludwig Siep, „Kommentar", in John Locke, *Zweite Abhandlung über die Regierung* (Frankfurt am Main: Suhrkamp, 2007): 197–409, hier 201–213 und 232–240. Zu Lockes Arbeitstheorie siehe auch Reinhard Brandt, „Zu Lockes Lehre des Privateigentums", *Kant-Studien* 63 (1972): 426–435 und ders., *Eigentumstheorien von Grotius bis Kant* (Stuttgart-Bad Cannstatt: Frommann-Holzboog, 1974), 69–89.

4 Ob nun die Ausführungen Lockes oder aber Rousseaus als Quelle Kants früher Auffassung anzusehen sind, wie z.B. von Wolfgang Kersting zur Diskussion gestellt wurde, möchte ich an dieser Stelle nicht thematisieren. Vgl. dazu Wolfgang Kersting, *Recht, Gerechtigkeit und demokratische Tugend. Abhandlungen zur praktischen Philosophie der Gegenwart* (Frankfurt am Main: Suhrkamp, 1997), 41–73. Es ist allerdings erstaunlich, dass in der Forschungsliteratur der Name Crusius' als mögliche Quelle der kantischen Auffassung des Eigentums gar keine Erwähnung findet, da Crusius, genau wie Locke in den *Treatises*, in seiner *Anweisung* von 1744 von einer Formierungstheorie bezüglich des Eigentums ausgeht. Siehe dazu Christian August Crusius, *Anweisung vernünftig zu leben, darinnen nach Erklärung der Natur des menschlichen Willens die natürlichen Pflichten und allgemeinen Klugheitslehren im richtigen Zusammenhange vorgetragen werden* (Leipzig: Johann Friedrich Gleditsch, [3]1767, [1]1744), § 518.

Reinhard Brandt vor geraumer Zeit richtig herausstellte, ist der Ausgangspunkt der kantischen Überlegungen der natürliche Selbstbesitz des Menschen, dessen Äußerung in der Verknüpfung der Gegenstände mit der Willkür bzw. mit den willkürlichen Bewegungen des Ich besteht.[5] Die erste Instanz, auf der ein so verstandener Besitz gründet, besteht im Leib des Menschen, denn durch diesen kann die Willkür ihr Vermögen äußern, etwas zu ändern bzw. zu bewegen. Entsprechend ist der Körper als das Mein zu bezeichnen.[6] Daraus lässt sich nun eine erste bemerkenswerte Konsequenz dieser Theorie ziehen: Der Mensch zeichnet sich dadurch aus, sich selbst zu besitzen.[7] Hieraus ergibt sich die zweite entscheidende Instanz für die Begründung des Eigentumsrechts: Sie besteht in der Ausweitung des soeben beschriebenen selbstbesitzenden Charakters des Menschen und die entsprechende Übertragung auf die Sachen. Denn davon ausgehend lässt sich schließen, dass alle existierenden Dinge, die – wie der Körper – prinzipiell unter der menschlichen Willkür stehen und von ihr verändert werden können, den gleichen rechtlichen Charakter des Mein und Dein annehmen dürfen.[8] Die zweite Instanz konstituiert sich demnach durch eine Übertragung und Erweiterung der ersten Begründungsinstanz auf die den Menschen umgebenen Dinge. Unter dem menschlichen Willen zu stehen hieß im Rahmen dieser Theorie, eine von der Willkür veranlasste Formierung des Gegenstandes bemerkbar machen zu können. Ist die Formierung nicht zu erkennen – oder unter gewissen Umständen überhaupt nicht vollziehbar –, dann sind die Sachen als herrenlos anzusehen.[9] Das besagt folglich auch, dass Kant Mitte der sechziger Jahre von der Voraussetzung ausgeht, dass die Sachen von Natur aus als herrenlos zu betrachten seien. In diesem herrenlosen Charakter der natürlichen Sachen besteht folglich die dritte Voraussetzung für die Legitimierung des Privateigentums.

Bei näherem Hinsehen stellt sich zudem heraus, dass Kants Bestimmung des Eigentumsrechts in den sechziger Jahren mit der zu diesem Zeitpunkt seiner Denkentwicklung angenommenen Methode korrespondiert. Bekanntlich versuchte er seinerzeit unter dem Einfluss der schottischen Philosophie und Johann Heinrich Lamberts eine Methode zu entwickeln, in der die Erfahrung

---

5   Brandt, *Eigentumstheorien*, 168: „[D]er Selbstbesitz ist das Fundament des privaten Eigentums".

6   „Der Leib ist mein denn er ist ein Theil meines Ichs und wird durch meine Willkühr bewegt" (BBGSE, AA 20: 66).

7   Vgl. dazu auch Locke, *Zweite Abhandlung*, 30.

8   BBGSE, AA 20: 66: „Die gantze belebte oder unbelebte Welt die nicht eigene Willkühr hat ist mein in so fern ich sie zwingen u. sie nach meiner Willkühr bewegen kann."

9   Die Sonne kann in diesem Sinne nicht im Besitz von jemandem sein: „Die Sonne ist nicht Mein" (BBGSE, AA 20: 66).

EIGENTUMSRECHT UND RECHTLICHE VERBINDLICHKEIT 233

die sichere Basis für die Entwicklung der Prinzipien der Erkenntnis darstellt.[10] Diese Methode geht also im Gegensatz zu den Wolffianern von der Erfahrung zu den Begriffen, und ist somit als analytisch zu bezeichnen. In diesem methodologischen Rahmen muss Kants Auffassung des Eigentumsrechts in den sechziger Jahren interpretiert werden, denn, insofern die analytische Methode auf einer sicheren Erfahrung beruht, liegt es nahe, dass der Begründung der Ausschließungsbefugnis erst eine erfahrbare Komponente, die Kant Mitte der sechziger Jahre naturalistisch begründet, zugrunde liegen soll. Diese Komponente findet er offenbar in dem natürlichen Selbstbesitz des Menschen.[11]

Zusammenfassend lässt sich feststellen, dass drei Annahmen für Kants Eigentumstheorie aus der Mitte der sechziger Jahre wesentlich sind: Erstens der natürliche Selbstbesitz des Menschen, der sich im Leib äußert; zweitens die Übertragung dieser menschlichen Eigenschaft, sich selbst zu gehören, auf die Sachen; und drittens die Herrenlosigkeit der natürlichen Sachen. Bei näherem Hinsehen stellt sich heraus, dass Kant im *Naturrecht Feyerabend* die erste Annahme einer Kritik unterzieht, die zweite in Nuancen variiert und der dritten weiterhin Gültigkeit zuspricht.

2 Das Eigentumsrecht um 1784

2.1 *Der moralphilosophische Kontext*
Ein besonderes Merkmal der Vorlesung *Naturrecht Feyerabend* besteht darin, dass sie nicht nur die Debatte mit der naturrechtlichen Tradition behandelt, sondern darüber hinaus auch wesentliche Aspekte Kants praktischer Philosophie im Allgemeinen thematisiert, die ebenfalls eine prägende Wirkung auf die Herausbildung und Spezifizierung des Rechtsbegriffs haben. In dieser Hinsicht ist der Ausgangspunkt der Vorlesung bemerkenswert, denn dabei werden die Begriffe Wille, Zweck an sich selbst, Würde und Freiheit (bzw. Autonomie) als wesentliche Instanzen der moralphilosophischen Begründung genannt. Sie führen naturgemäß zu einem Rechtsbegriff, der Kants Auffassung des Eigentumsrechts indirekt beeinflusst und eine Konzeptionsänderung im Vergleich zu den sechziger Jahren bewirkt, obwohl die Arbeitstheorie weiterhin als gültig angesehen wird. Besonders prägnant sind in diesem Zusammenhang die Begriffe von Freiheit und Zweck an sich selbst, die Kant gleich zu Beginn der Vorlesung zur Sprache bringt. Er äußert sich diesbezüglich wie folgt: „Des

---

10   UD, AA 02: 275.
11   Vgl. Brandt, *Eigentumstheorien*, 171.

Menschen innrer Werth beruht auf seiner Freiheit, daß er einen eignen Willen hat".[12] Insofern der Mensch einen eigenen Willen hat, lässt sich schließen, dass er (im Gegensatz zu den Sachen) nicht herrenlos sein kann, sondern vielmehr Herr seiner selbst ist. Da der Mensch Herr seiner selbst ist, kann er folglich nicht wie eine Sache instrumentalisiert werden; Mensch zu sein heißt demnach, einen absoluten Wert zu haben, Zweck an sich der Handlung und niemals bloß Mittel zu sein.

Offensichtlich soll der Rechtsbegriff in diesem moralphilosophischen Kontext entwickelt werden. Grundsätzlich muss ein solcher Begriff eine Integration der menschlichen Vernunftwesen ermöglichen, in welcher die Würde des Menschen und die Eigenschaft, Zweck an sich selbst zu sein, beachtet werden.[13] Demgemäß soll das Recht nur als ein Begriff verstanden werden, dessen einschränkende Wirkung im Einklang mit der Freiheit bzw. Autonomie des menschlichen Willens steht. Das besagt, es muss eine Instanz geben, wodurch die einschränkende Wirkung des Rechts und die Freiheit miteinander in Einklang gebracht werden. Aus dieser Voraussetzung resultiert im *Naturrecht Feyerabend* die folgende Rechtsdefinition: „Recht, ist die Einschränkung der Freiheit, nach welcher sie mit jeder andrer Freiheit nach einer allgemeinen Regel bestehen kann".[14] Insofern die Freiheit nur in Ansehung einer allgemeinen Regel eingeschränkt werden darf, heißt das, dass die im Recht ausgeübte Einschränkung derselben ausschließlich das Resultat der Wirkung der Freiheit selbst sein soll. Also kann die Freiheit nur durch die Freiheit selbst eingeschränkt werden; oder anders gesagt, der freie Wille soll sich selber die (den Willen einschränkenden) Gesetze geben. Lediglich unter dieser Bedingung kann der Wille als autonom verstanden werden.[15]

Der hier angesprochene gesetzliche Charakter der Freiheit, der auf das Vermögen des Willens als eine wirkende Ursache zurückgeht,[16] ermöglicht es zudem, die für Kant wesentliche Unterscheidung zwischen Gesetzen der Natur und Gesetzen der Freiheit zu ziehen, deren Pointe darin besteht, beide Gesetze der Art nach zu differenzieren. Damit gelingt es Kant, den Wolffianismus, der das Gesetz der Natur (und die entsprechende natürliche Verbindlichkeit) als

---

12   V-NR/Feyerabend, 6 (AA 27: 1319).

13   Siehe dazu Günter Zöller, „Allgemeine Freiheit'. Kants *Naturrecht Feyerabend* über Wille, Recht und Gesetz", in *Das Verhältnis von Recht und Ethik in Kants praktischer Philosophie*, hg. Bernd Dörflinger, Dieter Hüning und Günter Kruck (Hildesheim: Olms, 2017): 71–88.

14   V-NR/Feyerabend, 6 (AA 27: 1320).

15   „Ist Freiheit einem Gesetz der Natur unterworfen, so ist sie keine Freiheit. Sie muß sich daher selbst Gesetz sein." (V-NR/Feyerabend, 8f. [AA 27: 1322]).

16   Vgl. V-NR/Feyerabend, 18 (AA 27: 1330).

EIGENTUMSRECHT UND RECHTLICHE VERBINDLICHKEIT

einheitlichen Ausgangspunkt der praktischen Philosophie postulierte, einer gründlichen Kritik zu unterziehen.[17] Von dieser Kritik an der Tradition ausgehend errichtet Kant ein System der praktischen Philosophie (Recht und Ethik), das lediglich auf einem einzigen Prinzip beruht, nämlich auf dem Prinzip der Freiheit des Willens.[18]

Die Bedeutung des Freiheitsprinzips zeigt sich wiederum, wenn man den Begriff der Verbindlichkeit im *Naturrecht Feyerabend* näher betrachtet. Hierin geht Kant im Gegensatz zu der Tradition des Wolffianismus von der These aus, dass die Verbindlichkeit einer Handlung sich auf keinen pragmatischen, teleologischen, empirischen bzw. konsequentialistischen Grundsatz zurückführen lässt; im Einklang mit dem autonomen Charakter des Willens ist es vielmehr die Gesetzmäßigkeit der Handlung, die der Ansicht Kants nach den Grund der Verbindlichkeit konstituiere.[19] Dementsprechend ergeben sich die Bestimmungsgründe des Willens nicht aus äußeren Effekten, die zu einer heteronomen Bestimmung führen würden. Stattdessen erhebt Kant den Anspruch, die bloße Form des Gesetzes (d.h. die Gesetzmäßigkeit) erweise sich als hinreichender Bestimmungsgrund der zu vollziehenden Handlung.[20]

Diese Ausführungen zeigen, dass Kant um 1784 das Recht in den Kontext eines Systems der praktischen Philosophie stellt, dessen Grundsätze zum einen durch die Selbstgesetzgebung der praktischen Vernunft und zum

---

17 Siehe dazu Christian Wolff, *Vernünfftige Gedancken von der Menschen Thun und Lassen, zu Beförderung ihrer Glückseeligkeit*, Gesammelte Werke, 1. Abt., Band 4, hg. Hans Werner Arndt (Hildesheim: Olms, 1976), §§ 1–20. Zu Kants Kritik an Wolff in der *Grundlegung zur Metaphysik der Sitten* siehe GMS, AA 04: 390f. und Heiner F. Klemme, *Kants Grundlegung zur Metaphysik der Sitten. Ein systematischer Kommentar* (Stuttgart: Reclam, 2017), 27–33.

18 „Das Recht beruht bloß auf Freiheit" (V-NR/Feyerabend, 24 [AA 27: 1336]).

19 V-NR/Feyerabend, 17 (AA 27: 1329). Gesetzmäßigkeit meint in diesem Zusammenhang nicht die bloße Konformität mit dem Gesetz, die als die Legalität der Handlung begriffen werden kann. Vielmehr ist mit Gesetzmäßigkeit das Vermögen eines vernünftigen Wesens nach einem (selbstgegebenen) Gesetz handeln zu können gemeint, insofern sein Wille unabhängig von sinnlichen Triebfedern bestimmt werden kann. Vgl. dazu Zöller, „Lois de la liberté", 357.

20 Vgl. V-NR/Feyerabend, 18 (AA 27: 1330). Vgl. dazu auch V-Mo/Mron II, AA 29: 598. Zur Verbindlichkeit bei Kant und deren historischen Hintergründe siehe Heiner F. Klemme, „How is Moral Obligation possible? Kant's Principle of Autonomy in Context", in *The Emergence of Autonomy in Kant's Moral Philosophy*, hg. Stefano Bacin, Oliver Sensen (Cambridge: Cambridge University Press, 2018): 10–28; ders., „Der Grund der Verbindlichkeit. Mendelssohn und Kant über Evidenz in der Moralphilosophie", *Kant-Studien* 109 (2018): 286–308 und Gabriel Rivero, „Nötigung und Abhängigkeit. Zur Bestimmung des Begriffs der Verbindlichkeit bei Kant bis 1775", in *Das Verhältnis von Recht und Ethik in Kants praktischer Philosophie*, hg. Bernd Dörflinger, Dieter Hüning und Günter Kruck (Hildesheim: Olms, 2017): 45–70.

anderen durch die moralische Verbindlichkeit, dem vom Willen selbst gegebenen Gesetz zu folgen, gebildet werden. Diese beiden Punkte machen also die Grundlage für die Bestimmung des moralischen Charakters von Handlungen aus, die sowohl für die Ethik als auch für das Recht gilt.

Vergleicht man die soeben angesprochenen moralphilosophischen Bestimmungen mit der früheren Auffassung des Eigentumsrechts aus den sechziger Jahren, zeigt sich, dass die in der Vorlesung *Naturrecht Feyearbend* entwickelten Gedanken sich entscheidend auf einige Aspekte der Begründung des Eigentumsrechts auswirken. Auf deren Grundlage wiederum lassen sich die in der Vorlesung vorhandenen progressiven Elemente skizzieren, deren Existenz – wie eingangs erwähnt – auf die Verwendung des Freiheitsbegriffs zurückgeht. Sie beziehen sich grundsätzlich auf (1) die Methode, (2) die Stellung des Körpers und (3) die einseitige Bemächtigung der Gegenstände.

2.2 *Eigentumsrecht und Freiheit*

Wie im vorigen Abschnitt hervorgehoben wurde, besteht eine der wichtigsten Charakteristika der kantischen Ausführungen in der Vorlesung *Naturrecht Feyerabend* in der Anwendung der Unterscheidung zwischen Gesetzen der Natur und Gesetzen der Freiheit auf das Gebiet des Rechts. Damit wird nicht nur eine Kritik an der Tradition des Wolffianismus zur Sprache gebracht; nimmt man Kants vorkritische Phase in den Blick, dann fällt zudem auf, dass sich durch diese Unterscheidung eine wichtige Änderung in Kants eigener Begründung der Prinzipien der praktischen Philosophie vollzieht. Mit der *Inauguraldissertation* von 1770 ändert sich Kants methodologischer Standpunkt radikal: Die Moralphilosophie benötigt nun keiner Erfahrung mehr als sicherer Grundlage der Erkenntnis.[21] Stattdessen ist Kants Ansicht nach die bloße formale Gesetzmäßigkeit das Prinzip, durch welches sich die praktische Philosophie konstituiere. Somit sind nun jegliche erfahrungsbezogenen Elemente von der Bestimmung des moralischen Wertes einer Handlung ausgeschlossen und nur die reine praktische Vernunft bildet den Ausgangspunkt der Begründung moralischer Prinzipien.

Davon ausgehend liegt es auf der Hand, dass methodologisch gesehen die frühe, auf Erfahrung basierende Rechtfertigung des Eigentums keine Gültigkeit mehr beanspruchen kann. Der neuen Methode der siebziger und achtziger Jahre zufolge soll die Begründungsinstanz vielmehr einen apriorischen Charakter gewinnen; hierfür werden der Freiheitsbegriff und die Allgemeinheit

---

21 Siehe dazu Manfred Kühn, „The Moral Dimension of Kant's Inaugural Dissertation: A New Perspective on the Great Light of 1769", in *Proceedings of the Eighth International Kant Congress*, hg. Hoke Robinson (Milwaukee: Marquette University Press, 1995): 373–392.

EIGENTUMSRECHT UND RECHTLICHE VERBINDLICHKEIT 237

(Gesetzmäßigkeit) die leitende Funktion übernehmen. Dies zeigt sich am deutlichsten, wenn man die Verwendung des Freiheitsbegriffs im Zusammenhang mit der Erwerbungslehre betrachtet. Denn obwohl Kant 1784 im Einklang mit seiner frühen Konzeption aus den sechziger Jahren noch der Auffassung ist, dass das Ausschließungsrecht in Verbindung mit einer Formierung der Sache anzusehen ist,[22] werden wichtige Grundzüge ihrer Begründung nun anders konzipiert.

Kant übernimmt im *Naturrecht Feyerabend* die aus der naturrechtlichen Tradition stammende Unterscheidung zwischen absolutem und hypothetischem Recht.[23] In Bezug auf das absolute Recht listet er, genau wie Achenwall, fünf Rechte auf, zu denen auch das Recht gehört, Sachen erwerben zu dürfen. Dass ein solches Recht möglich ist, resultiert aus der Tatsache, dass Kant, ebenfalls im Einklang mit Achenwall, vom Prinzip ausgeht: *„A natura res omnes sunt res nullius."*[24] Nun aber folgt aus diesem Prinzip bloß ein negatives Kriterium für das Recht auf Eigentum. Insofern sich dabei kein ursprüngliches und zugleich positives Recht auf die Sachen ergibt, gilt es, dass die für das Eigentum maßgebende Unterscheidung zwischen Mein und Dein durch das angeborene Recht noch nicht gegeben ist. Unter diesen Umständen drängt sich die Frage auf, wie es möglich ist, von den herrenlosen Dingen zum Privateigentum überzugehen. Die Möglichkeit, etwas Äußeres als eigen zu bezeichnen und konsequenterweise andere vom Gebrauch desselben ausschließen zu dürfen, setzt ein juridisches Faktum voraus, aus welchem ein solches Recht entsteht.[25] An dieser Stelle behandelt Kant unter dem Titel *De Occupatione* die Erwerbungslehre. Der naturrechtlichen Tradition zustimmend wird hierin behauptet, das Eigentum beginne mit der Okkupation.[26] Zugleich aber äußert sich Kant der Tradition gegenüber auch kritisch, weil sie eine solche Erwerbungsart seiner Ansicht zufolge irrtümlich als eine zureichende Bedingung für

---

22   V-NR/Feyerabend, 31 (AA 27: 1342): „Wenn ich einen Theil bebaut habe, so gehört mir bloß der, und der andre unbebaute nicht."

23   Siehe dazu Gottfried Achenwall, *Ius naturae in usum auditorum* (Göttingen: Bossiegel, ⁵1763), §§ 63, 109.

24   V-NR/Feyerabend, 28 (AA 27: 1340). Vgl. auch Achenwall, *Ius naturae*, § 109.

25   „Denn *ante omne factum juridicum* kann sich jeder der Sache bedienen, denn er thut dadurch meiner Freiheit keinen Abbruch" (V-NR/Feyerabend, 29 [AA 27: 1340]). „Wir haben Recht in Ansehung aller Sachen, die *res vacuae* sind, da kann ich unmittelbar ihm nie Unrecht thun" (ebd.).

26   V-NR/Feyerabend, 32 (AA 27: 1343): „Das Eigentum fängt von der Occupation der Sache an." Kant übernimmt Achenwalls Definition der Okkupation, die lautet: „Apprehensio rei nullius cum animo (voluntate), eam efficiendi suam (sibi propiam habendi), est OCCUPATIO." Achenwall, *Ius naturae*, § 113.

das Privateigentum ansah. In dieser Hinsicht lässt sich annehmen, Kant will die herkömmliche Theorie zwar in seine Eigentumstheorie integrieren, insofern er behauptet, das Eigentum beginne mit der Okkupation, aber sie ist seiner Auffassung nach nur als ein erstes Moment der Rechtfertigung anzusehen, weil dadurch lediglich die „Bezeugung" durch die Arbeit prinzipiell ermöglicht wird.[27] Durch die Hinwendung zur Arbeitstheorie als bestimmenden Grund des Eigentums unterzieht Kant an dieser Stelle Achenwalls Okkupationstheorie implizit einer Kritik, die eben den Anspruch erhebt, der auf der bloßen Äußerung des Willens basierende Akt, etwas haben zu wollen, sei als Erwerbungsart bereits genügend.[28]

Die Einschränkung der Okkupation als bloß erste Legitimierungsinstanz führt dazu, dass sie im Sinne eines (positiven) Rechts nicht als Begründung für die Aneignung fungieren kann. Die kantische Gegenargumentation im *Naturrecht Feyerabend* zeichnet sich in dieser Hinsicht dadurch aus, dass der bloße Wille keine zureichende Bedingung für die Apprehension und Deklaration des Eigentums sein kann.[29] Demgemäß ist in der Vorlesung das Folgende zu lesen: „*Apprehension* ist nicht jeder Gebrauch der Sache; sondern der, wo die Form der Sache durch Freiheit *modifiziert* wird."[30] Auf diese Weise stellt Kant die zwei vorherrschenden Modelle gegenüber, indem er auf der einen Seite den bloßen Willen und auf der anderen Seite das von der Willkür modifizierte Objekt ausdifferenziert.

Diese kantischen Ausführungen, die auf den ersten Blick die frühe Konzeption der sechziger Jahre im Wesentlichen bloß zu reproduzieren scheinen, enthalten jedoch einen Perspektivwechsel. Das lässt sich einsehen, wenn man die Stellung des Freiheitsbegriffs in Verbindung mit der von Kant vertretenen Arbeitstheorie näher betrachtet. Denn es ist hierin im Unterschied zu den sechziger Jahren nicht mehr der naturalistisch verstandene Begriff des Selbstbesitzes des Menschen, der das Eigentumsrecht begründet, sondern vielmehr die in den Produkten realisierte Freiheit des Willens. Kants explizite Betonung der *Freiheit* und der entsprechenden *Gesetzmäßigkeit* der Handlung bedeutet hierbei, dass die Entstehung des Mein und Dein ausschließlich im Zusammenhang

---

27   V-NR/Feyerabend, 32 (AA 27: 1344).

28   Siehe dazu auch Achenwall, *Ius naturae*, § 117, wo Achenwall die Okkupation als *modus adquirendi* definiert.

29   V-NR/Feyerabend, 31 (AA 27: 1342): „Mein Wille, den ich habe, was zu behalten, muß durch den *Effectus* der Freiheit *declarirt* werden."

30   V-NR/Feyerabend, 31 (AA 27: 1342) – Hinsichtlich der Deklaration liest man: „Wenn ich mich einer Sache bediene, so schließt das noch nicht andre aus. [...] Die bloße *Declaration* [...], daß ich das behalten will, giebt mir kein Recht" (V-NR/Feyerabend, 30 [AA 27: 1341]).

EIGENTUMSRECHT UND RECHTLICHE VERBINDLICHKEIT 239

mit der reinen Allgemeinheit als Kriterium der Handlung anzusehen ist. Die besondere Stellung der Freiheit und der Gesetzmäßigkeit macht sich ebenfalls in der Tatsache bemerkbar, dass der Rekurs auf den Körper, der Mitte der sechziger Jahre eine herausragende Rolle spielte, in der Vorlesung *Naturrecht Feyerabend* gar keine Erwähnung mehr findet. In Folge dessen zeigt es sich, dass die auf Erfahrung bezogene Bedingung der frühen Konzeption der sechziger Jahre nun kritisch betrachtet wird.

Ist der Selbstbesitz des menschlichen Körpers nicht mehr als Legitimationsgrund zu betrachten, dann liegt die Vermutung nahe, dass die zweite Voraussetzung, die Mitte der sechziger Jahre noch von entscheidendem Belang war, nämlich die Übertragung des Selbstbesitzes des Körpers auf die Sachen, im *Naturrecht Feyerabend* nur mit Einschränkungen als gültig erklärt werden dürfte. Insofern die Freiheit in engem Zusammenhang mit der Gesetzmäßigkeit und der Allgemeinheit steht, sind die erfahrungsbezogenen Elemente, die in der frühen Konzeption eine entscheidende Rolle spielten, prinzipiell auszuräumen. Zwar spricht Kant immer noch von einer Wirkung der Willkür auf die Sachen, die selbstverständlich Ähnlichkeiten mit der soeben genannten Übertragung des selbstbesitzenden Charakters des menschlichen Körpers erkennen lässt; der feine Unterschied zwischen der hier gemeinten Wirkung der Freiheit und letzterer besteht jedoch darin, dass die Freiheit der Auffassung von 1784 zufolge keine erfahrungsbezogene Annahme zulässt. Von daher lässt sich auch darauf schließen, dass im Rahmen der Vorlesung *Naturrecht Feyerabend* die Übertragungsinstanz im Vergleich zur vorkritischen Phase anders zu begründen und die zweite Voraussetzung der frühen Auffassung somit ebenfalls zu modifizieren sei.

Der Fokus auf die Freiheit und deren Wirkung auf die Bestimmung des Eigentumsrechts hat noch eine weitere wichtige Konsequenz, aus der wiederum ein Unterschied zu den sechziger Jahren entspringt. Vom naturalistischen Standpunkt des Selbstbesitzes des Körpers aus ergibt sich, dass die Aneignung einer Sache prinzipiell ohne die Zustimmung eines anderen erfolgen kann.[31] Von der Wirkung der Freiheit und von dem Rechtsbegriff ausgehend, wie Kant sie im *Naturrecht Feyerabend* auffasst, scheint hingegen eine solche Zustimmung prinzipiell erforderlich zu sein. „Dasjenige, in Ansehung dessen, jemand jeden andren Willen, nach Gesetzen der allgemeinen Freiheit einschränken kann, ist das meinige. Der Gebrauch meiner Freiheit von der Sache ist der allgemeinen Freiheit nicht zuwider".[32] Aus dem Zitat geht hervor, dass

---

31 Vgl. dazu auch Locke, *Zweite Abhandlung*, 31.
32 V-NR/Feyerabend, 23 (AA 27: 1335).

die allgemeine Freiheit eine wichtige Rolle dabei übernimmt, die rechtliche Einschränkungen der Freiheit, die in Eigentumsverhältnissen enthalten sind, legitimieren zu können. Kant erhebt in diesem Sinne den Anspruch, dass nur die freien Handlungen, aus denen ein Recht entsteht, die legitime Instanz für die Einschränkung der Freiheit anderer sein können. Wenn man in Erinnerung ruft, dass dem Standpunkt der Vorlesung nach die Freiheit mit der Allgemeinheit des Gesetzes gleichgesetzt ist, müsste im Rahmen vom *Naturrecht Feyerabend* die für das Recht wesentliche Instanz der Reziprozität deutlich an Bedeutung gewinnen. Im Einklang damit behauptet Kant, der bloß einseitige Wille könne dem anderen keine Verbindlichkeit auferlegen. „Der bloße Wille des andern kann mich bei der ihm gehörigen Sache nicht einschränken; sondern nur die Sache, die ein Produkt der Freyheit ist, indem ich da der Freyheit des andern zuwider handle".[33] Wenn dem so ist, dann setzt die rechtliche Erwerbung von etwas nun nicht bloß voraus, eine Sache dem eigenen Willen nach in seiner Macht zu haben, sondern vielmehr die Wirkung der Freiheit zu bezeugen; das besagt, es müsste durch die Formierung des Gegenstandes eine rechtliche Reziprozität zwischen den wirkenden Freiheiten etabliert werden, sodass die Bestimmung von Mein und Dein erst festlegbar wäre, wenn die notwendige Bedingung der Allgemeinheit geltend gemacht wurde.

Aus den im Vorigen beschriebenen Konzeptionsänderungen, die auf die Verwendung des Freiheitsbegriffs im Rahmen der Eigentumstheorie zurückgehen, dürfte also eine starke Revision Kants früherer Eigentumsauffassung folgen. Dabei drängt sich die Frage auf, wie die leitende, systematische Funktion des Freiheitsbegriffs mit der im *Naturrecht Feyerabend* vertretenen Arbeitstheorie zusammen bestehen kann.

2.3 Die Deduktion des äußeren Mein und Dein

Es wurde eingangs die These aufgestellt, dass aus dem Freiheitsbegriff des *Naturrechts Feyerabend* gewisse progressive Konsequenzen für die Bestimmung des Eigentums erfolgen, die in einer apriorischen Methode, einer selbstbestimmenden Wirkung der Freiheit und in der Übereinstimmung der Freiheiten unter einem allgemeinen Gesetz bestehen. Wenn man allerdings die sich aus dem Freiheitsbegriff ergebenden Elemente mit der Arbeitstheorie zusammen betrachtet, zeigen sich Inkonsequenzen, die mit den in der Formierungstheorie impliziten empirischen Komponenten in enger Verbindung stehen. Darin besteht das Spannungsfeld zwischen progressiven und restriktiven Elementen in der Vorlesung, von denen eingangs die Rede war.

---

33   V-NR/Feyerabend, 33 (AA 27: 1344).

EIGENTUMSRECHT UND RECHTLICHE VERBINDLICHKEIT 241

Diese Inkonsequenzen kommen aus zwei miteinander verbundenen Gründen zustande: Erstens kann die Arbeitstheorie lediglich eine direkte Ableitung des äußeren Mein aus dem inneren Mein gewährleisten,[34] was – zweitens – dazu führt, bloß eine analytische Verbindung zwischen äußerem Mein und (innerer) Freiheit herstellen zu können.

Bei näherem Hinsehen lässt sich leicht feststellen, dass diese beiden Aspekte zu einem eklatanten Widerspruch zwischen dem apriorischen Rechts- und dem ihm entsprechenden Verbindlichkeitsbegriff einerseits und der auf der Arbeitstheorie basierenden Begründung des Eigentums andererseits führen. Denn die Rechts- und Verbindlichkeitsbegriffe, wie Kant sie im *Naturrecht Feyerabend* darstellt, bringen eine Vermittlung mit sich, die durch die formale Allgemeinheit (Gesetzmäßigkeit) und die dabei enthaltene Reziprozität der rechtlichen Ansprüche Ausdruck findet. Hingegen stellt die noch in der Vorlesung vertretene Arbeitstheorie, aufgrund ihrer empirisch bedingten Komponenten, keine Vermittlung, sondern vielmehr eine direkte, unmittelbare Verbindung zwischen Subjekt und Objekt dar. Von hier aus gelangt man zu der Einsicht, dass im Rahmen einer direkten Ableitung des äußeren vom inneren Mein eine Begründung des empirischen, wohl aber nicht des rechtlichen Besitzes gelingen kann.

Die hier angesprochene direkte Ableitung des äußeren aus dem inneren Mein ergibt sich aus einer Verbindung zwischen äußerem Objekt und innerer Freiheit, die in einer Relation der Dependenz besteht. Kant äußert sich in diesem Sinne wie folgt: „Ein Produkt der Freiheit zu meiner Freyheit gehörig, und davon dependent, also greift man meine Freiheit an, wenn man mich angreift".[35] Aus dieser Abhängigkeitsbeziehung ergeben sich mehrere Folgerungen. Erstens, die rechtliche Unterscheidung des Mein und Dein kann nur aufgrund der Instanz der Unterwerfung eines Objekts unter die Willkür zustande kommen, wodurch – und als Folge seiner Veränderung – das Objekt abhängig gemacht wird. Zweitens zeichnet sich diese Abhängigkeit nicht nur dadurch aus, dass sich das Objekt dabei als Produkt der Freiheit erweist, sondern vor allem dadurch, dass die Freiheit nur im Objekt (als ihr Produkt)

---

34 Ähnliches kritisiert Kersting im Hinblick auf den Ansatz von Locke: „Lockes Eigentumstheorie beantwortet nicht die Frage nach der Möglichkeit eines äußeren Meinen; ihre systematische Pointe liegt in dem, wie ich meine, gescheiterten Versuch, das äußere Mein als Bestandteile des inneren Mein zu rekonstruieren." (Wolfgang Kersting, „Eigentum, Vertrag und Staat bei Kant und Locke", in *John Locke und/ and Immanuel Kant: Historische Rezeption und gegenwärtige Relevanz/ Historical Reception and Contemporary Relevance*, hg. Martyn P. Thompson [Berlin: Duncker und Humblot, 1991]: 109–134, hier 125).

35 V-NR/Feyerabend, 30 (AA 27: 1342).

Ausdruck findet. Das besagt – drittens –, dass ein Objekt von der Freiheit abhängig wird, wenn sie sich mit dem Objekt vermischt bzw. am Objekt realisiert. Viertens: Die Feststellung der Läsion meiner Freiheit und die entsprechende Befugnis zur Einschränkung der Freiheit anderer im Hinblick auf den Gebrauch der Sachen kann nur erfolgen, wenn die Realisierung der Freiheit in einem Objekt empirisch zu konstatieren ist.

Betrachtet man diese vier Folgerungen der Ableitung des äußeren Mein und Dein näher, dann gelangt man zu der Einsicht, dass die Arbeitstheorie auf ein empirisches Muster angewiesen ist: Die Unterwerfung unter die Willkür setzt die (empirische) Veränderung des Objekts voraus; die Abhängigkeit des Objekts führt dazu, dass die Freiheit im Objekt empirisch realisiert wird; und letzlich ist das Ausschließungsrecht nur legitim, wenn die soeben angesprochenen empirisch bedingten Elemente gegeben sind. Naturgemäß steht all das mit dem apriorischen Rechts- und Freiheitsbegriff im Widerspruch. Dieser Widerspruch lässt sich zusammenfassen als die Opposition zwischen dem Begriffspaar *Allgemeinheit/Vermittlung* einerseits, welches dem Recht und der Verbindlichkeit begrifflich konstitutiv ist, und dem Begriffspaar *Einseitigkeit/Unmittelbarkeit* andererseits, welches der Arbeitstheorie durch die dabei direkt etablierte Beziehung zwischen Subjekt und Objekt eigen ist.

Bezeichnend für diesen Widerspruch ist also, dass auf der einen Seite die Rechts-, Freiheits- und Verbindlichkeitsbegriffe die Übereinstimmung zwischen Subjekten, d.h. die apriorische Allgemeinheit, die Gesetzmäßigkeit und Reziprozität als Bedingung aller rechtlichen Ansprüche fordern; auf der anderen Seite aber führt die Arbeitstheorie eine lediglich a posteriori festlegbare Instanz ein, die durch den einseitigen Akt der Modifikation den rechtlichen Anspruch auf eine Sache als legitim erweisen soll – also keine Reziprozität zwischen Subjekten und entsprechend eine bloß einseitige Bestimmung zwischen Subjekt und Objekt herstellt. Wendet man sich der Frage nach der rechtlichen Verbindlichkeit zu, dann lässt sich annehmen, dass die Arbeitstheorie hier ebenfalls nur eine empirische Form des Besitzes begründet, insofern dieser Auffassung nach die primäre Verbindung, die das Eigentum konstituiert, eine solche zwischen Subjekt und Objekt ist. Ist dies der Fall, dann erweist sich, dass die Verbindlichkeit keine Wechselseitigkeit zwischen Subjekten zur Sprache bringt, sondern vielmehr die Einseitigkeit des Subjekt-Objekt Verhältnisses.

Die Ausführungen in der Vorlesung *Naturrecht-Feyerabend* weisen demzufolge darauf hin, dass in Kants Denkentwicklung zu diesem Zeitpunkt noch fehlt, was für die spätere Auffassung von 1797 prägend sein wird: zum einen die synthetische *Erweiterung* des Rechtsbegriffs im Sinne des äußeren, rechtlichen

EIGENTUMSRECHT UND RECHTLICHE VERBINDLICHKEIT 243

Meins und zum anderen die *rechtliche Präsumtion* der ursprünglichen Erwerbung, welcher die dabei erzeugte rechtliche Verbindlichkeit als allgemeine, wechselseitige Vermittlungsinstanz aller rechtlichen Ansprüche zwischen Subjekten zugrunde liegt.

3 Die Begründung des Eigentumsrechts in den *Vorarbeiten zur Rechtslehre* und in der *Metaphysik der Sitten*. Das äußere Mein und Dein

Das hier angesprochene Spannungsfeld des *Naturrechts Feyerabend* zwischen dem Freiheits- und dem Verbindlichkeitsbegriff einerseits und dem auf der Arbeitstheorie basierenden Eigentumsbegriff andererseits wird von Kant in den *Vorarbeiten zur Rechtslehre* als Selbstwiderspruch der Freiheit zum Ausdruck gebracht:

> Es widerspricht dem Gebrauche der Freyheit in Einstimmung mit der Freiheit anderer nach allgemeinen Gesetzen mithin auch dem Rechte der Menschen überhaupt daß einer dem anderen im Gebrauch äußerer Gegenstände und das Mein und Dein auf die Grenze des physischen Besitzes desselben einschränke denn alsdann würde die Freyheit sich selbst nach Freyheitsgesetzen von Sachen abhängig machen.[36]

Kant weist hier darauf hin, dass dasjenige, was 1784 für die Ausschließungsbefugnis noch konstitutiv war, nämlich die Abhängigkeit einer Sache von der Willkür, einen Selbstwiderspruch der Freiheit impliziert, denn die Beschränkung des Eigentums auf den physischen Besitz schließt eben die bereits vorausgesetzte Allgemeinheit aus, die von Beginn an die äußere Freiheit ausmacht. Die in den *Vorarbeiten* skizzierte Lösung für dieses Problem besteht in der Einführung von zwei neuen Aspekten des Besitzes sowie des Eigentums: 1) Eine Uminterpretation der analytischen Verbindung zwischen innerer Freiheit und äußerem Mein. Die analytische Verbindung zwischen Freiheit und Objekt wird nun im Gegensatz zu der im *Naturrecht Feyerabend* vertretenen Auffassung als eine Beziehung der Subsumtion des Objekts unter die Willkür verstanden, der allerdings keine Veränderung bzw. Formierung desselben zugrunde liegen müsse, um dem juridischen Akt der Aneignung Gültigkeit zuzusprechen. Der Ansicht Kants nach ist also der bloße Wille eine zureichende Bedingung

---

36 VARL, AA 23: 288.

für den Besitz eines Gegenstandes.[37] Damit kommt Kant zu der Formulierung eines Prinzips, wonach es rechtlich möglich sein soll, alle Gegenstände außer mir als das Mein (d.h. als Gegenstände meiner Willkür) zu betrachten.[38] 2) Diese Uminterpretation der analytischen Verbindung steht im Zusammenhang mit einer Ausweitung des einseitigen Subjekt-Objekt Verhältnisses zu einer synthetischen, intersubjektiven Beziehung, durch welche die (rechtliche) Verbindung des Subjekts zu der Sache über die raumzeitlichen Bedingungen hinaus geht. Somit beschränkt sich der Begriff des Besitzes nicht mehr bloß auf die empirische „Inhabung" eines Gegenstandes, sondern weitet sich auf die rechtliche Form desselben aus, welcher die vermittelnde Instanz der Allgemeinheit (bzw. Gesetzmäßigkeit) als Subjekt-Subjekt Beziehung immer schon zugrunde liegt.

Damit löst Kants neuer Ansatz durch die Uminterpretation der analytischen Beziehung das angesprochene Problem der empirisch bedingten Abhängigkeitsbeziehung zwischen Freiheit und Objekt auf, sodass die Freiheit als allgemeine und formale Übereinstimmung der Willkür des einen mit der Willkür des anderen widerspruchsfrei wird. Durch die Erweiterung des empirischen Besitzes löst er zudem das Problem einer einseitigen Verbindlichkeit zwischen Subjekt und Objekt auf, insofern der rechtliche Besitz und die damit erzeugte Verbindlichkeit vom bloß physischen zu dem durch die Allgemeinheit vermittelten Besitz übergeht.[39] Auf diese Weise wird eine rechtliche Instanz eingeführt, deren Eigenschaft darin besteht, eine von den physischen raumzeitlichen Umständen unabhängige, wechselseitige rechtliche Verbindlichkeit zu ermöglichen, die nicht aus dem empirisch bedingten Subjekt-Objekt Verhältnis entsteht, sondern sich vielmehr als das Resultat eines freien Aktes der Willkür erweist.[40] Um zu zeigen, dass diese Verhältnisse als eine Subjekt-Subjekt Beziehung zu verstehen sind, gilt es hervorzuheben, dass dabei ein Akt der *wechselseitigen Erzeugung* der rechtlichen Verbindlichkeit vollzogen wird, denn aus diesem Akt geht eine Verbindlichkeit hervor, die nicht zustande

---

37   Wie bereits herausgestellt, war Kant 1784 der Auffassung, der bloße Wille dürfe im Hinblick auf das Eigentum die Freiheit anderer nicht einschränken. Im Gegensatz dazu äußert er sich in der *Rechtslehre* von 1797 nun folgendermaßen: „Im Besitze eines Gegenstandes muß derjenige sein, der eine Sache als das Seine zu haben behaupten will[.]" (MS, AA 06: 247).

38   VARL, AA 23: 278: „Daß ein jeder Gegenstand der Willkühr außer mir erwerblich seyn müsse ist ein identischer Satz". Vgl. dazu auch VARL, AA 23: 294.

39   Vgl. dazu VARL, AA 23: 281 und 288.

40   VARL, AA 23: 281: „Es giebt kein unmittelbares Recht in Sachen (denn diese können uns nicht verbindlich seyn) sondern nur ein Recht gegen Personen." Vgl. auch dazu VARL, AA 23: 293.

EIGENTUMSRECHT UND RECHTLICHE VERBINDLICHKEIT 245

käme, wenn die Subjekte nicht in äußere Verhältnisse zueinander träten.[41] Vergleicht man diesen Ansatz mit dem aus den achtziger Jahren, stellt sich der hier angenommene Charakter der wechselseitigen Erzeugung des rechtlichen Aktes deshalb als beachtenswert heraus, weil seine *Wirkung* keine einseitige Vermischung der Freiheit im Objekt voraussetzt.[42] Stattdessen tritt ein rechtliches Postulat der reinen Vernunft in den Vordergrund der Eigentumsbegründung, aus welchem eine rechtliche, apriorische, intersubjektive Verbindlichkeit zum Ausdruck gebracht bzw. erzeugt wird.[43]

Diese Ausführungen in den *Vorarbeiten zur Rechtslehre* zeigen, dass Kant seine Auffassung des Eigentums radikal ändern musste, um die Inkonsequenzen, die durch eine erfahrungsbezogene Theorie des Eigentums in Verbindung mit einer kritischen Rechtsphilosophie aufgeworfen werden, ausräumen zu können. In dieser Hinsicht geht er in den neunziger Jahren von einer Theorie des Eigentums, derer Grundlage die Formierung des Gegenstandes ausmacht, zu einer traditionellen Okkupationstheorie über, welche die bloße Verbindung des Willens mit dem Objekt als juridischen Akt für die rechtliche Erwerbung als zureichend erklärt.

Die vorige Darlegung der kantischen Lösungen des Problems des Selbstwiderspruchs der Freiheit macht darüber hinaus ersichtlich, dass die Ableitung des äußeren Mein (und demzufolge auch des Eigentums) andere Charakteristika als bisher aufweist. Im Gegensatz zu der Vorlesung *Naturrecht Feyerabend* wird das Eigentum ausschließlich durch den Rekurs auf ein apriorisches

---

41   Vgl. dazu MS, AA 06: 247. Der hier angesprochene Konditionalcharakter der rechtlichen Verbindlichkeit darf allerdings nicht als eine Bestätigung Fichtes Kant-Interpretation in der *Grundlage des Naturrechts* (1796/1797) angesehen werden, wonach die Rechtspflicht bloß eine hypothetische Notwendigkeit äußere und entsprechend das Recht in Opposition zum Pflichtbegriff als eine Erlaubnis zu verstehen sei. Kant bezieht sich eher auf den verbindlichen Charakter des Rechts, der erzeugt wird, wenn Subjekte in äußerliche Verhältnisse überhaupt treten und hierin rechtliche Ansprüche erheben. Dass Subjekte in solche Verhältnisse treten, ist auf dem einfachen Grund unumgänglich, dass die Erde rund ist. Siehe dazu MS, AA 06: 262. In dieser Hinsicht lässt sich einsehen, dass Kant sich dabei nicht auf den hypothetischen Charakter des Rechts bezieht, wodurch der rechtlichen Verbindlichkeit nur eine bedingte, innerhalb einer Gemeinschaft geltende Verpflichtung zukommen würde. Siehe dazu Johann Gottlieb Fichte, *Grundlage des Naturrechts nach Principien der Wissenschaftslehre*, Fichtes Werke, Band 3, hg. Immanuel Fichte (Berlin: De Gruyter, 1971), 7–16.

42   Eine solche Vermischung bzw. Realisierung der Freiheit im Objekt kritisiert Kant in der *Rechtslehre* entschieden als „Täuschung, Sachen zu personificiren und, gleich als ob jemand sie sich durch an sie verwandte Arbeit verbindlich machen könne, keinem Anderen als ihm zu Diensten zu stehen, unmittelbar gegen sie sich ein Recht zu denken[.]" Siehe MS, AA 06: 269.

43   Siehe dazu § 2 der *Rechtslehre* (MS, AA 06: 246f).

Verfahren begründet, anhand dessen der reinen, apriorischen und synthetischen Allgemeinheit die wesentliche Funktion der Vermittlung zwischen Subjekten zugesprochen wird. Dadurch wird das äußere Mein nicht aufgrund eines den Gegenstand formierenden Akts definiert; das äußere Mein wird vielmehr als eine allgemeine, apriorische Bestimmung begriffen, bei welcher die Vernunft eine herausragende Rolle einnimmt. Durch diese vermittelnde Instanz der Allgemeinheit wird also die direkte Ableitung des äußeren Mein aus dem inneren hinfällig. An die Stelle der direkten Ableitung tritt auf der Grundlage der Allgemeinheit eine Deduktion aus reinen, apriorischen Begriffen, deren Pointe darin besteht, eine Erweiterung des Rechtsbegriffs zu ermöglichen.

Kants Erweiterungsstrategie zeigt sich auch darin, dass er in seiner *Rechtslehre* von 1797 das Ziel verfolgt, dem selbstwidersprüchlichen Charakter empirischer Annahmen durch Berufung auf eine apriorische Instanz zu entgehen. Was den Begriff von Besitz angeht, wird dies zum einen durch die Einführung der Unterscheidung zwischen empirischem und intelligiblem Besitz deutlich[44] sowie zum anderen durch die Annahme des rechtlichen Postulats der reinen Vernunft.[45] Ähnlich verhält es sich in Bezug auf das Eigentum. Die erste Bemächtigung (*facto*), die eigentlich einen einseitigen und empirischen Charakter hat, wird durch die Idee der rechtlichen Präsumtion und der ursprünglichen Gemeinschaft des Bodens von dieser empirischen Eigentümlichkeit entbunden.[46] Die Pointe von Kants Ausführungen besteht also in dem Nachweis, dass die einseitigen, empirisch bedingten Elemente, die der Erwerbung einer Sachen zugrunde liegen, zugleich eine apriorische, allgemeine Instanz voraussetzen, die auf der reinen, praktischen Vernunft beruht. Demgemäß lässt sich die erste, einseitige Bemächtigung einer Sache wie folgt erklären:

> Wenn ich (wörtlich oder durch die That) erkläre: ich will, daß etwas Äußeres das Meine sein solle, so erkläre ich jeden Anderen für verbindlich, sich des Gegenstandes meiner Willkür zu enthalten. [...] In dieser Anmaßung liegt zugleich das Bekenntniß: jedem Anderen in Ansehung des äußeren Seinen wechselseitig zu einer gleichmäßigen Enthaltung verbunden zu sein.[47]

---

44 Siehe dazu MS, AA 06: 245.
45 Siehe dazu MS, AA 06: 246.
46 Siehe dazu MS, AA 06: 257 und 262f.
47 MS, AA 06: 255.

Auf diese Weise wird ersichtlich, wie eine einseitige Tat zugleich eine vermittelnde sowie synthetische Instanz zur Sprache bringt, die wiederum eine rechtliche, a priori geltende und auf der Allgemeinheit basierende Verbindlichkeit erzeugen kann. Daraus lässt sich nun schließen, dass es Kant 1797 im Vergleich zum *Naturrecht Feyerabend* gelungen ist, zwischen zwei wesentlichen, im Prinzip gegensätzlichen Elementen der früheren Eigentumslehren widerspruchsfrei zu vermitteln, nämlich zwischen der einseitigen, empirischen Bemächtigung durch den Akt der Okkupation einerseits und der apriorischen Allgemeinheit in der Form der Idee eines allgemeinen Willens andererseits. Die immer vorauszusetzende vermittelnde Instanz begründet er durch die folgenden Komponenten seiner Rechtsphilosophie: die Allgemeinheit des Rechtsgesetzes, die Formalität desselben und die Erweiterung des Rechtsbegriffs durch das Erlaubnisgesetz.

Aus dem Gesagten lässt sich schließen, dass Kants Denkentwicklung hinsichtlich des Eigentums drei verschiedene Etappen durchläuft, von denen – wie eingangs vorgeschlagen – die Vorlesung *Naturrecht Feyerabend* die Übergangsphase repräsentiert. Die empirisch geprägte Annahme des Selbstbesitzes des Menschen aus den sechziger Jahren wird in der Vorlesung einer Kritik unterzogen, wodurch die progressiven Elemente auftauchen, die dem *Naturrecht Feyerabend* zweifelsohne anzurechnen sind. Die auf das innere Mein zurückzuführende Ableitung des äußeren Mein führt aber auch zu Inkonsequenzen, die Kant erst zu Beginn der neunziger Jahre und letztlich in der *Rechtslehre* von 1797 vollends aufhebt. Im Unterschied zum *Naturrecht Feyerabend* bringt das Mein und Dein der Auffassung der *Rechtslehre* nach ein schon immer, wenn auch provisorisches, *rechtliches* Verhältnis zwischen Subjekten mit sich, sodass das Recht auf eine Sache immer zugleich impliziert, dass eine wechselseitige, äußerliche, apriorische und rechtliche Verbindlichkeit zu respektieren sei. Kurzum: Erst in den neunziger Jahren ist es Kant gelungen, die Eigentums- und Verbindlichkeitsauffassungen konsistent darzulegen. Diesbezüglich stellt die Vorlesung *Naturrecht Feyerabend* eine Übergangsphase in der kantischen Eigentumskonzeption dar, die – sowohl durch Fortschritte wie auch durch Rückschritte gekennzeichnet – einen Abschnitt auf dem Weg zur späteren Theorie markiert.

Danksagung

Gefördert durch die Deutsche Forschungsgemeinschaft (DFG) – Projektnummer 388570675. Für Hinweise und Verbesserungsvorschläge danke ich Heiner Klemme und Martin Brecher.

248 RIVERO

Bibliografie

Achenwall, Gottfried, *Ius naturae in usum auditorum* (Göttingen: Bossiegel, [5]1763).

Brandt, Reinhard, „Zu Lockes Lehre des Privateigentums", *Kant-Studien* 63 (1972): 426–435.

Brandt, Reinhard, *Eigentumstheorien von Grotius bis Kant* (Stuttgart-Bad Cannstatt: Frommann-Holzboog, 1974).

Crusius, Christian August, *Anweisung vernünftig zu leben, darinnen nach Erklärung der Natur des menschlichen Willens die natürlichen Pflichten und allgemeinen Klugheitslehren im richtigen Zusammenhange vorgetragen werden* (Leipzig: Johann Friedrich Gleditsch, [3]1767, [1]1744).

Fichte, Johann Gottlieb, *Grundlage des Naturrechts nach Principien der Wissenschaftslehre*, Fichtes Werke, Band 3, hg. Immanuel Fichte (Berlin: De Gruyter, 1971).

Kersting, Wolfgang, „Eigentum, Vertrag und Staat bei Kant und Locke", in *John Locke und/ and Immanuel Kant: Historische Rezeption und gegenwärtige Relevanz/ Historical Reception and Contemporary Relevance*, hg. Martyn P. Thompson (Berlin: Duncker und Humblot, 1991): 109–134.

Kersting, Wolfgang, *Recht, Gerechtigkeit und demokratische Tugend. Abhandlungen zur praktischen Philosophie der Gegenwart* (Frankfurt am Main: Suhrkamp, 1997).

Klemme, Heiner F., *Kants Grundlegung zur Metaphysik der Sitten. Ein systematischer Kommentar* (Stuttgart: Reclam, 2017).

Klemme, Heiner F., „Der Grund der Verbindlichkeit. Mendelssohn und Kant über Evidenz in der Moralphilosophie", *Kant-Studien* 109 (2018): 286–308.

Klemme, Heiner F., „How is Moral Obligation possible? Kant's Principle of Autonomy in Context", in *The Emergence of Autonomy in Kant's Moral Philosophy*, hg. Stefano Bacin, Oliver Sensen (Cambridge: Cambridge University Press, 2018): 10–28.

Kühn, Manfred, „The Moral Dimension of Kant's Inaugural Dissertation: A New Perspective on the Great Light of 1769", in *Proceedings of the Eighth International Kant Congress*, hg. Hoke Robinson (Milwaukee: Marquette University Press, 1995): 373–392.

Rivero, Gabriel, „Nötigung und Abhängigkeit. Zur Bestimmung des Begriffs der Verbindlichkeit bei Kant bis 1775", in *Das Verhältnis von Recht und Ethik in Kants praktischer Philosophie*, hg. Bernd Dörflinger, Dieter Hüning und Günter Kruck (Hildesheim: Olms, 2017): 45–70.

Siep, Ludwig, „Kommentar", in John Locke, *Zweite Abhandlung über die Regierung* (Frankfurt am Main: Suhrkamp, 2007): 197–409.

Wolff, Christian, *Vernünfftige Gedancken von der Menschen Thun und Lassen, zu Beförderung ihrer Glückseeligkeit*, Gesammelte Werke, I. Abt., Band 4, hg. Hans Werner Arndt (Hildesheim: Olms, 1976).

EIGENTUMSRECHT UND RECHTLICHE VERBINDLICHKEIT

Zöller, Günter, „„Allgemeine Freiheit'. Kants *Naturrecht Feyerabend* über Wille, Recht und Gesetz", in *Das Verhältnis von Recht und Ethik in Kants praktischer Philosophie*, hg. Bernd Dörflinger, Dieter Hüning und Günter Kruck (Hildesheim: Olms, 2017): 71–88.

Zöller, Günter, „Lois de la liberté. Autonomie et conformité à la loi dans le *Naturrecht Feyerabend* de Kant", in *L'Année 1784. Droit et philosophie de l'histoire*, hg. Sophie Grapotte, Mai Lequan und Margit Ruffing (Paris: Vrin, 2017): 351–359.

„Der Anfang des Eigenthums ist schwer zu begreifen" – Kants Theorie des Eigentums nach der Vorlesungsnachschrift *Naturrecht Feyerabend* und die Gründe ihrer Revision in der *Rechtslehre* von 1797

Dieter Hüning

Die einzig bekannte Vorlesungsnachschrift über das Naturrecht (das sog. *Naturrecht Feyerabend*), die eine Vorlesung Kants aus dem Sommersemester 1784 dokumentiert, hat in den letzten Jahren verstärkt die Aufmerksamkeit der Kant-Forschung auf sich gezogen. Einer der Gründe für dieses Interesse, das sich in erster Linie auf die Entwicklungsgeschichte von Kants Moralphilosophie bezieht, liegt im Zeitpunkt der Vorlesung begründet, denn Kant arbeitete gleichzeitig an seiner *Grundlegung zur Metaphysik der Sitten*. Von daher stellt sich die Frage, inwieweit auch die Vorlesungsnachschrift Auskunft über Kants Neubegrüdung der Moralphilosophie gibt. Auf der anderen Seite ist das *Naturrecht Feyerabend* in Bezug auf die 1797 publizierte *Rechtslehre* von Interesse. In dieser Hinsicht lautet die Frage, inwiefern beide Texte vergleichbar sind und an welchen Stellen zwischen der Vorlesungsnachschrift und dem Drucktext relevante Unterschiede oder gravierende Differenzen zu konstatieren sind. Ich werde mich im Folgenden dieser zweiten Fragestellung widmen und versuchen, am Beispiel der Eigentumsbegründung deutlich zu machen, dass die Positionen, die Kant im *Naturrecht Feyerabend* vertritt, noch sehr weit von denjenigen der *Rechtslehre* entfernt sind. Die Differenzen zur späteren Schrift betreffen die für die *Metaphysik der Sitten* so bedeutsame Unterscheidung von Rechtslehre und Ethik im engeren Sinne, die Kant 1797 auf den Unterschied zweier Arten der Gesetzgebung der praktischen Vernunft gründet,[1] als auch die konsequente Formalisierung des Rechtsbegriffs sowie schließlich die Begründung des äußeren Mein und Dein.

---

1 Davon ist im *Naturrecht Feyerabend* noch keine Rede. Immerhin macht Kant bereits hier deutlich, dass er mit den vorliegenden Versuchen einer Systematisierung der praktischen Philosophie unzufrieden ist: „Man hat noch gar nicht dem jure naturae seine Stelle in der praktischen Philosophie aus Principien zu bestimmen, und die Grenzen zwischen demselben und der Moral zu zeigen gewußt. Daher laufen verschiedne Sätze aus beiden Wissenschaften in einander" (V-NR/Feyerabend, 7 [AA 27: 1321]).

© KONINKLIJKE BRILL NV, LEIDEN, 2021 | DOI:10.1163/9789004448193_012

„DER ANFANG DES EIGENTHUMS IST SCHWER ZU BEGREIFEN" 251

1 Eigentumsbegründung als rechtsphilosophisches Problem

Dass die Begründung des Eigentums ein Problem darstellt, insofern das Recht ausschließender Verfügung über Sachen sich nicht unmittelbar aus dem ursprünglichen Natur- oder Freiheitsrecht eines jeden Menschen ableiten lässt, gehörte zur vorherrschenden Überzeugung der meisten Vertreter der neuzeitlichen Naturrechtslehre seit Grotius und Hobbes. Um die Frage nach dem systematischen Ort der Eigentumsbegründung zu beantworten, unterschieden die Naturrechtslehrer zwischen absolutem und hypothetischem Naturrecht, je nachdem ob von angeborenen bzw. ursprünglichen oder erworbenen Rechten die Rede ist. Das Eigentum gehört nach dieser Tradition nicht zum absoluten Naturrecht, d. h. der entsprechende Rechtsanspruch muss erworben werden. Wo aber liegt der Rechtsgrund, den ursprünglichen Gemeinbesitz zugunsten privater Verfügung aufzuheben?

Dass hier ein Begründungsproblem vorliegt, wird von den Naturrechtslehrern schon früh erkannt. Sehr deutlich kommt dieses Problembewusstsein bereits bei Hobbes im Widmungsschreiben von *De cive* zum Ausdruck. Hobbes versteht seine eigene Lehre als eine ‚inquisitio iustitiae naturalis', die von dem klassischen Begriff der (distributiven) Gerechtigkeit als „constans voluntas unicuique Ius suum trubendi"[2] ausgeht. Die daran anknüpfende Analyse des traditionellen Gerechtigkeitsbegriffs hätte ihn – so bemerkt Hobbes – zu der weitergehenden Frage geführt, *„unde esset quod quis rem aliquam* suam *potius quam* alienam *esse diceret"*,[3] d. h. zu der Frage nach dem objektiven Grund der Notwendigkeit für die Einführung des Privateigentums.[4] Wenn also die (distributive) Gerechtigkeit darin besteht, dass jedem das Seine zugeteilt wird, dann lautet die erste von der Naturrechtslehre zu beantwortende Frage, worin der (Geltungs-)Grund und das Objekt dieser Zuteilung von Sachen bestehen. Hier stießen Hobbes und die übrigen neuzeitlichen Naturrechtslehrer allerdings auf das Problem, dass die Naturrechtstradition von einer ursprünglichen Gütergemeinschaft (communio primaeva bzw. negativa)[5] ausgegangen war, in welcher alle Menschen ein gemeinsames Nutzungsrecht an allen Dingen

---

2 Diese Definition der Gerechtigkeit – „iustitia est constans et perpetua voluntas ius suum cuique tribuens" – findet sich im *Corpus iuris civilis*, Institutiones I, 1; Digesta I, 1, 10 pr; sie wird dort auf Ulpian zurückgeführt.

3 Thomas Hobbes, *De cive/Vom Bürger*, hg. von Andree Hahmann und Dieter Hüning (Ditzingen: Reclam, 2017), [Dedicatio], 12: „woher es kommt, dass jeder eine Sache eher sich selbst als einem anderen zuspricht".

4 Hobbes, *De cive/Vom Bürger*, [Dedicatio]: „[D]ucebar inde ad quæstionem, nimirum cui bono & qua necessitate coacti, cùm omnia essent omnium, voluerint potius sua cuique esse propria".

5 Damian Hecker, *Eigentum als Sachherrschaft. Zur Genese und Kritik eines besonderen Herrschaftsanspruchs* (Paderborn: Ferdinand Schöningh, 1990), 124f.

haben. Aber unter dieser Voraussetzung konnte es keine unmittelbare naturrechtliche Begründung des Privateigentums geben, so dass es nahe lag anzunehmen, dass seine Einführung auf menschlicher Konvention beruhe, weil das (absolute) Naturrecht nur den ursprünglichen Gemeinbesitz aller (im Sinne eines unbestimmten Nutzungsrechts aller) enthält: „Natura dedit unicuiusque ius in omnia" bzw. „natura dedit omnia omnibus".[6]

Hobbes' eigene Lösung der Eigentumsfrage bestand darin, dem Souverän die Entscheidung zu überlassen, ob überhaupt Privateigentum eingeführt wird und wie die entsprechende Eigentumsordnung zu gestalten ist; für ihn ist also die Einführung des Privateigentums bloß durch das positive Recht begründet. Eine andere, zuvor schon von Grotius vertretene Variante bestand in der kontraktualistischen Begründung des Eigentums: das Eigentum sei „pacto quodam aut expresso, ut per divisionem, aut tacito, ut per occupationem" entstanden.[7] Durch die Annahme eines erklärten bzw. stillschweigenden Vertrags sollten die entsprechenden aussschließenden Okkupationsakte sanktioniert werden. Dennoch blieb die Frage, ob denn die Einführung von Privateigentum mit dem Naturrecht vereinbar sei, war im 18. Jahrhundert ein bleibender Streitpunkt, man denke in diesem Zusammenhang an die eigentumskritischen Positionen von Mably und Rousseau.[8]

Allerdings hatte schon am Ende des 17. Jahrhunderts John Locke den Versuch einer *naturrechtlichen* Begründung des Privateigentums unternommen. Seine Absicht bestand u. a. darin, die ausschließende Aneignung von Sachen als ursprüngliche, mit der naturrechtlich fundierten Freiheit von jedermann verknüpfte Befugnis darzustellen, um das Eigentum auf diese Weise einerseits der gesetzgeberischen Willkür des Souveräns zu entziehen und es andererseits auch von der Fiktion einer vertraglichen Zustimmung zu individuellen Okkupationsakten zu befreien. Wie immer man Lockes Eigentumstheorie beurteilen mag,[9] es bleibt das Verdienst von Locke, dass er als erster versucht hat, ‚property' als „vorstaatliches Recht", das schon im Naturzustand gültig

---

6 Hobbes, *De cive/Vom Bürger*, I, § 10.

7 Hugo Grotius, *De iure belli ac pacis libri tres*, hg. Philipp Christiaan Molhuysen (Leiden: A. W. Sijthoff, 1919), II, 2, § 2, 5, 142 f.

8 Vgl. hierzu die beiden Studien Lutz Lehmann, *Mably und Rousseau. Eine Studie über die Grenzen der Emanzipation im Ancien Régime* (Bern und Frankfurt am Main: Peter Lang, 1975) und Klaus Dieter Schulz, *Rousseaus Eigentumskonzeption. Eine Studie zur Entwicklung der bürgerlichen Staatstheorie* (Frankfurt am Main: Campus, 1980).

9 Wie noch zu zeigen sein wird, hielt der späte Kant sie für falsch.

„DER ANFANG DES EIGENTHUMS IST SCHWER ZU BEGREIFEN" 253

sei und somit unabhängig von einer kontraktualistischen Argumentation, zu begründen.[10]

Kants *Lehre vom äußeren Mein und Dein* hat erst – nach vielen Versuchen, eine überzeugende Konzeption zu entwickeln, worüber die in Bd. 23 der Akademie-Ausgabe versammelten Texte Auskunft geben – in der *Rechtslehre* von 1797 ihre definitive Fassung gefunden. Bis dahin war es allerdings ein weiter Weg: es bedurfte einer „Umkippung" Kants, um seine frühere Position aufzugeben.

Im Folgenden werde ich zunächst (2) die Position der Vorlesungsnachschrift behandeln. In einem weiteren Schritt (3) werde ich erläutern, welche Gründe Kant vermutlich dazu veranlassten, in der *Rechtslehre* eine neuartige Begründung der Lehre vom äußeren Mein und Dein vorzutragen.

2   **Kants Kritik der Okkupationstheorie Achenwalls im *Naturrecht Feyerabend***

Was die Eigentumsproblematik angeht, so folgt Kant – soweit sich dies aus dem Text der Vorlesungsnachschrift ergibt – in seinem Argumentationsgang (selbstverständlich nicht in der Begründung) im Wesentlichen seiner Vorlage, dem Naturrechtslehrbuch von Achenwall.[11] Die Eigentumslehre umfasst bei Achenwall im Caput I der sectio II (jus naturale hypotheticum) die Tituli I–III: I. De Occupatione, II. De Occupatione putativa, III. De Dominio. Auf die Analyse dieses Teils der Vorlesungsnachschrift werde ich mich im Folgenden beschränken.

Achenwall unterscheidet zwischen dem jus naturale originarium (sectio I), d. h. denjenigen Rechten, die dem Menschen „von Natur" bzw. ursprünglich zukommen, und dem jus naturale hypotheticum (sectio II), das die erwerblichen Rechte thematisiert, die – wie es im *Naturrecht Feyerabend* heißt – erst durch ein ‚factum juridicum', durch eine rechtliche Handlung, aus welcher wiederum ein „Recht" im Sinne einer Befugnis oder „Obligation entspringt",[12] entstehen.[13] Das Recht auf Eigentum ist insofern nicht unmittelbar im ursprünglichen, angeborenen Recht der Menschen erhalten, es bedarf als ein jus naturale hypotheticum zu seiner Begründung zusätzlicher Annahmen.[14]

---

10   Hecker, *Eigentum als Sachherrschaft*, 165.

11   Gottfried Achenwall, *Ius naturae in usum auditorum* (Göttingen: Bossiegel, ⁵1763).

12   V-NR/Feyerabend, 29 (AA 27: 1340).

13   Achenwall, *Ius naturae*, § 62.

14   Bekanntlich bildet diese Differenz das Zentrum von Rousseaus *Discours sur l'inégalité*, sofern es um die Frage geht, ob die Ungleichheit durch das natürliche Gesetz autorisiert

Dieser Unterscheidung entspricht diejenige zwischen dem „jus connatum" und dem „jus aquisitum": „Ein Dominium ist *affirmativum*, daher ists *jus aquisitum*".[15]

Das erste und wichtigste der im jus hypotheticum behandelten Rechte ist das „Recht in Ansehung aller Sachen". Bei der Frage, was überhaupt Gegenstand einer rechtlichen Erwerbung werden kann, folgt Kant der Ansicht der *neueren* Naturrechtslehre der Aufklärung (Locke, v. a. Rousseau)[16] von der Unveräußerlichkeit der persönlichen Freiheit. Gegenstände möglicher Aneignung sind nur Sachen, während Personen kein Gegenstand des Erwerbs werden können: „Wir selbst gehören uns von Geburt an, daher fängt unser Mein und Dein in Ansehung unser nicht an".[17] Der rechtliche Erwerb durch Bemächtigung (occupatio) bezieht sich nur auf (körperliche) Sachen: „Persohnen können nicht *occupiert* werden, auch nicht durch ein *Pactum*".[18] Anders als im Falle des inneren Mein und Dein, das keinen Anfang hat, weil der personale Selbstbesitz nicht ableitbar ist bzw. weil wir uns selbst „von Geburt an" gehören,[19] ist der Ursprung des äußeren Mein und Dein im Sinne einer

---

werden kann. Rousseau kommt zu dem Ergebnis, dass das Eigentum nicht im ursprünglichen natürlichen Recht von jedermann enthalten ist, und dass die verschiedenen Versuche, die Vereinbarkeit von Eigentum und Naturrecht zu beweisen, gescheitert sind. Die Einführung des Eigentums widerspreche dem Naturrecht.

15   v-nr/Feyerabend, 34 (aa 27: 1345).

16   Die Naturrechtslehrer des 17. Jahrhunderts (z. B. Suárez, Grotius, Hobbes und Pufendorf) hielten die persönliche Freiheit noch für ein disponibles Rechtsgut; sie hatten deshalb auch keine Einwände gegen die Sklaverei.

17   v-nr/Feyerabend, 29 (aa 27: 1341). Die *Rechtslehre* (§ 10) präzisiert den Umfang der erwerblichen Objekte: „Der *Materie* (dem Objecte) nach erwerbe ich entweder eine körperliche *Sache* (Substanz) oder die *Leistung* (Causalität) eines Anderen oder diese andere *Person* selbst, d. i. den Zustand derselben, so fern ich ein Recht erlange, über denselben zu verfügen (das commercium mit derselben)" (ms, aa 06: 259).

18   v-nr/Feyerabend, 33 (aa 27: 1344). Allerdings macht Kant sowohl im *Naturrecht Feyerabend* wie in der *Rechtslehre* in dieser Hinsicht (d.h. in Bezug auf das rechtliche Verbot der Sklaverei) eine Ausnahme: „Aber durch ein *Delictum* können sie [die Personen] zur Sache gemacht werden"; msrl, § 49 E, (aa 06: 333): „Wer da stiehlt, macht aller Anderer Eigenthum unsicher; er beraubt sich also (nach dem Recht der Wiedervergeltung) der Sicherheit alles möglichen Eigenthums; er hat nichts und kann auch nichts erwerben, will aber doch leben; welches nun nicht anders möglich ist, als daß ihn andere ernähren. Weil dieses aber der Staat nicht umsonst thun wird, so muß er diesem seine Kräfte zu ihm beliebigen Arbeiten (Karren- oder Zuchthausarbeit) überlassen, und kommt auf gewisse Zeit, oder, nach Befinden, auch auf immer, in den Sklavenstand."

19   Wie auch später in der *Rechtslehre* betont Kant im bereits im *Naturrecht Feyerabend*: „Niemand ist suimet ipsius dominus. [...] Sui juris ist man wohl" (v-nr/Feyerabend, 34 [aa 27: 1345]). Der Mensch ist, wie Kant im § 17 der *Rechslehre* in einer Anmerkung erklärt, zwar „sein eigener Herr (sui iuris), aber nicht Eigentümer von sich selbst (sui dominus)", so dass er nicht „nach Belieben" über sich selbst disponieren kann, „geschweige denn von

„DER ANFANG DES EIGENTHUMS IST SCHWER ZU BEGREIFEN"

ausschließenden Befugnis zum Gebrauch einer Sache rechtfertigungsbedürftig, denn – so erklärt Kant in Übereinstimmung mit der Tradition – „a natura res omnes sunt res nullius".[20] Damit ist zugleich das zentrale systematische Problem benannt: Im Naturzustand hat jeder ein ursprüngliches „Recht, die Sache zu gebrauchen", sofern diese res nullius ist, „doch nicht mit Ausschließung andrer",[21] so dass das allen Menschen gemeinsame Gebrauchsrecht keinen Exklusivitätsanspruch auf die Sache begründet. Das jedem Menschen von Natur aus zustehende allgemeine Nutzungsrecht, Sachen gemäß seinen legitimen Zwecken zu gebrauchen, war nach Auffassung der meisten Naturrechtslehrer keine hinreichende Grundlage für den rechtmäßigen Ausschluss anderer. Soll die fakische Verfügung über eine Sache zu einem aussschließenden Recht an ihr werden, muss diese auf irgendeine Weise durch ein factum juridicum erworben werden, weil von Natur aus allen alles gemeinsam gehört.

Achenwall nimmt in diesem Zusammenhang eine subtile Umdeutung der ursprünglichen facultas moralis in usum rerum vor, denn die einzige Schranke dieses natürlichen und angeborenen Gebrauchsrechts liegt im Verbot der Schädigung anderer:

> *Homini* vi obligationis internae competit natura facultas moralis in vsum rerum ad explenda officia naturalia necessarium; [...] vi autem liberatatis naturalis *competit ius rebus in hoc orbe terrarum prostantibus vtendi,*

---

anderen Menschen" nach Belieben gebraucht werden kann, „weil er der Menschheit in seiner eigenen Person verantwortlich ist" (MS, AA 06: 270). In der V-Mo/Collins wird dieser Gedanke weiter ausgeführt. Dort wird als Grund für die Unverfügbarkeit der Persönlichkeit der Unterschied zwischen Person und Sache angeführt: „Der Mensch ist nicht Eigenthum von sich selbst, das ist eine Contradiction; denn so ferne er eine Person ist, so ist er ein Subject, das ein Eigenthum haben kann. Nun ist er aber eine Person, [...] demnach kann er keine Sache seyn, an der er ein Eigenthum haben kann; denn es ist ja unmöglich[,] Sache und Person zugleich zu seyn, ein Eigenthümer und ein Eigenthum zu seyn" (V-Mo/Collins AA 27: 386, vgl. auch V-MS/Vigil AA 27: 593, 601). – Weil kein Mensch Eigentümer seiner selbst ist, kann auch niemand von anderen als Eigentum besessen werden: *„Jus in personam* kann nicht *dominium* heißen" (V-NR/Feyerabend, 34 [AA 27: 1345]).

20 Achenwall, *Ius naturae*, § 116; V-NR/Feyerabend, 29 (AA 27: 1341). Vgl. auch Cicero, *De officiis/Vom pflichtgemäßen Handeln*, hg. Heinz Gunermann (Stuttgart: Reclam, 1976), I, 16 (51): „Und es ist dies die am weitesten ausgreifende Gesellschaft der Menschen untereinander: die aller mit allen. In ihr ist die gemeinschaftliche Verfügung über alle Erzeugnisse, die die Natur zu gemeinschaftlicher Nutznießung („ad communem hominum usum") durch die Menschen hervorgebracht hat, zu wahren [daher die Güter, die durch Gesetze und bürgerliches Recht verteilt sind, in solchem Besitzverhältnis verbleiben, wie es durch die Gesetze selbst festgelegt ist, alle anderen Besitzverhältnisse so beachtet werden], wie es in einem Sprichwort der Griechen heißt: Es sei Freunden alles gemeinsam."

21 V-NR/Feyerabend, 30 (AA 27: 1341).

quatenus ex earum vsu nemo laeditur [...]. Atque ideo *hoc ius competit cuique tamquam ius externum naturale et connatum.*[22]

Von dieser Behauptung eines ungehinderten Gebrauchs der Sache hin zu ihrer exklusiven Nutzung bzw. von der res nullius zur res propria ist es bei Achenwall nur ein kleiner Schritt, der durch den Willen, eine Sache dauerhaft zu nutzen und durch die Erkennbarkeit dieser Absicht durch andere vermittelt ist, ohne dass deshalb die Zustimmung anderer Menschen erforderlich ist:

> En genesin, qua res, quae ab origine vacua et nullius est, res cuiusdam propria fieri legaliter, seu nulla obstante lege naturali, potest: dum quidam re tali incipit uti cum aliorum exclusione, et vult eam retinere cum aliorum exclusione. Simul atque hanc eius voluntatem alii cognoscunt, ipsis ex facto et voluntate alterius oritur obligatio, se abstinendi a re tali: quippe nunc non amplius est res nullius, sed propria ei, qui tale factum commisit.[23]

Achenwall erweist sich in seinem Naturrechtslehrbuch als typischer Okkupationstheoretiker, für den der Rechtsgrund der Aneignung einer Sache in der willentlichen und dauerhaften Besitzergreifung liegt. Dies ist der Punkt, an dem Kants Kritik in der Vorlesung ansetzt.

Kant teilt zwar mit Achenwall die Ausgangsfrage der Eigentumsbegründung: Die Frage ist, wie aus einem ursprünglichen Gebrauchsrecht, das allen Menschen gleichermaßen an den Produkten der Natur zukommt, durch das aber niemand rechtlich vom Gebrauch dieser Naturprodukte ausgeschlossen werden kann, ein Recht der *privaten* Verfügung über eine Sache werden kann – oder mit Kants Worten: „wie wird nun res vacua,[24] res propria? Wir reden hier also vom Ursprung des Mein und Dein".[25] Anders formuliert lautet die Frage: „Woraus wird diese Anmaßung rechtmäßig?"[26] Oder wie kann aus einem Gebrauchsrecht durch einen rechtlichen Akt eine Befugnis zum Ausschluss anderer werden: „Giebt mir der erste Gebrauch ein Recht, alle andre vom künftigen Gebrauch auszuschließen, wenn ich es auch nicht brauche?"[27]

---

22   Achenwall, *Ius naturae*, § 106.
23   Achenwall, *Ius naturae*, § 111.
24   *„Vacua res* ist die unter keinem Gebrauch von einer andren Freiheit" (V-NR/Feyerabend, 29 [AA 27: 1341]).
25   V-NR/Feyerabend, 29 (AA 27: 1341).
26   V-NR/Feyerabend, 30 (AA 27: 1341).
27   V-NR/Feyerabend, 30 (AA 27: 1341).

„DER ANFANG DES EIGENTHUMS IST SCHWER ZU BEGREIFEN"

Kant teilt mit Achenwall außerdem die Auffassung, dass es eines rechtlichen Aktes („factum iuridicum") bedarf, der das Faktum der Innehabung in einen Rechtsanspruch verwandelt. Die rechtliche Möglichkeit der ausschließenden Bemächtigung (occupatio) bedarf eines rechtlichen Aktes („actus juridicus")[28] bzw. muss auf ein „factum juridicum" begründet werden: „Eine That woraus jemandem Recht entspringt ist Factum juridicum".[29]

Die entscheidende systematische Differenz zwischen Achenwall und Kant liegt in der Frage, welcher Art der erforderliche „actus juridicus" ist. Im *Naturrecht Feyerabend* kritisiert Kant Achenwalls Ausführungen über den Erwerb von Sachen: „Der Autor [d. i. Achenwall] und seine Gegner haben sich nicht recht verstanden".[30] Achenwall behauptet, dass jedem Menschen von Natur aus eine „facultas moralis in suum ad explenda officia naturalia necessarium" zukommt und damit ein „ius rebus [...] vtendi", das zugleich ein „ius externum et connatum" ist.[31] Wenn er aber aus diesem – unbestimmten – Gebrauchsrecht auf eine dauerhafte, über den unmittelbaren Gebrauch ausschließende Aneignung einer Sache durch Okkupation schliesst (wenn z. B. Caius sich eine res vacua zum Zwecke des Gebrauchs aneignet („ad sese nutriendum"), wodurch Titius „ab eius vsu" ausgeschlossen wird),[32] so begeht er nach Kant eine petitio principii. Denn es bleibt unklar, wodurch – wenn Caius gegenüber Titius erklärt, „er wolle die Sache behalten, d: i: auch wenn er sie nicht gebraucht, doch von dem Gebrauch der Sache jeden ausschließen" – des Caius' „Anmaßung rechtmäßig" wird.[33] Eine einseitige Willenserklärung stiftet keinen rechtlichen Anspruch: „Die bloße declaration dem Titio [gegenüber], daß ich das behalten will, giebt mir kein Recht".[34] Ein solcher Ausschluss ist nur

---

28   V-NR/Feyerabend, 31 (AA 27: 1343).

29   V-NR/Feyerabend, 27 (AA 27: 1338).

30   V-NR/Feyerabend, 30 (AA 27: 1341).

31   Achenwall: *Ius naturae*, § 108.

32   Achenwall: *Ius naturae*, § 110; V-NR/Feyerabend, 30 (AA 27: 1341).

33   Mit seiner Identifikation von ursprünglichem Gebrauchsrecht und ausschließender Aneignung fällt Achenwall hinter die Position Pufendorfs zurück, der in *De jure naturae et gentium libri octo* (Amsterdam: Hoogenhuysen, 1688; Reprint hg. Walter Simons, Oxford und London: Clarendon und H. Milford, 1934), IV, 4, § 10, ausdrücklich zwischen dem „jus res adhibendi ad usus rationi et necessitati" und dem ausschließenden „dominium" unterschieden hatte: „Male autem infertur; mortales acceperunt jus in re ex concessione divina; ergo proprietas non fuit nata ab occupatione et divisione", vgl. hierzu Hecker, *Eigentum als Sachherrschaft*, 124.

34   V-NR/Feyerabend, 30 (AA 27: 1341); vgl. auch V-NR/Feyerabend, 31 (AA 27: 1342): „Der Autor [sc. Achenwall] sagt: es ist genung Apprehensio, denn durch die ist schon tacita declaratio geschehen, daß ichs behalten will [...]. Da setzt er aber voraus, daß es Recht sey". Die Kritik an der bloß deklarativen Erwerbung findet sich schon in Rousseaus *Du contrat social*: „le droit de premier occupant" kann nicht durch „une vaine cérémonie, mais par le

dann rechtlich möglich, wenn ich „schon ein Recht auf die Handlung" der ausschließenden Aneignung habe.[35] Diese Schwierigkeit hat Achenwall nach Kants Auffassung nicht gesehen.

Achenwall habe also fälschlicherweise die Apprehensio[36] für eine hinreichende Grundlage des Eigentums gehalten: „Der Autor sagt: es ist genug Apprehensio, denn durch die ist schon tacita declaratio geschehen, daß ichs behalten will".[37] Demgegenüber ist Kant der Ansicht, dass der Rechtsgrund der ausschließenden Verfügung – wie schon angedeutet – nicht im ‚bloßen Willen' bzw. in der bloß einseitigen Willensdeklaration liegen kann, ebenso wenig in dem bloß empirischen Faktum der Besitznahme (der bloßen apprehensio physica) – beide haben keine eigentumskonstituierende Bedeutung. Deshalb erklärt Kant: „Die *Apprehension* ist nicht *Poßeßio*. Ich habe rem in potestate, ohne daß ich mit Recht wollen könne, es zu behalten".[38] Die bloß faktische, physische Innehabung, die apprehensio physica, bei der ich „rem in potestate" habe, ist folglich zu unterscheiden von der apprehensio juridica, die eine Sache zu der meinen macht, und zwar unabhängig davon, ob ich sie faktisch in meiner Gewalt habe: „Auch abwesend kann ich was besitzen. Virtualiter habe ich was in meiner Gewalt, sofern ich ein Recht habe, mich einer solchen Sache zu bedienen, und sie unter meine Gewalt zu bringen".[39]

Die Besitzergreifung ist als rechtliche nur möglich (und die entsprechende Deklaration wird dann „rechtmäßig"), wenn sie auf „meine freye[n] Handlungen" zurückgeführt wird bzw. mit einem Akt der Freiheit[40] verbunden ist, durch den die Sachen, die ursprünglich „Produkte der Natur" sind, in Produkte der Freiheit verwandelt werden: „Ein Produkt der Freyheit ist ein Produkt der Natur, welches durch meine Freiheit in Ansehung seiner Form modifiziert wird, zE: ein Baum, den ich behauen habe".[41] An anderer Stelle heißt es:

---

travail et la culture" gestiftet werden – dies ist das „seul signe de propriété" („Du contract social", I, 9, in *Œuvres complètes* [Paris: Gallimard, 1964], Bd. 3, 366). Das rousseausche Stichwort „bloße Zeremonie" findet sich auch im *Naturrecht Feyerabend* auf (V-NR/Feyerabend, 30 [AA 27: 1342]), aber nicht im Zusammenhang mit der Deklaration, sondern dem bloßen Gebrauch der Sache.

35 V-NR/Feyerabend, 30 (AA 27: 1341).

36 In der *Rechtslehre* bestimmt Kant die Apprehension als „Moment[...] der *ursprünglichen* Erwerbung"; sie ist „die Besitznehmung [...] eines Gegenstandes [der Willkür], der Keinem angehört, [...] im Raum und der Zeit" (MS, AA 06: 258).

37 V-NR/Feyerabend, 31 (AA 27: 1342).

38 V-NR/Feyerabend, 32 (AA 27: 1343).

39 V-NR/Feyerabend, 32 (AA 27: 1343).

40 In der *Rechtslehre* spricht Kant von einem „Act der Willkür" (MSRL, § 14, AA 06: 263).

41 V-NR/Feyerabend, 30f. (AA 27: 1342).

> Der bloße Wille des andern kann mich bei der ihm gehörigen Sache
> nicht einschränken, sondern nur die Sache, die ein Produkt der Frey-
> heit ist, indem ich da der Freyheit des andern zuwider handle. Ich kann
> eine Sache [dadurch] zum Produkt der Freyheit machen, daß ich sie von
> einem Ort zum andern führe, ihre Form ändre etc.[42]

Derjenige Akt, der meine Apprehension, meine Deklaration und meine Zueig-
nung – als die verschiedenen möglichen Weisen der faktischen Besitznahme
bzw. der *formellen* Begründung des Eigentums – überhaupt erst rechtmäßig
macht, ist also der Akt der ursprünglichen Formierung (durch Arbeit). Zwar
hatte auch Achenwall gefordert, dass bei der Aneignung einer Sache über die
bloße Willenserklärung hinaus „eine deutliche Kennzeichnung der Sache"[43]
vorliegt. Ein solches notwendiges Kennzeichen ist für Achenwall insbesondere
die Bearbeitung.[44] Aber in ihr liegt bei ihm nicht der Rechtsgrund, der überhaupt eine Aneignung möglich macht.

Die *materielle* Begründung des Eigentums liegt also für Kant in einem Akt
der Freiheit, durch den die Sache modifiziert wird. Achenwall nennt als Formen der Okkupation bzw. als modi adquirendi „labor, industria, cultura ter-
rae". Diese besondere Rolle der Arbeit als *modus adquirendi* von Sachen geht –
worauf Achenwall in seinem Lehrbuch in einer Anmerkung verweist[45] – auf
Lockes *Second Treatise of Government* zurück. Die Lockesche Eigentumsbegründung hatte in den Naturrechtslehren des 18. Jahrhunderts, v. a. durch die
französischen Übersetzungen der Hauptwerke von Grotius und Pufendorf
durch Jean Barbeyrac, der in ausführlichen Fußnoten seine Vorlagen kommentierte und diese zu den Positionen anderer Autoren ins Verhältnis setzte, Eingang gefunden.

Von der *materiellen* Begründung des Eigentums unterscheidet Kant – wie
schon erwähnt – im Anschluss an Achenwall die *formelle*, die auf verschiedene Weise geschehen kann: „1) *Apprehensio,* 2) *Declaratio, me velle rem appre-
hensam, mihi permanere",* schließlich 3) die occupatio (Bemächtigung) als
„Apprehensio cum animo, illud pro meo acquirre".[46]

Kant diskutiert auch die von Achenwall erwähnte und auch von Grotius
und Pufendorf behandelte Konzeption einer communio primaeva, die Kant
selbst allerdings nur als „Communio negativa", d. h. als Zustand, in dem „jeder

---

42   V-NR/Feyerabend, 32f. (AA 27: 1344).
43   Hecker, *Eigentum als Sachherrschaft*, 146.
44   Achenwall, *Ius naturae*, § 116, vgl. Hecker, *Eigentum als Sachherrschaft*, 147.
45   Achenwall, *Ius naturae*, § 124 annotatio.
46   V-NR/Feyerabend, 30 (AA 27: 1342).

260   HÜNING

sich aller Sachen bedienen kann",[47] anerkennen will. Diese würde noch bei „vielen wilden Völkern", z. B. bei den „Beduinen und Mongolen" existieren. In diesem historischen Zusammenhang findet sich auch das im Titel des Vortrags erwähnte Zitat, das sich auf die Frage des historischen „Anfangs" bezieht.

Wie wir gesehen haben, sind einige Elemente der späteren Lehre vom Mein und Dein bereits vorhanden, so z.B. die Unterscheidung zwischen physischer und rechtlicher Innehabung sowie die Einsicht, dass es eines spezifischen ‚Aktes der Freiheit' bedarf, eines „factum juridicum", durch den die konkreten Akte der Besitznahme rechtmäßig werden. Diesen eigentumskonstituierenden ‚Akt der Freiheit' sieht Kant 1784 aber noch in der Formierung der Sachen durch Arbeit. Dass er im Vergleich zu Achenwall keine eigenständige Eigentumsbegründung entwickelt, ist ein Hinweis darauf, dass Kant zu dieser Zeit die Problematik der arbeitstheoretischen Begründung des äußeren Mein und Dein noch nicht gesehen hat.

3   **Kants Kritik „jene[r] alte[n] und noch so weit herrschende[n] Meinung"[48] – Die Neubegründung des Eigentums in der *Rechtslehre* und ihre Veranlassung**

Erst bei der Abfassung der *Rechtslehre* von 1797 gelangt Kant zu der Einsicht, dass seine formationstheoretische Begründung des Eigentums, „jene alte und noch so weit herrschenden Meinung",[49] die er im *Naturrecht Feyerabend* selbst noch geteilt hatte, auf genau dem gleichen Fehler beruht, den er in der Vorlesung Achenwall vorgeworfen hatte: Damit ich eine Sache formieren kann, muss ich schon das (geltungslogisch vorhergehende) Recht zu dieser Handlung haben. Die Formierung als solche hat keine eigentumskonstituierende Wirkung, denn sie ist „nichts weiter als ein äußeres Zeichen der Besitznehmung":

> [I]st die Bearbeitung des Bodens (Bebauung, Beackerung, Entwässerung u. dergl.) zur Erwerbung desselben notwendig? Nein! denn, da diese Formen (der Spezifizierung) nur Akzidenzen sind, so machen sie kein Objekt eines unmittelbaren Besitzes aus, und können zu dem des Subjekts nur gehören, so fern die Substanz vorher als das Seine desselben anerkannt ist. Die Bearbeitung ist, wenn es auf die Frage von der ersten Erwerbung ankommt, nichts weiter als ein äußeres Zeichen der

---

47   V-NR/Feyerabend, 31 (AA 27: 1342).
48   MS, AA 06: 269.
49   MS, AA 06: 269.

„DER ANFANG DES EIGENTHUMS IST SCHWER ZU BEGREIFEN" 261

Besitznehmung, welches man durch viele andere, die weniger Mühe kosten, ersetzen kann. – Ferner: darf man wohl jemanden in dem *Akt* seiner Besitznehmung hindern, so daß keiner von beiden des Rechts der Priorität teilhaftig werde, und so der Boden immer als keinem angehörig frei bleibe? Gänzlich kann diese Hinderung nicht statt finden, weil der andere, um dieses tun zu können, sich doch auch selbst auf irgend einem benachbarten Boden befinden muß, wo er also selbst behindert werden kann zu sein, mithin eine *absolute* Verhinderung ein Widerspruch wäre; aber *respektiv* auf einen gewissen (zwischenliegenden) Boden, diesen, als *neutral*, zur Scheidung zweier Benachbarten unbenutzt liegen zu lassen, würde doch mit dem Rechte der Bemächtigung zusammen bestehen; aber alsdann gehört wirklich dieser Boden beiden gemeinschaftlich, und ist nicht *herrenlos* (res nullius), eben darum, weil er von beiden dazu *gebraucht* wird, um sie von einander zu scheiden.[50]

In der *Rechtslehre* hat Kant deshalb eine systematische Neubegründung der Lehre vom äußeren Mein und Dein vorgelegt,[51] die radikal mit der früheren, im *Naturrecht Feyerabend* dokumentierten Auffassung bricht. Diese neue

---

50 MSRL, § 15 Anm., AA 06: 265. In der Anmerkung zu § 17 der *Rechtslehre* wiederholt Kant seine Kritik der Arbeitstheorie des Eigentums: „Daß die erste Bearbeitung, Begrenzung, oder überhaupt *Formgebung* eines Bodens keinen Titel der Erwerbung desselben, d.i. der Besitz des Akzidens nicht ein Grund des rechtlichen Besitzes der Substanz abgeben könne, sondern vielmehr umgekehrt das Mein und Dein nach der Regel (accessorium sequitur suum principale) aus dem Eigentum der Substanz gefolgert werden müsse, und daß der, welcher an einen Boden, der nicht schon vorher der seine war, Fleiß verwendet, seine Mühe und Arbeit gegen den ersteren verloren hat, ist für sich selbst so klar, daß man jene so alte und noch weit und breit herrschende Meinung schwerlich einer anderen Ursache zuschreiben kann, als der in geheim obwaltenden Täuschung, Sachen zu personifizieren und, gleich als ob jemand sie sich durch an sie verwandte Arbeit verbindlich machen könne, keinem anderen als ihm zu Diensten zu stehen, *unmittelbar* gegen sie sich ein Recht zu denken; denn wahrscheinlicherweise würde man auch nicht so leichten Fußes über die natürliche Frage (von der oben schon Erwähnung geschehen) weggeglitten sein: »wie ist ein Recht in einer Sache möglich?« Denn das Recht gegen einen jeden Besitzer einer Sache bedeutet nur die Befugnis der besonderen Willkür zum Gebrauch eines, Objekts, so fern sie als im synthetisch-allgemeinen Willen enthalten, und mit dem Gesetz desselben zusammenstimmend gedacht werden kann" (MS, AA 06: 266f.).

51 Vgl. hierzu Burkhard Tuschling, „Das ‚rechtliche Postulat der praktischen Vernunft'", in *Kant. Analysen – Probleme – Kritik*, hg. Hariolf Oberer und Gerhard Seel (Würzburg: Königshausen und Neumann 1988), 273–292, und Wolfgang Kersting, „Transzendentalphilosophische Eigentumsbegründung", in ders. *Recht, Gerechtigkeit und demokratische Tugend. Anmerkungen zur praktischen Philosophie der Gegenwart* (Frankfurt am Main: Suhrkamp, 1997), 41–73.

Begründung des äußeren Mein und Dein beruht nunmehr auf einem ‚rechtlichen Postulat der praktischen Vernunft', nach welchem es rechtlich erlaubt sein muss, „einen jeden Gegenstand meiner Willkühr als das Meine zu haben; d. i.: eine Maxime, nach welcher, wenn sie Gesetz würde, ein Gegenstand der Willkür *an sich* (objectiv) *herrenlos* (res nullius) werden müßte, ist rechtswidrig".[52]

Fragt man nun, wodurch Kants Neubegründung der Eigentumslehre motiviert war, so gibt ein Brief Friedrich Schillers an Johann Benjamin Erhard vom 26. Oktober 1794 darüber Auskunft. Der Brief informiert uns darüber, dass die Begründung des Eigentums ein Thema war, das Kant zu dieser Zeit intensiv beschäftigte:

> Die Ableitung des Eigentumsrechts ist jetzt ein Punkt, der sehr viele denkende Köpfe beschäftigt, und von Kanten selbst höre ich, sollen wir in seiner Metaphysik der Sitten etwas darüber zu erwarten haben. Zugleich höre ich aber, daß er mit seinen Ideen darüber nicht mehr recht zufrieden sey, und deßwegen die Herausgabe vor der Hand unterlassen habe.[53]

Im Band 23 der *Akademie-Ausgabe* finden sich dementsprechend zahlreiche Entwürfe, die Lehre des äußeren Mein und Dein betreffend, die sämtlich aus der Mitte der neunziger Jahre stammen. Wir werden gleich sehen, inwiefern der Zeitpunkt, an dem Kant mit seinem Überlegungen zum äußeren Mein und Dein beginnt, wichtig ist. Es lässt sich nämlich zeigen, dass die empiristische Kritik August Wilhelm Rehbergs, die dieser gegen Kants Gemeinspruchaufsatz erhoben hatte, auf die Neubegründung der Lehre vom äußeren Mein und Dein in der *Rechtslehre* von 1797 einen wesentlichen Einfluss gehabt hat.

Rehberg, der zeitweilig auch mit Kant korrespondierte und der eine immer noch lesenswerte Rezension zu Kants *Kritik der praktischen Philosophie* veröffentlicht hatte, verfasste für die *Berlinische Monatsschrift* eine Replik auf Kants Aufsatz *Über den Gemeinspruch: Das mag in der Theorie richtig sein, taugt aber nicht für die Praxis*, die zu Beginn des Jahres 1794 erschien.[54] In diesem Aufsatz

---

52 MSRL, § 2, AA 06: 246. Insofern stellt die Lehre vom äußeren Mein und Dein der *Rechtslehre* – wie Reinhard Brandt mit Recht betont – auch eine Selbstkritik der früheren Positionen dar, s. Reinhard Brandt, *Eigentumstheorien von Grotius bis Kant* (Stuttgart-Bad Cannstatt: Frommann-Holzboog, 1974), 168.

53 Zitiert nach Wolfgang Kersting, *Wohlgeordnete Freiheit. Immanuel Kants Rechts- und Staatsphilosophie* (Frankfurt am Main: Suhrkamp, 1993), 225. – Leider verrät uns Schiller nicht, wer genau ihm diese Information übermittelt hat. Die Formulierung „von Kanten selbst höre ich", könnte den Eindruck erwecken, Kant selbst sei die Quelle gewesen.

54 Zu Rehbergs Auseinandersetzung mit der Französischen Revolution bzw. mit Kants Ethik bzw. Rechtsphilosophie vgl. Ursula Vogel, *Konservative Kritik an der bürgerlichen*

„DER ANFANG DES EIGENTHUMS IST SCHWER ZU BEGREIFEN"

findet sich – unter scheinbarer Anerkennung von Kants Prinzipien – nicht nur eine empiristische Kritik an Kants Staatsrechtskonzeption, sondern darüber hinaus eine folgenreiche Leugnung der Möglichkeit einer apriorischen Begründung des Eigentums. Diese Behauptung Rehbergs von der Unmöglichkeit einer philosophischen Begründung des Eigentums und insbesondere seine Zweifel an den geläufigen Vorstellungen über den ursprünglichen Erwerb einer Sache sind für Kant der Anstoß gewesen, den Gegenbeweis zu führen und die von Rehberg für unmöglich erklärte philosophische Begründung zu liefern.

Ich habe an anderer Stelle versucht zu zeigen, wie Kant auf Rehbergs Leugnung einer naturrechtlichen Begründung des Eigentums reagiert hat.[55] Ich behaupte damit nicht, dass Rehbergs Kritik für den Kantischen Lösungsvorschlag, so wie wir ihn in der *Rechtslehre* finden, in irgendeiner Weise relevant gewesen ist. Ich werde deshalb auch keine Rekonstruktion der in der *Rechtslehre* von Kant vorgelegten Konzeption des äußeren Mein und Dein vorlegen.[56] Vielmehr geht es mir nur darum, deutlich zu machen, dass Rehbergs Kritik bei Kant zum einen das Problembewusstsein für die Mängel der vorhandenen Eigentumsbegründungen, insbesondere im Hinblick auf die Frage des ursprünglichen Erwerbs, geschärft hat. Diese Schärfung des Problembewusstseins führte zum anderen dazu, dass Kant seine frühere Anhängerschaft an die sog. Arbeits- oder Formationstheorie des Eigentums, die er noch im *Naturrecht Feyerabend* vertreten hatte, aufgab. Die Schärfung des Problembewusstseins führte bei Kant schließlich zu der Einsicht in die Notwendigkeit eines

---

Revolution. August Wilhelm Rehberg (Darmstadt und Neuwied: Luchterhand, 1972); Eberhard Günter Schulz, *Rehbergs Opposition gegen Kants Ethik. Eine Untersuchung ihrer Grundlagen, ihrer Berücksichtigung durch Kant und ihrer Wirkungen auf Reinhold, Schiller und Fichte* (Köln und Wien: Böhlau, 1975) und Vanda Fiorillo, „A=B: Mannigfaltigkeit versus Gleichschaltung in der konservativen Aufklärung August Wilhelm Rehbergs", in *Jahrbuch der Juristischen Zeitgeschichte* 12 (2011): 155–194.

55 Dieter Hüning, „„Die Ableitung des Eigentumsrechts ist jetzt ein Punkt, der sehr viele denkende Köpfe beschäftigt.' Kant, Rehberg und die naturrechtliche Begründung des Eigentums, in *Natur und Freiheit. Akten des XII. Internationalen Kant-Kongresses*, hg. Violetta L. Waibel, Margit Ruffing und Daniel Wagner (Berlin und Boston: De Gruyter 2018): 2375–2385. Auch Reidar Maliks hat den Einfluss von Rehbergs Kritik mit Recht hervorgehoben. Er kommt im Hinblick auf die Eigentumstheorie zu dem Ergebnis: Kants „challenge in the Doctrine of Right was to prove Rehberg wrong by establishing a metaphysical theory of property" (Reidar Maliks: *Kant's Politics in Context* [Oxford: Oxford University Press, 2014], 70).

56 In dieser Hinsicht wäre der Einfluss, den Achenwall auf Kants *Rechtslehre* hatte, weiter zu untersuchen, vgl. hierzu u. a. B. Sharon Byrd und Joachim Hruschka, „Der ursprünglich und a priori vereinigte Wille", in *Jahrbuch für Recht und Ethik* 14 (2006): 141–165.

umfassenden systematischen Neuansatzes in Sachen der Lehre vom äußeren Mein und Dein.

Zusammenfassend kann man behaupten, dass Rehbergs Kritik Kant zu der Einsicht führte, dass die Beantwortung der Frage: „wie ist ein bloß rechtlicher Besitz möglich"[57], noch aussteht.

Bibliografie

Achenwall, Gottfried, *Ius naturae in usum auditorum* (Göttingen: Bossiegel, [5]1763).

Brandt, Reinhard, *Eigentumstheorien von Grotius bis Kant* (Stuttgart-Bad Cannstatt: Frommann-Holzboog, 1974).

Byrd, B. Sharon und Hruschka, Joachim, „Der ursprünglich und a priori vereinigte Wille und seine Konsequenzen in Kants *Rechtslehre*", in *Jahrbuch für Recht und Ethik* 14 (2006): 141–165.

Cicero, Marcus Tullius, *De officiis/Vom pflichtgemäßen Handeln*, hg. Heinz Gunermann (Stuttgart: Reclam, 1976).

Fiorillo, Vanda, „A=B: Mannigfaltigkeit versus Gleichschaltung in der konservativen Aufklärung August Wilhelm Rehbergs", in *Jahrbuch der Juristischen Zeitgeschichte* 12 (2011): 155–194.

Grotius, Hugo, *De iure belli ac pacis libri tres*, hg. Philipp Christiaan Molhuysen (Leiden: A. W. Sijthoff, 1919).

Hecker, Damian, *Eigentum als Sachherrschaft. Zur Genese und Kritik eines besonderen Herrschaftsanspruchs* (Paderborn: Ferdinand Schöningh, 1990).

Hobbes, Thomas, *De cive/Vom Bürger*, hg. Andree Hahmann und Dieter Hüning (Ditzingen: Reclam, 2017).

Hüning, Dieter, „„Die Ableitung des Eigentumsrechts ist jetzt ein Punkt, der sehr viele denkende Köpfe beschäftigt.' Kant, Rehberg und die naturrechtliche Begründung des Eigentums," in *Natur und Freiheit. Akten des XII. Internationalen Kant-Kongresses*, hg. Violetta L. Waibel, Margit Ruffing und Daniel Wagner (Berlin und Boston: De Gruyter, 2018): 2375–2385.

Kersting, Wolfgang, *Wohlgeordnete Freiheit. Immanuel Kants Rechts- und Staatsphilosophie* (Frankfurt am Main: Suhrkamp, 1993).

Kersting, Wolfgang, „Transzendentalphilosophische Eigentumsbegründung", in ders. *Recht, Gerechtigkeit und demokratische Tugend. Anmerkungen zur praktischen Philosophie der Gegenwart*, (Frankfurt am Main: Suhrkamp, 1997), 41–73.

Lehmann, Lutz, *Mably und Rousseau. Eine Studie über die Grenzen der Emanzipation im Ancien Régime* (Bern und Frankfurt am Main: Peter Lang, 1975).

---

57   VARL, AA 23: 284.

„DER ANFANG DES EIGENTHUMS IST SCHWER ZU BEGREIFEN"

Maliks, Reidar, *Kant's Politics in* Context (Oxford: Oxford University Press, 2014).

Pufendorf, Samuel, *De jure naturae et gentium libri octo* (Amsterdam: Hoogenhuysen, 1688; Reprint hg. Walter Simons, Oxford und London: Clarendon und H. Milford, 1934).

Rousseau, Jean-Jacques: „Du contrat social" in ders., *Œuvres complètes*, hg. Bernard Gagnebin und Marcel Raymond, Bd. 3 (Paris: Gallimard, 1964).

Schulz, Eberhard Günter, *Rehbergs Opposition gegen Kants Ethik. Eine Untersuchung ihrer Grundlagen, ihrer Berücksichtigung durch Kant und ihrer Wirkungen auf Reinhold, Schiller und Fichte*, (Köln und Wien: Böhlau, 1975).

Schulz, Klaus Dieter, *Rousseaus Eigentumskonzeption. Eine Studie zur Entwicklung der bürgerlichen Staatstheorie* (Frankfurt am Main: Campus, 1980).

Tuschling, Burkhard, „Das ,rechtliche Postulat der praktischen Vernunft'", in *Kant. Analysen – Probleme – Kritik*, hg. Hariolf Oberer und Gerhard Seel (Würzburg: Königshausen und Neumann 1988): 273–292.

Vogel, Ursula, *Konservative Kritik an der bürgerlichen Revolution. August Wilhelm Rehberg* (Darmstadt und Neuwied: Luchterhand, 1972).

Personenverzeichnis

Achenwall, Gottfried   3–5, 7, 10, 13, 21, 23–33, 35–41, 53, 56n22, 57n23, 59, 66, 71, 76, 87, 93, 100, 109, 115–116, 118, 127, 131–132, 198–200, 207, 237–238, 253, 263n56
Adickes, Erich   3n11, 4–5
Albrecht, Michael   82–83n9
Allison, Henry   7n22, 160n26, 163n28, 167n43
Altmann, Alexander   82–83n9
Ameriks, Karl   154n10
Arendt, Hannah   79n1
Aristoteles   113, 157
Arndt, Hans Werner   235n17
Arnoldt, Emil   1n3, 81n6
Assmann, Jan   35–36n65

Bach, Oliver   26n25, 27n27, 30n44, 33n52, 34n57
Bacin, Stefano   203n18, 235n20
Baum, Manfred   6n19, 7–8, 11, 13, 20n6, 24n20, 136–137n19, 154n10, 177n18
Baumgarten, Alexander Gottlieb   21n9, 93, 100n76, 112, 126–128, 183n54, 207
Benhabib, Seyla   1n1
Bergfeld, Christoph   27n30
Beutel, Albrecht   28n35
Blumenberg, Hans   32n51, 35n64
Bodin, Jean   50–51, 67n76, 71, 76
Bojanowski, Jochen   7n22, 167n43
Borowski, Ludwig Ernst von   3n10
Brandhorst, Mario   1n1
Brandt, Reinhard   38–39n76, 231–232, 233n11, 262n52
Brecher, Martin   3n9, 247
Brieskorn, Norbert   26n25, 27n27, 30n44, 33n52
Brockard, Hans   64n63
Buccolini, Claudio   89n32
Buchda, Gerhard   52n8, 53n11, 56n22
Bunge, Kirstin   26–27n26
Bunke, Simon   153n8
Busch, Werner   33n53
Busche, Hubertus   80n4
Byrd, Sharon   21n10, 263n56

Cassirer, Ernst   98
Cicero, Marcus Tullius   36, 87, 101, 111, 116–117, 120, 136–137, 255n20

Clewis, Robert R.   4–5n13, 54n18
Cooper, Anthony Ashley (3. Earl of Shaftesbury)   126
Crusius, Christian August   27n30, 207, 231n4

Delfosse, Heinrich P.   2n4, 3n7, 21n12, 55n20, 81n7, 92n44, 131, 199n3, 199n5
Detjen, Joachim   30n45
Dörflinger, Bernd   2n2, 4n13, 14, 21–22n13, 22n14, 41n83, 170n47, 173n5, 192n89, 200n7, 208n42, 210n52, 234n13, 235n20
Dreitzel, Horst   55n19
Dyck, Corey   19n3

Ebbinghaus, Julius   19n2
Edwards, Jeffrey   1n2
Egger, Mario   20n6
Elsner, Norbert   33n56
Engel, Eva J.   82–83n9
Erdmann, Benno   4, 20n8
Erhard, Johann Benjamin   84n12, 262

Feder, Johann Georg Heinrich   19, 29n38
Fichte, Johann Gottlieb   245n41
Fiorillo, Vanda   262–263n54
Friedrich II. von Preußen   111

Garve, Christian   8n24, 101, 111, 116–117, 136–137
Gawlick, Günter   21n9
Geiger, Christoph Friedrich   118
Geismann, Georg   8–9n25, 22n14, 30–31n45, 41n82, 172n2
Gentz, Friedrich von   1–2n3
Gierke, Otto von   79n3
Godel, Rainer   20n5
Goubet, Jean–François   23n16
Grapotte, Sophie   229n1
Grimminger, Rolf   54n18
Groß, Felix   3n10
Grotius, Hugo   41, 88, 98, 251–252, 254n16, 259
Gunermann, Heinz   255n20
Guyer, Paul   6n17, 153–154, 156, 161

Haller, Albrecht von   33–34
Hamann, Johann Georg   137, 199n4

268 PERSONENVERZEICHNIS

Hartung, Gerald   26n24
Hecker, Damian   251n5, 253n10, 257n33, 259n43, 259n44
Hegel, Georg Wilhelm Friedrich   61
Heineccius, Johann Gottlieb   27n30
Henrich, Dieter   80, 96n58
Hespe, Franz   11
Hill, Benjamin   28n34
Hiltscher, Reinhard   173n3, 186n68, 191n82
Hinske, Norbert   2n4, 3n7, 21n12, 55n20, 81n7, 82–83n9, 92n44, 131, 199n3, 199n5
Hirsch, Philipp–Alexander   3n9, 6n17, 6n20, 13, 21–22n13, 42n85, 72n93, 72n97, 75n113, 173n4, 179n34, 190n81, 201n11, 202n14, 202n15, 205n30, 207n36, 207n40, 208n42, 213n61, 215n70, 216n75, 216n76, 216n77, 221n94, 221n95, 225n108, 226n109
Hobbes, Thomas   41, 50–53, 56, 60, 65n68, 71, 76, 251–252, 254n16
Hofmann, Hasso   38n76
Holbach, Paul Henri Thiry de   28–29, 41
Holzhey, Helmut   19n4, 27n29
Horn, Christoph   1n1
Hruschka, Joachim   7n21, 21, 263n56
Hugo, Gustav   3n9, 79, 98
Hume, David   28, 94, 152
Hüning, Dieter   1n2, 6n19, 13–14, 22n14, 23n16, 28n35, 35n63, 41n83, 53n15, 136–137n19, 170n47, 173n5, 208n42, 210n52, 234n13, 235n20, 251n3, 263n55
Hutcheson, Francis   126

Irrlitz, Gerd   20n8

Jaumann, Herbert   41n84
Jensen, Jessica   35n62
Justenhoven, Heinz–Gerhard   36n67

Kaufmann, Sebastian   26n24
Kaufmann, Thomas   33n56
Kersting, Wolfgang   62n55, 63n61, 74n106, 213n4, 241n34, 261n51, 262n53
Klein, Ernst Ferdinand   85n16
Kleingeld, Pauline   21n11, 198n2
Klemme, Heiner F.   235n17, 235n20, 247
Klenner, Hermann   51n7
Klingner, Stefan   1n2, 3n9, 12, 35n63, 53n15, 173n5, 184n56, 185n63, 186n68, 187n72,

187n75, 188n78, 192n90, 193n92, 193n93, 203n18, 205n29, 212n57
Klippel, Diethelm   40n80, 54n18, 87n20, 88n26
Kohl, Markus   12, 151n3, 164n31, 167n45
Korsgaard, Christine   160n26, 163n28
Koselleck, Reinhart   85n16
Kraft, Bernd   137n20
Kreimendahl, Lothar   21n9
Krouglov, Alexei   35n63
Kruck, Günter   1n2, 22n14, 41n83, 173n5, 192n89, 208n42, 210n52, 234n13, 235n20
Kühn, Manfred   19n4, 81n6, 236n21

La Rocca, Claudio   4n13, 21–22n13, 200n7
Lagerlund, Henrik   28n34
Lamarra, Antonio   89n32
Lehmann, Gerhard   2, 4n12, 6n18, 199n4
Lehmann, Lutz   252n8
Lequan, Mai   229n1
Locke, John   33, 52, 57n33, 88, 231–232, 239n31, 241n34, 252–253, 254, 259
Louden, Robert   4n13, 21–22n13, 200n7
Ludwig, Bernd   7n22, 172n2, 210n52
Luig, Klaus   28n31
Lüpke, Johannes von   34n58

Mably, Gabriel Bonnot de   252
Machiavelli, Niccolò   50, 76
Manger, Klaus   31n47
Mayer–Tasch, Peter Cornelius   50n4
Meder, Stefan   26n24
Meier, Heinrich   35–36n65
Mensch, Jennifer   19n3
Menzer, Paul   81n6, 137n20
Mihaylova, Katerina   153n8
Molhuysen, Philipp Christiaan   252n7
Montaigne, Michel Eyquem de   94
Montesquieu (Charles de Secondat, Baron de Montesquieu)   61, 88, 89
Mortzfeld, Peter   27n30
Mosayebi, Reza   1n2
Motta, Giuseppe   187n71
Müller, Johannes   33n55
Murdoch, Vilem   19n4, 27n29

Natorp, Paul   2n6, 4n12
Neymeyr, Barbara   26n24
Nooke, Martha   28n35

PERSONENVERZEICHNIS

Oberer, Hariolf   200n7, 261n51
Oberhausen, Michael   1–2n3, 81n6
Oncken, Auguste   89n33
Ovid (Publius Ovidius Naso)   124n68

Pahlow, Louis   55n19, 58n35, 59n42, 61n54
Pappermann, Ernst   61n53
Paton, Herbert James   117
Pink, Thomas   28n34
Platner, Ernst   41
Platon   109, 126
Pörschke, Karl Ludwig   82n8
Pozzo, Riccardo   1–2n3, 81n6
Prauss, Gerold   7n22, 167n43
Properz (Sextus Aurelius
   Propertius)   124n69
Pufendorf, Samuel von   27–29, 31, 33, 41–42,
   88, 254n16, 257n33, 259
Puls, Heiko   154n10
Pütter, Johann Stephan   3n9, 21, 23, 57n23,
   59n41, 71n92, 198n2, 207n37

Quesnay, François   89

Rameil, Udo   136n19
Rancan de Azevedo Marques,
   Ubirajara   4n13, 22n13, 200n7
Rauscher, Frederick   2n4, 54n18, 165
Rauthe, Rainer   117n30
Reemtsma, Jan Philipp   31n47
Rehberg, August Wilhelm   262–264
Reich, Klaus   101, 136–137n19
Reicke, Rudolf   99n71
Reisinger, Klaus   136–137n19
Ringkamp, Daniela   153n8
Rink, Friedrich Theodor   82n8
Rippel, Philipp   50n3
Ritter, Christian   55n21, 60n64, 63n61, 64n63,
   67n77, 72n97, 98n65, 198n2
Rivero, Gabriel   13, 235n20
Robinson, Hoke   236n21
Röd, Wolfgang   26n24
Rother, Wolfgang   27n29
Rousseau, Jean–Jacques   41, 52, 53, 61, 64, 65,
   83n11, 88–90, 92, 97, 103, 118, 231n4, 252,
   253–254n14, 254, 257–258n34
Rudolph, Oliver–Pierre   23n16
Ruffing, Margit   2n5, 95n52, 131n1, 229n1, 263n55
Rupke, Nicolaas A.   33n56

Sadun Bordoni, Gianluca   2n4, 2n5, 3n7,
   10–11, 55n20, 81n7, 89n32, 95n52,
   96n58, 100–101n76, 131, 141n32, 175n13,
   199n3, 199n5
Scattola, Merio   26n24, 36n67
Scheffner, Johann Georg   199n4
Schielicke, Anna–Maria   33n54
Schiller, Friedrich   20, 84n12, 262
Schlitte, Annika   2–5n5, 95n52, 131n1
Schlösser, Jutta   51n7
Schmidt, Jochen   26n24
Schmitt, Anton   80n4
Schmitt, Carl   40n81
Schmucker, Josef   80
Scholz, Gertrud   136–137n19
Schöndorfer, Otto   1n3, 81n6
Schönecker, Dieter   91n41, 137n20, 137n21,
   154n10, 165n35
Schröder, Jan   3n9, 23n17, 57n23, 198n2
Schulz, Eberhard Günter   262–263n54
Schulz, Johann Heinrich   86
Schulz, Klaus Dieter   252n8
Schulz, Walter   80n5
Schwaiger, Clemens   80n5
Schweighöfer, Stefan   26–27n26
Seel, Gerhard   8–9n25, 200n8,
   225n108, 261n51
Seneca, Lucius Annaeus   117
Sensen, Oliver   203n18, 235n20
Siep, Ludwig   23n3
Simons, Walter   257n33
Spaemann, Robert   75n112
Sparrmann, Anders   147n61
Spindler, Anselm   26–27n26
Städtler, Michael   10, 53n15, 72n93
Stark, Werner   21n9
Stiening, Gideon   9–10, 13, 20n5, 20n6, 20n7,
   26n25, 26–27n26, 27n27, 30n44, 31n48,
   33n52, 34n58, 41n83, 41n84
Stolleis, Michael   58n35, 59n42
Strauss, Leo   30
Streidl, Paul   7n21, 25n22, 27n29, 66n73,
   76n115, 198n2
Stüben, Joachim   36n67
Suárez, Francisco   26–29, 30n44, 33, 254n16
Svarez, Carl Gottlieb   85n16

Thomasius, Christian   119
Thompson, Martyn P.   241n34

PERSONENVERZEICHNIS

Tieftrunk, Johann Heinrich 80n4
Timmons, Mark 79n2
Tuschling, Burkhard 261n51

Ulpian (Domitius Ulpianus) 251n2

Vermeulen, Corinna 21n11
Vesper, Achim 20n7
Vogel, Ursula 262–263n54
Voigt, Fritz–Georg 29n37
Volkmann–Schluck, Karl–Heinz 80n5
Vollhardt, Friedrich 42
Vorländer, Karl 19n4

Wagner, Andreas 26–27n26
Wagner, Daniel 263n55
Wagner, Wilhelm 85n16
Waibel, Violetta L. 263n55
Watkins, Eric 151n3
Weber–Guskar, Eva 1n1

Welzel, Hans 26n24
Westphal, Kenneth R. 2n4
Wieacker, Franz 79n3
Wieland, Christoph Martin 31, 41
Willaschek, Marcus 8–9n25, 81n6, 200n8,
208n18, 203n20, 204n23, 212n57,
213n60, 216n78, 217n81, 219n87,
219–220n88
Wilmans, C.A. 86n18
Wimmer, Bernd 50n4
Wolff, Christian 7, 10, 23, 27, 33, 96, 112, 119,
126, 183n54, 207, 233–236
Wolzendorff, Kurt 49n2
Wood, Allen W. 79n2, 137n21
Wunderlich, Falk 19n3

Zimmermann, Bernhard 26n24
Zöller, Günter 21–22n13, 153n8, 200n7,
208n42, 214n63, 220n88, 230n1, 234n13,
235n19

Sachverzeichnis

Achtung   115, 127–128, 145, 169n46, 182–184, 186, 189, 208n42
Akademie-Ausgabe   2–4, 81, 253, 262
Anthropologie/anthropologisch   19–20, 41, 49, 112, 165, 186–187, 193, 230
Antinomie   32–33n51, 85, 134, 141–142, 144, 155n14, 192n87, 203
Autonomie   5–6, 8, 92, 96, 102–103, 133, 140, 145–148, 168–169, 172, 183, 193, 199n5, 201, 206n33, 211–217, 218–220, 225–226, 233–235

Deduktion   111, 147, 167, 240, 246
Dialektik   12, 133, 134–136, 155

Eigentum   36–38, 67–68, 72–73, 200, 206, 211, 229–233, 236–247, 250–263
Endzweck/letzter Zweck   109–111, 113, 117–118, 138–139, 154, 155–158, 159, 161–162, 177–178, 206

Freiheit   7–8, 49, 59–61, 65n68, 76, 82n9, 83–84n11, 84–86, 88n30, 91n41, 99n71, 111–112, 117–118, 120–121, 131–133, 138–148, 158, 166–170, 176, 185–192, 198–201, 211, 223, 226, 230–231, 233–235, 236, 241–242, 243, 252–255, 258–259, 260
Freiheit, äußere   41, 99, 115, 209, 220, 243
Freiheit, praktische   118, 141–143, 146–147, 172–173, 204–205
Freiheit, psychologische   142, 205
Freiheit, transzendentale   131, 141–144, 154, 158–163, 172–173, 191–192, 204–206
Freiheitsgesetz/Gesetz der Freiheit   86, 140, 144, 178–179, 181, 185–187, 189–190, 217, 230, 234, 236
Furcht   33–34, 128–129, 208n42

Gebot   28–30, 39, 122, 125–127, 200n8, 206–208, 212, 218, 221–223
s. auch Imperativ
Gerechtigkeit   38, 59, 61, 63, 69, 73–74, 87, 251
Gesetz, moralisches   5, 60n45, 112, 123, 126–127, 129, 132–133, 146–147, 164, 166, 184, 185, 186n67, 189, 207n38, 219–220n88
s. auch Sittengesetz

Gesetz, natürliches   26–30, 70, 99–100, 102, 253–254n14
s. auch Naturgesetz
Gesetz, positives   34, 99–100, 128
Gesetzgebung   52, 60–63, 69–70, 100, 121, 127, 140, 143–146, 148, 153n8, 169, 191, 216–218, 221n95, 225n108, 226, 250
Gewissen   30
Glauben   34n57, 163–164, 167
Glückseligkeit   48, 59, 87, 126, 137, 146, 157–158, 169n64, 194n94, 220, 222–224
Gott   21–35, 39, 41, 57n25, 65, 109, 112–114, 115, 152, 159, 160n26, 164, 167, 207
Gut   23–24, 90, 122–123, 157, 164, 168–169, 207, 254n16
Gut, höchstes   129, 152, 164

Imperativ   91, 122–126, 165n34, 182–183, 205
Imperativ, hypothetischer   125, 193n91
Imperativ, kategorischer   70, 101, 111, 113, 119, 123, 125–126, 129, 133, 135–137, 145–146n53, 146–147, 153, 166, 182–183, 193n91, 199n5, 200–201, 203, 208n42, 209, 221, 224, 225n108, 226
Imperativ, pragmatischer   123–126, 182, 193n91
Imperativ, technischer   123–124, 182, 193n91
s. auch Gebot
Instinkt   93–94, 139–140, 147, 168, 178, 180, 204–205

Kausalität   7, 90, 95, 144–145, 152, 166
Klugheit   25, 75, 93, 123–126, 182, 184n57, 206
Kriegsrecht   21, 34

Legalität   40, 123, 132, 213n61, 221n95, 235n19

Maxime   101, 111, 123, 125, 141, 143, 146, 148, 152–153, 184n56, 192, 224–225
Meinen   163–164, 167n45
Menschenrechte   1n2, 58n35, 65n68, 66, 98
Moralität   112, 123, 132, 206n35, 208n42, 209n44, 213n61, 221n95, 226

272 SACHVERZEICHNIS

Naturgesetz/Gesetz der Natur 29, 85–93,
95–102, 139–140, 142–144, 147, 152, 159,
174, 180–182, 187–188, 191, 212, 214, 217,
230, 234–235
Naturzustand 31, 35–41, 51, 56, 57–58, 60,
69–70, 73–75, 100–101n76, 103, 252, 255
Neigung 73, 127–128, 132–133, 145–147, 152,
177n24, 178–179, 184n56, 204
Nötigung/Necessitation 122, 128,
142–143, 152, 154, 161–162, 189, 208n42,
219, 257n33

Person 61–62, 95–96, 132, 135, 157, 160,
209–210n48, 210–212, 217, 219–220, 224,
226, 254
Persönlichkeit 184, 187, 209–210n48, 210–211,
217, 254–255n19
Pflicht 29, 58–59, 65n69, 68, 74–76, 95,
100–101n76, 111, 113–116, 123, 127–128,
161, 162, 164, 206, 208–209, 213,
220–226, 245n41
Pflichten gegen Andere 209, 221–222,
224–225
Pflichten gegen Gott 41
Pflichten gegen sich selbst 41
s. auch Rechtspflicht
s. auch Tugendpflicht
s. auch Verpflichtung

Rechtsgeltung 26, 29–30, 34, 52n8, 57, 206,
208–210, 211, 226, 243, 251
Rechtsgesetz 115, 128–129, 200, 208n42, 247
Rechtspflicht 100–101n76, 113, 120, 123,
206–209, 213n61, 217, 218–219, 221–225,
244–245n41
Regel 74, 92–93, 122–124, 143, 152, 156, 165,
173–174, 178, 180, 182–183, 187–189, 206,
225n108, 234, 261n50
Reich der Zwecke 145–146n53, 153n8, 169

Schöpfer/Schöpfung 29, 37, 41, 109–110, 115,
118, 168
Selbstgesetzgebung, s. Autonomie
Sittengesetz 111, 146–147, 153, 163–165, 167,
169n46, 173–174, 188–190, 192
s. auch Gesetz, moralisches
Souverän/Souveränität 27, 40n81, 48–69,
71, 76, 252

Triebfeder 127–128, 177n24, 183, 184n56,
185–186, 208, 216n76, 235n19
Tugend 123–124, 165, 206n35, 213n61
Tugendlehre 119, 215–216n72, 216n76,
218, 223–225, 226
Tugendpflicht 206n35, 208n42, 209n44,
220–225

Unbedingtes 155n14, 165–166, 173–175, 206

Verbindlichkeit 22–27, 29–32, 35, 37, 87, 93,
96, 127–129, 147, 161, 162, 200n8, 206n35,
207–208, 209n44, 211, 213, 230–231, 235–
236, 240, 241–245, 247
Verbindlichkeit, juridische/
rechtliche 127–128, 230, 242–243,
244–245, 247
Verbindlichkeit, natürliche 23,
100–101n76, 234
Vernunft, praktische 34, 93, 103, 136n12, 138,
140–141, 143, 155–156, 160, 161, 165–166,
168, 172–174, 190–191, 205, 210n49,
215–218, 219, 226, 235, 236, 246, 250, 262
Vernunft, reine 84, 102, 166, 189, 190, 216,
245, 246
Vernunft, spekulative 136, 143, 166, 174
Vernunft, theoretische 96, 151, 160, 163,
166, 172
Vernunft, technisch-praktische 172–174, 176,
178, 184n56, 187, 190–193, 205, 217
Vernunftwesen 95, 112, 113–114, 132, 165n34,
199, 219, 234
Vernunftzweck 126
Verpflichtung 24, 26, 56, 68, 71, 82n9, 87, 161,
164, 200n8, 211, 221, 245n41
Verstand 101–102, 109, 111, 151, 165, 174, 188
Vertrag 51–53, 60n45, 60n47, 65n68, 68,
82n9, 113–114, 135, 199–200, 206,
209n45, 218, 252
Völkerrecht 35
Voluntarismus 25–26, 35, 41
Vorlesungsnachschrift 2, 20, 32, 81–82, 131,
175n13, 199, 202n15, 250

Wert 87, 91, 94, 112–113, 115, 117, 134–135, 138,
140, 157, 176–177, 193–194, 203, 206, 234,
236
Widerstand 52n8, 60, 72–73, 75

SACHVERZEICHNIS

Willkür   49, 60n45, 61, 65, 67, 70, 75, 97,
141–143, 173, 205n28, 208n42, 215–218,
219, 223–224, 226, 232, 238–239,
241–242, 243–244, 252
Wissen   163–164, 167n45
Würde   1, 63–64, 87, 94, 95–96, 115–117, 120,
141, 177, 179, 193, 199n5, 202, 233–234

Zurechnung   24, 32, 96, 141–142, 175, 184
Zwang   35–36, 73–74, 82–83n9, 121–122, 128,
208n42, 226
Zweck an sich   5, 94, 112–115, 118, 120, 133–135,
137–140, 153–165, 167–168, 169n46,
175–180, 183, 193, 203–204, 206n35, 217,
233–234

Printed in the United States
By Bookmasters